CB061304

OS MAIS BELOS SERMÕES DO PADRE ANTÔNIO VIEIRA

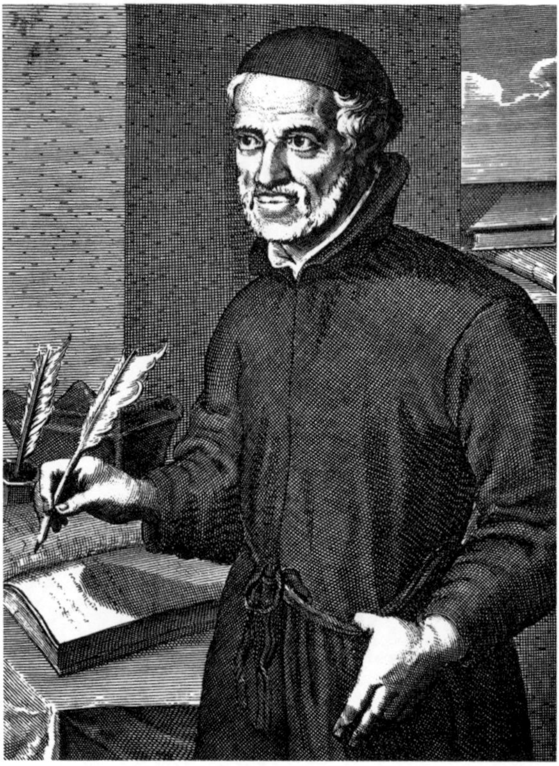

OS MAIS BELOS SERMÕES

VOLUME 1 ◆ organização **ALEXEI BUENO**   petra

PADRE ANTÔNIO VIEIRA

Direitos de edição da obra em língua portuguesa no Brasil adquiridos pela PETRA EDITORIAL LTDA. Todos os direitos reservados. Nenhuma parte desta obra pode ser apropriada e estocada em sistema de banco de dados ou processo similar, em qualquer forma ou meio, seja eletrônico, de fotocópia, gravação etc., sem a permissão do detentor do copirraite.

PETRA EDITORA
Rua Candelária, 60 — 7.º andar — Centro — 20091-020
Rio de Janeiro — RJ — Brasil
Tel.: (21) 3882-8200

Imagem de capa: *Vera effigies celeberrimi P. Antonii Vieyra*
Arnold van Westerhout (1651-1725)
National Library of Portugal
c.1700–1721

Dados Internacionais de Catalogação na Publicação (CIP)

V658m   Vieira, Pe. Antônio
           Os mais belos sermões do Pe. Antônio Vieira /
        Pe. Antônio Vieira – Rio de Janeiro: Petra, 2021.
        368 p.; 15,5 x 23 cm

        Seleção e introdução por Alexei Bueno
        ISBN: 978-65-8844-435-1

        1. Cristianismo. I. Título.

CDD: 230
CDU: 27

André Queiroz – CRB-4/2242

SUMÁRIO

VOLUME I

Introdução – Alexei Bueno | 9

Sermão Décimo Quarto do Rosário (1633) | 28

Sermão pelo Bom Sucesso das Armas de Portugal contra as de Holanda (1640) | 54

Sermão de S. Roque (1642) | 75

Sermão de Santo Antônio (1642) | 94

Sermão da Glória de Maria Mãe de Deus (1644) | 113

Sermão de S. Pedro Nolasco (1645) | 130

Sermão do Mandato (1645) | 151

Sermão da Bula da Santa Cruzada (1647) | 173

Sermão da Quarta Dominga do Advento (1650) | 195

Sermão de Nossa Senhora de Penha de França (1652) | 218

Sermão no Sábado Quarto da Quaresma (1652) | 237

Sermão de Santo Antônio aos Peixes (1654) | 261

Sermão da Sexagésima (1655) | 286

Sermão da Primeira Dominga da Quaresma (1655) | 311

Sermão da Terceira Dominga da Quaresma (1655) | 334

ANTÓNIO VIEIRA

O céu estrela o azul e tem grandeza.
Este, que teve a fama e a glória tem,
Imperador da língua portuguesa,
Foi-nos um céu também.

No imenso espaço seu de meditar,
Constelado de forma e de visão,
Surge, prenúncio claro do luar,
El-Rei D. Sebastião.

Mas não, não é luar: é luz do etéreo.
É um dia; e, no céu amplo de desejo,
A madrugada irreal do Quinto Império
Doira as margens do Tejo.

Fernando Pessoa, *Mensagem*, 1934

INTRODUÇÃO

O Império Português no século XVII — e nos referimos realmente ao Império Português, mais do que à sua Metrópole — é dominado pela figura universal do Padre Antônio Vieira, e dominado quase na sua inteireza cronológica, graças à vida notavelmente longa — ainda mais para os parâmetros da época — do inigualável orador sacro, homem de ação, diplomata, missionário, epistológrafo, político, profeta e místico, que, ao espraiar-se de 1608 a 1697, quase com ele se confunde.

Portugal, de fato, inicia o Seiscentos na mais incontrastável decadência, já havia quase duas décadas, desde 17 de maio de 1581, unido compulsoriamente à coroa de Espanha, o grande inimigo histórico, mas já então sob a égide recente de Felipe III, o segundo soberano desta união ibérica forçada. Após o apogeu do século XV, que culminara com a descoberta do Caminho Marítimo para as Índias, e após os anos ainda gloriosos de D. Manuel, o Venturoso, a decadência não deixará de acelerar-se, com a instalação da Inquisição, a partir de D. João III, e o consequente êxodo, de efeitos desastrosos, dos mercadores judeus e cristãos-novos, atingindo o seu clímax no desastre de Alcácer-Quibir, em 1578, com a desaparição do rei D. Sebastião, que, sem herdeiros, deixava o reino nas mãos de seu tio-avô, o Cardeal D. Henrique, sem herdeiros igualmente. 1580, o último ano da coroa independente de Portugal, antes da restauração de 1640, é, de forma bastante simbólica, o ano da morte de Camões, cuja incitação ao rei para uma cruzada contra o inimigo islamita em *Os Lusíadas*, nos versos de maior esplendor que a língua já conhecera, podem, irônica e tragicamente, ter contribuído para a desastrosa aventura do jovem rei no Marrocos. E tanto o Santo Ofício como D. Sebastião terão relevante presença na vida de Antônio Vieira.

Três Antônios de universal fama deu Lisboa, em três épocas diversas e com diversa presença deste mesmo nome. O primeiro, Santo Antônio de Lisboa, ou de Pádua, nasceu no final do século XII, nas proximidades da severa Sé de Lisboa, e se chamava Fernando de Bulhões, adotando o de Antônio como nome religioso. Doutor da Igreja, o mais célebre dos discípulos de São Francisco, o santo mais popular do catolicismo, tornou-se o padroeiro da velha Olisipo que o viu nascer. O segundo é o nosso Padre Vieira, nascido na mesma freguesia em 1608 e Antônio de fato, seguramente em homenagem ao primeiro, prosador genial e homem de ação com renome em todo o Velho Mundo e também no Novo, onde viveu grande parte da vida e onde morreu, confirmando uma de suas sentenças mais célebres, dedicada ao homem lusitano: "Para nascer, Portugal: para morrer, o mundo". Finalmente, 280 anos depois, vinha à luz, no Largo de São Carlos, este na Freguesia de Santa Maria Maior, Fernando Antônio Nogueira Pessoa, ou simplesmente Fernando Pessoa, cujos prenomes eram a união do nome real e do nome de adoção de Santo Antônio, em cujo dia nasceu. Cada um dos últimos teve muito claro conhecimento daquele que o antecedeu, ou daqueles, e, ao que tudo indica, ambos viram nisso certo indício do glorioso caminho que tinham a trilhar. Como o mais recente chamou o segundo de Imperador da Língua Portuguesa, podemos dizer, utilizando um primário silogismo, forma de raciocínio e argumento muito caro ao nosso Padre, que, havendo Pessoa afirmado que era ele o Imperador da Língua Portuguesa, num poema a ele dedicado em *Mensagem*, e havendo afirmado, igualmente, que "a minha pátria é a língua portuguesa", ele se consideraria, portanto, seu súdito, e há uma inegável influência do estilo de Vieira nalguns dos melhores textos em prosa de Fernando Pessoa, como na magnífica homenagem a Mário de Sá-Carneiro, seu maior amigo, publicada no segundo número da revista *Atena*, em novembro de 1924. E assim como afirma Vieira, no "Sermão da Quarta-feira de Cinza", de 1572, que "o presente é o futuro do passado", Pessoa, no primeiro poema do mesmo *Mensagem*, mostra o rosto de Portugal a fitar o Ocidente, "futuro do passado".

* * *

Antônio Vieira, filho primogênito de quatro irmãos, nascidos de Cristóvão Vieira Ravasco — natural de Santarém, mestiço de sangue africano por sua mãe e filho, por sua vez, de Baltasar Vieira Ravasco — e da lisboeta Maria de Azevedo, filha de Brás Fernandes de Azevedo, veio ao mundo no dia 6 de fevereiro de 1608, na Rua do Cônego, Freguesia da Sé, como já afirmamos, sendo batizado na mesma Sé nove dias depois.

Seu pai, após servir na Marinha, assumiu o cargo de "escrivão das devassas dos pecados públicos da cidade de Lisboa", tendo sido depois nomeado escrivão no Tribunal da Relação da Bahia, em Salvador, capital da Colônia, para onde trouxe a família em1614. Vieira chega ao Brasil, portanto, aos seis anos de idade. Tradições duradouras se referem a uma grave ameaça de naufrágio pela qual teria passado a família ao aproximar-se das costas brasileiras, bem como a uma grave doença que teria acometido o menino, fatos não só possíveis como vulgares, mas talvez engendrados pela vontade de encarecer o sublime engenho que podia ter-se perdido, ou até mesmo uma ação da Providência para salvá-lo.

Vieira inicia, no mesmo ano, os seus estudos no Colégio dos Jesuítas de Salvador. De acordo com a lenda, teria sido um aluno obtuso, com dificuldades de aprendizado — coisa dificilmente imaginável — até o momento em que rezou fervorosamente à Santa Virgem, mais exatamente aos pés de uma imagem de Nossa Senhora das Maravilhas — imagem de madeira, vestida em chapeado de prata, que se conserva no Museu de Arte Sacra de Salvador —, implorando-lhe que lhe abrisse o entendimento, após o que teria sentido um "estalo" na cabeça, origem da expressão, ainda em uso, "estalo do Padre Vieira". Nada melhor, em relação a tal episódio lendário, do que reproduzir a descrição que dele faz o grande prosador maranhense — província de tantos eventos fastos e nefastos para o orador jesuíta — João Francisco Lisboa, em sua clássica e inacabada *Vida do Padre Antônio Vieira*:

> "*Mal desembarcou na Bahia, começou este a estudar os primeiros rudimentos e humanidades, frequentando as escolas dos Jesuítas, que floresciam então ali, como em toda parte, com grande aproveitamento da mocidade. Mostrava-se Antônio Vieira assíduo e fervoroso nos estudos, e lidava deveras por avantajar-se aos demais seus condiscípulos; mas conta-se que nos primeiros tempos, apesar da natural vivacidade que desde os mais tenros anos manifestara, não pudera fazer grandes progressos, pelo não ajudar a memória rude e pesada, e como toldada de espessa nuvem. Era o estudante grande devoto da Virgem; e um dia que, ajoelhado ante sua imagem, e cheio do pesar e abatimento que lhe causava aquela natural incapacidade, a implorava em fervorosa oração para que o ajudasse a vencer semelhante obstáculo, de repente sentiu como um estalo e dor aguda na cabeça, que lhe pareceu ali acabaria a vida. Era a Virgem que sem dúvida escutara e deferia a súplica ardente e generosa; e era o véu espesso, que trazia em tão indigna escuridade aquele juvenil engenho, que num momento se rasgava e desfazia para sempre. Guiou dali Vieira para a escola com grande alvoroço, e sentiu-se tão outro do que fora até então que logo animosamente pediu para argumentar com os mais sabedores e adiantados. E a todos venceu e desbancou, com entranhável assombro do mestre, que bem conheceu andava naquilo grande novidade. Assim o referem pelo menos as crônicas da Ordem; e, se a anedota não é verdadeira, é pelo menos calculada para dar uma cor romanesca e maravilhosa aos primeiros lampejos deste engenho novel, que mais tarde havia de deslumbrar o mundo pelo seu extraordinário fulgor.*"

Em 5 de maio de 1623 Antônio Vieira ingressa como noviço na Companhia de Jesus, reza a tradição que contra a vontade da sua família. Em maio do ano seguinte os holandeses invadem Salvador, refugiando-se ele no interior da capitania, onde provavelmente surgiu a sua vocação missionária. A ameaça da tomada do Nordeste brasileiro pelos calvinistas holandeses passa a ser, naturalmente, uma das preocupações centrais da sua juventude, marcada pela ambiência contrarreformista e pelo desejo português de voltar a ser uma coroa independente. Em 1625 toma os votos de castidade, pobreza e obediência, finalizando o noviciado.

No ano seguinte, tornada pública e notória a sua rara inteligência e a sua inigualável habilidade verbal, torna-se encarregado, com apenas dezoito anos, de redigir em latim a *Carta Annua*, relatório anual das realizações da Província da Companhia de Jesus — seu primeiro escrito conhecido — para depois encaminhá-la ao Superior-Geral da Companhia, em Roma.

Após seus continuados estudos em Teologia, Lógica, Metafísica e Matemática, obtém o mestrado em Artes. Em 1627 torna-se professor de Retórica no Colégio dos Jesuítas de Olinda, edificação anexa à Igreja de Nossa Senhora da Graça, ainda existente. Anos depois de 1630, ano em que tem início a segunda invasão holandesa ao Nordeste do Brasil, passaria a defender a ideia de que Portugal entregasse a região sob domínio batavo aos Países Baixos, tendo em vista os insustentáveis custos para a sua defesa e a inferioridade bélica lusitana diante do seu inimigo protestante, ideia que se materializaria no texto conhecido "Papel forte", logo desmoralizada pela restauração de Pernambuco. Dez anos depois daquela invasão, no entanto, em 1640, ano da Restauração em Portugal, proferira, na Igreja Nossa Senhora da Ajuda de Salvador — erguida em 1579 e demolida em 1912, para o alargamento de uma rua —, o "Sermão pelo bom sucesso das armas de Portugal contra as de Holanda", obra-prima de eloquência sagrada, através de uma invectiva e desafio ao próprio Deus, repto originalíssimo motivado pela visão do incompreensível desamparo no qual deixava Ele seus fiéis defensores, em contraste com os fáceis triunfos dos invasores hereges.

Volta a Salvador para completar os estudos, sendo ordenado sacerdote a 10 de dezembro de 1634. Antes da ordenação já pregara sermões, o primeiro, na primitiva Igreja de Nossa Senhora da Conceição da Praia, em Salvador, seguido pelo "Décimo Quarto do Rosário", no dia de São João Evangelista de 1633, num engenho baiano, pródromos de uma carreira de pregador cuja fama se estenderia por toda a Cristandade. Cinco anos depois, em 1638, torna-se professor de Teologia no Colégio dos Jesuítas de Salvador, visceralmente ligado à sua vida, e que, após incontáveis adulterações e sinistros, abrigou a célebre Faculdade de Medicina da Bahia, ao lado da antiga e magnífica Igreja dos Jesuítas, atual Catedral Basílica, na qual definitivamente se transformou após a inacreditável demolição, em 1933, da Sé Velha da Bahia, a Sé Primacial do Brasil, para a abertura de uma linha de bondes. Em primeiro de dezembro de 1640 tem início o movimento de Restauração da independência em Portugal, liderado pelo Duque de Bragança, o futuro D. João IV, sem dúvida o evento histórico de maior importância na vida do Padre Vieira, e que só seria concluído 28 anos mais tarde. É de lembrar que muitas das províncias de Espanha tentaram libertar-se de Castela, ou ainda hoje o tentam, mas só Portugal o conseguiu, após seculares vicissitudes.

Em 1641 Vieira viaja para Lisboa, sua cidade natal e capital do Império, integrando a missão, comandada pelo filho do Vice-Rei Marquês de Montalvão, que ia ao Reino prestar o preito de vassalagem do Brasil ao novo monarca — início, pode-se dizer, da sua vida diplomática —, cidade na qual residirá pelos próximos cinco anos. No ano seguinte estreia como pregador na Capela Real, com o "Sermão dos Bons Anos". Em 1644, como resultado do brilho inigualado de suas prédicas, recebe o título de Pregador de Sua Majestade, sendo igualmente nomeado Tribuno da Restauração. Seus primeiros sermões são publicados nessa época, em opúsculos. Em 1645 profere o célebre "Sermão do Mandato", na mesma Capela Real, em Lisboa.

Em 1646 ocorre a sua Profissão solene na muito bela Igreja de São Roque, a igreja dos jesuítas em Lisboa, que escapou do Terremoto e lá se encontra. Pregador e conselheiro de D. João IV, é enviado por este como embaixador em numerosas missões diplomáticas, à França — onde se encontra com o Cardeal Mazarin —, à Holanda e à Itália, objetivando a libertação de Pernambuco, o auxílio na guerra contra a Espanha, que continuava, e a criação da futura Companhia Geral do Comércio do Brasil, bem como algumas tentativas de aliança por matrimônio entre a nova dinastia real e outras Casas Reais europeias. Vieira se desloca, nesse período, portanto, por diversas nações, como embaixador dos interesses lusitanos, participando da embaixada portuguesa nas negociações da Paz de Münster, que buscava o término da Guerra dos Trinta Anos. Em Rouen, na Normandia, e em Amsterdã, capital dos Países Baixos, encontra-se e parlamenta com membros da comunidade judaica portuguesa exilada, uma das origens evidentes da hostilidade da Inquisição contra a sua pessoa. A 19 de fevereiro é travada em Pernambuco a segunda e última batalha dos Guararapes, com a derrota das forças holandesas, que levaria à rendição final do invasor, em 1654 e, finalmente, à Paz de Haia, em 1661.

Em novembro de 1652 retorna ao Brasil, para dedicar-se às missões junto aos índios do Maranhão, dos quais se tornará o grande e temerário defensor, despertando a ira dos colonos que se utilizavam da escravidão indígena. De fato, entre 1653 e 1661 encabeçou a Missão no Maranhão e no Grão-Pará, percorrendo um muito vasto território que ia da região amazônica até o Ceará, lançando mão para tanto de todas as formas de transporte possíveis. Nesse período redigiu o *Regulamento das Aldeias*, também conhecido como *Visita de Vieira*, que estabelecia as regras das missões na Amazônia, e que vigoraram por mais de um século, regulamentando detalhadamente o cotidiano de índios e missionários, não se limitando estes aos jesuítas.

Uma duradoura ficção na história do Brasil é a da efemeridade da escravidão indígena entre nós, por uma suposta inadaptação do silvícola ao trabalho, ou por uma espécie de banzo ameríndio que levaria os nossos nativos à apatia, à doença e à morte. Um rápido exame da história das bandeiras paulistas, da posição central que teve a preação de índios em seus primórdios, dos grandes conflitos entre paulistas e jesuítas no Guairá, em Tapes e em outras regiões missioneiras — de fundamental importância, diga-se de passagem, na expansão territorial brasileira para o Oeste —, assim como a leitura dos magistrais sermões de Antônio Vieira contra a escravidão dos nativos bastaria para desmentir tal postulado.

Se é inegável que determinados grupos indígenas se mostraram irredutíveis perante o invasor europeu, enquanto muitos outros deram naturalmente início à generalizada miscigenação que criou o Brasil mameluco dos primórdios da colonização, o que é preciso reconhecer é a situação de inferioridade tecnológica dos índios brasileiros em relação aos africanos para aqui trazidos como escravos, povos que já dominavam, só como exemplo, uma requintada metalurgia, enquanto nossos ameríndios viviam num estágio neolítico, ou mesmo inferior a este.

A abolição da escravidão indígena em 1680, por ordem da Coroa, que teria imediatas e graves consequências na economia do Maranhão, sendo mesmo um dos motivos imediatos da revolta dos irmãos Beckman, era o resultado, entre muitos outros fatores, da vasta campanha dos jesuítas, que tentavam, lançando mão de todas as artes de oratória barroca, convencer os proprietários e mercadores da perfectibilidade do nativo, como vemos nesse trecho do magnífico "Sermão do Espírito Santo", proferido por Vieira, justamente em São Luís, no ano de 1657:

> *"E ninguém se escuse — como escusam alguns — com a rudeza da gente, e com dizer, como acima dizíamos, que são pedras, que são troncos, que são brutos animais, porque, ainda que verdadeiramente alguns o sejam ou o pareçam, a indústria e a graça tudo vence, e de brutos, e de troncos, e de pedras os fará homens. Dizei-me, qual é mais poderosa, a graça ou a natureza? A graça, ou a arte? Pois o que faz a arte e a natureza, por que havemos de desconfiar que o faça a*

graça de Deus, acompanhada da vossa indústria? Concedo-vos que esse índio bárbaro e rude seja uma pedra: vede o que faz em uma pedra a arte. Arranca o estatuário uma pedra dessas montanhas, tosca, bruta, dura, informe, e, depois que desbastou o mais grosso, toma o maço e o cinzel na mão, e começa a formar um homem, primeiro membro a membro, e depois feição por feição, até a mais miúda: ondeia-lhe os cabelos, alisa-lhe a testa, rasga-lhe os olhos, afila-lhe o nariz, abre-lhe a boca, avulta-lhe as faces, torneia-lhe o pescoço, estende-lhe os braços, espalma-lhe as mãos, divide-lhe os dedos, lança-lhe os vestidos; aqui desprega, ali arruga, acolá recama, e fica um homem perfeito, e talvez um santo que se pode pôr no altar. O mesmo será cá, se a vossa indústria não faltar à graça divina. É uma pedra, como dizeis, esse índio rude? Pois, trabalhai e continuai com ele — que nada se faz sem trabalho e perseverança — aplicai o cinzel um dia e outro dia, dai uma martelada e outra martelada, e vós vereis como dessa pedra tosca e informe fazeis não só um homem, senão um cristão, e pode ser que um santo."

Trecho no qual o uso das palavras se aproxima daquele que um grande pintor faria com as suas pinceladas, e demonstração de que a prosa é muito mais do que um texto cujas linhas vão até o fim da página, bem como a poesia coisa muito maior do que um texto no qual elas não lá chegam. Infelizmente, o próprio Vieira teve que condescender, e de maneira eticamente duvidosa, com a escravidão negra, já que, no fundo, ela era a condição necessária para o grande objetivo jesuítico de libertar os índios para convertê-los e educá-los em suas missões, como vemos por esse trecho de seu primeiro sermão, no qual o sofrimento do cativeiro é apresentado como a porta da redenção para os africanos:

"Todo esse inferno se converterá em paraíso; o ruído em harmonia celestial; e os homens, posto que pretos, em anjos."

Não faltavam, na verdade, a Vieira ou a qualquer outro pregador em semelhante conjuntura, justificativas pagãs e cristãs à realidade do cativeiro, desde o argumento célebre de Aristóteles até as afirmações de Santo Agostinho no décimo nono capítulo do *De Civitate Dei*, teologicamente ligadas à idéia da Queda, e por ela justificadas:

"A causa primeira da servidão é, pois, o pecado, que submete um homem a outro pelo vínculo da posição social. É o efeito do juízo de

Deus, que é incapaz de injustiça e sabe impor penas segundo o merecimento dos delinquentes."

E, em seguimento da mesma linha paulina: *"Por isso, o Apóstolo aconselha aos servos que estejam submissos aos respectivos senhores, e os sirvam de coração e de bom grado."*

De fato, essa sua prédica inaugural, o "Sermão Décimo Quarto do Rosário", lido em 1633 num engenho baiano, à qual retornamos, é um longo e invariavelmente brilhante exercício dialético para justificar, pelas Escrituras, o sofrimento causado aos escravos pretos pelos trabalhos que lhes competiam, e que deviam ser de tal monta que a comparação entre eles e o sofrimento de Cristo durante toda a Paixão e no Calvário é retomada insistentemente, assim como a lembrança da salvação que por tal sofrimento adviria, chegando, por fim, à comparação de tais trabalhos com o próprio inferno, obra-prima, inclusive sob o aspecto visual, da prosa portuguesa — por mais que o raciocínio que a conduz intrinsecamente nos repugne — composta por um orador de 25 anos de idade:

"E que coisa há na confusão deste mundo mais semelhante ao Inferno que qualquer destes vossos engenhos, e tanto mais, quanto de maior fábrica? Por isso foi tão bem recebida aquela breve e discreta definição de quem chamou a um engenho de açúcar doce inferno. E verdadeiramente quem vir na escuridão da noite aquelas fornalhas tremendas perpetuamente ardentes: as labaredas que estão saindo a borbotões de cada uma pelas duas bocas, ou ventas, por onde respiram o incêndio: os etíopes, ou ciclopes banhados em suor tão negros como robustos que subministram a grossa e dura matéria ao fogo, e os forcados com que o revolvem e atiçam; as caldeiras ou lagos ferventes com os cachões sempre batidos e rebatidos, já vomitando escumas, exalando nuvens de vapores mais de calor, que de fumo, e tornando-os a chover para outra vez os exalar: o ruído das rodas, das cadeias, da gente toda da cor da mesma noite, trabalhando vivamente, e gemendo tudo ao mesmo tempo sem momento de tréguas, nem de descanso: quem vir enfim toda a máquina e aparato confuso e estrondoso daquela babilônia, não poderá duvidar, ainda que tenha visto Etnas e Vesúvios, que é uma semelhança de Inferno. Mas se, entre todo esse ruído, as vozes que se ouvirem forem as do Rosário, orando e meditando os mistérios dolorosos, todo esse inferno se converterá em paraíso; o ruído em harmonia celestial; e os homens, posto que pretos, em anjos."

Curiosamente, Vieira tinha, pelo lado paterno, o mesmo sangue africano dos escravos que não pôde defender, embora o seu saldo ético, para a mentalidade da época, seja imensamente favorável. Da "gente de nação", a população judaica que ele também defendeu com argumentos de um brilhantismo inexcedível, é bem provável que tivesse alguma ascendência, como boa parte dos nascidos na Península, mas de ameríndios seguramente não. O que deve sempre ser lembrado é a então muito recente e violenta ação dos bandeirantes paulistas contra índios e jesuítas no Brasil meridional — em terras oficialmente espanholas —, embora fossem todos mamelucos, com a exceção do maior entre eles, Raposo Tavares, português como Vieira, o terrível conquistador de vastas áreas dos sertões da nossa atual Região Sul, e o terror, ao lado dos outros sertanistas de Piratininga, dos missionários da Companhia de Jesus.

Em 1654, às vésperas de abandonar o Maranhão, fortemente malquisto pelos colonos por sua incondicional defesa dos índios, e viajar para Lisboa, prega o famoso "Sermão de Santo Antônio aos Peixes", obra-prima de ironia e de eloquência. Embarca com dois companheiros, num navio de transporte de açúcar. Após dois meses de viagem, próximo da Ilha do Corvo, nos Açores, a embarcação é envolvida por forte tempestade. Na iminência de naufragar, teria Vieira concedido absolvição a todos a bordo, e bradado aos ventos, num arroubo semelhante ao que dá forma ao "Sermão pelo bom sucesso das armas de Portugal contra as de Holanda", a seguinte frase:

> *"Anjos da guarda das almas do Maranhão, lembrai-vos que vai este navio buscar o remédio e salvação delas. Fazei agora o que podeis e deveis, não a nós, que o não merecemos, mas àquelas tão desamparadas almas, que tendes a vosso cargo; olhai que aqui se perdem conosco."*

Ficando o barco à deriva, todos os seus tripulantes acabam por ser resgatados, mas por um navio corsário holandês. Pilhados de todos os seus pertences, os quarenta e um portugueses são por fim desembarcados na Ilha da Graciosa, nove dias mais tarde.

Depois de passar pela Ilha Terceira e pela de São Miguel, chega finalmente a Lisboa, onde persevera na sua ação de defesa das missões do Maranhão. Durante a Quaresma do ano seguinte prega algumas de suas obras clássicas, como o "Sermão da Sexagésima" e o "Sermão do Bom Ladrão", retornando às missões maranhenses em abril. Em 6 novembro desse ano de 1656 morre D. João IV, deixando o trono para Afonso VI, sem condições físicas nem mentais para o exercício do cargo, o que exacerba a expectativa mística de Vieira quanto a uma espécie de reencarnação do falecido rei em outro, que implantaria o Quinto Império, sonho profético que encontra suas raízes no Livro de Daniel.

Em 1657 Vieira prega, ainda naquele Estado, o "Sermão do Espírito Santo". Vai para o Pará, onde visita aldeias da etnia Nheengaíba, em 1659. Seguindo para Belém, adoece em Cametá, redigindo o seu primeiro texto de profetismo messiânico, *Esperanças de Portugal, Quinto Império do Mundo*. Em 1661, finalmente, é expulso com os outros jesuítas do Estado do Maranhão e Grão-Pará, por causa da sua continuada luta contra a escravidão indígena, e parte novamente para Lisboa.

Em 1661 prega o importante "Sermão da Epifania", na Capela Real, diante da Rainha-regente Luísa de Gusmão. Nele, em crítica direta à escravização de índios e africanos pelo Império Português, afirma, com notável antevisão científica:

> *"A causa da cor é o sol. As nações, umas são mais brancas, outras mais pretas, porque umas estão mais vizinhas, outras mais remotas do sol."*

Em 1663 é desterrado para Coimbra, onde têm início os interrogatórios da Inquisição, em consequência das suas ideias messiânicas e milenaristas, bem como da sua defesa já antiga, e, no entanto, perfeitamente lógica e pragmática, da tolerância para com a "gente de nação", a burguesia judaica portuguesa, em grande parte exilada nos Países Baixos, inimigos figadais de Portugal, para o bem econômico do Reino e o consequente prejuízo do seu poderoso rival protestante. Tal defesa, da parte de Vieira, não só lhe renderia suspeições de judaizante como inclusive de ter origem cristã-nova, o que jamais foi provado. Sua argumentação contra o terror, sem paralelo nos outros países, utilizado por aquele Tribunal contra os judeus portugueses é da mais bem fundamentada veemência:

> *"Também é muito de considerar que, para padecer a inocência, não são necessárias acusações nem castigos porque, sem serem acusados nem condenados, padecem todos os homens de nação que moram neste Reino os perpétuos temores e sobressaltos em que vivem, sendo este um gênero de castigo universal e contínuo, que compreende a todos, sem distinção de culpados e inocentes. E tão rigoroso e dificultoso de se suportar, que ele só tem desterrado a muitos involuntariamente para outros reinos, sem mais culpa nem razão de temor, que haverem nascido cristãos-novos, como se prova dos procedimentos que lá têm, querendo antes viver no desterro com segurança, que na pátria com tanto temor e perigo."*

Exemplo dessa estranha mistura entre uma visão prática dos problemas financeiros do país e uma esperança profética temerária já podia ser encontrado no seu opúsculo intitulado *Proposta que se fez ao Sereníssimo Rei D. João IV a favor da gente de nação, sobre as mudanças de estilo do Santo Ofício, e do fisco*, datado de 1646. Nele Vieira coroava o que seria, de início, uma espécie de puro cálculo fazendário, com a mais improvável das profecias a respeito do povo judeu:

> *"Porque além de ser de fé, que toda esta nação se há de converter, e conhecer a Cristo, as nossas profecias contam esta felicidade entre os prodigiosos efeitos do milagroso reinado de Vossa Majestade; porque dizem que ao rei encoberto virão ajudar os filhos de Jacó, e que por meio deste socorro tornarão ao conhecimento da verdade de Cristo, a quem reconhecerão e adorarão por Deus."*

O seu profetismo é muito diretamente inspirado pelas trovas de Gonçalo Anes Bandarra, o sapateiro de Trancoso, profeta do Encoberto, futuro rei de um império universal, cujo influxo nunca deixara de aumentar após a morte de D. Sebastião na desastrosa expedição ao Marrocos, sem que se lhe encontrasse o cadáver, ou, na verdade, apenas um desfigurado corpo tido como tal. É a gênese do Sebastianismo, mistura de um misticismo subterrâneo com a evidente frustração pela brusca e irreversível decadência do império colonial português, mística que, aliás, passaria para o Brasil, dando origem a numerosas e às vezes trágicas manifestações. De fato, poder-se-ia imaginar, ainda nos dias de D. Manuel, o Venturoso, um muito diverso destino para o Império lusitano, não fosse o advento da Reforma, a partir de 1517, seguida pelas guerras de religião que se estenderam até as possessões coloniais, ao que se somaria a instalação da Inquisição, em 1536, com seus efeitos deletérios, tudo a culminar na catástrofe de Alcácer-Quibir e na consequente perda da independência, mas tal raciocínio excluiria as duas grandes mazelas intrínsecas dessa quase inimaginável expansão geográfica: a extrema carência demográfica do Reino e a corrupção endêmica dos colonizadores, tão bem denunciada por Diogo do Couto em seu *O soldado prático*.

Tal frustração de um projeto universal subitamente truncado, tal nostalgia do que não aconteceu, Vieira chega a expô-las de forma bastante explícita, como podemos ver no final do segundo capítulo da sua *História do Futuro*:

> *"Portentosas foram antigamente aquelas façanhas, ó Portugueses, com que descobristes novos mares e novas terras, e destes a conhecer o Mundo ao mesmo Mundo. Assim como líeis então aquelas vossas histórias,*

lede agora esta minha, que também é toda vossa. Vós descobristes ao Mundo o que ele era, e eu vos descubro a vós o que haveis de ser. Em nada é segundo e menor este meu descobrimento, senão maior em tudo. Maior cabo, maior esperança, maior Império.

Naqueles ditosos tempos (mas menos ditosos que os futuros) nenhuma cousa se lia no Mundo senão as navegações e conquistas de Portugueses. Esta história era o silêncio de todas as histórias. Os inimigos liam nela suas ruínas, os êmulos suas invejas e só Portugal suas glórias. Tal é a História, Portugueses, que vos presento, e por isso na língua vossa. Se há de restituir o Mundo à sua primitiva inteireza e natural formosura, não se poderá consertar um corpo tão grande, sem dor nem sentimento dos membros, que estão fora de seu lugar. Alguns gemidos se hão de ouvir entre vossos aplausos, mas também estes fazem harmonia. Se são dos inimigos, para os inimigos será a dor, para os êmulos a inveja, para os amigos e companheiros o gosto e para vós então a glória, e, entretanto, as esperanças."

Contra ele já era conhecida uma "Carta ao Bispo do Japão", datada de 1659, na qual explanava a sua teoria profética do Quinto Império, além da série de manuscritos sebastianistas. Sob a estrita e tortuosa lógica da Inquisição, a denúncia estava muito bem embasada.

Em 1666 Vieira é retirado, por ordem da Inquisição, da sua cela de religioso no Colégio dos Jesuítas de Coimbra, na qual vivia confinado, e encarcerado em Lisboa, onde redige, em meio a condições de todo adversas, as suas duas *Representações da Defesa* e inicia, ocultamente, a sua *História do Futuro* e a *Apologia*. No ano seguinte é proferida a sentença que ordena que "... seja privado para sempre da voz ativa e passiva e do poder de pregar...".

Em junho de 1668, após o longo período de perseguição e privação de liberdade, é finalmente anistiado. O rei Afonso VI é derrubado por seu irmão Pedro, que se torna regente do Reino, regência que verá o fim da Guerra da Restauração, vindo a ser coroado como Pedro II em 1683. Sob o seu reinado Vieira viverá o resto dos seus longos dias. De volta ao púlpito, prega o "Sermão histórico e panegírico nos anos da Rainha D. Maria Francisca de Saboia", no qual se encontra a magnífica descrição da guerra, aquela que o acompanhou por tantos anos — a ele e a boa parte da Humanidade —, desde os embates contra os holandeses no Brasil até a da Restauração de Portugal ou a Guerra dos Trinta Anos:

"É a guerra aquele monstro que se sustenta das fazendas, dos sangues, das vidas, e quanto mais come e consome, tanto menos se farta. É a

guerra aquela tempestade terrestre, que leva os campos, as casas, as vilas, os castelos, as cidades, e talvez em um momento sorve os reinos e monarquias inteiras. É a guerra aquela calamidade composta de todas as calamidades, em que não há mal algum que, ou se não padeça, ou se não tema; nem bem que seja próprio e seguro. O pai não tem seguro o filho, o rico não tem segura a fazenda, o pobre não tem seguro o seu suor, o nobre não tem segura a sua honra, o eclesiástico não tem segura a imunidade, o religioso não tem segura a sua cela; e até Deus nos templos e nos sacrários não está seguro."

No ano seguinte, ano notavelmente rico em sua obra oratória, prega o "Sermão de Santo Inácio", o "Sermão das Lágrimas de São Pedro", o "Sermão da Terceira Quarta-feira da Quaresma" e o "Sermão da Quinta Quarta-feira da Quaresma", mais conhecido como o "Sermão do Cego", na Capela Real de Lisboa. Viaja para Roma, como defensor da canonização dos Quarenta Mártires Jesuítas e em demanda da revisão da sua sentença, capital onde vive até 1674, pregando em italiano e alcançando grande prestígio entre os cardeais e o próprio Papa, e perante a Rainha Cristina da Suécia, ali exilada.

Em 1675 retorna finalmente a Lisboa, a chamado do Rei, trazendo consigo um Breve do Papa Clemente X, liberando-o "por toda a vida de qualquer jurisdição, poder e autoridade dos inquisidores presentes e futuros de Portugal", permanecendo submetido, natural e exclusivamente, à autoridade da Cúria romana. Afasta-se, no entanto, dos negócios públicos.

Declina, em 1679, do muito honroso convite da Rainha Cristina da Suécia para tornar-se seu confessor, e em 1681 retorna definitivamente ao Brasil, já septuagenário e perfeitamente consciente de haver fracassado em quase todas as causas que defendeu, passando a residir na casa de campo dos jesuítas em Salvador, a Quinta do Tanque, ainda existente. No ano seguinte foi criada a Companhia de Comércio do Maranhão, concretização de um seu projeto. Continua, por convite régio, a preparar a longa publicação dos seus *Sermões*, na qual começara a trabalhar em 1677, e que chegarão, sob a sua supervisão pessoal, a doze volumes, enquanto escrevia mais um tratado do seu característico misticismo, a inacabada *Clavis Prophetarum*.

Em 1686 Vieira passa incólume pela epidemia de "mal da bicha", a febre amarela, durante a qual a Câmara de Salvador aclama São Francisco Xavier — seu companheiro de ordem, sobre o qual compusera quinze sermões em duas séries, "Xavier dormindo" e "Xavier acordado" — como padroeiro da cidade, a 10 de maio. Em 1688 profere o longo "Sermão de Ação de Graças pelo nascimento do Príncipe Dom João, Palavra de Deus desempenhada".

É nomeado Visitador-Geral da Província do Brasil em 1688, cargo que conservará até 1691, e promove, em 1690, a missão entre os índios Cariri da Bahia, patrocinada com a venda dos seus livros. Em conhecida carta daquele ano de 1691, em plena crise do Quilombo dos Palmares, que seria destruído quatro anos mais tarde, mantém a sua posição pragmática de aceitação de escravidão dos africanos como condição *sine qua non* para a sua conversão, bem como para a manutenção da liberdade dos índios aldeados e da economia de toda a Colônia, o que o leva a ver na possibilidade de uma imaginada anistia aos rebeldes de Palmares um desastre evidente:

> *"Porém esta liberdade assim considerada seria a total destruição do Brasil, porque conhecendo os demais negros que por este meio tinham conseguido ficar livres, cada cidade, cada vila, cada lugar, cada engenho, seriam logo outros tantos Palmares, fugindo e passando-se aos matos com todo o seu cabedal, que não é outra mais que o próprio corpo."*

Em 1694 emite parecer a favor da liberdade dos indígenas, contra as administrações particulares na Capitania de São Paulo, ponto focal, através das bandeiras, da já quase duas vezes centenária prática da preação dos silvícolas, às vésperas do momento em que a descoberta aurífera de Minas Gerais alteraria radicalmente toda a estrutura econômica e demográfica da Colônia. No ano seguinte envia uma carta-circular de despedida à nobreza de Portugal e a seus amigos, impossibilitado de escrever a todos. Nesse ano, aos 88 de idade, profere o "Sermão de Ação de Graças pelo felicíssimo nascimento do novo infante que a Majestade Divina fez mercê às de Portugal em 15 de março de 1695".

Em 1696, já quase nonagenário, é transferido da Quinta do Tanque para o Colégio dos Jesuítas, no Terreiro de Jesus, a mesma edificação que assistiu ao início da sua vida religiosa. Em 1697 termina a revisão do décimo segundo tomo dos seus *Sermões*, e dita, já incapaz de escrever e praticamente privado da visão, a última das suas centenas de cartas, para o Geral da Companhia de Jesus, Tirso González de Santalla, no dia 12 de julho. Falece seis dias depois, a 18 de julho, no Colégio dos Jesuítas, aos 89 anos. A cerimônia fúnebre é oficiada pelos cônegos na antiga Sé de Salvador, bastante próxima. É sepultado na Igreja do Colégio, a atual Catedral Basílica da capital da Bahia.

Quase quatro décadas antes, em fevereiro de 1658, assim resumira, em carta a outro padre, a sua vida, bem mais longe do término do que poderia imaginar:

> *"Não há maior comédia do que a minha vida; e quando quero ou chorar, ou rir, admirar-me ou dar graças a Deus, ou zombar do mundo, não tenho mais que olhar para mim."*

Visão algo shakespeariana ou calderoniana do mundo como um teatro, ou como um teatro onírico, que deve ter sido a sua visão final, e que já aparecia claramente, da mesma maneira, no décimo capítulo da *História do Futuro*:

> *"É este mundo um teatro; os homens as figuras que nele representam, e a história verdadeira de seus sucessos uma comédia de Deus, traçada e disposta maravilhosamente pelas ideias de sua Providência."*

* * *

Antônio Vieira, sem maiores dúvidas, é a grande figura do mundo português seiscentista, não só por sua obra imensa e sem paralelo, como por sua profícua, atribulada, aventurosa e longa vida.

Nascido em Lisboa, mas tendo vivido mais larga parte de seus dias no Brasil do que em Portugal, e aqui morrido, de acordo com a sua vocação missionária e com a sua célebre frase já anteriormente lembrada, "para nascer, Portugal: para morrer, o mundo", nada mais compreensível e justificado do que a dupla nacionalidade que sempre lhe foi atribuída. Naquela longínqua, e seguramente belíssima Salvador seiscentista, viveram boa parte de suas existências Vieira, o maior prosador da língua portuguesa de seu século, e igualmente o maior poeta do mesmo período, o por tanto tempo incompreendido Gregório de Matos, este um soteropolitano de nascimento.

A verdade é que, muito provavelmente, talvez nenhum autor de nossa língua alcance, num específico subgênero literário — o da eloquência sagrada, ou oratória sacra —, a altitude de Vieira, com a exceção de Camões na epopeia, *stricto sensu*, e mais ainda na epopeia moderna, na qual só Torquato Tasso pode a ele emparelhar-se. Num sucinto recenseamento dos maiores oradores sacros, poderíamos lembrar os nomes dos espanhóis Frei Juan de Segovia, San Juan de Ávila, Frei Luis de Granada, Agustín Salucio, Frei Hortensio Félix Paravicio y Arteaga; os dos italianos São Roberto Bellarmino e Paolo Segneri, também jesuítas, ou Francesco Panigarola, Bispo de Asti; os dos franceses Bossuet, Bourdaloue, Fénelon e Massillon; os dos também portugueses Padre Bartolomeu de Quental — antepassado de Antero —, Frei Antônio das Chagas, igualmente grande poeta, e Manuel Bernardes, autor da admirável *Nova Floresta*; ou, para não nos limitarmos ao mundo católico, e adentrarmos o território de seus inimigos reformados, os de Lutero e o de seu grande colaborador Melanchton, ou os de Johannes Oecolampadius, Zwinglio, Calvino e, muito posteriormente, Friedrich Schleiermacher, e, entre os anglicanos, os de John Donne, católico renegado e poeta extraordinário, John Tillotson, Arcebispo da Cantuária, o de seu exato contemporâneo e também grande matemático, Isaac Barrow, ou o do Bispo Francis Atterbury. Por maiores momentos que tenham alcançado, por mais agudo engenho parenético apresentem, dificilmente a totalidade da obra oratória de qualquer um deles, ainda que atingindo vez por outra os mesmos ápices, superaria a de Antônio Vieira. Aos dois mais célebres reformardores, Lutero e Calvino, chama ele, aliás — muito coerentemente —, "aqueles dois monstros mais que infernais do nosso século", no magnífico "Sermão no Sábado Quarto da Quaresma", proferido em 1652.

Ao lado de Camões — havendo nascido 28 anos após a sua morte — Vieira é o grande clássico da língua portuguesa, mas se ao menos um arcaísmo sintático escapou à impressionante reformulação da língua literária promovida por *Os Lusíadas* — a inexistência do plural no pronome pessoal oblíquo *lhe* —, no autor dos *Sermões* tal arcaísmo, a partir de certo momento, desaparece, o que faz dele o clássico que completa aquele momento áureo que todos devemos a Camões, o clássico dos clássicos.

Sua obra gigantesca abrange cerca de duas centenas de sermões e meio milhar de cartas, aos quais se somam inumeráveis textos dispersos, que se referem a todo tipo de assuntos, desde a política até o profetismo milenarista que tantas agruras lhe causou, sem entrarmos no mérito de peças de atribuição duvidosa ou francamente apócrifas.

Seus *Sermões*, dos quais o presente livro oferece uma pequena mas importante amostra, esgotam todas as possibilidades da retórica e todos os recursos da prosa portuguesa, não isenta das influências cultistas e conceptistas do período. São discursos inúmeras vezes erigidos a partir de alguma citação das Sagradas Escrituras — ou de grandes autores da Antiguidade ou da Igreja —, a partir da qual o autor, como faria um músico com um determinado tema, dado ou de sua própria invenção, extrai todas as variações possíveis e imagináveis, numa opulência única e com a inarredável tendência barroca de alcançar efeitos verdadeiramente teatrais, ou de causar *il stupore* em seu público. Desse modo, determinada frase da *Vulgata* pode ser apresentada ao ouvinte, de início, em sua inteireza, para, depois, ser desmontada em seus componentes, até mesmo palavra por palavra, *ad nauseam*, quase como numa necropsia que buscasse não descobrir a sua *causa mortis*, mas antes o seu verdadeiro e às vezes pouco evidente sentido vivo. O frequente uso da analogia por Vieira, por exemplo, chega a momentos que parecem prever a utilização exacerbada que dela fariam, séculos mais tarde, práticas então inimagináveis, como a psicanálise e até o surrealismo, com antecedentes que podem reportar-se à Gematria cabalística, aspecto muito conhecido, mas sem centralidade, naquilo que faz da Cabala — de origem, aliás, judaico-espanhola, apesar das suas numerosas genealogias incertas — um dos grandes sistemas metafísicos jamais engendrados. Essa utilização do substrato verbal, até mesmo limitado a uma única letra — como, aliás, encontramos no seu contemporâneo Gregório de Matos, nas décimas "Define a sua cidade", cujo primeiro verso do mote é *"De dois ff se compõe"* —, pode ser vista no seguinte trecho do "Sermão da Quinta Dominga da Quaresma", proferido em São Luís do Maranhão, em 1654, no qual zurze os colonos daquele Estado, que tão encarniçadamente o perseguiram:

> *"E se as letras deste abecedário se repartissem pelos Estados de Portugal, que letra tocaria ao nosso Maranhão? Não há dúvida que o M: M Maranhão M murmurar, M motejar, M maldizer, M malsinar, M mexericar, e, sobretudo, M mentir: mentir com as palavras, mentir com as obras, mentir com os pensamentos, que de todos e por todos os modos aqui se mente. Novelas e novelos, são as duas moedas correntes desta terra, mas têm uma diferença, que as novelas armam-se sobre nada, e os novelos armam-se sobre muito, para tudo ser moeda falsa."*

O que se mantém como característica perene da oratória do Padre Vieira, além da beleza inigualável que atinge em seus mais altos momentos, é a impressão quase física da inteligência que ela propicia a seus leitores, uma inteligência que parece materializar-se nas palavras e sentenças, sem nos esquecermos de que, a rigor, tratamos de textos que foram escritos para serem ouvidos, não lidos, como ele mesmo relembra no prólogo ao primeiro volume dos *Sermões*, quando se descreve "a tirar da sepultura estes meus borrões, que, sem a voz que os animava, ainda ressuscitados são cadáveres".

* * *

A presente edição, que reúne trinta sermões de um total de duas centenas, seguiu um critério múltiplo na escolha dos títulos, embora muitos deles estejam entre aqueles que fazem parte de um incontornável consenso. De início, optamos por, independentemente dessa seleta de clássicos consensuais, proporcionar ao leitor uma abrangência cronológica muito vasta, o que se cumpre, tendo em vista que o primeiro sermão aqui reproduzido data de 1633, em plena juventude do autor, e o último de 1688, no limiar dos seus oitenta anos, o que perfaz mais de meio século, prazo que seguramente consiste num espaço de tempo maior do que era a expectativa média de vida de um homem do século XVII. O segundo critério não exclusivamente qualitativo, mas que com este jamais entrou em conflito, foi o de dar um natural destaque a algumas peças oratórias de grande interesse para a história brasileira, pois que trazem o nosso país como tema. Finalmente, buscamos abarcar certa variedade na temática e nas características oratórias, o Vieira cristológico, hagiográfico ou mariano, o temível apologeta, o grandioso panegirista, o inexcedível dialético, o finíssimo psicólogo, o destemido moralista, o avisado político.

Vieira teve o privilégio, muito raro entre os seus contemporâneos, de ter organizado pessoalmente, durante duas décadas, e visto aparecer em livro grande parte dos seus sermões, fruto do consórcio do seu prestígio com a sua longevidade. Tal fato nos traz uma rara segurança em relação à veracidade do texto, especialmente para um autor daquela época, embora a normatização seja imperfeita, o que é natural e de somenos importância. A organização seguida por ele, por blocos temáticos relativos às datas do ano litúrgico, às festas do hagiológio católico, seria obviamente inutilizável num corte antológico, motivo pelo qual seguimos a pura cronologia, que, além de dar uma maior aparência de variedade ao todo, oferece ao leitor uma visão linear do desenvolvimento temporal do seu estilo e do seu pensamento.

Característica evidentemente trabalhosa para o editor são as citações da *Vulgata*, às centenas, assim como as de grandes nomes da filosofia e da história antiga e altos nomes da Patrística, pois, como já comentamos, é a partir dessas citações latinas que inúmeras vezes se ergue a magnífica estrutura do raciocínio de Antônio Vieira. Para muitos leitores de meados do século XX para trás tais citações não apresentariam maiores dificuldades, especialmente aquelas em latim clerical, tão mais facilmente compreensível do que o latim clássico, realidade que desapareceu — infelizmente, aliás — entre nós.

A ortografia segue a vigente, na infinita e caótica história da ortografia portuguesa, salvo algum caso no qual determinado valor expressivo pudesse ser perdido, fato, diga-se de passagem, muito mais comum na poesia do que na prosa, por motivos óbvios.

Sem a menor aproximação possível de uma sempre desejada edição crítica, trabalho hercúleo no máximo sentido do termo, o presente livro, em sua limitação espacial, busca oferecer ao leitor brasileiro um fiel e abrangente perfil da figura imensa do Padre Antônio Vieira, seu quase conterrâneo, que muito amou este país no qual gastou a parte mais longa dos seus longos dias e no qual deixou os seus cansados ossos.

Que fique ele, portanto, em companhia do incomparável engenho e da pungente beleza que nascem da oratória de Vieira, e com este retrato de uma época, de um mundo e de uma mentalidade já muito distantes de nós, mas com todas as suas paixões humanas ainda tão próximas.

Alexei Bueno

SERMÃO DÉCIMO QUARTO DO ROSÁRIO

Pregado na Bahia, à irmandade dos pretos de um engenho em dia de S. João Evangelista, no Ano de 1633

Maria de qua natus est Jesus,
qui vocatur Christus.[i]

I

Não é coisa nova, posto que grande e singular, que o evangelista S. João receba em sua casa a Virgem Mãe de Deus, e Mãe sua. Nem é coisa nova que as festas do mesmo S. João as honre e autorize a Virgem Santíssima com a majestade e favores de sua presença. Nem é coisa nova, finalmente, que o que havia de ser panegírico do Evangelista seja sermão do Rosário. Tudo isto que já foi em diferentes dias, temos junto e concordado hoje no concurso da presente solenidade. Não é coisa nova que o evangelista S. João receba em sua casa a que é Mãe de Deus e sua; porque naquele grande dia em que lhe coube por legado no testamento do Redentor do mundo, não com menor título que de Mãe, a que era Mãe do mesmo Cristo: *Ecce Mater tua*;[ii] logo então e desde a mesma hora recebeu S. João a Senhora em sua casa, para nela assistir e servir, como fez por toda a vida: *et ex illa hora accepit eam discipulus in sua*. E isto é o que torna a fazer hoje o mesmo Evangelista; porque chamando-se em frase dos sagrados ritos casa própria de cada um dos santos aquele dia que a Igreja dedicou à sua celebridade; neste dia e nesta casa recebe hoje S. João a Senhora, dando-Lhe nela o lugar devido, que é o primeiro e principal. Nem é coisa nova que as festas de S. João as honre e autorize a Virgem Santíssima com a majestade e favores de sua presença; porque nas bodas de Cana de Galileia o ser S. João o Esposo foi a razão de se achar ali a Senhora: *et erat Mater Jesu ibi*.[iii] E se foi favor da sua piedade e assistência a conversão de água em vinho, não foi menor graça, ou milagre da Virgem das Virgens, que S. João, por imitar sua virginal pureza, renunciasse então o matrimônio, e o convertesse em celibato. Finalmente, não é coisa nova, que o que havia de ser panegírico do Evangelista seja sermão do

---
[i] *Mat.*, I.
[ii] *João*, XIX, 27.
[iii] *João*, II, 1.

Rosário; porque como se refere nas Histórias dominicanas, indo o patriarca S. Domingos para pregar de S. João em tal dia como hoje, ao tempo que recolhido a uma capela da mesma igreja se estava encomendando a Deus, lhe apareceu a Virgem Maria, e lhe mandou que deixasse o sermão que tinha meditado de S. João, e pregasse do seu Rosário. Fê-lo assim o grande patriarca dos pregadores, e o fruto do sermão que pelo zelo e eficácia do pregador sempre costumava ser grande, pela graça e virtude de quem o mandou pregar, foi naquela ocasião muito maior, e mais patente com igual proveito e admiração dos ouvintes.

Mas que fará cercado das mesmas obrigações, tantas e tão grandes, quem não só falto de semelhante espírito, mas novo, ou noviço, no exercício e na arte, é esta a primeira vez que subido indignamente a tão sagrado lugar, há de falar dele em público?[i] Vós, soberana Rainha dos anjos e dos homens, e Mãe da sabedoria incriada (a quem humildemente dedico as primícias daquelas ignorâncias que ainda se não podem chamar estudos, como única protetora deles) pois o dia e assunto é, Senhora, de vossos maiores mistérios, Vos dignai de me assistir com a luz ou sombra da graça com que a virtude do Altíssimo no primeiro de todos Vos fez fecunda: *Ave Maria*.

II

Temos hoje (por outro modo do que já o disse) três dias em um dia, e três festas em uma festa: o dia e a festa de S. João, o dia e a festa da Senhora do Rosário, e o dia e a festa dos pretos seus devotos. E quando fora necessário termos também três evangelhos; um só evangelho que nos propõe a Igreja, qual é? Posto que largo em nomes e gerações, é tão breve e resumido no que finalmente vem a dizer, que todo se encerra na cláusula que tomei por tema: *Maria de qua natus est Jesus, qui vocatur Christus.*[ii] Se o sermão houvera de ser do Nascimento de Cristo, que é a solenidade do Oitavário corrente, não podia haver outro texto, nem mais próprio do tempo, nem mais acomodado ao mistério: mas havendo de pregar, não sobre este, senão sobre outros assuntos, e esses não livres, senão forçados: e sendo os mesmos assuntos não menos que três, e todos três tão diversos; como os poderei eu fundar sobre a estreiteza de umas palavras, que só nos dizem que Jesus Cristo nasceu de Maria: *Maria de qua natus est Jesus*? Suposto pois que nem é lícito ao pregador (se quer ser pregador) apartar-se do tema, nem o tema nos oferece outra causa mais que um

---

[i] Foi o primeiro Sermão que o orador pregou em público antes de ser sacerdote.
[ii] *Mat.*, I, 16.

Filho nascido de Maria; multiplicando este nascimento em três nascimentos, este nascido em três nascidos, e este Filho em três filhos, todos três nascidos de Maria Santíssima; esta mesma será a matéria do sermão, dividido também em três partes. Na primeira veremos com novo nascimento nascido de Maria a Jesus: na segunda com outro novo nascimento nascido de Maria a S. João: e na terceira, também com novo nascimento nascidos de Maria aos pretos seus devotos. Deem-me eles principalmente a atenção que devem, e destes três nascimentos nascerão outros tantos motivos, com que reconheçam a obrigação que têm de amar, venerar, e servir a Virgem Senhora nossa, como Mãe de Jesus, como Mãe de S. João, e como Mãe sua.

III

Primeiramente digo que temos hoje nascido de Maria a Cristo Senhor nosso, não como nasceu há três dias, mas com outro nascimento novo. E que novo nascimento é este? É o nascimento com que nasceu da mesma Mãe daqui a trinta e três anos, não em Belém, senão em Jerusalém. Isto é o que diz o nosso texto: e provo: *Maria de qua natus est Jesus, qui vocatur Christus*: Maria da qual nasceu Jesus, que se chama Cristo. Cristo quer dizer ungido, Jesus quer dizer salvador. E quando foi Cristo salvador, e quando foi ungido? Foi ungido na encarnação, quando unindo Deus a si a humanidade de Cristo, a exaltou sobre todas as criaturas, como diz Davi: *Unxit te Deus, Deus tuus oleo laetitiae prae consortibus tuis*.[i] E foi salvador na cruz, quando por meio da morte, e pelo preço de seu sangue salvou o gênero humano, como diz S. Paulo: *Factus obediens usque ad mortem, mortem autem crucis: propter quod et Deus exaltavit illum, et donavit illi nomen, quod est super omne nomen, ut in nomine Jesu omne genuflectatur*.[ii] Logo quando Cristo Senhor nosso nasceu em Belém, propriamente nasceu Cristo, mas não nasceu Jesus, nem salvador: nasceu Cristo porque já estava ungido pela união hipostática com que a Pessoa do Verbo se uniu à humanidade: e não nasceu Jesus, nem salvador, porque ainda não tinha remido o mundo, nem o havia de remir e salvar senão em Jerusalém daí a trinta e três anos.

Fala o profeta Isaías do parto virginal de Maria Santíssima (como notaram S. Gregório Nisseno e S. João Damasceno) e diz assim: *Antequam parturiret, peperit: antequam veniret partus ejus, peperit masculum*.[iii] Na primeira cláusula

---

[i] *Sal.*, XLIV, 8.
[ii] *Filip.*, II, 8.
[iii] *Isaías*, LXVI, 7.

diz que pariu a Senhora antes das dores do parto; que isso quer dizer: *Antequam parturiret*: e na segunda diz que pariu antes do parto: *Antequam veniret partus ejus, peperit*. Não é necessário que nós dificultemos o passo, porque o mesmo profeta confessa que disse uma coisa inaudita, e que nunca se viu semelhante: *Qui audivit unquam tale, et quis vidit huic simile?*[i] Que a bendita entre todas as mulheres saísse à luz com o fruto bendito de seu ventre sem padecer dores, privilégio era devido à pureza virginal, com que o concebeu, e assim o confessa a nossa fé. Mas que parisse antes do parto: *Antequam veniret partus ejus*: como se pode entender, senão supondo na mesma hora dois partos do mesmo Filho, e supondo também que o primeiro parto foi sem dores, e o segundo com dores? Assim foi, e assim o diz: quem? O nosso português Santo Antônio, que é bem preceda agora a todos os outros Doutores da Igreja, pois falamos na sua: *Beatae Mariae duplex fuit partus, unus in carne, alius in spiritu. Partus carnis fuit virgineus, et omni gaudio plenus, quia peperit sine dolore gaudium angelorum. Secundus partus fuit dolorosus, et omni amaritudine plenus, in Fillii ejus passione, cujus animam pertransivit gladius*. Sabeis por que faz menção Isaías de dois partos da Virgem Beatíssima, e no primeiro nega as dores, e no segundo não? A razão é (diz o mestre seráfico) porque este foi o modo e a diferença com que a Senhora pariu a seu bendito Filho não uma, senão duas vezes: a primeira vez sem dores, antes com júbilos de alegria, quando entre cantares de anjos O pariu no presépio: a segunda vez com dores, e cheia de amarguras, quando trespassada da espada de Simeão O tornou a parir ao pé da cruz. Uma vez nascido Cristo em Belém, e outra vez nascido em Jerusalém: uma vez nascido no princípio da vida, e outra vez nascido no fim dela: uma vez trinta e três anos antes, e outra vez trinta e três anos depois: que por isso o profeta, falando deste segundo parto, disse advertidamente: *Antequam veniret partus ejus*: porque um parto depois do outro havia de tardar em vir tantos anos.

E posto que bastava por prova da minha proposta a autoridade de tão grande intérprete das Escrituras como Santo Antônio, a quem por essa causa chamaram os oráculos de Roma Arca do Testamento; diga-nos o mesmo o evangelista S. João com texto mais claro que o de Isaías. No capítulo doze do seu *Apocalipse* viu S. João aquela mulher tão prodigiosa como sabida, a quem vestia o Sol, calçava a Lua, e coroavam as estrelas: e diz que chegada a hora do parto, foram não só grandes, mas terríveis as dores com que pariu um Filho varão, o qual havia de ser senhor do mundo, e governador de todas as gentes:

---

[i] Ibid., 8.

Cruciabatur ut pariat; et peperit filium masculum, qui recturus erat omnes gentes.[i] Esta mulher prodigiosa, em cujo ornato se empenharam e despenderam todas as luzes do céu, era a Virgem Santíssima: o Filho senhor do mundo, e que havia de governar todas as gentes, era Cristo governador do Universo, e senhor dele. Mas se o parto da mesma Virgem foi isento de toda a dor e moléstia; que dores e que tormentos são estes com que agora S. João A viu parir, não outro, senão o mesmo Filho? A palavra *cruciabatur*, que é derivada da cruz, basta por comento de todo o texto. O Filho era o mesmo, e a Mãe a mesma, mas o parto da Mãe, e o nascimento do Filho não era o mesmo, senão muito diverso. Era o segundo nascimento do Filho, em que por modo superior a toda a natureza havia de nascer morrendo. E porque este segundo nascimento foi entre dores, tormentos, e afrontas, e com os braços pregados nos de uma cruz; por isso a mesma cruz do nascimento do Filho foi também a cruz do parto da Mãe: *Et cruciabatur ut pariat*.

Nasceu o Filho crucificado na sua cruz, e pariu-O a Mãe crucificada na cruz do Filho: e se perguntarmos (que é o que só nos resta) porque o Filho no segundo nascimento nasceu assim, e a Mãe O pariu do mesmo modo? A razão, como dizia ao princípio, não foi outra senão porque Cristo no primeiro parto nasceu propriamente Cristo, e neste segundo nasceu propriamente Jesus. Esta foi a diferença com que o anjo anteontem anunciou aos pastores o nascimento do mesmo Cristo: *Quia natus est vobis hodie Salvator, qui est Christus*:[ii] Alegrai-vos, porque hoje nasceu o Salvador, que é Cristo. Notai que não disse: *Qui est Salvator*, assim como disse: *Qui est Christus*: porque o Menino nascido já era Cristo, mas ainda não era salvador. Havia de ser salvador, e para ser salvador, nascia, mas ainda o não era. Cristo sim, *qui est Christus*; porque já estava ungido na dignidade de Filho de Deus, mas na de Jesus, e de salvador ainda não; porque essa não a havia de receber no presépio, senão na cruz: *Factus obediens usque ad mortem crucis, ut in nomine Jesu omne genuflectatur*. E aqui é que propriamente nasceu Jesus, e não de outra Mãe, senão da mesma Virgem Maria: *Maria de qua natus est Jesus*.

IV

O segundo Filho da mesma Virgem Maria, e nascido também no Calvário, e com novo e segundo nascimento, foi S. João. E que seria se disséssemos que

---

[i] *Apoc.*, XII, 2 e 5.
[ii] *Luc.*, II, 11.

também deste nascimento se verifica o nosso texto? O em que agora reparo nas palavras *de qua natus est Jesus, qui vocatur Christus*, é que este *vocatur* parece impróprio, e este *Christus* supérfluo. O nome próprio do Filho de Deus, e Filho de Maria, é Jesus: este nome Lhe foi posto no dia da circuncisão, e assim o tinha revelado o anjo antes de ser concebido: *Vocatum est nomen eius Jesus, quod vocatum est ab angelo priusquam in utero conciperetur*,[i] logo o *vocatur* aplicado não ao nome *Jesus*, senão ao sobrenome *Christus*, parece impróprio: e o mesmo sobrenome *Christus* também parece supérfluo, porque só seria necessário para distinguir um Jesus de outro Jesus. Porventura há outro Jesus, e nascido de Maria, que se não chame Cristo? Digo que sim. Há um Jesus Filho de Maria, que se chama Cristo; e há outro Jesus também Filho de Maria, que se chama João. E por isso o Evangelista para distinguir um Jesus de outro Jesus, e um Filho de Maria de outro Filho de Maria, não supérflua, senão necessariamente acrescentou ao nome o sobrenome, e não só disse: Maria, da qual nasceu Jesus, senão: Maria, da qual nasceu Jesus, que se chama Cristo.

Quando o mesmo Cristo estava na cruz, disse a sua Santíssima Mãe: *Ecce filius tuus*:[ii] estas palavras eram equívocas, e mais naturalmente se podiam entender do mesmo Cristo que as dizia, do que de outro por quem as dissesse. E como tirou o Senhor esta equivocação? Tirou-a com os olhos, e com a inclinação da cabeça, que só tinha livre, apontando para João. Bem. Mas por que não disse, este é outro filho que Vos deixo em meu lugar, senão este é o vosso filho: *Ecce filius tuus*? Não há dúvida, responde Orígenes, que falando o Senhor por estes termos, quis significar declaradamente que Ele e João não se distinguiam, e que João não era outro filho da Senhora, senão o mesmo Jesus, que Ela gerara, e d'Ela nascera. Notai as palavras, que não podem ser mais próprias, e a razão, que não pode ser mais subida: *Nam si nullus est Mariae filius praeterquam Jesus, dixitque: Jesus: Ecce filius tuus: perinde est, ac si dixisset: hic est Jesus quem genuisti*.[iii] Pois se Jesus e João eram dois, e tão infinitamente diversos: Jesus o Senhor, e João o servo: Jesus o Mestre, e João o discípulo: Jesus o Criador, e João a criatura: Jesus o filho de Deus, e João o filho de Zebedeu: como era, ou como podia ser João não outro filho, senão o mesmo filho, nem outro Jesus, senão o mesmo Jesus que a Senhora gerara: *Hic est Jesus quem genuisti*? S. Pedro Damião reconhece aqui um mistério semelhante ao do Sacramento; mas eu, sem recorrer a milagre, entendo que tudo isto se decifra e verifica com ser João o amado:

---

[i] *Luc.*, II, 21.
[ii] *João*, XIX, 27.
[iii] Origenes, *Praefat. in Evang. Joan.*

Discipulus, quem diligebat.[i] Era o amado? Logo era outro, e era o mesmo Jesus. Enquanto Jesus e João eram o mesmo por amor, eram um só Jesus: e enquanto João por realidade era outro, eram dois Jesus.

Os filósofos antigos, definindo a verdadeira amizade, qual naquele tempo era, ou qual devia ser, disseram: *Amicus est alter ego*: O amigo é outro eu. Logo enquanto o amigo é eu, *ego*; eu e ele somos um: e enquanto ele é outro, *alter*: ele e eu somos dois, mas ambos os mesmos, e isto é o que obrou sem milagre, por transformação recíproca, o amor de Jesus em João. A mesma antiguidade nos dará o exemplo. Depois da famosa vitória de Alexandre Magno contra el-rei Dario, foi trazida a rainha mãe diante do mesmo Alexandre, a cujo lado assistia seu grande privado Efestião. E como a rainha fizesse a reverência a Efestião, cuidando que ele era o Magno, por ser mais avultado de estatura, e avisada do seu erro, o quisesse desculpar, acudiu Alexandre, como refere Cúrcio, com estas palavras: *Non errasti mater, namque; et hic Alexander est*: não errastes, senhora, porque este também é Alexandre. Assim o disse o grande monarca, mais como discípulo de Aristóteles, que como filho de Filipe. E se o amor (que eu aqui tenho por político e falso) ou fazia ou fingia que Alexandre e Efestião fossem dois Alexandres: *Namque; et hic Alexander est*; o amor verdadeiro e sobrenatural da parte de Cristo divino, e da parte de João mais que humano, por que não fariam que Jesus e João fossem dois Jesus? Não há dúvida que naquele passo estavam dois Jesus no Calvário, um na cruz, outro ao pé dela.

Quando Eliseu disse a Elias: *Fiat in me duplex spiritus tuus*:[ii] não me posso persuadir que lhe pedisse dobrado espírito do que era o seu; porque seria demasiada presunção de discípulo para mestre: o que quis dizer foi que o espírito de Elias se dobrasse e multiplicasse em ambos, e que Elias o levasse, pois se ia, e o deixasse a Eliseu, pois ficava. E neste caso, se o espírito de Elias fosse com Elias, e ficasse com Eliseu, Elias porventura seria um só Elias? De nenhum modo, diz S. João Crisóstomo.[iii] Dobrou-se o espírito de Elias, e multiplicou-se em Eliseu como ele tinha pedido; mas então não houve um só Elias, senão dois Elias? *Erat duplex Elias ille: et sursum Elias, et deorsum Elias*. Arrebatou o carro de fogo a Elias, e no mesmo tempo e no mesmo lugar, diz Crisóstomo, se viram então dois Elias, um em cima, outro embaixo; um no ar, outro na terra; um no carro, outro ao pé dele: *Et sursum Elias, et deorsum Elias*. O mesmo se viu no nosso caso. O carro triunfal, em que o Redentor do mundo triunfou da morte, do pecado, e do Inferno, foi a cruz: levantado nela o Senhor, partia-se o Mestre, e ficava o dis-

---

[i] *João*, XXI, 20.
[ii] *4.º Livro dos Reis*, II, 9.
[iii] *D. Chrys. homil. de Eliae.*

cípulo: mas como? Como Elias e Eliseu. E assim como Elias e Eliseu eram dois Elias; *Duplex Elias*; assim Jesus e João eram dois Jesus; e assim como lá, um Elias se via em cima, outro embaixo, *Et sursum Elias, et deorsum Elias*; assim cá também um Jesus estava em cima, outro Jesus embaixo; um no ar, outro na terra; um na cruz, outro ao pé da cruz. E para que ninguém duvidasse que o milagre com que Jesus se tinha dobrado e multiplicado em João era por virtude e transformação do amor, o mesmo João advertidamente não se chamou aqui João, senão o amado: *Cum vidisset Jesus Matrem, et discipulum stantem quem diligebat*.[i] Sendo pois João, por transformação do amor, outro Jesus, e Jesus e João dois Jesus; com razão acrescentou o Evangelista ao nome de Jesus o sobrenome de Cristo: *Jesus qui vocatur Christus*; para distinguir um Jesus de outro Jesus.

Nem basta por distinção o declarar que era Filho de Maria e de Maria nascera: *Maria, de qua natus est*: porque no mesmo lugar do Calvário, onde Cristo enquanto Jesus nasceu pela segunda vez de sua Santíssima Mãe (como dissemos), também S. João com segundo nascimento nasceu da mesma Senhora, sendo João desde aquele ponto filho de Maria: *Ecce filius tuus*: e Maria Mãe de João: *Ecce Mater tua*: e por isso no mesmo tempo e no mesmo lugar Mãe de dois Jesus: um Jesus que se chama João, e outro Jesus que se chama Cristo: *De qua natus est Jesus, qui vocatur Christus*.

V

O terceiro nascimento, de que também se verificam as mesmas palavras, é o dos pretos devotos da mesma Senhora, os quais também são seus filhos e também nascidos entre as dores da cruz. O profeta rei, falando da Virgem Maria, debaixo da metáfora de Jerusalém (a que muitas vezes é comparada, porque ambas foram morada de Deus), diz assim: *Homo, et homo natus est in ea, et ipse fundavit eam Altissimus*.[ii] Nasceu nela o homem, e mais o homem: e quem a fundou, foi esse mesmo Altíssimo. Estas segundas palavras declaram o sentido das primeiras, e de umas e outras se convence que o mesmo Deus que criou a Maria é o homem que nasceu de Maria. Enquanto homem nasceu d'Ela: *Homo natus est in ea*: e esse mesmo enquanto Deus A criou a Ela: *Et ipse fundavit eam Altissimus*. Assim o diz e prova com evidência Santo Agostinho. Mas o profeta ainda diz mais: porque não só diz que nasceu da Senhora esse homem, que enquanto Deus A criou, senão que nasceu d'Ela o homem, e mais

---

[i] *João*, XIX, 26.
[ii] *Sal.*, LXXXVI, 5.

o homem: *Homo, et homo natus est in ea*. Se um destes homens nascidos de Maria é Deus; o outro homem também nascido de Maria, quem é? É todo o homem que tem a fé e conhecimento de Cristo, de qualquer qualidade, de qualquer nação, e de qualquer cor que seja, ainda que a cor seja tão diferente da dos outros homens, como é a dos pretos. Assim o diz o mesmo texto tão claramente, que nomeia os mesmos pretos por sua própria nação, e por seu próprio nome: *Memor ero Rahab, et Babylonis scientium me: Ecee alienigenae, et Tyrus, et populus Aethiopum hi fuerunt illic.*[i] Nasceram da Mãe do Altíssimo não só os da sua nação, e naturais de Jerusalém, a que é comparada, senão também os estranhos e os gentios, *Alienigenae*. E que gentios são estes? *Rahab*: os Cananeus, que eram brancos; *Babylonis*: os Babilônios, que também eram brancos; *Tyrus*: os Tírios, que eram mais brancos ainda; e sobre todos, e em maior número que todos, *Populus Aethiopum*: o povo dos Etíopes, que são os pretos. De maneira que vós, os pretos, que tão humilde figura fazeis no mundo, e na estimação dos homens; por vosso próprio nome, e por vossa própria nação, estais escritos e matriculados nos livros de Deus, e nas Sagradas Escrituras: e não com menos título, nem com menos foro, que de Filhos da Mãe do mesmo Deus: *Et populus Aethiopum hi fuerunt illic*.

E posto que o texto é tão claro e literal que não admite dúvida; ouçamos o comento de S. Tomás, arcebispo de Valença: *Aethiopes non abiicit virgo decora, sed amplectitur ut parculos, diligit ut filios. Sciant ergo ipsam matrem etenim quia Altissimi mater est, Aethiopis matrem nominari non dedignatur.* O profeta pôs no último lugar os Etíopes e os pretos; porque este é o lugar que lhes dá o mundo, e a baixa estimação com que são tratados dos outros homens, filhos de Adão como eles. Porém a Virgem Senhora, sendo Mãe do Altíssimo, não os despreza, nem se despreza de os ter por filhos; antes porque é mãe do Altíssimo, por isso mesmo se preza de ser também sua Mãe: *Etenim quia Altissimi mater est, Aethiopis matrem nominari non dedignatur*. Saibam pois os pretos, e não duvidem que a mesma Mãe de Deus é Mãe sua: *Sciant ergo ipsam matrem*: e saibam que com ser uma Senhora tão soberana, é Mãe tão amorosa, que assim pequenos como são, os ama, e tem por filhos: *Amplectitur ut parvulos, diligit ut filios*. Até aqui S. Tomás.

E se me perguntarem os curiosos quando alcançaram os pretos esta dignidade de filhos da Mãe de Deus; respondo que no monte Calvário, e ao pé da cruz no mesmo dia, e no mesmo lugar em que o mesmo Cristo enquanto Jesus, e enquanto salvador nasceu com segundo nascimento da Virgem Maria: *Maria de qua natus est Jesus, qui vocatur Christus*. Este parece o ponto mais dificulto-

---

[i] Ibid., III, 4.

so desta terceira proposta. Mas assim o diz com propriedade e circunstância admirável o mesmo texto de Davi. Porque os Etíopes que no corpo do salmo se chamam nomeadamente filhos da Senhora, no título do mesmo salmo se chamam filhos de Coré: *In finem filiis Core pro arcanis*. Esta palavra *pro arcanis*, nota e manda advertir que se encerra aqui um grande mistério. E que mistério tem chamarem-se estes filhos da Virgem Maria filhos também de Coré? Santo Agostinho, na exposição do mesmo salmo: *Magni Sacramenti est, ut dicantur filii Core, quia Core interpretatur Calvaria. Ergo filii passionis illius, filii redempti sanguine illius, filii crucis illius*. Coré, na língua hebreia, quer dizer Calvário, e chamam-se filhos do Calvário e filhos da paixão de Cristo e filhos da sua cruz os mesmos que neste texto se chamam nomeadamente filhos da Virgem Maria: porque quando no Calvário e ao pé da cruz nasceu da Virgem Maria com segundo nascimento seu benditíssimo Filho enquanto Jesus e salvador do mundo, então nasceram também com segundo nascimento da mesma Senhora todos os outros filhos das outras nações que o profeta nomeia, e entre eles com tão especial menção os Etíopes, que são os pretos: *Et populus Aethiopum hi fuerunt illic*. De sorte que assim como no Calvário e ao pé da cruz nasceu de Maria com segundo nascimento Cristo; e assim como no Calvário e ao pé da cruz nasceu de Maria com segundo nascimento S. João; assim ao pé da cruz nasceram também com segundo nascimento da mesma Virgem Maria os pretos, verificando-se de todos os três nascimentos, por diferente modo, o texto no nosso tema: *Maria, de qua natus est Jesus, qui vocatur Christus*.

Estou vendo que cuidam alguns que são isto encarecimentos e lisonjas daquelas com que os pregadores costumam louvar os devotos nos dias da sua festa. Mas é tanto pelo contrário, que tudo o que tenho dito é verdade certa e infalível, e não com menor certeza que de fé católica. Os Etíopes de que fala o texto de Davi não são todos os pretos universalmente, porque muitos deles são gentios nas suas terras; mas fala somente daqueles de que eu também falo, que são os que por mercê de Deus, e de sua Santíssima Mãe, por meio da fé e conhecimento de Cristo, e por virtude do batismo são cristãos. Assim o notou o mesmo profeta no mesmo texto: *Memor ero Rahab et Babylonis scientium me, et populus Aethiopum, hi fuerunt illic*. Naquele *scientium me* está a diferença de uns a outros. E por que ou como? Porque todos os que têm a fé e conhecimento de Cristo, e são cristãos, são membros de Cristo: e os que são membros de Cristo não podem deixar de ser filhos da mesma Mãe, de que nasceu Cristo: *De qua natus est Jesus, qui vocatur Christus*.

Que sejam verdadeiramente membros de Cristo, é proposição expressa de S. Paulo não menos que em três lugares. Deixo os dois, e só repito do capítulo doze aos Coríntios: *Sicut enim corpus unum est, et membra habet multa: omnia autem membra corporis, cum sint multa, unum tamem corpus sunt; ita et Christus. Etenim in uno spiritu omnes nos in unum corpus baptizati sumus.*[i] Assim como o corpo tem muitos membros, e sendo os membros muitos o corpo é um só; assim (diz S. Paulo) sendo Cristo um, e os cristãos muitos, de Cristo e dos cristãos se compõe um só corpo: porque todos os cristãos, por virtude da fé e do batismo, são membros de Cristo. E porque não cuidassem os que são fiéis e senhores, que os pretos, por terem sido gentios e serem cativos, são de inferior condição, acrescenta o mesmo S. Paulo, que isto tanto se entende dos Hebreus, que eram os fiéis, como dos gentios; e tanto dos cativos e dos escravos, como dos livres e dos senhores: *Etenim omnes in unum corpus baptizati sumus sive judaei, sive Gentiles, sive servi, sive liberi.*[ii] E como todos os cristãos, posto que fossem gentios, e sejam escravos, pela fé e batismo estão incorporados em Cristo, e são membros de Cristo; por isso a Virgem Maria, Mãe de Cristo, é também Mãe sua; porque não seria Mãe de todo Cristo, senão fosse Mãe de todos seus membros. Excelentemente Guilhelmo abade: *In uno salvatore omnium Jesu, plurimos Maria peperit ad salutem. Eo ipso quod mater est capitis, multorum membrorum mater est. Mater Christi Mater est membrorum Christi, quia caput et corpus unus est Christus.*

Não se poderá dizer com melhores palavras, nem mais próprias; mas eu quero que no-lo diga com as suas, e nos feche todo este discurso a Escritura Sagrada. Quando Nicodemo de mestre da Lei se fez Discípulo de Cristo, disse-lhe o Senhor três coisas notáveis. A primeira, que para ele Nicodemo, e qualquer outro se salvar, era necessário nascer de novo: *Nisi quis renatus fuerit denuo, non potest videre Regnum Dei.*[iii] A segunda, que ninguém sobe ao Céu, senão quem desceu do Céu: *Nemo ascendit in Coelum, nisi qui descendit de Coelo.* A terceira, que para isto se conseguir, havia de morrer em uma cruz o mesmo Cristo: *Oportet exaltari Filium hominis.* Se o texto se fizera para o nosso caso, não pudera vir mais medido com todas suas circunstâncias. Quanto à primeira, replicou Nicodemo, dizendo: *Quomodo potest homo nasci, cum sit senex? Nunquid potest in ventrem matris suae iterato introire, et renasci?* Como é possível que um homem velho como eu sou, haja de nascer de novo? Porventura há de tornar a entrar no ventre de sua mãe para nascer outra vez? Pareceu-lhe ao Doutor que esta instância era muito forte; mas o Divino Mestre lhe ensinou que este segundo e novo nascimento era por virtude do batismo, sem o qual ninguém se pode salvar: *Nisi quis renatus fuerit ex aqua et Spiritu Sancto, non potest introire*

---

[i] *1.ª aos Cor.*, XII, 12.
[ii] *1.ª aos Cor.*, XII, 13.
[iii] *João*, III, 3.

in regnum Dei. E quanto à mãe de que haviam de tornar a nascer os que assim fossem regenerados, acrescentou o mesmo Senhor que essa mãe era a mesma Virgem Maria Mãe sua. Isto querem dizer as segundas palavras de Cristo, posto que o não pareça, nem até agora se tenha reparado nelas. Quando o Senhor disse que ninguém sobe ao Céu, senão quem desceu do Céu, juntamente declarou que este que desceu do Céu era o mesmo Cristo Filho da Virgem: *Nemo ascendit in Coelum, nisi qui descendit de Coelo Filius hominis qui est in Coelo*. Pois por que Cristo desceu do Céu, por isso todos os que sobem ao Céu desceram também do Céu? Sim. Porque ninguém pode subir ao Céu, senão incorporando-se com Cristo, como todos nos incorporamos com Ele, e nos fazemos membros do mesmo Cristo, por meio da fé e do batismo; de onde se seguem duas coisas: a primeira, que assim como Ele desceu do Céu, assim nós, por sermos membros seus, também descemos n'Ele, e com Ele: *Nemo ascendit in Coelum nisi qui descendit de Coelo*. A segunda, que assim como Ele desceu do Céu fazendo-se Filho da Virgem Maria: *Filius hominis qui est in Coelo*; assim nós também ficamos sendo filhos da mesma Virgem, porque somos membros verdadeiros do verdadeiro Filho que d'Ela nasceu; e finalmente, porque este segundo e novo nascimento não foi o de Belém, senão o de Jerusalém; nem o do presépio, senão o do Calvário; por isso conclui o Senhor, que para este segundo nascimento se conseguir, era necessário que Ele morresse na cruz: *Oportet exaltari Filium hominis*. Vejam agora os pretos se por todos os títulos ou circunstâncias de etíopes, de batizados, de nascidos com segundo nascimento, de nascidos no Calvário, e nascidos não de outra Mãe, senão da mesma Mãe de Jesus, se verifica também deles como membros de Cristo, o nascimento com que o mesmo Cristo pela segunda vez nasceu de Maria: *Maria, de qua natus est Jesus, qui vocatur Christus*.

VI

Parece-me que tenho provado os três nascimentos que prometi. E posto que todos três sejam muito conformes às circunstâncias do tempo: o de Cristo, porque continuamos a oitava do seu nascimento: o de S. João, porque estamos no seu próprio dia; e o dos pretos, porque celebramos com eles a devoção da Virgem Santíssima Mãe de Cristo, Mãe de S. João, e Mãe sua: sobre estas três grandes propriedades temos ainda outras três muito mais próprias: e quais são? Que unidos estes três nascimentos em um mesmo intento, todos e cada um deles se ordenam a declarar e persuadir a devoção do Rosário; e do Rosário particularmente dos pretos: e dos pretos em particular que trabalham neste e nos outros engenhos. Não são estas as circunstâncias mais individuais do lugar, das pessoas e da festa e devoção que celebramos? Pois todas elas nascem daqueles três nascimentos. O novo nascimento dos mesmos pretos, como filhos da Mãe de Deus, lhes mostra a obrigação que têm de servir, venerar, e invocar a mesma Senhora com o seu Rosário. O novo nascimento de Cristo os persuade a que sem embargo do contínuo e grande trabalho em que estão ocupados, nem por isso se esqueçam da soberana Mãe sua, e de Lhe rezar o Rosário, ao menos parte, quando não possam todo. E finalmente, o novo nascimento de S. João lhes ensina quais são, entre os mistérios do Rosário, os que mais pertencem ao seu estado, e com que devem aliviar, santificar, e oferecer à Senhora o seu mesmo trabalho. Este é o fim de quanto tenho dito, e me resta dizer: e este também o fruto de que mais se serve, e agrada a Virgem do Rosário, e com que haverá por bem festejado o seu dia. E porque agora fala mais particularmente com os pretos, agora lhe peço mais particular atenção.

Começando pois pelas obrigações que nascem do vosso novo e tão alto nascimento, a primeira e maior de todas é que deveis dar infinitas graças a Deus por vos ter dado conhecimento de si, e por vos ter tirado de vossas terras, onde vossos pais e vós vivíeis como gentios; e vos ter trazido a esta, onde instruídos na fé, vivais como cristãos, e vos salveis. Fez Deus tanto caso de vós, e disto mesmo que vos digo, que mil anos antes de vir ao mundo, o mandou escrever nos seus livros, que são as Escrituras Sagradas. Virá tempo, diz Davi, em que os Etíopes (que sois vós), deixada a gentilidade e idolatria, se hão de ajoelhar diante do verdadeiro Deus: *Coram illo procident Aethiopes*:[i] e que farão assim ajoelhados? Não baterão as palmas como costumam, mas fazendo oração, levantarão as mãos ao mesmo Deus: *Aethiopia praeveniet manus ejus Deo*.[ii] E quando se cumpriram estas duas profecias, uma do salmo setenta e um, e outra do salmo sessenta e sete? Cumpriram-se principalmente depois que os Portugueses conquistaram a Etiópia ocidental, e estão-se cumprindo hoje mais e melhor que em nenhuma outra parte do mundo nesta da América aonde trazidos os mesmos Etíopes em tão inumerável número, todos com os joelhos em terra, e com as mãos levantadas ao Céu, creem, confessam, e adoram no Rosário da Senhora todos os mistérios da encarnação, morte e ressurreição do Criador e Redentor do mundo, como verdadeiro Filho de Deus e da Virgem Maria. Assim como Deus na lei da natureza escolheu a Abraão, e na escrita a Moisés, e na da Graça a Saulo, não pelos serviços que Lhe tivessem feito, mas pelos que depois Lhe haviam de fazer; assim a Mãe de Deus antevendo esta vossa fé, esta vossa piedade, e esta vossa devoção, vos escolheu de entre tantos outros de tantas e tão

---

[i] *Sal.*, LXXI, 4.
[ii] Ibid., LXVII, 32.

diferentes nações, e vos trouxe ao grêmio da Igreja, para que lá, como vossos pais, vos não perdêsseis, e cá, como filhos seus, vos salvásseis. Este é o maior e mais universal milagre de quantos faz cada dia, e tem feito por seus devotos a Senhora do Rosário.

Falando o Texto sagrado dos filhos de Coré, que, como já dissemos, são os filhos da Senhora nascidos no Calvário, diz que perecendo seu pai, eles não pereceram, e que isto foi um grande milagre: *Factum est grande miraculum, ut Core pereunte, filii illius non perirent.*[i] Não perecerem, nem morrerem os filhos quando perecem e morrem os pais, é coisa muito natural, antes é lei ordinária da mesma natureza, porque se com os pais morreram juntamente os filhos, acabar-se-ia o mundo. Como diz logo o Texto sagrado, que não morrerem e perecerem os filhos de Coré, quando morreu e pereceu seu pai, não só foi milagre, senão um grande milagre: *Factum est grande miraculum*? Ouvi o caso todo, e logo vereis em que consistiu o milagre e sua grandeza. Caminhando os filhos de Israel pelo deserto em demanda da Terra de Promissão, rebelaram-se contra Deus três cabeças de grandes famílias, Datã, Abirão e Coré: e querendo a divina justiça castigar exemplarmente a atrocidade deste delito, abriu-se subitamente a terra, tragou vivos aos três delinquentes, e em um momento todos três, com portento nunca visto, foram sepultados no Inferno. Houve porém neste caso uma diferença ou excepção muito notável, e foi que com Datã e Abirão pereceram juntamente, e foram também tragados da terra, e sepultados no Inferno seus filhos; mas os de Coré não: e este é o que a Escritura chama grande milagre: *Factum est grande miraculum, ut Core pereunte, filii illius non perirent.* Abrir-se a terra não foi milagre? Sim, foi: serem tragados vivos os três delinquentes não foi outro milagre? Também: irem todos em corpo e alma ao Inferno antes do Dia do Juízo não foi terceiro milagre? Sim, e muito mais estupendo. E contudo o milagre que a Escritura Sagrada pondera e chama grande milagre não foi nenhum destes, senão o perecer Coré, e não perecerem seus filhos; porque o maior milagre e a mais extraordinária mercê que Deus pode fazer aos filhos de pais rebeldes ao mesmo Deus é que quando os pais se condenam, e vão ao Inferno, eles não pereçam, e se salvem.

Oh, se a gente preta tirada das brenhas da sua Etiópia, e passada ao Brasil, conhecera bem quanto deve a Deus, e a sua Santíssima Mãe por este que pode parecer desterro, cativeiro, e desgraça, e não é senão milagre, e grande milagre! Dizei-me: vossos pais, que nasceram nas trevas da gentilidade, e nela vivem e acabam a vida sem lume da fé, nem conhecimento de Deus, aonde vão depois da morte? Todos, como já credes e confessais, vão ao Inferno, e lá

---

[i] *Núm.*, XXVI, 10.

estão ardendo e arderão por toda a eternidade. E que perecendo todos eles, e sendo sepultados no Inferno como Coré, vós, que sois seus filhos, vos salveis, e vades ao Céu? Vede se é grande milagre da providência e misericórdia divina: *Factum est grande miraculum, ut Core pereunte filii ilius non perirent.* Os filhos de Datá e Abirão pereceram com seus pais, porque seguiram com eles a mesma rebelião e cegueira; e outro tanto vos poderá suceder a vós. Pelo contrário os filhos de Coré, perecendo ele, salvaram-se, porque reconheceram, veneraram e obedeceram a Deus: e esta é a singular felicidade do vosso estado, verdadeiramente milagroso.

Só resta mostrar-vos que este grande milagre, como dizia, é milagre do Rosário, e que esta eleição e diferença tão notável a deveis à Virgem Santíssima vossa Mãe, e por ser Mãe vossa. Isaac, filho de Abraão (de quem vossos antepassados tomaram por honra a divisa da circuncisão, que ainda conservam, e do qual muitos de vós descendeis por via de Ismael, meio-irmão do mesmo Isaac); este Isaac, digo, tinha dois filhos, um chamado Jacó, que levou a bênção do Céu; e outro chamado Esaú, que perdeu a mesma bênção. Tudo isto sucedeu em um mesmo dia, em que Esaú andava pelos matos armado de arco e flechas, como andam vossos pais por essas brenhas da Etiópia: e pelo contrário Jacó estava em casa de seu pai, e de sua mãe, como vós hoje estais na casa de Deus, e da Virgem Maria. E por que levou a bênção Jacó e a perdeu Esaú? Porque concorreram para a felicidade de Jacó duas coisas, ou duas causas que a Esaú faltaram ambas. A primeira foi porque Rebeca (que era o nome da mãe) não amava a Esaú, senão a Jacó, e fez grandes diligências, e empregou toda a sua indústria em que ele levasse a bênção. A segunda, porque estando duvidoso o pai se lhe daria a bênção ou não, sentiu que os vestidos de Jacó lhe cheiravam a rosas e flores, e tanto que sentiu este cheiro e essa fragrância, logo lhe deitou a bênção. Assim o nota expressamente o Texto: *Statimque; ut sensit vestimentorum illius fragrantiam, benedicens illi, ait: Ecce odor filii mei, sicut odor agri pleni, cui benedixit Dominus: det tibi Deus de rore Coeli, etc.*[i] Uma e outra circunstância, assim da parte da mãe como do pai, foram admiráveis, e por isso misteriosas. Da parte da mãe, que sendo Jacó e Esaú irmãos, amasse com tanta diferença a Jacó: e da parte do pai, que um acidente que parecia tão leve, como o cheiro das flores, lhe tirasse toda a dúvida, e fosse o último motivo de lhe dar a bênção. Mas assim havia de ser, para que o mistério se cumprisse com toda a propriedade nas figuras e ações que o representavam. Isaac significava a Deus, Rebeca a Virgem Mãe, Jacó os seus filhos escolhidos, que sois vós; e Esaú os reprovados, que são os que sendo do vosso mesmo

---

[i] *Gênes.*, XXVII, 27.

sangue, e da vossa mesma cor, não alcançaram a bênção que vós alcançastes. Para que entendais que toda esta graça do Céu a deveis referir a duas causas: a primeira ao amor e piedade da Virgem Santíssima vossa Mãe: a segunda à devoção do seu Rosário, que é o cheiro das rosas e flores que tanto enlevam e agradam a Deus.

Dos sacrifícios antigos, quando Deus os aceitava; diz a Sagrada Escritura que Lhe agradava muito o cheiro, e suavidade deles: *Odoratus est Dominus odorem suavivitatis*.[i] E a razão era porque naqueles sacrifícios se representavam os mistérios da vida e morte de seu benditíssimo Filho. E como na devoção do Rosário se contém a memória e a consideração dos mesmos mistérios, este é o cheiro e fragrância que tanto nele agrada e tão aceito é a Deus. Em vós, antes de serdes cristãos, somente era futuro este cheiro das flores do Rosário, que hoje é presente, como também eram futuros naquele tempo os mistérios de Cristo: mas assim como o merecimento destes mistérios antes de serem, somente porque haviam de ser, davam eficácia àqueles sacrifícios; assim a vossa devoção do Rosário futura, e quando ainda não era, só porque Deus e sua Mãe a anteviram com a aceitação e agrado que dela recebem, vos preferiram e antepuseram aos demais das vossas nações, e vos tiveram por dignos da bênção que hoje gozais, tanto maior e melhor que a de Jacó, quanto vai da Terra ao Céu. Para que todos conheçais o motivo principal da vossa felicidade, e a obrigação em que ela vos tem posto de não faltar a Deus, e a sua Santíssima Mãe com este cotidiano tributo da vossa devoção.

VII

Estou vendo porém que o vosso contínuo trabalho e exercício pode parecer ou servir de escusa ao descuido dos menos devotos. Direis que estais trabalhando de dia e de noite em um engenho, e que as tarefas multiplicadas umas sobre outras (que talvez entram e se penetram com os dias santos) vos não deixam tempo nem lugar para rezar o Rosário. Mas aqui entra o novo nascimento de Cristo segunda vez nascido no Calvário, para com seu divino exemplo e imitação refutar a fraqueza desta vossa desculpa, e vos ensinar como no meio do maior trabalho vos não haveis de esquecer da devoção de sua Mãe, pois o é também vossa, oferecendo-Lhe ao menos alguma parte, quando comodamente não possa ser toda. Davi (aquele santo rei, que também teve netos na Etiópia, filhos de seu filho Salomão e da rainha de Sabá)

---

[i] *Gênes.*, II, 21.

entre os salmos que compôs, foram três particulares, aos quais deu por título *Pro torcularibus*:[i] que em frase do Brasil quer dizer, para os engenhos. Este nome *torcularia*, universalmente tomado, significa todos aqueles lugares e instrumentos em que se espreme e tira o sumo dos frutos, como em Europa o vinho e o azeite, que lá se chamam lagares: e porque estes, em que no Brasil se faz o mesmo às canas doces, e se espreme, coze e endurece o sumo delas, têm maior e mais engenhosa fábrica, se chamaram vulgarmente engenhos. Se perguntarmos pois qual foi o fim e intento de Davi em compor e intitular aqueles salmos nomeadamente para estas oficinas? Respondem os doutores hebreus, e com eles Paulo Burgense, que o intento que teve o santo rei, e fez se praticasse em todo o povo de Israel, foi que os trabalhadores das mesmas oficinas juntassem o trabalho com a oração, e em lugar de outros cantares com que se costumavam aliviar, cantassem hinos e salmos: e pois recolhiam e aproveitavam os frutos da terra, não fossem eles estéreis, e louvassem ao Criador que os dá. Notável exemplo por certo, e de suma edificação, que entre os grandes negócios e governo da Monarquia tivesse um rei estes cuidados? E que confusão pelo contrário será para os que se chamam senhores de engenho, se atentos somente aos interesses temporais, que se adquirem com este desumano trabalho, dos trabalhadores seus escravos, e das almas daqueles miseráveis corpos, tiverem tão pouco cuidado, que não tratem de que louvem e sirvam a Deus, mas nem ainda de que O conheçam?

Tornando aos salmos compostos para os engenhos (que depois veremos, porque foram três) declara Davi no título do último quem sejam os operários destas trabalhosas oficinas, e diz que são os filhos de Coré: *Pro torcularibus filiis Core.*[ii] Segundo a propriedade da história, já dissemos que os filhos de Coré são os pretos filhos da Virgem Santíssima, e devotos do seu Rosário. Segundo a significação do nome, porque Coré na língua hebraica significa Calvário, diz Hugo cardeal que são os imitadores da cruz e paixão de Cristo crucificado: *Filiis Core, id est, imitatoribus Christi in loco Calvariae crucifixi*. Não se pudera, nem melhor nem mais altamente, descrever que coisa é ser escravo em um engenho do Brasil. Não há trabalho, nem gênero de vida no mundo mais parecido à cruz e paixão de Cristo, que o vosso em um destes engenhos. *O fortunati nimium sua si bona norint!* Bem-aventurados vós se soubéreis conhecer a fortuna do vosso estado, e com a conformidade e imitação de tão alta e divina semelhança aproveitar e santificar o trabalho!

---

[i] *Sal.*, VIII, 1.
[ii] *Sal.*, LXXXIII, 1.

Em um engenho sois imitadores de Cristo crucificado: *Imitatoribus Christi crucifixi*, porque padeceis em um modo muito semelhante o que o mesmo Senhor padeceu na sua cruz, e em toda a sua paixão. A sua cruz foi composta de dois madeiros, e a vossa em um engenho é de três. Também ali não faltaram as canas, porque duas vezes entraram na Paixão: uma vez servindo para o cetro de escárnio, e outra vez para a esponja em que Lhe deram o fel. A paixão de Cristo parte foi de noite sem dormir, parte foi de dia sem descansar, e tais são as vossas noites e os vossos dias. Cristo despido, e vós despidos: Cristo sem comer, e vós famintos: Cristo em tudo maltratado, e vós maltratados em tudo. Os ferros, as prisões, os açoites, as chagas, os nomes afrontosos de tudo isto se compõe a vossa imitação que, se for acompanhada de paciência, também terá merecimento de martírio. Só lhe faltava à cruz para a inteira e perfeita semelhança o nome de engenho; mas este mesmo lhe deu Cristo não com outro, senão com o próprio vocábulo. *Torcular* se chama o vosso engenho, ou a vossa cruz, e a de Cristo, por boca do mesmo Cristo, se chamou também *torcular: Torcular calcavi solus.*[i] Em todas as intenções e instrumentos de trabalho parece que não achou o Senhor outro que mais parecido fosse com o seu, que o vosso. A propriedade e energia desta comparação é porque no instrumento da cruz e na oficina de toda a paixão, assim como nas outras em que se espreme o sumo dos frutos, foi espremido todo o sangue da humanidade sagrada: *Eo quod sanguis ejus ibi fuit expressus, sicut sanguis uvae in torculari,* diz Lirano: *Et hoc in spineae coronae impositione, in flagellatione, in pedum, et manuum confixione, et in lateris apertione.* E se então se queixava o Senhor de padecer só, *torcular calcavi solus*; e de não haver nenhum dos gentios que O acompanhasse em suas penas, *et de gentibus non est vir mecum*,[ii] vede vós quanto estimará agora que os que ontem foram gentios, conformando-se com a vontade de Deus na sua sorte, lhe façam por imitação tão boa companhia!

Mas para que esta primeira parte da imitação dos trabalhos da cruz o seja também nos afetos (que é a segunda e principal); assim como no meio dos seus trabalhos e tormentos se não esqueceu o Senhor de sua piedosíssima Mãe, encomendando-A ao discípulo amado, assim vos não haveis vós de esquecer da mesma Senhora, encomendando-vos muito particularmente na sua memória, e oferecendo-Lhe a vossa. Depois de Cristo na cruz dar o reino do Céu ao bom ladrão, então falou com sua Mãe; e parece que este, e não aquele, havia de ser o seu primeiro cuidado: mas seguiu o Senhor esta ordem, diz Santo Ambrósio, para mostrar, segundo as mesmas leis da natureza, que mais fazia em ter da

---

[i] *Isaías*, LXIII, 3.
[ii] Ibid.

própria Mãe esta lembrança, que em dar a um estranho o reino: *Pluris putans quod pietatis officia dividebat, quam quod regnum coeleste donabat*. Ao ladrão deu Cristo menos do que lhe pediu, e à Mãe deu muito mais do que tinha dado ao ladrão; porque o ladrão pediu-lhe a memória, e deu-lhe o reino, e à Mãe deu--Lhe muito mais que o reino, porque Lhe deu a memória. Esta memória haveis de oferecer à Senhora em meio dos vossos trabalhos, à imitação de seu Filho, e não duvideis ou cuideis que Lhe seja menos aceita a vossa, antes em certo modo mais: por quê? Porque nas ave-marias do vosso Rosário a fazeis com palavras de maior consolação, do que as que Lhe disse o mesmo Filho, conformando-se com o estado presente. O Filho chamou-Lhe Mulher, e vós chamar-Lhe-eis a bendita entre todas as mulheres: o Filho não Lhe deu o nome de Mãe, e vós A invocareis cento e cinquenta vezes com o nome de Santa Maria Mãe de Deus. Oh, quão adoçada ficará a dureza, e quão enobrecida a vileza dos vossos trabalhos na harmonia destas vozes do Céu; e quão preciosas seriam, diante de Deus, as vossas penas e aflições, se juntamente Lhas oferecerdes em união das que a Virgem Mãe sua padeceu ao pé da cruz!

E porque a continuação do vosso mesmo trabalho vos não pareça bastante escusa para faltardes com vossas orações a esta pensão de cada dia; adverti que se o vosso Rosário consta de três partes, estando Cristo vivo na cruz somente três horas, nessas três horas orou três vezes. Pois se Cristo ora três vezes em três horas, sendo tão insofríveis os trabalhos da sua cruz; vós, por grandes que sejam os vossos, porque não orareis três vezes em vinte e quatro horas? Dir-me-eis que as orações que fez Cristo na cruz foram muito breves. Mas nisso mesmo vos quis dar exemplo, e vos deixou uma grande consolação, para que quando, ou apertados do tempo, ou oprimidos do trabalho, não puderdes rezar o Rosário inteiro, não falteis ao menos em rezar parte: consolando-vos com saber que nem por isso as vossas orações abreviadas serão menos aceitas a Deus, e a sua Mãe, assim como o foram as de Cristo a seu Eterno Pai.

Agora acabareis de entender por que razão os salmos que Davi compôs para os que trabalham nos engenhos foram somente três. Lede-os ou leiam-nos por vós os que os entendem, e acharão que só três se intitulam: *Pro torcularibus*. E por que três, nem mais, nem menos? Porque em três partes, nem mais, nem menos, dividiu Davi o seu Saltério, e a Senhora o seu Rosário. O que hoje chamamos Rosário, antes que as ave-marias se convertessem milagrosamente em rosas, chamava-se o Saltério da Virgem, porque assim como o Saltério era composto de cento e cinquenta salmos, assim o Rosário se compõe de cento e cinquenta saudações angélicas. Que fez pois Davi, como rei pio, e como profeta? Como rei pio, que atendia ao bem presente do seu reino, vendo que os trabalhadores dos lagares não podiam rezar o Saltério inteiro, e tão comprido como é, recopilou e abreviou o mesmo Saltério, e reduziu as três partes, de que é composto, aos três salmos que intitulou: *Pro torcularibus*. E como profeta que via os tempos futuros, e o Rosário que havia de compor a mãe do que se havia de chamar Filho de Davi, à imitação do seu Saltério, introduziu no mesmo Saltério, já abreviado e reduzido a três salmos, os três mistérios gozosos, dolorosos, e gloriosos, em que está repartido o Rosário. Assim foi, e assim se vê claramente nos mesmos três salmos. Porque o primeiro (que é o salmo oito) tendo por expositor a S. Paulo, contém os mistérios da encarnação e infância do Salvador: *Ex ore infantium, et lactentium perfecisti laudem*.[i] O segundo (que é o salmo oitenta) contém os mistérios da cruz e da redenção, representados na do Egito: *Ego sum Dominus Deus tuus, qui eduxi te de terra Aegypti*.[ii] E o terceiro (que é o salmo oitenta e três) contém os mistérios da glória e da ascensão: *Beatus vir, cujus est auxilium abs te, ascensiones in corde suo disposuit in valle lachrimarum*.[iii]

Assim pois, como os trabalhadores hebreus (que eram os fiéis daquele tempo) no exercício dos seus lagares meditavam e cantavam o Saltério de Davi recopilado naqueles três salmos, porque não podiam todo; ao mesmo modo vós, quando não possais rezar todo o Rosário da Senhora, ao menos com partes das três partes em que ele se divide, haveis de aliviar e santificar o peso do vosso trabalho na memória e louvores dos seus mistérios. E este foi finalmente o exemplo e exemplar que vos deixou Cristo nas três breves orações da sua cruz. Porque, se bem advertirdes, em todas três, pela mesma ordem do Rosário, se contém os mistérios gozosos, dolorosos e gloriosos. Os gloriosos na terceira, em que encomendou sua alma nas mãos do Padre, partindo-se deste mundo para a Glória: *Pater in manus tuas commendo spiritum meum*.[iv] Os dolorosos na segunda, em que amorosamente queixoso publicou a altas vozes o excesso das suas dores: *Deus meus, Deus meus, ut quid dereliquisti me?*[v] E os gozosos, rogando pelos mesmos que O estavam pregando na cruz, e alegando que não sabiam o que faziam: *Non enim sciunt quid faciunt*.[vi] porque eles O crucificavam para O atormentarem, e Ele se gozava muito de que O crucificassem, como declarou S. Paulo: *Proposito sibi gaudio, sustinuit crucem*.[vii]

---

[i] *Sal.*, VIII, 3.
[ii] Ibid., LXXX, 9.
[iii] Ibid., LXXXIII, 6.
[iv] *Luc.*, XXIII, 46.
[v] *Mat.*, XXVII, 46.
[vi] *Luc.*, XXIII, 34.
[vii] *Hebr.*, XII, 2.

VIII

Resta o último e excelente documento de S. João, também nova e segunda vez nascido ao pé da cruz: e qual é este documento? Que entre todos os mistérios do Rosário, haveis de ser mais particularmente devotos dos que são mais próprios do vosso estado, da vossa vida, e da vossa fortuna, que são os mistérios dolorosos. A todos os mistérios dolorosos (e não assim aos outros) se achou presente S. João. Assistiu ao do Horto com os dois discípulos: assistiu ao dos açoites com a Virgem Santíssima no Pretório de Pilatos: assistiu do mesmo modo, e no mesmo lugar à coroação de espinhos: seguiu ao Senhor com a cruz às costas até o monte Calvário, e no mesmo Calvário se não apartou do seu lado até expirar, e ser levado à sepultura. Estes foram os mistérios próprios do discípulo amado, que como a dor se mede pelo amor, a ele competiam mais os dolorosos. Estes foram os seus, e estes devem ser os vossos, e não só por devoção ou eleição, nem só por condição e semelhança da vossa cruz, mas por direito hereditário desde o primeiro etíope, ou preto que conheceu a Cristo, e se batizou. É caso muito digno de que o saibais.

Apareceu um anjo a S. Filipe diácono, e disse-lhe que se fosse pôr na estrada de Gaza. Posto na estrada tornou-lhe a aparecer, e disse-lhe que se chegasse a uma carroça que por ali passava. Chegou, e viu que ia na carroça um homem preto (que era criado da rainha de Etiópia) e ouviu que ia lendo pelo profeta Isaías. O lugar em que estava era aquele famoso texto do capítulo cinquenta e três, em que o profeta descreve, mais claramente que nenhum outro, a morte, paixão e paciência de Cristo: *Tanquam ovis ad occisionem ductus est, et sicut agnus coram tondente se, sine voce, sic non aperuit os suum*[i] etc. Perguntou-lhe o diácono se entendia o que estava lendo, e como respondesse que não, e lhe pedisse que lho declarasse, foi tal a declaração, que chegando depois ambos a um rio, o etíope pediu ao santo que o batizasse. E este foi o primeiro gentio depois de Cornélio romano, e o primeiro preto cristão que houve no mundo. Tudo nesta história, que é dos Atos dos Apóstolos, referida por S. Lucas, são mistérios. Mistério foi o primeiro aviso do anjo ao santo diácono, e mistério o segundo: mistério que um gentio fosse lendo pela Sagrada Escritura, e mistério que caminhando a fosse lendo: mistério que o profeta que lia fosse Isaías, e mistério sobre todos misterioso, que o lugar fosse da Paixão e paciência de Cristo; porque para dar ocasião ao diácono de pregar a fé a um gentio, bastava que fosse qualquer outro. Pois porque ordenou Deus que fosse sinaladamente aquele lugar, em que se descrevia a sua paixão, e os

---

[i] *At.*, VIII, 32; *Isaías*, LIII, 7.

tormentos com que havia de ser maltratado, e a paciência, sujeição e silêncio com que os havia de suportar? Sem dúvida, porque neste primeiro etíope tão antecipadamente convertido se representavam todos os homens da sua cor, e da sua nação, que depois se converteram. Assim o dizem S. Jerônimo e Santo Agostinho, e o provam com o texto de Davi: *Aethiopia praeveniet manus ejus Deo*.[i] E como a natureza gerou os pretos da mesma cor da sua fortuna, *Infelix genus hominum, et ad servitutem natum*;[ii] quis Deus que nascessem à fé debaixo do signo da sua paixão, e que ela, assim como lhe havia de ser o exemplo para a paciência, lhe fosse também o alívio para o trabalho. Enfim, que de todos os mistérios da vida, morte e ressurreição de Cristo, os que pertencem por condição aos pretos, e como por herança, são os dolorosos.

Destes devem ser mais devotos, e nestes se devem mais exercitar, acompanhando a Cristo neles, como fez S. João na sua cruz. Mas assim como entre todos os mistérios do Rosário estes são os que mais propriamente pertencem aos pretos; assim entre todos os pretos, os que mais particularmente os devem imitar e meditar são os que servem e trabalham nos engenhos, pela semelhança e rigor do mesmo trabalho: Encarecendo o mesmo Redentor o muito que padeceu em sua sagrada Paixão, que são os mistérios dolorosos, compara as suas dores às penas do Inferno: *Dolores Inferni circundederunt me*.[iii] E que coisa há na confusão deste mundo mais semelhante ao Inferno, que qualquer destes vossos engenhos, e tanto mais, quanto de maior fábrica? Por isso foi tão bem recebida aquela breve e discreta definição de quem chamou a um engenho de açúcar *doce inferno*. E verdadeiramente quem vir na escuridão da noite aquelas fornalhas tremendas perpetuamente ardentes: as labaredas que estão saindo a borbotões de cada uma pelas duas bocas, ou ventas, por onde respiram o incêndio: os etíopes, ou ciclopes banhados em suor tão negros como robustos que subministram a grossa e dura matéria ao fogo, e os forcados com que o revolvem e atiçam; as caldeiras ou lagos fervente com os cachões sempre batidos e rebatidos, já vomitando escumas, exalando nuvens de vapores mais de calor que de fumo, e tornando-os a chover para outra vez os exalar: o ruído das rodas, das cadeias, da gente toda da cor da mesma noite, trabalhando vivamente, e gemendo tudo ao mesmo tempo sem momento de tréguas, nem de descanso: quem vir enfim toda a máquina e aparato confuso e estrondoso daquela babilônia, não poderá duvidar, ainda que tenha visto Etnas e Vesúvios, que é uma semelhança de Inferno. Mas se entre todo esse ruído, as vozes que se ouvirem forem as

---

[i] *Sal.*, LXVII, 32.
[ii] Mafeo.
[iii] *Sal.*, XVII, 6.

do Rosário, orando e meditando os mistérios dolorosos, todo esse inferno se converterá em paraíso; o ruído em harmonia celestial; e os homens, posto que pretos, em anjos.

Grande texto de Davi. Estava vendo Davi essas mesmas fornalhas do Inferno, e essas mesmas caldeiras ferventes: e profetizando literalmente dos que viu atados a elas, escreveu aquelas dificultosas palavras: *Si dormiatis inter medios cleros pennae columbae deargentatae, et posteriora dorsi ejus in pallore auri.*[i] *Cleros* quer dizer *lebetes*, ou, como verte com maior propriedade Vatablo: *Si dormiatis inter medias caldarias, casaque; plena fulligine.* Diz pois o profeta: se passardes as noites entre as caldeiras, e entre grandes vasos fuliginosos e tisnados com o fumo e labaredas das fornalhas; que haveis de fazer, ou que vos há de suceder? Agora entra o dificultoso das palavras *Pennae columbae deargentatae, et posteriora dorsi ejus in pallore auri*. Penas e asas de pomba prateadas por uma parte, e douradas por outra. E que tem que ver a pomba com o triste escravo e negro etíope, que entre todas as aves só é parecido ao corvo? Que tem que ver a prata e o ouro com o cobre da caldeira, e o ferro da corrente a que está atado? Que tem que ver a liberdade de uma ave com penas e asas para voar com a prisão do que se não pode bulir dali por meses e anos, e talvez por toda a vida? Aqui vereis quais são os poderes e transformações que obra o Rosário nos que oram e meditam os mistérios dolorosos.

A pomba na Sagrada Escritura, como consta de infinitos lugares, não só é símbolo da oração e meditação absolutamente, senão dos que oram e meditam em casos dolorosos: por isso el-rei Ezequias nas suas dores dizia: *Meditabor ut columba.*[ii] E a razão desta propriedade e semelhança é porque a pomba com os seus arrulhos não canta como as outras aves, mas geme. Quer dizer pois o profeta, e diz admiravelmente falando convosco na mais miserável circunstância desse inferno da Terra: *Si dormiatis inter medias caldarias, vasaque; plena fulligine*: se não só de dia, mas de noite vos virdes atados a essas caldeiras com uma forte cadeia, que só vos deixe livres as mãos para o trabalho, e não os pés para dar um passo; nem por isso vos desconsoleis e desanimeis; orai e meditai os mistérios dolorosos, acompanhando a Cristo neles, como S. João; e nessa triste servidão de miserável escravo tereis o que eu desejava sendo rei, quando dizia: *Quis dabit mihi pennas sicut columbae, et volabo, et requiescam:*[iii] Oh, quem me dera asas como de pomba para voar e descansar! E estas são as mesmas que eu vos prometo no meio dessa miséria:

---

[i] *Sal.*, LXVII, 14.
[ii] *Isaías*, XXXVIII, 14.
[iii] *Sal.*, LIV, 6.

Pennae columbae deargentatae, et posteriora ejus in pallore auri; porque é tal a virtude dos mistérios dolorosos da paixão de Cristo para os que orando os meditam, gemendo como pomba, que o ferro se lhes converte em prata, o cobre em ouro, a prisão em liberdade, o trabalho em descanso, o inferno em paraíso, e os mesmos homens, posto que pretos, em anjos.

Dizei-me que coisa é um anjo? Os anjos não são outra coisa senão homens com asas; e esta figura não lha deram os pintores, senão o mesmo Deus, que assim os mostrou a Isaías, e assim os mandou esculpir no Templo. Pois essas são as asas prateadas e douradas com que desse vosso inferno vos viu Davi voar ao Céu para cantar o Rosário no mesmo coro com os anjos. Nem vos meta em desconfiança a vossa cor, nem as vossas fornalhas, porque na fornalha de Babilônia, onde o mestre da capela era o Filho de Deus, no mesmo coro meteu as noites com os dias: *Benedicite noctes, et dies Domino*.[i] Antes vos digo (e notai muito isto para vossa consolação) que se no Céu não entraram as vossas vozes com as dos anjos, o Rosário que lá se canta não seria perfeito. Consta de muitas revelações e visões de santos que os anjos no Céu também rezam ou cantam o Rosário: por sinal que ao nome de Maria fazem uma profunda inclinação, e ao nome de Jesus se ajoelham todos: e digo que entrando vós no mesmo coro, será o Rosário dos anjos mais perfeito do que é sem vós; porque a perfeição do Rosário consiste em se conformar quem o reza com os mistérios que nele se meditam, gozando-se com os gozosos, doendo-se com os dolorosos, e gloriando-se com os gloriosos. E posto que os anjos nos gozosos se podem gozar, e nos gloriosos se podem gloriar, nos dolorosos não se podem doer, porque o seu estado é incapaz de dor. Isto porém que eles não podem fazer no Céu, fazeis vós na Terra; se no meio dos trabalhos que padeceis, vos doeis mais das penas de Cristo que das vossas. Assim que do Rosário dos anjos, e do vosso, ou repartidos em dois coros, ou unidos em um só, se inteira a perfeição, ou se aperfeiçoa a harmonia dos mistérios do Rosário.

Os dolorosos (ouçam-me agora todos), os dolorosos são os que vos pertencem a vós, como os gozosos aos que devendo-vos tratar como irmãos, se chamam vossos senhores. Eles mandam, e vós servis: eles dormem, e vós velais: eles descansam, e vós trabalhais: eles gozam o fruto de vossos trabalhos, e o que vós colheis deles é um trabalho sobre outro. Não há trabalhos mais doces que os das vossas oficinas; mas toda essa doçura para quem é? Sois como as abelhas, de quem disse o poeta: *Sic vos non vobis mellificatis apes*. O mesmo passa nas vossas colmeias. As abelhas fabricam o mel, sim; mas não para si. E posto que os que o logram é com tão diferente fortuna da vossa; se vós porém vos

---

[i] *Daniel*, III, 71.

souberdes aproveitar dela, e conformá-la com o exemplo e paciência de Cristo, eu vos prometo primeiramente que esses mesmos trabalhos vos sejam muito doces, como foram ao mesmo Senhor: *Dulce lignum, dulces clavos, dulcia ferens pondera*: e que depois (que é o que só importa) assim como agora imitando a S. João, sois companheiros de Cristo nos mistérios dolorosos de sua cruz; assim o sereis nos gloriosos de sua ressurreição e ascensão. Não é promessa minha, senão de S. Paulo, e texto expresso de fé: *Hearedes quidem Dei, cohaeredes autem Christi: si tamen compatimur, ut et conglorificemur.*[i] Assim como Deus vos fez herdeiros de suas penas, assim o sereis também de suas glórias: com condição porém que não só padeçais o que padeceis, senão que padeçais com o mesmo Senhor, que isso quer dizer, *compatimur*. Não basta só padecer com Cristo, como S. João.

Oh, como quisera e fora justo que também vossos senhores consideraram bem aquela consequência: *Si tamen compatimur, ut et conglorificemur*. Todos querem ir à Glória, e ser glorificados com Cristo; mas não querem padecer, nem ter parte na cruz com Cristo. Não é isto o que nos ensinou a Senhora do Rosário na ordem e disposição do mesmo Rosário. Depois dos mistérios gozosos pôs os dolorosos, e depois dos dolorosos os gloriosos. Por quê? Porque os gostos desta vida têm por consequência as penas, e as penas pelo contrário as glórias. E se esta é a ordem que Deus guardou com seu Filho, e com sua Mãe, vejam os demais o que fará com eles. Mais inveja devem ter vossos senhores às vossas penas, do que vós aos seus gostos, a que servis com tanto trabalho. Imitai pois ao Filho e à Mãe de Deus, e acompanhai-Os com S. João nos seus mistérios dolorosos, como próprios da vossa condição, e da vossa fortuna, baixa e penosa nesta vida, mas alta e gloriosa na outra. No Céu cantareis os mistérios gozosos e gloriosos com os anjos, e lá vos gloriareis de ter suprido, com grande merecimento, o que eles não podem no contínuo exercício dos dolorosos.

IX

Estes são, devotos do Rosário, os três motivos que nascem dos três nascimentos que vistes, os quais se forem tão bem exercitados como são bem-nascidos, nem podeis desejar maior honra nos vossos desprezos, nem maior alívio nos vossos trabalhos, nem maior dita e ventura na vossa fortuna. A mesma Mãe do Filho de Deus e de S. João é Mãe vossa. E pois estes três filhos já nascidos Lhe nasceram segunda vez ao pé da cruz, não falteis na vossa, posto que tão pe-

---

[i] *Rom.*, IX, 17.

sada, nem à imitação de tão honrados irmãos, nem às obrigações de tão soberana Mãe. Para que assim como a Senhora se gloria de ser Mãe de Cristo, e depois d'Ele de ser Mãe de S. João, assim tenha também muito de que se gloriar em ser Mãe de todos os pretos tão particularmente seus devotos. Desta maneira se multiplicou por vários modos o segundo nascimento de seu unigênito Filho; e desta maneira se verifica, em eterno louvor de seu santíssimo nome, que o mesmo Jesus que se chama Cristo, não só uma, senão três vezes nasceu de Maria: *Maria de qua natus est Jesus, qui vocatur Christus.*

SERMÃO PELO BOM SUCESSO DAS ARMAS DE PORTUGAL CONTRA AS DE HOLANDA

Pregado na Igreja de Nossa Senhora da Ajuda na cidade da Bahia, no ano de 1640, com o SS. Sacramento exposto

Exurge, quare obdormis, Domine? Exurge, et ne repellas in finem. Quare faciem tuam avertis, obliviseris inopiae nostrae, et tribulationis nostrae? Exurge, Domine, adjuva nos et redime nos propter nomen tuum.[i]

I

Com estas palavras piedosamente resolutas, mais protestando que orando, dá fim o Profeta Rei ao Salmo quarenta e três — Salmo que desde o princípio até o fim não parece senão cortado para os tempos e ocasião presente. O Doutor Máximo S. Jerônimo, e depois dele os outros expositores, dizem que se entende a letra de qualquer reino, ou província católica, destruída e assolada por inimigos da Fé. Mas entre todos os reinos do mundo a nenhum lhe quadra melhor que ao nosso reino de Portugal; e entre todas as províncias de Portugal a nenhuma vem mais ao justo que à miserável província do Brasil. Vamos lendo todo o Salmo, e em todas as cláusulas dele veremos retratadas as da nossa fortuna; o que fomos, e o que somos.

Deus auribus nostris audivimus, Patres nostri annuntiaverunt: nobis opus, quod operatus es in diebus eorum, et in diebus antiquis.[ii] Ouvimos (começa o profeta) a nossos pais, lemos nas nossas histórias, e ainda os mais velhos viram, em parte, com seus olhos, as obras maravilhosas, as proezas, as vitórias, as conquistas, que por meio dos Portugueses obrou em tempos passados vossa onipotência, Senhor: *Manus tua gentes disperdit, et plantasti eos: afflixisti populos, et expulisti eos.*[iii] Vossa mão foi a que venceu, e sujeitou tantas nações bárbaras, belicosas e indômitas, e as despojou do domínio de suas próprias terras, para

---

[i] *Sal.*, XLIII.
[ii] *Sal.*, XLIII, 2.
[iii] Ibid., 3.

nelas os plantar, como plantou com tão bem fundadas raízes; e para nelas os dilatar, como dilatou, e estendeu em todas as partes do mundo, na África, na Ásia, na América. *Nec enim in gladio suo possederunt terram, et brachium eorum non salvavit eos, sed dextera tua, et brachium tuum, et illuminatio vultus tui, quoniam complacuisti in eis.*[i] Porque não foi a força do seu braço, nem a da sua espada a que lhes sujeitou as terras que possuíram, e as gentes e reis que avassalaram, senão a virtude de vossa destra onipotente, e a luz e o prêmio supremo de vosso beneplácito, com que neles vos agradastes, e deles vos servistes. Até aqui a relação ou memória das felicidades passadas, com que passa o profeta aos tempos e desgraças presentes.

Nunc autem repulisti et confudisti nos: et non egredieris Deus in virtutibus nostris.[ii] Porém agora, Senhor, vemos tudo isto tão trocado, que já parece que nos deixastes de todo, e nos lançastes de vós, porque já não ides diante das nossas bandeiras, nem capitaneais como dantes os nossos exércitos: *Avertisti nos retrorsum post inimicos nostros, et qui oderunt nos, diripiebant sibi.*[iii] Os que tão costumados éramos a vencer e triunfar, não por fracos, mas por castigados, fazeis que voltemos as costas a nossos inimigos (que como são açoite de vossa justiça, justo é que lhe demos as costas), e perdidos os que antigamente foram despojos do nosso valor são agora roubo da sua cobiça: *Dedisti nos tanquam oves escarum: et in gentibus dispersisti nos.*[iv] Os velhos, as mulheres, os meninos que não têm forças, nem armas com que se defender, morrem como ovelhas inocentes às mãos da crueldade herética, e os que podem escapar à morte, desterrando-se a terras estranhas, perdem a casa e a pátria: *Posuisti nos opprobrium vicinis nostris, subsanationem, et dirisum his, qui sunt in circuitu nostro.*[v] Não fora tanto para sentir, se, perdidas fazendas e vidas, se salvara ao menos a honra; mas também esta a passos contados se vai perdendo; e aquele nome português, tão celebrado nos anais da fama, já o herege insolente com as vitórias o afronta, e o gentio de que estamos cercados, e que tanto o venerava e temia, já o despreza.

Com tanta propriedade como isto descreve Davi neste Salmo nossas desgraças, contrapondo o que somos hoje ao que fomos enquanto Deus queria, para que na experiência presente cresça a dor por oposição com a memória do passado. Ocorre aqui ao pensamento o que não é lícito sair à língua; e não falta

---

[i] Ibid., 4.
[ii] *Sal.*, XLIII, 10.
[iii] Ibid., 11.
[iv] Ibid., 12.
[v] Ibid., 14.

quem discorra tacitamente que a causa desta diferença tão notável foi a mudança da monarquia. Não havia de ser assim (dizem) se vivera um D. Manuel, um D. João, o terceiro, ou a fatalidade de um Sebastião não sepultara com ele os reis portugueses. Mas o mesmo profeta no mesmo Salmo nos dá o desengano desta falsa imaginação: *Tu es ipse rex meus, et Deus meus: qui mandas salutes Jacob.*[i] O reino de Portugal, como o mesmo Deus nos declarou na sua fundação, é reino seu e não nosso: *Volo enim in te et in semine tuo imperium mihi stabilire*; e como Deus é o rei: *Tu es ipse rex meus, et Deus meus*; e este rei é o que manda, e o que governa: *Qui mandas salutes Jacob*, Ele, que não se muda, é o que causa estas diferenças, e não os reis que se mudarão. À vista, pois, desta verdade certa, e sem engano, esteve um pouco suspenso o nosso profeta na consideração de tantas calamidades até que para remédio delas o mesmo Deus, que o alumiava, lhe inspirou um conselho altíssimo, nas palavras que tomei por tema.

Exurge, quare obdormis, Domine? Exurge, et ne repellas in finem. Quare faciem tuam avertis, oblivisceris inopiae nostrae, et tribulationis nostrae? Exurge, Domine, adjuva nos, et redime nos propter nomen tuum. Não prega Davi ao povo, não o exorta ou repreende, não faz contra ele invectivas, posto que bem-merecidas; mas todo arrebatado de um novo e extraordinário espírito, se volta não só a Deus, mas piedosamente atrevido contra Ele. Assim como Marta disse a Cristo: *Domine non est tibi curae?*,[ii] assim estranha Davi reverentemente a Deus, e quase O acusa de descuidado. Queixa-se das desatenções de sua misericórdia e providência, que isso é considerar a Deus dormindo: *Exurge, quare obdormis Domine?* Repete-lhe que acorde, e que não deixe chegar os danos ao fim, permissão indigna de sua piedade: *Exurge, et ne repellas in finem.* Pede-lhe a razão por que aparta de nós os olhos e nos volta o rosto: *Quare faciem tuam avertis*; e porque se esquece da nossa miséria, e não faz caso de nossos trabalhos: *Obliviscerís inopiae nostrae et tribulationis nostrae?* E não só pede de qualquer modo esta razão do que Deus faz e permite, senão que insta a que lha dê, uma e outra vez: *Quare obdormis? Quare obliviscerís?* Finalmente depois destas perguntas, a que supõe que não tem Deus resposta, e destes argumentos com que presume O tem convencido, protesta diante do tribunal de sua justiça e piedade, que tem obrigação de nos acudir, de nos ajudar e de nos libertar logo: *Exurge, Domine, adjuva nos, et redime nos.* E para mais obrigar ao mesmo Senhor, não protesta por nosso bem e remédio, senão por parte da sua honra e glória: *Propter nomen tuum.*

Esta é (todo-poderoso e todo-misericordioso Deus), esta é a traça de que usou para render vossa piedade, quem tanto se conformava com vosso cora-

---

[i] *Sal.*, XLIII, 5.
[ii] *Luc.*, X, 40.

ção. E desta usarei eu também hoje, pois o estado em que nos vemos, mais é o mesmo que semelhante. Não hei de pregar hoje ao povo, não hei de falar com os homens: mais alto hão de sair as minhas palavras ou as minhas vozes: a vosso peito divino se há de dirigir todo o sermão. É este o último de quinze dias contínuos, em que todas as igrejas desta metrópole, a esse mesmo trono de Vossa Patente Majestade, têm representado suas deprecações; e pois o dia é o último, justo será que nele se acuda também ao último e único remédio. Todos estes dias se cansaram debalde os oradores evangélicos em pregar penitência aos homens; e pois eles se não converteram, quero eu, Senhor, converter-vos a vós. Tão presumido venho de vossa misericórdia, Deus meu, que ainda que nós somos os pecadores, Vós haveis de ser o arrependido.

O que venho a pedir ou protestar, Senhor, é que nos ajudeis e nos liberteis: *Adjuva nos, et redime nos*. Mui conformes são estas petições ambas ao lugar e ao tempo. Em tempo que tão oprimidos e tão cativos estamos, que devemos pedir com maior necessidade senão que nos liberteis: *Redime nos*? E na casa da Senhora da Ajuda, que devemos esperar com maior confiança, senão que nos ajudeis: *Adjuva nos*? Não hei de pedir pedindo, senão protestando e argumentando; pois esta é a licença e liberdade que tem quem não pede favor senão justiça. Se a causa fora só nossa, e eu viera a rogar só por nosso remédio, pedira favor e misericórdia. Mas como a causa, Senhor, é mais vossa que nossa, e como venho a requerer por parte de vossa honra e glória, e pelo crédito de vosso nome: *Propter nomen tuum*, razão é que peça só razão, justo é que peça só justiça. Sobre este pressuposto Vos hei de arguir, Vos hei de argumentar; e confio tanto da vossa razão e da vossa benignidade, que também Vos hei de convencer. Se chegar a me queixar de Vós, e a acusar as dilações de vossa justiça, ou as desatenções de vossa misericórdia: *Quare obdormis: quare obliviscerís*, não será esta vez a primeira em que sofrestes semelhantes excessos a quem advoga por vossa causa. As custas de toda a demanda também vós, Senhor, as haveis de pagar, porque me há de dar a vossa mesma graça as razões com que Vos hei de arguir, a eficácia com que Vos hei de apertar, e todas as armas com que Vos hei de render. E se para isto não bastam os merecimentos da causa, suprirão os da Virgem Santíssima, em cuja ajuda principalmente confio.

Ave Maria.

II

Exurge, quare obdormis, Domine? Querer argumentar com Deus e convencê-Lo com razões, não só dificultoso assunto parece, mas empresa declaradamente impossível, sobre arrojada temeridade. *O homo, tu quis es, qui respondeas Deos? Nunquid dici figmentum ei, qui se finxit: Quid me fecisti sic?*[i] Homem atrevido (diz S. Paulo), homem temerário, quem és tu, para que te ponhas a altercar com Deus? Porventura o barro que está na roda e entre as mãos do oficial põe-se às razões com ele e diz-lhe por que me fazes assim? Pois se tu és barro, homem mortal, se te formaram as mãos de Deus da matéria vil da terra, como dizes ao mesmo Deus: *Quare, quare*; como te atreves a argumentar com a Sabedoria Divina, como pedes razão à sua Providência do que te faz, ou deixa de fazer? *Quare obdormis? Quare faciem tuam avertis?* Venera suas permissões, reverencia e adora seus ocultos juízos, encolhe os ombros com humildade a seus decretos soberanos, e farás o que te ensina a fé, e o que deves à criatura. Assim o fazemos, assim o confessamos e assim o protestamos diante de Vossa Majestade infinita, imenso Deus, incompreensível bondade: *Justus es, Domine, et rectum judicium tuum.*[ii] Por mais que nós não saibamos entender vossas obras, por mais que não possamos alcançar vossos conselhos, sempre sois justo, sempre sois santo, sempre sois infinita bondade; e ainda nos maiores rigores de vossa justiça, nunca chegais com a severidade do castigo aonde nossas culpas merecem.

Se as razões e argumentos da nossa causa as houvéramos de fundar em merecimentos próprios, temeridade fora grande, antes impiedade manifesta, querer-vos arguir. Mas nós, Senhor, como protestava o vosso profeta Daniel: *Neque enim in justijicationibus nostris prosterminus preces ante faciem tuam, sed in miserationibus tuis multis.*[iii] Os requerimentos e razões deles, que humildemente presentamos ante vosso divino conspecto, as apelações ou embargos, que interpomos à execução e continuação dos castigos que padecemos, de nenhum modo os fundamos na presunção de nossa justiça, mas todos na multidão de vossas misericórdias: *In miserationibus tuis multis*. Argumentamos, sim, mas de Vós para Vós: apelamos, mas de Deus para Deus: de Deus justo para Deus misericordioso. E como do peito, Senhor, Vos hão de sair todas as flechas, mal poderão ofender vossa bondade. Mas porque a dor quando é grande sempre arrasta o afeto, e o acerto das palavras é descrédito da mesma dor, para que o justo sentimento dos males presentes não passe os limites sagrados de quem fala diante de Deus e com Deus, em tudo o que me atrever a dizer seguirei as pisadas sólidas dos que em semelhantes ocasiões, guiados por Vosso mesmo espírito, orarão e exorarão vossa piedade.

---

[i] *Rom.*, IX, 20.
[ii] *Sal.*, CXVIII, 136.
[iii] *Dan.*, IX, 18.

Quando o povo de Israel no deserto cometeu aquele gravíssimo pecado de idolatria, adorando o ouro das suas joias na imagem bruta de um bezerro, revelou Deus o caso a Moisés, que com Ele estava, e acrescentou, irado e resoluto, que daquela vez havia de acabar para sempre com uma gente tão ingrata, e que a todos havia de assolar e consumir, sem que ficasse rasto de tal geração: *Dimitte me, ut irascatur furor meus contra eos, et deleam eos.*[i] Não lhe sofreu porém o coração ao bom Moisés ouvir falar em destruição e assolação do seu povo: põe-se em campo, opõe-se à ira divina, e começa a arrazoar assim: *Cur Domine irascitur furor tuus contra populum tuum?* E bem, Senhor, por que razão se indigna tanto a vossa ira contra o vosso povo? Por que razão, Moisés? E ainda vós quereis mais justificada razão a Deus? Acaba de vos dizer que está o povo idolatrando; que está adorando um animal bruto; que está negando a divindade ao mesmo Deus, e dando-a a uma estátua muda, que acabaram de fazer suas mãos, e atribuindo-lhe a ela a liberdade e triunfo com que os livrou do cativeiro do Egito; e sobre tudo isto ainda perguntais a Deus, por que razão se agasta: *Cur irascitur furor tuus?* Sim. E com muito prudente zelo; porque ainda que da parte do povo havia muito grandes razões de ser castigado, da parte de Deus era maior a razão que havia de o não castigar: *Ne quaeso* (dá a razão Moisés) *ne quaeso dicant Aegyptii, callide eduxit eos, ut interficeret in montibus, et deteret e terra.*[ii] Olhai, Senhor, que porão mácula os Egípcios em vosso ser, e quando menos em vossa verdade e bondade. Dirão que cautelosamente, e à falsa fé, nos trouxestes a este deserto, para aqui nos tirares a vida a todos, e nos sepultares. E com esta opinião divulgada e assentada entre eles, qual será o abatimento de vosso santo nome, que tão respeitado e exaltado deixastes no mesmo Egito, com tantas e tão prodigiosas maravilhas do vosso poder? Convém logo, para conservar o crédito, dissimular o castigo, e não dar com ele ocasião àqueles gentios e aos outros, em cujas terras estamos, ao que dirão: *Ne quaeso dicant.* Desta maneira argumentou Moisés em favor do povo; e ficou tão convencido Deus da força deste argumento, que no mesmo ponto revogou a sentença, e, conforme o Texto hebreu, não só se arrependeu da execução, senão ainda do pensamento: *Et poenituit Dominum mali, quod cogitaverat facere Populo suo.*[iii] E arrependeu-se o Senhor do pensamento e da imaginação que tivera de castigar o seu povo.

Muita razão tenho eu logo, Deus meu, de esperar que haveis de sair deste sermão arrependido; pois sois o mesmo que éreis, e não menos amigo

---

[i] *Êxod.*, XXXII, 10 e 11.
[ii] Ibid., 12.
[iii] Ibid., XXXII, 14, ex texto Hebr.

agora, que nos tempos passados, de vosso nome: *Propter nomen tuum*. Moisés disse-vos: *Ne quaeso dicant*: Olhai, Senhor, que dirão: E eu digo e devo dizer: Olhai, Senhor, que já dizem. Já dizem os hereges insolentes com os sucessos prósperos, que Vós lhe dais ou permitis: já dizem que porque a sua, que eles chamam religião, é a verdadeira, por isso Deus os ajuda e vencem; e porque a nossa é errada e falsa, por isso nos desfavorece e somos vencidos. Assim o dizem, assim o pregam, e ainda mal porque não faltará quem os creia. Pois é possível, Senhor, que hão de ser vossas permissões argumentos contra a vossa fé? É possível que se hão de ocasionar de nossos castigos blasfêmias contra vosso nome? Que diga o herege (o que treme de o pronunciar a língua), que diga o herege, que Deus está holandês? Oh, não permitais tal, Deus meu, não permitais tal, por quem sois. Não o digo por nós, que pouco ia em que nos castigásseis: não o digo pelo Brasil, que pouco ia em que o destruísseis; por Vós o digo e pela honra de vosso Santíssimo Nome, que tão imprudentemente se vê blasfemado: *Propter nomen tuum*. Já que o pérfido calvinista dos sucessos que só lhe merecem nossos pecados faz argumento da religião, e se jacta insolente e blasfemo de ser a sua a verdadeira, veja ele na roda dessa mesma fortuna, que o desvanece, de que parte está a verdade. Os ventos e tempestades, que descompõem e derrotam as nossas armadas, derrotem e desbaratem as suas: as doenças e pestes, que diminuem e enfraquecem os nossos exércitos, escalem as suas muralhas e despovoem os seus presídios: os conselhos que, quando Vós quereis castigar, se corrompem, em nós sejam alumiados e eles enfatuados e confusos. Mude a vitória as insígnias, desafrontem-se as cruzes católicas, triunfem as vossas chagas nas nossas bandeiras, e conheça humilhada e desenganada a perfídia, que só a fé romana, que professamos, é fé, e só ela a verdadeira e a vossa.

Mas ainda há mais quem diga: *Ne quaeso dicant Aegyptii*: Olhai, Senhor, que vivemos entre gentios, uns que o são, outros que o foram ontem; e estes que dirão? Que dirá o tapuia bárbaro sem conhecimento de Deus? Que dirá o índio inconstante, a quem falta a pia afeição da nossa fé? Que dirá o etíope boçal, que apenas foi molhado com a água do batismo sem mais doutrina? Não há dúvida que todos estes, como não têm capacidade para sondar o profundo de vossos juízos, beberão o erro pelos olhos. Dirão, pelos efeitos que veem, que a nossa fé é falsa, e a dos Holandeses a verdadeira, e crerão que são mais cristãos sendo como eles. A seita do herege torpe e brutal concorda mais com a brutalidade do bárbaro: a largueza e soltura da vida, que foi a origem e o fomento da heresia, casa-se mais com os costumes depravados e corrupção do gentilismo: e que pagão haverá que se converta à fé, que lhe pregamos, ou que novo cristão já convertido, que se não perverta, entendendo e persuadindo-se uns e outros, que no herege é premiada a sua lei, e no católico se castiga a nossa? Pois se estes são os efeitos, posto que não pretendidos, de vosso rigor, e castigo justamente começado em nós, por que razão se ateia e passa com tanto dano aos que não são cúmplices nas nossas culpas: *Cur irascitur furor tuus?* Porque continua sem estes reparos, o que vós mesmos chamastes furor; e por que não acabais já de embainhar a espada de vossa ira?

Se tão gravemente ofendido do povo hebreu, por um, que dirão dos Egípcios, lhe perdoastes; o que dizem os hereges e o que dirão os gentios, não será bastante motivo, para que vossa rigorosa mão suspenda o castigo, e perdoe também os nossos pecados, pois, ainda que grandes, são menores? Os Hebreus adoraram o ídolo, faltaram à fé, deixaram o culto do verdadeiro Deus, chamaram deus e deuses a um bezerro; e nós, por mercê de vossa bondade infinita, tão longe estamos e estivemos sempre de menor defeito, ou escrúpulo nesta parte, que muitos deixaram a pátria, a casa, a fazenda, e ainda a mulher e os filhos, e passam em suma miséria, desterrados, só por não viver nem comunicar com homens que se separaram da vossa Igreja. Pois, Senhor meu, e Deus meu, se por vosso amor e por vossa fé, ainda sem perigo de a perder ou arriscar, fazem tais finezas os Portugueses: *Quare obliviscerís inopiae nostrae, et tribulationis nostrae*; por que vos esqueceis de tão religiosas misérias, de tão católicas tribulações? Como é possível que se ponha Vossa Majestade irada contra estes fidelíssimos servos e favoreça a parte dos infiéis, dos excomungados, dos ímpios?

Oh, como nos podemos queixar neste passo, como se queixava lastimado Jó, quando, despojado dos Sabeus e Caldeus, se viu como nós nos vemos, no extremo da opressão e miséria: *Nunquid bonum tibi videtur, si calumnieris me, et opprimas me opus manuum tuarum, et consilium impiorum adjuves?*[i] Parece-Vos bem, Senhor, parece-Vos bem isto? Que a mim, que sou vosso servo, me oprimais e aflijais; e aos ímpios, aos inimigos vossos os favoreçais e ajudeis? Parece-Vos bem que sejam eles os prosperados e assistidos de vossa providência, e nós os deixados de vossa mão; nós os esquecidos de vossa memória; nós o exemplo de vossos rigores; nós o despojo de vossa ira? Tão pouco é desterrar-nos por Vós, e deixar tudo? Tão pouco é padecer trabalhos, pobrezas, e os desprezos que elas trazem consigo, por vosso amor? Já a fé não tem merecimento? Já a piedade não tem valor? Já a perseverança não Vos agrada? Pois se há tanta diferença entre nós, ainda que maus, e aqueles pérfidos, por que os ajudais a eles e nos desfavoreceis a nós? *Nunquid bonum tibi videtur*: a Vós, que sois a mesma bondade, parece-Vos bem isto?

---

[i] *Jó*, X, 3.

III

Considerai, Deus meu — e perdoai-me se falo inconsideradamente —, considerai a quem tirais as terras do Brasil, e a quem as dais. Tirais estas terras aos Portugueses a quem no princípio as destes; e bastava dizer a quem as destes, para perigar o crédito de vosso nome, que não podem dar nome de liberal mercês com arrependimento. Para que nos disse S. Paulo, que Vós, Senhor, quando dais, não Vos arrependeis: *Sine poenitentia enim sun: dona Dei?*[i] Mas deixado isto à parte; tirais estas terras àqueles mesmos portugueses, a quem escolhestes entre todas as nações do mundo para conquistadores da vossa fé, e a quem destes por armas como insígnia e divisa singular vossas próprias chagas. E será bem, supremo senhor e governador do Universo, que às sagradas Quinas de Portugal, e às armas e chagas de Cristo, sucedam as heréticas listas de Holanda, rebeldes a seu rei e a Deus? Será bem que estas se vejam tremular ao vento vitoriosas, e aquelas abatidas, arrastadas e ignominiosamente rendidas? *Et quid facies magno nomini tuo?*[ii] E que fareis (como dizia Josué) ou que será feito de vosso glorioso nome em casos de tanta afronta?

Tirais também o Brasil aos Portugueses, que assim estas terras vastíssimas, como as remotíssimas do Oriente, as conquistaram à custa de tantas vidas e tanto sangue, mais por dilatar vosso nome e vossa fé (que esse era o zelo daqueles cristianíssimos reis), que por amplificar e estender seu império. Assim fostes servido, que entrássemos nestes novos mundos, tão honrada e tão gloriosamente, e assim permitis que saiamos agora (quem tal imaginara de vossa bondade), com tanta afronta e ignomínia! Oh, como receio que não falte quem diga o que diziam os Egípcios: *Callide eduxit eos, ut interficeret, et deteret* e *terra*:[iii] Que a larga mão com que nos destes tantos domínios e reinos não foram mercês de vossa liberalidade, senão cautela e dissimulação de vossa ira, para aqui fora e longe de nossa pátria nos matardes, nos destruirdes, nos acabardes de todo. Se esta havia de ser a paga e o fruto de nossos trabalhos, para que foi o trabalhar, para que foi o servir, para que foi o derramar tanto e tão ilustre sangue nestas conquistas? Para que abrimos os mares nunca dantes navegados? Para que descobrimos as regiões e os climas não conhecidos? Para que contrastamos os ventos e as tempestades com tanto arrojo, que apenas há baixio no Oceano, que não esteja infamado com miserabilíssimos naufrágios de portugueses? E depois de tantos perigos, depois de tantas desgraças, depois de tantas e tão lastimosas mortes, ou

---

[i] *Rom.*, XI, 29.
[ii] *Josué*, VII, 9.
[iii] *Êxod.*, XXXII, 12.

nas praias desertas sem sepultura, ou sepultados nas entranhas dos alarves, das feras, dos peixes, que as terras que assim ganhamos, as hajamos de perder assim! Oh quanto melhor nos fora nunca conseguir, nem intentar tais empresas!

Mais santo que nós era Josué, menos apurada tinha a paciência, e contudo em ocasião semelhante não falou (falando convosco) por diferente linguagem. Depois de os filhos de Israel passarem às terras ultramarinas do Jordão, como nós a estas, avançou parte do exército a dar assalto à cidade de Hai, a qual nos ecos do nome já parece que trazia o prognóstico do infeliz sucesso que os Israelitas nela tiveram; por que foram rotos, e desbaratados, posto que com menos mortos e feridos, do que nós por cá costumamos. E que faria Josué à vista desta desgraça? Rasga as vestiduras imperiais, lança-se por terra, começa a clamar ao Céu: *Heu Domine Deus, quid voluisti traducere populum istum Jordanem fluvium, ut traderes nos in manus Amorrhaei?*[i] Deus meu, e Senhor meu, que é isto? Para que nos mandastes passar o Jordão, e nos metestes de posse destas terras, se aqui nos havíeis de entregar nas mãos dos Amorreus e perder-nos? *Utinam mansissemus trans Jordanem!*[ii] Oh nunca nós passáramos tal rio! Assim se queixava Josué a Deus, e assim nos podemos nós queixar, e com muito maior razão que ele. Se este havia de ser o fim de nossas navegações, se estas fortunas nos esperavam nas terras conquistadas: *Utinam mansissemus trans Jordanem?*, prouvera a vossa Divina Majestade que nunca saíramos de Portugal, nem fiáramos nossas vidas às ondas e aos ventos, nem conhecêramos, ou puséramos os pés em terras estranhas. Ganhá-las para as não lograr, desgraça foi e não ventura: possuí-las para as perder, castigo foi de vossa ira, Senhor, e não mercê, nem favor de vossa liberalidade. Se determináveis dar estas mesmas terras aos piratas de Holanda, porque lhas não destes enquanto eram agrestes e incultas, senão agora? Tantos serviços Vos tem feito esta gente pervertida e apóstata, que nos mandastes primeiro cá por seus aposentadores, para lhe lavrarmos as terras, para lhe edificarmos as cidades, e depois de cultivadas e enriquecidas lhas entregardes? Assim se hão de lograr os hereges, e inimigos da fé dos trabalhos portugueses e dos suores católicos? *En queis consevimus agros?*[iii] Eis aqui para quem trabalhamos há tantos anos! Mas pois Vós, Senhor, o quereis e ordenais assim, fazei o que fores servido. Entregai aos Holandeses o Brasil, entregai-lhe as Índias, entregai-lhe as Espanhas (que não são menos perigosas as consequências do Brasil perdido), entregai-lhe quanto temos, e possuímos (como já lhe entregastes tanta parte); ponde em suas mãos o Mundo; e a nós, aos Portugueses e Espanhóis,

---

[i] *Josué*, VII, 7.
[ii] Ibid.
[iii] Virgíl.

deixai-nos, repudiai-nos, desfazei-nos, acabai-nos. Mas só digo e lembro a Vossa Majestade, Senhor, que estes mesmos que agora desfavoreceis e lançais de Vós, pode ser que os queirais algum dia, e que os não tenhais.

Não me atrevera a falar assim, se não tirara as palavras da boca de Jó, que, como tão lastimado, não é muito entre muitas vezes nesta tragédia. Queixava-se o exemplo da paciência a Deus (que nos quer Deus sofridos, mas não insensíveis), queixava-se do tesão de suas penas, demandando e altercando, porque se lhe não havia de remitir e afrouxar um pouco o rigor delas: e como a todas as réplicas e instâncias o Senhor se mostrasse inexorável, quando já não teve mais que dizer, concluiu assim: *Ecce nunc in pulvere dormiam, et si mane me quaesieris, non subsistam.*[i] Já que não quereis, Senhor, desistir ou moderar o tormento, já que não quereis senão continuar o rigor e chegar com ele ao cabo, seja muito embora, matai-me, consumi-me, enterrai-me: *Ecce nunc in pulvere dormiam*: mas só Vos digo e Vos lembro uma coisa: que se me buscardes amanhã, que me não haveis de achar: *Et si mane me quaesieris, non subsistam.* Tereis aos Sabeus, tereis aos Caldeus, que sejam o roubo e o açoite de vossa casa; mas não achareis a um Jó que a sirva, não achareis a um Jó que a venere, não achareis a um Jó, que ainda com suas chagas, a não desautorize. O mesmo digo eu, Senhor, que não é muito rompa nos mesmos afetos, quem se vê no mesmo estado. Abrasai, destruí, consumi-nos a todos; mas pode ser que algum dia queirais Espanhóis e Portugueses, e que os não acheis. Holanda vos dará os apostólicos conquistadores, que levem pelo mundo os estandartes da Cruz: Holanda vos dará os pregadores evangélicos, que semeiem nas terras dos bárbaros a doutrina católica, e a reguem com o próprio sangue: Holanda defenderá a verdade de vossos sacramentos, e a autoridade da Igreja Romana: Holanda edificará templos, Holanda levantará altares, Holanda consagrará sacerdotes e oferecerá o sacrifício de vosso Santíssimo Corpo: Holanda enfim Vos servirá e venerará tão religiosamente como em Amsterdão, Midelburgo e Flissinga, e em todas as outras colônias daquele frio e alagado inferno, se está fazendo todos os dias.

IV

Bem vejo que me podeis dizer, Senhor, que a propagação de vossa fé e as obras de vossa glória não dependem de nós, nem de ninguém, e que sois poderoso, quando faltem homens, para fazer das pedras filhos de Abraão. Mas também a vossa sabedoria e a experiência de todos os séculos nos tem ensinado

---

[i] *Jó*, VII, 21.

que depois de Adão não criastes homens de novo, que Vos servis dos que tendes neste mundo, e que nunca admitis os menos bons, senão em falta dos melhores. Assim o fizestes na parábola do banquete. Mandastes chamar os convidados, que tínheis escolhido, e porque eles se escusaram, e não quiseram vir, então admitistes os cegos e mancos, e os introduzistes em seu lugar. *Caecos, et claudos introduc huc.*[i] E se esta é, Deus meu, a regular disposição de vossa providência divina, como a vemos agora tão trocada em nós e tão diferente conosco? Quais foram estes convidados e quais são estes cegos e mancos? Os convidados fomos nós, a quem primeiro chamastes para estas terras, e nelas nos pusestes a mesa, tão franca e abundante, como de vossa grandeza se podia esperar. Os cegos e mancos são os luteranos e calvinistas, cegos sem fé e mancos sem obras; na reprovação das quais consiste o principal erro da sua heresia. Pois se nós, que fomos os convidados, não nos escusamos, nem duvidamos de vir, antes rompemos por muitos inconvenientes, em que pudéramos duvidar: se viemos e nos assentamos à mesa, como nos excluís agora e lançais fora dela e introduzis violentamente os cegos e mancos, e dais os nossos lugares ao herege? Quando em tudo o mais foram eles tão bons como nós, ou nós tão maus como eles, por que não há de nos valer pelo menos o privilégio e prerrogativa da fé? Em tudo parece, Senhor, que trocais os estilos de vossa providência e mudais as leis de vossa justiça conosco.

Aquelas dez virgens do vosso Evangelho todas se renderam ao sono, todas adormeceram, todas foram iguais no mesmo descuido: *Dormitaverunt omnes, et dormierunt.*[ii] E contudo a cinco delas passou-lhe o esposo por este defeito, e só porque conservaram as lâmpadas acesas, mereceram entrar às bodas, de que as outras foram excluídas. Se assim é, Senhor meu, se assim o julgastes então (que Vós sois aquele Esposo Divino) porque não nos vale a nós também conservar as lâmpadas da fé acesas, que no herege estão tão apagadas e tão mortas? É possível que haveis de abrir as portas a quem traz as lâmpadas apagadas, e que as haveis de fechar a quem as tem acesas? Reparai, Senhor, que não é autoridade do vosso divino tribunal que saiam dele no mesmo caso duas sentenças tão encontradas. Se às que deixaram apagar as lâmpadas se disse: *Nescio vos*:[iii] se para elas se fecharam as portas: *Clausu est janua*:[iv] a quem merece ouvir de vossa boca um *Nescio vos* tremendo, senão o herege que vos não conhece? E a quem deveis dar com a porta nos olhos, senão ao herege que os tem tão cegos? Mas

---

[i] *Luc.*, XIV, 21.
[ii] *Mat.*, XXV, 5.
[iii] Ibid., 12.
[iv] Ibid., 10.

eu vejo que nem esta cegueira, nem este desconhecimento, tão merecedores de vosso rigor, lhe retarda o progresso de suas fortunas, antes a passo largo se vêm chegando a nós suas armas vitoriosas, e cedo nos baterão às portas desta vossa cidade. Desta vossa cidade, disse; mas não sei se o nome do Salvador, com que a honrastes, a salvará e defenderá, como já outra vez não defendeu; nem sei se estas nossas deprecações, posto que tão repetidas e continuadas, acharão acesso a vosso conspecto divino, pois há tantos anos que está bradando ao Céu a nossa justa dor, sem vossa clemência dar ouvidos a nossos clamores.

Se acaso for assim (o que Vós não permitais), e está determinado em vosso secreto juízo que entrem os hereges na Baía, o que só Vos represento humildemente e muito deveras é que antes da execução da sentença repareis bem, Senhor, no que Vos pode suceder depois, e que o consulteis com vosso coração, enquanto é tempo: porque melhor será arrepender agora, que quando o mal passado não tenha remédio. Bem estais na intenção e alusão com que digo isto, e na razão, fundada em Vós mesmo, que tenho para o dizer. Também antes do dilúvio estáveis Vós muito colérico e irado contra os homens e por mais que Noé orasse em todos aqueles cem anos, nunca houve remédio para que se aplacasse vossa ira. Romperam-se enfim as cataratas do céu, cresceu o mar até os cumes dos montes, alagou-se o Mundo todo: lá estaria satisfeita vossa justiça; senão quando ao terceiro dia começaram a boiar os corpos mortos, e a surgir e aparecer em multidão infinita aquelas figuras pálidas, e então se representou sobre as ondas a mais triste e funesta tragédia, que nunca viram os anjos, que homens que a vissem, não os havia. Vistes Vós também (como se o vísseis de novo) aquele lastimosíssimo espetáculo, e posto que não chorastes, porque ainda não tínheis olhos capazes de lágrimas, enterneceram-se porém as entranhas de vossa Divindade, com tão intrínseca dor: *Tactus dolore cordis intrinsecus*,[i] que do modo que em Vós cabe arrependimento, Vos arrependestes do que tínheis feito ao Mundo, e foi tão inteira a vossa contrição, que não só tivestes pesar do passado, senão propósito firme de nunca mais o fazer: *Nequaquam ultra maledicam terrae propter homines.*[ii] Este sois, Senhor, este sois: e pois sois este, não vos tomeis com vosso coração. Para que é fazer agora valentias contra ele, se o seu sentimento, e o vosso as há de pagar depois? Já que as execuções de vossa justiça custam arrependimentos à vossa bondade; vede o que fazeis antes que o façais, não Vos aconteça outra. E para que o vejais com cores humanas, que já Vos não são estranhas, dai-me licença, que eu Vos represente primeiro ao vivo as lástimas e misérias deste futuro dilúvio, e se esta

---

[i] *Gênes.*, VI, 6.
[ii] Ibid., VIII, 21.

representação Vos não enternecer, e tiverdes entranhas para o ver sem grande dor, executai-o embora.

Finjamos pois (o que até fingido e imaginado faz horror), finjamos que vem a Baía e o resto do Brasil a mãos dos Holandeses; que é o que há de suceder em tal caso? Entrarão por esta cidade com fúria de vencedores e de hereges: não perdoarão a estado, a sexo nem a idade: com os fios dos mesmos alfanges medirão a todos: chorarão as mulheres, vendo que se não guarda decoro à sua modéstia: chorarão os velhos, vendo que se não guarda respeito a suas cãs: chorarão os nobres, vendo que se não guarda cortesia à sua qualidade: chorarão os religiosos e veneráveis sacerdotes, vendo que até as coroas sagradas os não defendem: chorarão finalmente todos, e entre todos mais lastimosamente os inocentes, porque nem a esses perdoará (como em outras ocasiões não perdoou) a desumanidade herética. Sei eu, Senhor, que só por amor dos inocentes, dissestes Vós alguma hora, que não era bem castigar a Nínive. Mas não sei que tempos, nem que desgraça é esta nossa, que até a mesma inocência Vos não abranda. Pois também a Vós, Senhor, Vos há de alcançar parte do castigo (que é o que mais sente a piedade cristã), também a Vós há de chegar.

Entrarão os hereges nesta igreja e nas outras: arrebatarão essa custódia, em que agora estais adorado dos anjos: tomarão os cálices e vasos sagrados, e aplicá-los-ão a suas nefandas embriaguezes: derrubarão dos altares os vultos e estátuas dos santos, deformá-las-ão a cutiladas, e metê-las-ão no fogo: e não perdoarão as mãos furiosas e sacrílegas, nem às imagens tremendas de Cristo crucificado, nem às da Virgem Maria. Não me admiro tanto, Senhor, de que hajais de consentir semelhantes agravos e afrontas nas vossas imagens, pois já as permitistes em vosso sacratíssimo corpo; mas nas da Virgem Maria, nas de vossa Santíssima Mãe, não sei como isto pode estar com a piedade e amor de filho. No Monte Calvário esteve esta Senhora sempre ao pé da Cruz, e com serem aqueles algozes tão descorteses e cruéis, nenhum se atreveu a Lhe tocar nem a Lhe perder o respeito. Assim foi e assim havia de ser, porque assim o tínheis Vós prometido pelo profeta: *Flagellum non appropinquabit tabernaculo tuo*.[i] Pois, Filho da Virgem Maria, se tanto cuidado tivesses então do respeito e decoro de vossa Mãe, como consentis agora que se Lhe façam tantos desacatos? Nem me digais, Senhor, que lá era a pessoa, cá a imagem. Imagem somente da mesma Virgem, era a Arca do Testamento, e só porque Oza a quis tocar, lhe tirastes a vida. Pois se então havia tanto rigor para quem ofendia a imagem de Maria, por que o não há também agora? Bastava então qualquer dos outros desacatos às coisas sagradas, para uma severíssima demonstração vossa ainda

---

[i] *Sal.*, XC, 10.

milagrosa. Se a Jeroboão, porque levantou a mão para um profeta, se lhe secou logo o braço milagrosamente; como aos hereges depois de se atreverem a afrontar vossos santos, lhe ficam ainda braços para outros delitos? Se a Baltasar por beber pelos vasos do Templo, em que não se consagrava vosso sangue, o privastes da vida e do reino, por que vivem os hereges, que convertem vossos cálices a usos profanos? Já não há três dedos que escrevam sentença de morte contra sacrílegos?

Enfim, Senhor, despojados assim os templos, e derrubados os altares, acabar-se-á no Brasil a cristandade católica: acabar-se-á o culto divino: nascerá erva nas igrejas como nos campos: não haverá quem entre nelas. Passará um dia de Natal, e não haverá memória de vosso Nascimento: passará a Quaresma, a Semana Santa, e não se celebrarão os mistérios de vossa Paixão. Chorarão as pedras das ruas, como diz Jeremias, que choravam as de Jerusalém destruída: *Viae Sion lugent, eo quod non sint qui veniant ad solemnitatem*:[i] Ver-se-ão ermas, e solitárias, e que as não pisa a devoção dos fiéis, como costumava em semelhantes dias. Não haverá missas, nem altares, nem sacerdotes, que as digam: morrerão os católicos sem confissão, nem sacramentos: pregar-se-ão heresias nestes mesmos púlpitos, e em lugar de S. Jerônimo, e Santo Agostinho, ouvir-se-ão e alegar-se-ão neles os infames nomes de Calvino e Lutero, beberão a falsa doutrina os inocentes que ficarem, relíquias dos Portugueses: e chegaremos a estado, que se perguntarem aos filhos e netos dos que aqui estão: Menino, de que seita sois? Um responderá, eu sou calvinista; outro, eu sou luterano. Pois isto se há de sofrer, Deus meu? Quando quisestes entregar vossas ovelhas a S. Pedro, o examinaste três vezes, se Vos amava: *Diligis me, diligis me, diligis me?*[ii] E agora as entregais desta maneira, não a pastores, senão aos lobos? Sois o mesmo, ou sois outro? Aos hereges o vosso rebanho? Aos hereges as almas? Como tenho dito, e nomeei almas, não vos quero dizer mais. Já sei, Senhor, que Vos haveis de enternecer, e arrepender, e que não haveis de ter coração para ver tais lástimas, e tais estragos. E se assim é (que assim o estão prometendo vossas entranhas piedosíssimas), se é que há de haver dor, se é que há de haver arrependimento depois, cessem as iras, cessem as execuções agora, que não é justo Vos contente antes o de que Vos há de pesar em algum tempo.

Muito honrastes, Senhor, ao homem na criação do mundo, formando-o com vossas próprias mãos, informando-o, e animando-o com vosso próprio alento, e imprimindo nele o caráter de vossa imagem e semelhança. Mas parece

---

[i] *Tren.*, I, 4.
[ii] *João*, XXI, 15.

que logo desde aquele mesmo dia Vos não contentastes dele, porque de todas as outras coisas que criastes, diz a Escritura que Vos pareceram bem: *Vidit Deus quod esset bonum:*[i] e só do homem o não diz. Na admiração desta misteriosa reticência andou desde então suspenso, e vacilando o juízo humano, não podendo penetrar qual fosse a causa, porque agradando-Vos com tão pública demonstração todas as vossas obras, só do homem, que era a mais perfeita de todas, não mostrásseis agrado. Finalmente passados mais de mil e setecentos anos, a mesma Escritura, que tinha calado aquele mistério, nos declarou que Vós estáveis arrependido de ter criado o homem: *Poenituit eum quod hominem fecisset in terra:*[ii] e que Vós mesmo dissestes que Vos pesava: *Poenitet me fecisse eos:*[iii] e então ficou patente, e manifesto a todos o segredo que tantos tempos tínheis ocultado. E Vós, Senhor, dizeis que Vos pesa, e que estais arrependido de ter criado o homem; pois essa é a causa porque desde logo o princípio de sua criação Vos não agradastes dele, nem quisestes que se dissesse, que Vos parecera bem: julgando, como era razão, por coisa muito alheia de vossa sabedoria e providência, que em nenhum tempo Vos agradasse, nem parecesse bem aquilo de que depois Vos havíeis de arrepender, e ter pesar de ter feito: *Poenitet me fecisse*. Sendo pois esta a condição verdadeiramente divina, e a altíssima razão de estado de vossa providência, não haver já mais agrado do que há de haver arrependimento; e sendo também certo nas piedosíssimas entranhas de vossa misericórdia, que se permitirdes agora as lástimas, as misérias, os estragos, que tenho representado, é força que Vos há de pesar depois, e Vos haveis, de arrepender: arrependei-Vos, misericordioso Deus, enquanto estamos em tempo, ponde em nós os olhos de vossa piedade, ide à mão à vossa irritada justiça, quebre vosso amor as flechas de vossa ira, e não permitais tantos danos, e tão irreparáveis. Isto é o que Vos pedem tantas vezes prostradas diante de vosso divino acatamento, estas almas tão fielmente católicas em nome seu, e de todas as deste estado. E não Vos fazem esta humilde deprecação pelas perdas temporais, de que cedem, e as podeis executar neles por outras vias; mas pela perda espiritual eterna de tantas almas, pelas injúrias de vossos templos e altares, pela exterminação do sacrossanto sacrifício de vosso corpo e sangue, e pela ausência insofrível, pela ausência e saudades desse Santíssimo Sacramento, que não sabemos quanto tempo teremos presente.

---

[i] *Gênes.*, I, 10.
[ii] Ibid., VI, 6.
[iii] Ibid. 7.

V

Chegado a este ponto, de que não sei, nem se pode passar; parece-me que nos está dizendo vossa divina e humana bondade, Senhor, que o fizéreis assim facilmente, e Vos deixaríeis persuadir, e convencer destas nossas razões, senão que está, clamando por outra parte vossa divina justiça: e como sois igualmente justo e misericordioso, que não podeis deixar de castigar, sendo os pecados do Brasil tantos e tão grandes. Confesso, Deus meu, que assim é, e todos confessamos que somos grandíssimos pecadores. Mas tão longe estou de me aquietar com esta resposta, que antes esses mesmos pecados muitos e grandes, são um novo e poderoso motivo dado por Vós mesmo para mais convencer vossa bondade.

A maior força dos meus argumentos não consistiu em outro fundamento até agora que no crédito, na honra, e na glória de vosso Santíssimo Nome: *Propter nomen tuum*. E que motivo posso eu oferecer mais glorioso ao mesmo nome, que serem muitos e grandes os nossos pecados? *Propter nomen tuum, Domine, propitiaberis pecato meo: multum est enim.*[i] Por amor de vosso nome, Senhor, estou certo (dizia Davi) que me haveis de perdoar meus pecados, porque não são quaisquer pecados, senão muitos e grandes: *Multum est enim*. Oh, motivo digno só do peito de Deus! Oh, consequência que só na suma bondade pode ser forçosa! De maneira que para lhe serem perdoados seus pecados alegou um pecador a Deus, que são muitos e grandes. Sim; e não por amor do pecador, nem por amor dos pecados, senão por amor da honra e glória do mesmo Deus, a qual quanto mais e maiores são os pecados que perdoa, tanto maior é, e mais engrandece e exalta seu Santíssimo Nome: *Propter nomen tuum, Domine, propitiaberis peccato meo: multum est enim*. O mesmo Davi distingue na misericórdia de Deus grandeza e multidão: a grandeza: *Secundum magnam misericordiam tuam*:[ii] a multidão: *Et secundum multitudinem miserationum tuarum*. E como a grandeza da misericórdia divina é imensa, e a multidão de suas misericórdias infinita; e o imenso não se pode medir, nem o infinito contar; para que uma e outra, de algum modo, tenha proporcionada matéria de glória, importa à mesma grandeza da misericórdia que os pecados sejam grandes, e à mesma multidão das misericórdias, que sejam muitos: *Multum est enim*. Razão tenho eu logo, Senhor, de me não render à razão de serem muitos e grandes nossos pecados. E razão tenho também de instar em vos pedir a razão porque não desistis de os castigar: *Quare obdormis? Quare faciem tuum avertis? Quare obliviceris inopiae nostra, et tribulationis nostra?*

---

[i] *Sal.*, XXIV, 11.
[ii] *Sal.*, L, 3.

Esta mesma razão Vos pediu Jó quando disse: *Cur non tollis peccatum meum, et quare non aufers iniquitatem meam?*[i] E posto que não faltou um grande intérprete de vossas Escrituras que o arguisse por vossa parte, enfim se deu por vencido, e confessou que tinha razão Jó em Vo-la pedir: *Criminis in loco Deo impingis, quod ejus, qui deliquit, non miseretur?* diz S. Cirilo Alexandrino. Basta, Jó, que criminais e acusais a Deus de que castiga vossos pecados! Nas mesmas palavras confessais que cometestes pecados e maldades; e com as mesmas palavras pedis razão a Deus por que as castiga? Isto é dar a razão, e mais pedi-la. Os pecados e maldades, que não ocultais, são a razão do castigo: pois se dais a razão, por que a pedis? Porque ainda que Deus, para castigar os pecados, tem a razão de sua justiça, para os perdoar, e desistir do castigo, tem outra razão maior, que é a da sua glória: *Qui enim misereri consuerit, et non vulgarem in eo gloriam habet; obquam causam mei non miseretur?* Pede razão Jó a Deus, e tem muita razão de a pedir (responde por Ele o mesmo santo, que O arguiu), porque se é condição de Deus usar de misericórdia, e é grande e não vulgar a glória que adquire em perdoar pecados, que razão tem, ou pode dar bastante de os não perdoar? O mesmo Jó tinha já declarado a força deste seu argumento nas palavras antecedentes com energia para Deus muito forte: *Peccavi, quid faciam tibi?*[ii] Como se dissera: se eu fiz, Senhor, como homem em pecar, que razão tendes Vós para não fazer como Deus em me perdoar? Ainda disse, e quis dizer mais: *Peccavi, quid faciam tibi?* Pequei, que mais Vos posso fazer? E que fizestes vós, Jó, a Deus em pecar? Não Lhe fiz pouco; porque Lhe dei ocasião a me perdoar, e perdoando-me, ganhar muita glória. Eu dever-Lhe--ei a Ele, como a causa, a graça que me fizer; e Ele dever-me-á a mim, como a ocasião, a glória que alcançar.

E se é assim, Senhor, sem licença nem encarecimento; se é assim, misericordioso Deus, que em perdoar pecados se aumente a vossa glória, que é o fim de todas vossas ações; não digais que nos não perdoais, porque são muitos e grandes os nossos pecados, que antes porque são muitos e grandes, deveis dar essa grande glória à grandeza e multidão de vossas misericórdias. Perdoando-nos, e tendo piedade de nós, é que haveis de ostentar a soberania de vossa majestade, e não castigando-nos, em que mais se abate vosso poder, do que se acredita. Vede-o neste último castigo, em que, contra toda a esperança do mundo e do tempo, fizestes que se derrotasse a nossa armada, a maior que nunca passou a equinocial. Pudestes, Senhor, derrotá-la; e que grande glória foi de vossa onipotência, poder o que pode o vento? *Contra folium,*

---

[i] *Jó*, VII, 21.
[ii] *Jó*, VII, 20.

quod vento rapitur, ostendis potentiam.[i] Desplantar uma nação, como nos ides desplantando, e plantar outra, também é poder que Vós cometestes a um homenzinho de Anatoth: *Ecce constitui te super gentes, et super regna, ut evellas, et destruas, et disperdas, et dissipes, et aedifices, et plantes.*[ii] O em que se manifesta a majestade, a grandeza e a glória de vossa infinita onipotência é em perdoar e usar de misericórdia: *Qui onipotentiam tuam, parcendo maxime, et miserando, manifestas.* Em castigar, venceis-nos a nós, que somos criaturas fracas; mas em perdoar, venceis-Vos a Vós mesmo, que sois todo-poderoso e infinito. Só esta vitória é digna de Vós, porque só vossa justiça pode pelejar com armas iguais contra vossa misericórdia; e sendo infinito o vencido, infinita fica a glória do vencedor. Perdoai pois, benigníssimo Senhor, por esta grande glória vossa: *Propter magnam gloriam tuam:* perdoai por esta glória imensa de vosso Santíssimo Nome: *Propter nomen tuum.*

E se acaso ainda reclama vossa divina justiça, por certo não já misericordioso, senão justíssimo Deus, que também a mesma justiça se pudera dar por satisfeita com os rigores e castigos de tantos anos. Não sois Vós enquanto justo, aquele justo juiz, de quem canta o vosso profeta: *Deus Judex justus, fortis, et patiens, nunquid irascitur per singulos dies?*[iii] Pois se a vossa ira, ainda como de justo juiz, não é de todos os dias nem de muitos; por que se não dará satisfeita com rigores de anos e tantos anos? Sei eu, Legislador Supremo, que nos casos de ira, posto que justificada, nos manda vossa santíssima lei que não passe de um dia, e que antes de se pôr o Sol tenhamos perdoado: *Sol non occidat super imcundiam vestram.*[iv] Pois se da fraqueza humana, e tão sensitiva, espera tal moderação nos agravos vossa mesma lei, e lhe manda que perdoe e se aplaque em termo tão breve e tão preciso; Vós que sois Deus infinito, e tendes um coração tão dilatado como vossa mesma imensidade, e em matéria de perdão Vos propondes aos homens por exemplo; como é possível que os rigores de vossa ira se não abrandem em tantos anos, e que se ponha e torne a nascer o Sol tantas e tantas vezes, vendo sempre desembainhada e correndo sangue a espada de vossa vingança? Sol de justiça, cuidei eu que Vos chamavam as Escrituras,[v] porque ainda quando mais fogoso e ardente, dentro do breve espaço de doze horas, passava o rigor de vossos raios; mas não o dirá assim este Sol material que nos alumia e rodeia, pois há tantos

---

[i] *Jó*, XIII, 25.
[ii] *Jerem.*, I, 10.
[iii] *Sal.*, VII, 12.
[iv] *Efés.*, IV, 26.
[v] *Malaqu.*, IV, 2.

dias e tantos anos, que passando duas vezes sobre nós de um trópico a outro, sempre Vos vê irado.

Já Vos não alego, Senhor, com o que dirá a Terra e os homens, mas com o que dirá o Céu e o mesmo Sol. Quando Josué mandou parar o Sol, as palavras da língua hebraica, em que lhe falou, foram, não que parasse, senão que se calasse: *Sol tace contra Gabaon.*[i] Calar mandou ao Sol o valente capitão, porque aqueles resplendores amortecidos, com que se ia sepultar no ocaso, eram umas línguas mudas com que o mesmo Sol o murmurava de demasiadamente vingativo: eram umas vozes altíssimas, com que desde o Céu lhe lembrava a lei de Deus, e lhe pregava que não podia continuar a vingança, pois ele se ia meter no ocidente: *Sol non occidat super iracundiam vestram.* E se Deus, como autor da mesma lei, ordenou que o Sol parasse, e aquele dia (o maior que viu o mundo) excedesse os termos da natureza por muitas horas, e fosse o maior; foi para que concordando a justa lei com a justa vingança, nem por uma parte se deixasse de executar o rigor do castigo, nem por outra se dispensasse no rigor do preceito. Castigue-se o Gabaonita, pois é justo castigá-lo; mas esteja o Sol parado até que se acabe o castigo, para que a ira, posto que justa, do vencedor, não passe os limites de um dia. Pois se este é, Senhor, o termo prescrito de vossa lei; se fazeis milagres e tais milagres para que ela se conserve inteira, e se Josué manda calar e emudecer o Sol, porque se não queixe, e dê vozes contra a continuação de sua ira; que quereis que diga o mesmo Sol, não parado nem emudecido? Que quereis que diga a Lua e as estrelas, já cansadas de ver nossas misérias? Que quereis que digam todos esses céus criados, não para apregoar vossas justiças, senão para cantar vossas glórias: *Coeli enarrant gloriam Dei?*[ii]

Finalmente, benigníssimo Jesus, verdadeiro Josué e verdadeiro Sol, seja o epílogo e conclusão de todas as nossas razões, o vosso mesmo nome: *Propter nomen tuum.* Se o Sol estranha a Josué rigores de mais de um dia, e Josué manda calar o Sol, porque lhos não estranhe; como pode estranhar vossa divina justiça, que useis conosco de misericórdia, depois da execução de tantos e tão rigorosos castigos continuados, não por um dia ou muitos dias de doze horas, senão por tantos e tão compridos anos, que cedo serão doze? Se sois Jesus, que quer dizer Salvador, sede Jesus e sede Salvador nosso. Se sois Sol e Sol de justiça, antes que se ponha o deste dia, deponde os rigores da vossa. Deixai já o signo rigoroso de Leão, e dai um passo ao signo de Virgem, signo propício e benéfico. Recebei influências humanas, de quem recebestes a humanidade. Perdoai-nos, Senhor,

---

[i] *Josué*, X, 12.
[ii] *Sal.*, XVIII, 1.

pelos merecimentos da Virgem Santíssima. Perdoai-nos por seus rogos, ou perdoai-nos por seus impérios: que, se como criatura Vos pede por nós o perdão, como Mãe Vos pode mandar, e Vos manda que nos perdoeis. Perdoai-nos enfim, para que a vosso exemplo perdoemos: e perdoai-nos também a exemplo nosso, que todos desde esta hora perdoamos a todos por vosso amor: *Dimitte nobis debita nostra, sicut et nos dimittimus debitoribus nostris. Amen.*

Sermão de S. Roque

NA CASA PROFESSA DA MESMA COMPANHIA, EM LISBOA, NA FESTA QUE FEZ ANTÔNIO TELES DA SILVA NO ANO DE 1642

Ut cum venerit; et pulsaverit, confestim aperiant ei.[i]

Verdadeiramente que se em alguma hora preguei sobre tema forçado, se em algum momento não tive liberdade de eleição sobre as palavras do Evangelho, foi na ocasião presente. Nem eu pudera tomar outro tema que o que propus, nem poderei seguir nele outra exposição que a que logo direi de S. Gregório. O fim e intento de todo o Evangelho é querer Cristo seus servos vigilantes e preparados para quando lhes bater à porta. Isso vêm a dizer em suma as nossas palavras: *Ut cum venerit, et pulsaverit, confestim aperiant ei.* Se perguntarmos aos doutores quando e de que maneira bate Deus às portas de nossas almas, responde S. Gregório Papa no sentido mais literal, que todos seguem: *Pulsat, cum per aegritudinis molestias esse mortem vicinam designat*: que nos bate Deus às portas da alma por meio das enfermidades do corpo. Se perguntarmos mais quando e de que maneira abrimos com pontualidade a Deus: responde o mesmo Santo Doutor, e com ele muitos outros: *Cui confestim aperimus, si hunc cum amore suscipimus*: que abrimos a Deus com pontualidade quando O recebemos com amor. De sorte que o bater e o abrir das portas de nossa alma consiste em bater Deus por enfermidade, e em abrirmos nós por caridade: *Pulsat per aegritudinis molestias: aperimus, si cum amore suscipimus.* Bem disse eu logo que nem pudera tomar na ocasião presente outro tema, nem seguir nele outra exposição. Celebramos hoje as gloriosas memórias do ilustríssimo confessor de Cristo, S. Roque, cujas portas formosíssimas da alma se estão vendo tão batidas e tão abertas, que duvido qual mais quisesse fazer nelas a Providência Divina, se teatro de sua paciência ao Céu, se exemplar de sua caridade à Terra. Encontram-se às portas daquela alma ao mesmo tempo duas mãos, por fora a de Deus batendo, por dentro a de Roque abrindo; e ainda que o amor não se conquista com golpes, quão rigoroso insista Deus no bater, tão amoroso se mostrava Roque no

---

[i] *Luc.*, XII.

abrir: Deus batia por enfermidades: *Pulsat per aeqritudinis molestias,* Roque abria por caridade: *Aperimus, si cum amore suscipimus*. Suposta esta conformidade fácil do Evangelho, parece que se encaminhará o nosso discurso a S. Roque pela correspondência maravilhosa que teve sua caridade com suas enfermidades. E ainda que eu estivesse mais para pedir ao santo remédio das próprias que para ponderar finezas das suas, diremos enquanto pudermos com o favor da divina graça. *Ave Maria.*

I

Ut cum venerit, et pulsaverit, confestim aperiant ei.[i]

Suposto que nos bate Deus às portas da alma por meio das enfermidades do corpo, uma coisa muito singular acho no glorioso sujeito de nossa oração, e é, que foi tão vigilante servo S. Roque em acudir ao bater de Deus, que não só acudiu pontualmente, quando lhe batia às portas próprias, senão também quando batia às alheias. Lá bateu uma vez o Esposo às portas da Alma Santa; e com ser santa, acudiu tão pouco diligente, que quando chegou a abrir, já o Esposo, cansado de esperar, se tinha partido: *Surrexi ut aperirem dilecto meo; at ipse declinaverat, atque transierat.*[ii] Verdadeiramente, que se a Esposa dos Cantares não representara as almas de toda a Igreja, creio que deixara Deus a Alma Santa, e se desposara com a alma de Roque. A Alma Santa talvez acode a Deus quando lhe bate às portas próprias: Roque, ou lhe bata Deus às próprias, ou às alheias, sempre acode diligente.

E se me perguntam quando aconteceu isto a S. Roque, quando acudiu com esta pontualidade a um e outro bater de Deus, digo que sempre, em duas ocasiões: ou quando lhe batia Deus às portas próprias por meio de enfermidades suas, ou quando batia às portas alheias por meio das enfermidades dos próximos: *Pulsat per aegritudinis molestias*. Andando tão fervorosa em um e outro abrir sua caridade: *Aperimus, si cum amore suscipimus*: que das enfermidades alheias adoecia, e com as enfermidades próprias curava: das enfermidades alheias tirava doença para si, das enfermidades próprias tirava saúde para nós. Não é modo de enaltecer, senão a pura verdade. Quando S. Roque saiu da França para a Itália, o exercício e instituto de vida que tomou foi servir aos enfermos

---

[i] *Le.* XII, 36.
[ii] *Cânt.*, V, 5 s.

nos hospitais, de onde (posto que curou muitos milagrosamente) saiu com uma grave enfermidade, que lhe deu larga matéria de paciência. Voltando à pátria, e chegando-se-lhe o fim ditoso de sua peregrinação, permitiu o Senhor que fosse ferido de peste, de que morreu em breves dias; mas depois de morto, foi achado com uma tábua nas mãos, escrita por ministério dos anjos, na qual prometia que todos os enfermos de peste que se encomendassem em sua intercessão sarariam daquele mal. Assim que das enfermidades alheias tirava doença para si; e das enfermidades próprias tirava remédio para nós. Quando serve aos enfermos, toma por prêmio a doença, quando morre de enfermidade, deixa em testamento a saúde. Até aqui pontualidade de acudir a Deus, até aqui engenhoso artifício e artificioso extremo de caridade: adoecer com as enfermidades alheias, e curar com as enfermidades próprias. Excelência é esta que só duas vezes acho escrita, uma vez junta, outra dividida: se dividida, em S. Paulo e Cristo; se junta, no glorioso S. Roque.

II

Vai contando S. Paulo o muito que tinha padecido em serviço aos próximos, e diz assim aos Coríntios: *Quis infirmatur, et ego non infirmor?*[i] Que homem há que adoeça, que não enferme eu também com ele? Notável dizer! Parece que ou a caridade é um bem contagioso, que se pega a todos os males, ou todos os males são contagiosos em relação à caridade, que se pegam a quem a tem: *Quis infirmatur, et ego non infirmor?* Mas como pode ser (vamos à razão), como pode ser que adoecesse S. Paulo das enfermidades alheias, e que sentindo cada um as suas, Paulo padecesse as de todos? Lá os outros enfermavam, e cá Paulo adoecia? Como pode isto ser? Na caridade do Apóstolo temos a solução da dúvida. Como a caridade essencialmente é união, e união perfeitíssima, de tal maneira une os próximos entre si, que se eu tenho caridade, cada próximo é outro eu: *Ut sint unum, sicut nos unum sumus*:[ii] e como por estes laços sobrenaturais os homens se unem entre si, e se identificam reciprocamente, daqui vem que pode, antes deve cada um adoecer das enfermidades do outro: porque necessariamente hão de ser os acidentes comuns, onde o sujeito é o mesmo. Por isso S. Paulo (e o mesmo digo de S. Roque) adoecia das enfermidades alheias, e sentindo cada um as suas, ele padecia as de todos; tudo por benefício de sua caridade. Adoecia das enfermidades alheias, porque a união recíproca do amor

---

[i] *2 Cor.,* XI, 29.
[ii] *João,* XVII, 22.

as fazia próprias; e sentindo cada um o seu mal, ele padecia o de todos; porque sendo um só por natureza, era todos por caridade: *Quemadmodum si universa orbis Ecclesia esset, sic in unoquoque membro discruciabatur*, diz S. João Crisóstomo. Adoecia em todos por sentimento, porque vivia em todos por amor: *Quis infirmatur, et ego non infirmor?*

Donde a mim me parece, podemos dizer por uma certa analogia que o que lhe faltou a Deus enquanto causa primeira por perfeição de sua simplicidade supriu S. Paulo e S. Roque por perfeição de sua caridade. Deus nosso Senhor (como ensinam os teólogos) é primeira causa ativa, mas não é primeira causa passiva. É primeira causa ativa, porque por sua imensidade e onipotência opera com todos os que operam, concorrendo juntamente com eles: e não é primeira causa passiva, porque por sua simplicidade e imutabilidade, não pode padecer em si, nem receber acidentes estranhos. De maneira que obra Deus com todos os que obram, mas não padece com os que padecem. Pois esta generalidade e extensão, que tem Deus enquanto causa primeira por perfeição de sua simplicidade, esta supriu S. Roque com S. Paulo por perfeição de sua caridade, Deus, como primeira causa ativa, obra com todos os que obram; Roque, como primeira causa passiva, padece com todos os que padecem; e assim como é brasão da Onipotência Divina, que ninguém pode obrar sem Deus: *Sine me nihil potestis facere*;[i] assim é brasão da caridade de Roque, que ninguém pode padecer sem ele: *Quis infirmatur, et ego non infirmor?*[ii]

III

Este sois, divino Roque, este ao mundo todo por benefício, e este aos religiosos desta casa por imitação; que pouco fora recebê-los debaixo de vosso patrocínio, e lhes não comunicáreis juntamente as gloriosas participações de vosso fervoroso espírito. Verdadeiramente, que quando considero (seja-me lícito, ao menos pelos privilégios de estranho, dizer o que venero e o que admiro), quando considero a verdade com que pode dizer a casa de S. Roque: *Quis infirmatur, et ego non infirmor?* Que enfermidades, que males, que trabalhos há em Lisboa, que a caridade desta casa não participe? Nos hospitais, nos cárceres, nas aflições e sentimentos particulares, que sempre são mais que os públicos, quem os padece neste grande povo, que não reparta sua paciência com a caridade dos religiosos desta casa? Que enfermo que os não tenha à cabeceira? Que preso que

---

[i] *João*, XV, 5.
[ii] *2 Cor.*, XI, 29.

os não ache à grade? Que condenado que os não leve consigo ao lugar do suplício? Finalmente, que necessidade espiritual, ou temporal, que não venha buscar aqui ou o remédio, ou o alívio, ou a companhia? Quando tudo isto considero, me convenço que deve esta graça a Companhia ao glorioso padroeiro desta casa; e que a gozam os religiosos dela, mais por padres de S. Roque que por filhos de Santo Inácio. Lá quando aqueles anjos peregrinos se agasalharam em casa de Abraão, louva muito Lipômano a caridade com que Sara e Ismael os serviam; mas não conhece neles esta virtude pelo que tinham de parentes, senão pelo que tinham de domésticos de Abraão: *Uxor accellerat; puer festinat: nullus piger est in domo sapientis.* De maneira que era filho Ismael de Abraão, mas aquela diligência e caridade não resplandecia nele porque nascera de seu sangue, senão porque vivia em sua casa: era filho diligente e caridoso, mas não era diligente e caridoso por filho, senão por doméstico: *Nullus piger est in domo sapientis.* Alguma razão tenho eu logo para dizer que devem os religiosos desta casa os fervores de sua caridade a S. Roque mais que a Santo Inácio: porque de Santo Inácio são filhos, mas de S. Roque domésticos. Não são isto privilégios da filiação, são proveitos da moradia: no instituto são obrigações da vida que professamos; no exercício são influências da casa em que vivemos.

 Nem cuido que se poderá agravar meu Padre Santo Inácio, de eu o considerar assim; porque estas graças, ou estas glórias, todas tornam a demandar a fonte de onde emanaram, e S. Roque também foi filho de Santo Inácio. Não digo isto por querer imitar a devoção com que algumas religiões perfilharam os santos alheios, porque estes piedosos latrocínios só se podem dissimular (posto que não encobrir) na confusão das antiguidades, e a nossa religião é tão pouco antiga que mais se conhece de vista que de memória. O que digo, e o que entendo, é que S. Roque foi professo da Companhia em espírito, e filho de Santo Inácio em profecia. A forma de vida que por morte de seus pais tomou S. Roque foi esta: renuncia seus estados, que era senhor de Mompilher, reparte com os pobres suas riquezas, parte a Itália, e ali, como dissemos, aplica-se a servir aos enfermos, tratando do remédio de seus males como se foram próprios. Pois glorioso Roque, francês divino, que ímpeto de espírito é este vosso? Que trocados de vida são estes tão contrapostos? Aqui renunciais os bens próprios, ali tomais à vossa conta os males alheios? Sim: que isto é ser professo da Companhia. O instituto da Companhia professa consiste em renunciar os bens próprios, e fazer próprios os males alheios. Consiste em renunciar os bens próprios, porque nenhuma casa professa da Companhia pode ter propriedade alguma, nem ainda para o culto divino, de que é tão zelosa; e consiste em fazer próprios os males alheios porque esse é o voto e obrigação dos professos, acudir aos males comuns e dos próximos, como se fossem próprios e particulares. Este é o instituto da

Companhia professa, e esta a vida, que professou S. Roque, seguindo em profecia os exemplares de seu e nosso Padre Santo Inácio: e para que não cuide alguém que perverto a ordem dos tempos, e chamo exemplares ao que devera chamar imitações, fiar-me-á o pensamento Santo Isidoro Pelusiota, que ainda em mais antecipada ação o considerou assim.

Considera Santo Isidoro Pelusiota o amor e resolução com que Rebeca, para granjear a bênção a Jacó, se expôs ao perigo da maldição que ele temia, e diz desta maneira: *Rebecca apostolici animi magnitudine praedita*: verdadeiramente Rebeca com grandeza, de ânimo apostólico. Notai. Rebeca foi antes da vinda de Cristo mais de dois mil anos, e já então diz Santo Isidoro que seguia as pisadas dos Apóstolos, e que copiava em antecipadas imitações os futuros exemplares de seu espírito. E isto como, ou em quê? Advertidamente o Pelusiota: *Ut ipsius filius benedictionem consequeretur, bonis quidem ipsi cedebat, mala autem ipsa sola sufferre parata erat*. Consistia esta imitação do espírito apostólico em que Rebeca, para negociar a bênção a Jacó, renunciava nele todos os bens, e tomava para si todos os males: *Bonis quidem ipsi cedebat, mala autem ipsa sola sufferre parata erat*. Esta é a suma de perfeição e profissão apostólica, fazer alheios os bens próprios, e fazer próprios os males alheios. E se porque o fez assim Rebeca, diz Santo Isidoro, que imitou em profecia o espírito dos primeiros Apóstolos, que muito que fazendo o mesmo S. Roque, diga eu também que imitou em profecia o fundador dos Apóstolos segundos? Mas seja embora como a devoção de cada um o quiser considerar, o certo é que de S. Roque mais imediatamente se deriva aos religiosos desta casa aquele fervoroso espírito de caridade, com que depois de alienarem de si todos os bens próprios, se apropriam tão intimamente dos males dos próximos, que puderam bem dizer, se o não calara sua modéstia, com o Apóstolo: *Quis infirmatur, et ego non infirmor?*

Assim dizia S. Paulo, e melhor que assim o pode dizer S. Roque; porque ainda que S. Paulo diga à boca cheia que adoecia de enfermidades alheias: *Quis infirmatur, et ego non infirmor?* é certo, e todos os doutores interpretam assim, que só adoecia espiritualmente por sentimento, e não corporalmente por enfermidade. Porém o zelo sem exemplar de Roque, de tal maneira o entranhava nos males dos próximos, que não só adoecia na alma por sentimento compassivo, senão que chegou a adoecer no corpo, como vimos, por enfermidade verdadeira; vencendo, nesta circunstância de caridade, a mesma caridade de S. Paulo. Dizia de si o profeta rei: *Tabescere me facit zelus meus, idest charitas mea*:[i] O meu zelo, a minha caridade me faz andar pálido, andar enfermo, andar tísico, andar mirrado. Pois como, se o zelo caritativo é uma virtude que está na alma,

---

[i] *Sal.*, 118, 139.

como adoecia de zelo Davi, e se definhava no corpo: *Zelo corpore tabescit?*, glosa aqui a Interlineal. A razão deste excesso é porque os afetos de nossa alma, se são extremamente intensos, ateiam-se pela vizinhança ao corpo, chegando o corpo a padecer por enfermidade o que a alma padece por sentimento. O calor naturalmente dilata; e como a caridade é um afeto ardente, chega talvez a dilatar-se tanto, que, não cabendo na estreiteza onde nasceu, ou rebenta o coração, e morrestes, ou se comunica ao corpo, e enfermastes: *Tabescere me facit charitas mea.* Tal foi a caridade de Roque, não chegando a ser tal a caridade de Paulo; para que se veja quão vigilante servo se mostrou em abrir a Deus, quando lhe batia às portas alheias por meio das enfermidades dos próximos: *Ut cum venerit, et pulsaverit: pulsat per aegritudinis molestias: confestim. aperiant ei: aperimus, si cum amore suscipimus.*

IV

E amor que era tão Argos em acudir a Deus, quando batia às portas de outros, já se vê quão vigilante seria em abrir quando lhe batia às suas. Andou tão engenhosa também aqui a caridade de S. Roque, que se lá em emulação de S. Paulo soube adoecer com as enfermidades alheias; cá em imitação de Cristo soube curar com as enfermidades próprias. Fazer das enfermidades próprias medicina é privilégio soberano, que só em Cristo, Senhor nosso, se acha, de quem diz o profeta Isaías: *Livore ejus sanati sumus*:[i] que suas enfermidades ou dores foram nossa saúde. Com menos facilidade, mas com mais galantaria o disse o evangelista S. Mateus, e é um dos textos de sua história que reconhecem os intérpretes por mais dificultoso. Sarou Cristo em Cafarnaum grande multidão de doentes de diversas enfermidades, e referindo S. Mateus este milagre, diz assim: *Ommes male habentes curavit, ut adimpleretur quod dictum est per Isaiam prophetam dicentem: Ipse infirmitates nostras accepit, et aegritudines nostras portavit.*[ii] Curou Cristo todos os enfermos que lhe apresentaram, diz S. Mateus, e aqui se cumpriu o que disse o profeta Isaías, que tomaria Cristo em si nossas penas, e padeceria nossas enfermidades. Notável alegar de profecias por certo! Se Cristo estava curando enfermos, e a profecia diz que havia de padecer nossas enfermidades, como se cumpriu neste caso a profecia? Padecer enfermidades e curar enfermos são a mesma coisa? Em Cristo, sim: a mesma coisa é em Cristo padecer enfermidades que curar enfermos; porque a paciência das suas dores foi

---

[i] *Is.*, 53, 5.
[ii] *Mat.*, VIII, 17.

o remédio e medicina das nossas: *Livore ejus sanati sumus*. Por isso o evangelista, quando viu a Cristo milagrosamente médico, logo O considerou infalivelmente enfermo; porque aqueles efeitos de curar eram certeza de adoecer; onde a enfermidade era medicina, não podia ter saúde quem a dava: *Et defuit sanitas, ne nobis deesset*: disse com propriedade o Oleastro.

Tal o grande imitador da caridade de Cristo S. Roque, que do sofrimento de suas enfermidades fez merecimento de nossa saúde, e morreu ferido de peste sem remédio para que tivessem remédio os feridos de peste. Quem visse estar morrendo do mal de peste a Roque, e o tivesse visto curar milagrosamente a tantos do mesmo mal, parece que pudera dizer ao santo por admiração o que no Calvário disseram a Cristo por afronta: *Alios salvos fecit, se ipsum non potest salvum facere*:[i] pode salvar aos outros, e a Si não Se pode salvar? Pois se sarou de peste a tantos, por que Se não cura também a Si? Sabeis por quê? Não se curou S. Roque a si porque quis que sarássemos nós: *Et defuit sanitas, ne nobis deesset*. Ofereceu a Deus sua enfermidade por nossa saúde, sua vida por nossa morte: adoeceu para que sarássemos, morreu para que vivêssemos: e ainda que tivesse virtude milagrosa para curar de peste, não quis empregar esta graça em sua vida, para poder testar dela na morte. Assim o diziam as tábuas de seu testamento. Há mais fino amor ao próximo? Há mais perfeita, há mais divina caridade que esta? Julgo-a por tão divina, que não foram menos que demonstrações de divindade em Cristo os que forem efeitos de caridade em Roque.

Estava S. Tomé incrédulo da Ressurreição com os outros discípulos, entra Cristo com as portas fechadas, abre as das mãos, e do lado, chega Tomé, e apenas tinha visto ou tocado as chagas, quando cai aos pés do Senhor, dizendo: *Dominus meus, et Deus meus*: Reconheço, Senhor, que sois meu Senhor, e creio que sois meu Deus. Mais crê Tomé do que duvida; porque só duvidava de um homem ressuscitado; e reconheceu mais por Deus verdadeiro. Pois, discípulo incrédulo, até agora não críeis tão obstinado, como já credes tão resoluto? E se nunca reconhecestes em vosso Mestre mais que a humanidade, como O confessais por Deus tão subitamente? Que é o que vistes nele? Que é o que descobristes de novo? Vi (diz Tomé) que deixou este Senhor as mãos, e lado aberto, para render minha incredulidade; e quem não fecha as suas chagas para ter com que curar as minhas é mais que homem, é Deus: *Dominus meus, et Deus meus*. *Novo genere vestigia vulnerum divinitati perhiberent testimonium*, exclama Santo Agostinho: coisa nova e prodigiosa; que chagas de um corpo humano sejam testemunho de natureza divina. Mas que menos se pode arguir, que divindade, em quem deixa abertas as chagas próprias, para ter com que curar as alheias? *Voluit*

---

[i] *Mat.*, XXVII, 42.

exhibere in illa carne cicatrices vulnerum, ut vulnera sanaret incredulitatis, diz o mesmo Santo Agostinho. Estes pois que foram argumentos de divindade em Cristo, foram efeitos de caridade em Roque; o qual, podendo sarar do mal de que estava ferido, não quis fechar as suas chagas, para ter com que curar as nossas; e renunciando com maior milagre os milagrosos privilégios de sua virtude, quis morrer indefeso às mãos da peste, para que a peste morresse a suas mãos. Assim abria Roque por caridade, quando assim batia Deus por enfermidades: *Pulsat per aegritudinis molestias: aperimus, si cum amore suscipimus.*

V

A mãos de Roque morreu e morre a peste, ou reconhecendo a virtude, ou obedecendo à violência de sua interseção; onde eu noto quão bem se corresponde aqui o prêmio e o merecimento; porque este segundo curar foi prêmio daquele primeiro adoecer. Sobre o *Praecinget se: et sint lumbi vestri praecincti*[i] do Evangelho, notou com agudeza S. Pedro Crisólogo que paga Deus na mesma moeda os serviços que lhe fazem os homens. Cingi-vos para me servir a mim, diz Cristo, que eu me cingirei (quem se não assombra?) para vos servir a vós. E como a liberalidade de Deus é tão pontual nas correspondências, com que mais igualmente se havia de premiar um bem contagioso, que com dominar males contagiosos? Lá dissemos no princípio que a caridade de S. Roque em emulação de S. Paulo era um bem contagioso, que se pegava aos males; pois em satisfação de uma virtude, que é bem contagioso, dê-se a S. Roque virtude de curar males contagiosos. Alguma coisa disto temos em José.

Amava sua senhora a José tão perdidamente como sabemos; passou o afeto a loucura, passaram as significações a violências: deixou-lhe enfim o casto moço a capa nas mãos, e daqui se trocou aquele excessivo amor em tais excessos de aborrecimento que dos laços desejados se forjaram prisões executivas, e foi posto em ferros José. Pois, egípcia infiel, que mudança é esta tão repentina? Pouco há tanto amor, e agora tanto aborrecimento? Se querias conquistar a vontade de José, princípio foi de vitória ficar com os despojos nas mãos. Pois por que não continua teu amor a empresa? Por que aborreces tanto, a quem amavas há tão pouco? Quereis ouvir com admiração, por quê? Porque lhe ficou nas mãos a capa de José. Assim como se pegam as enfermidades, também se pega a saúde. Se bastam as vestes de um enfermo para se pegarem os achaques do corpo, também bastam as vestes de um santo para se pegarem os afetos da

---

[i] *Le.* XII, 35, 37.

alma. Qual cuidais que foi o princípio da conversão de S. Paulo? Altamente o penetrou o juízo de Bernardo. Entre os que apedrejavam a Santo Estêvão, andava também S. Paulo antes de convertido, o qual foi tão venturoso que lhe coube à sua conta guardar as vestes do mártir: *Deposuerunt vestimenta sua secus pedes adolescentis, qui vocabatur Saulus*.[i] E que se seguiu daí? Seguiu-se, diz S. Bernardo, que pelo toque daquelas roupas começou Deus a lhe tocar na alma; e dos trajes de Estêvão, a quem apedrejava, se lhe pegou a mesma fé, porque Estêvão morria: *Deponuntur vestimenta martyrum ad pedes persecutoris, qui ad tactum sacrarum vestium fuerat convertendus*. Com particular providência do Céu se entregara ao perseguidor os vestidos do mártir, para que, tocando-os, se lhe pegasse a fé, e viesse a seguir, como veio, a lei que perseguia: *Qui ad tactum sacrarum vestium fuerat convertendus*. Assim se converte Saulo em Paulo, e assim se trocou o amor da egípcia em aborrecimento. Ficou a egípcia com a capa de José nas mãos: *Relicto in manu ejus pallio fugit*;[ii] e como pelas vestimentas dos santos se pegam as inclinações e afetos da alma, aborreceu logo a egípcia a José, porque José aborrecia a egípcia. Comunicou-se-lhe o aborrecimento ao coração pelo tato, e pegou-se-lhe a desafeição de José, só porque pegou em suas roupas sagradas: *Ad tactum sacrarum vestium*.

Mas donde mereceu José (ainda não fechamos o pensamento), donde mereceu José que se lhe concedesse já então o que foi privilégio singular do Protomártir, e que ao toque santamente contagioso de suas roupas se produzissem tão maravilhosos efeitos? Se hei de dizer o que entendo, acho que nesta mesma ação teve José o merecimento e o prêmio. E senão, pergunto: Por que deixou José a capa nas mãos da egípcia? Deixar em poder de seu inimigo uma testemunha falsa contra sua inocência mais é temeridade que confiança. Pois por que não faz força para trazer a capa consigo, por que não resiste, por que a larga das mãos? Venturosamente ao intento Santo Ambrósio: *Contagium judicavit, si diutius moraretur, ne per manus adulterae libidinis incentiva transirent, itaque vestem exuit*. Largou José a capa nas mãos da egípcia porque julgou que era mal contagioso seu torpe amor, e não quis que pelas roupas se lhe pegasse a peste: *Contagium judicavit; itaque vestem exuit*. E José tem por mal contagioso o amor da egípcia? Pois seja bem contagioso o desamor de José. Vós tendes por mal contagioso sua impureza? Pois seja bem contagioso vossa castidade. De sorte que juntamente naquela capa havia um mal e um bem, ambos contagiosos: o torpe amor da egípcia, de cujo contágio fugiu José; e o casto amor de José, cujo contágio em parte se pegou à egípcia. Pois assim como Deus concedeu a José

---

[i] *At.*, VII, 57.
[ii] *Gên.*, XXXIX, 12.

que fosse bem contagioso sua virtude, porque teve por mal contagioso o vício alheio, assim concedeu a S. Roque que sarasse de males contagiosos sua intercessão, porque fora bem contagioso sua caridade. Foi a caridade de S. Roque um bem tão contagioso, que se lhe pegavam os males e doenças de todos: *Quis infirmatur, et ego non infirmor?* Pois seja digno prêmio desta contagiosa virtude que todos os males se rendam a seu império, e que não haja contágio, nem peste no mundo, onde chegar a intercessão e nome de Roque.

VI

Estes são os merecidos prodígios de vossa caridade, glorioso e poderoso santo; e pois como divino advogado da peste exercitais tão obedecido domínio sobre todos os males contagiosos, uma petição vos quero fazer, que será a matéria desta segunda parte; creio que não vos seja menos agradável que a primeira; porque os ânimos desejosos de fazer bem, mais os lisonjeia quem lhes pede que quem os louva. A petição que faço, e a mercê que vos peço, divino Roque, é que livreis o nosso reino de duas pestes muito perigosas, que não sei se vão já corrompendo o saudável clima de seus ares. São consequências da guerra estas tão certas como danosas: *Surget gens in gentem, et regnum adversus regnum, et erunt pestilentiae.*[i] Alguns haverá que, seguindo a resolução de Davi, desejariam antes remédio para a guerra que para a peste: mas eu pela mesma razão temo mais os ataques da peste que os da guerra. Pôs Deus a Davi em sua eleição que de dois ou três males, que lhe ameaçavam, escolhesse livremente o que mais quisesse: e com ser tão grande soldado Davi, quis antes peste que guerra. A razão deu o mesmo rei, como aponta o Texto: *Quia melius, ut incidam in manus Domini, quam in manus hominum*:[ii] Porque a guerra estava nas mãos dos homens, e a peste nas mãos de Deus; sempre são menores os males que se dispensam pela mão de Deus, que os que se executam pela mão dos homens. Por esta razão temeu mais Davi a guerra que a peste; e pela mesma temo eu mais a peste que a guerra; porque se lá a guerra estava nas mãos dos homens, e a peste nas mãos de Deus, cá a guerra está nas mãos de Deus, e a peste nas mãos dos homens. A guerra está nas mãos de Deus, porque Deus a tomou à sua conta, e nos dá tão milagrosos sucessos como cada dia vemos; e a peste está nas mãos dos homens, porque os homens são os que encontram (não falo das tentações, senão dos efeitos) ou ao menos desajudam o bem da pátria.

---

[i] *Luc.*, XXI, 10 s.
[ii] *3.º Livro dos Reis*, XXIV, 14.

Ora, eu me pus a considerar como chamaria a estas duas pestes, que digo de Portugal; e por lhe não fazer as definições compridas, defini-as assim: Pouca fé e muita fé. Pouca fé, isto é, pouca fidelidade; muita fé, isto é, muita confiança. Muito confiados e pouco confidentes são em Portugal os feridos pela peste, de que Deus nos livre. Mau é que tenhamos ocasião de dizer isto entre Portugueses; mas pior será se se não estranhasse. Cuido que o mostrarei de maneira que, ao menos, se não persuadir o remédio, hei de justificar a queixa. Que esteja apestado de pouca fé Portugal, o povo diz comumente e cuida que o prova; mas ainda que a autoridade de *povo* é tão grande que ela só bastou para canonizar a S. Roque, julgue Deus os corações de cada um, que eu só das mãos quero fazer juízo. Argumento assim: é certo que nas Cortes passadas se prometeram subsídios para a guerra, quantos fossem necessários à conservação do Reino. Também é certo que se intentaram donativos, que se multiplicaram tributos, que se introduziram décimas, que se acrescentou à moeda o cunho e o preço; e contudo vemos que é necessário repetir Cortes, para arbitrar novos modos de tirar dinheiro efetivo, porque cada um guarda o seu, e há muito poucos que paguem o que lhes toca. Os muito poderosos por privilégio, os pouco poderosos por impossibilidade; cada um trata de lançar a carga aos ombros do outro, e talvez caia no chão, porque não há quem a sustente. Isto é assim? Ainda mal. Bem digo eu logo que há pouca fé em Portugal. Fé tão apertada de mãos não é verdadeira fé.

Diz Cristo no nosso Evangelho: *Lucernae ardentes in manibus vestris*: que tenhamos tochas acesas nas mãos. Suposto que o lume destas tochas significa o lume da fé, por que diz Cristo que o tenhamos nas mãos: *In manibus vestris*? Os atos da fé no entendimento se produzem, no entendimento se recebem; pois se a fé está no entendimento, como a põe Cristo agora nas mãos: *Lucernae ardentes in manibus vestris*? Uma razão muito verdadeira é: porque a fé prática, que Cristo aqui ensinava, não consiste tanto em verdades do entendimento quanto em liberalidade das mãos. Não é mais fiel quem melhor discorre, senão quem concorre melhor. Por isso nos representa Cristo a fé em figura de tochas; porque a tocha, se está acesa, gasta-se, e se não se gasta, está apagada. Oh, quantas tochas que puderam luzir gloriosas se veem nesta ocasião apagadas miseravelmente! *Lucernae ardentes in manibus vestris*. Portugueses: se a fé é tão ardente como deve ser, veja-se luzir nas mãos. Apertarem-se as mãos é sinal de frieza, e que não arde fogo no coração. Amavam muito os magos, e criam verdadeiramente naquele rei que aclamaram em Jerusalém, e como sábios, vede a afirmação que fizeram de sua fé: *Procidentes adoraverunt, et apertis thesauris suis obtulerunt*.[i] Prostrados

---

[i] *Mat.*, II, 11.

por terra adoraram, e abrindo seus tesouros ofereceram. S. Leão Papa: *Quod cordibus credunt, muneribus protestantur.* Na liberalidade com que davam, demonstraram a verdade com que criam; e porque aí costuma estar o coração onde está o tesouro, fizeram os seus tesouros intérpretes de seus corações: *Quod cordibus credunt, muneribus protestantur.* Se víssemos que entravam os magos no presépio, e que vendo naquele estado a seu rei, lhe não faziam serviço de suas riquezas; que diríamos? Diríamos, com muita razão, que não criam nele verdadeiramente, e que aquelas cortesias foram enganosas, e aquelas adorações fingidas. Adorar, e não oferecer, quando o príncipe está em necessidade; dobrar os joelhos, e não abrir os tesouros, não é vício de avareza, é crime de infidelidade. Fé e liberalidade são virtudes sinônimas; e quem está duvidoso no dar não está firme no crer. O que os magos ofereceram a Cristo foi ouro, incenso e mirra; e dizem todos os padres, e com eles conformemente a Igreja, que no ouro confessaram que era rei; no incenso, que era Deus; na mirra, que era homem: *Auro regem, thure Deum, myrrha mortalem.* Oh, grande confirmação do que dizemos! De sorte que interpretaram os magos a fé pela liberalidade, e para confessarem três artigos, ofereceram três donativos: *Auro regem, thure Deum, myrrha mortalem.*

Pois se a fé se explica pela liberalidade, se o dar é sinônimo do crer, se a obediência dos reis se protesta com ouro das mãos: *Auro Regem*; como não temerei eu que haja surtos de peste ou suspeitas de pouca fé em Portugal, quando a liberalidade se perverteu em cobiça, e em lugar de se pagarem tributos, pode ser que se multipliquem latrocínios? É bom gênero de fé esta? Eu o direi. Perguntaram os ministros reais a S. Pedro se havia seu Mestre de pagar tributo a César; e respondeu que sim. Mandou Cristo a Pedro que fosse pescar, que na boca do primeiro peixe acharia a moeda que se pedia: *Et da eis pro me, et te:*[i] E pagai, Pedro, por mim e por vós. Notai. Cristo era senhor do mundo, S. Pedro era príncipe da Igreja, e contudo diz o Senhor: pagai por mim, e por vós: *Da eis pro me, et te*, porque os tributos dos reis, principalmente em tempo de necessidades grandes, também os grandes senhores é bom que os paguem. Nos bens e males comuns ninguém é privilegiado, sintam todos o mal que toca a todos. Mas não era isto o que eu queria ponderar. O em que muito reparo é em mandar a providência de Cristo que S. Pedro pagasse o tributo. Pagar o tributo parece que tocava em razão do ofício ao apóstolo que tinha o dinheiro; pois se Judas era tesoureiro ou procurador, se Judas era o que tinha a bolsa do colégio apostólico, por que não manda Cristo pagar o tributo a Judas? Direi o porquê. Porque quem tinha ânimo para vender a seu Senhor

---

[i] *Mat.*, XVII, 26.

não tinha sítio para pagar o tributo. Não pagou o tributo Judas porque os Judas não pagam tributos. Veja-se agora se há suspeitas de pouca fé, se há feridas de infidelidade em Portugal.

Glorioso santo, esta é a primeira peste de que vos peço nos livreis este reino; e se não fora por temor de alguma irregularidade, não sei se vos pediria também que a curásseis como a curou S. Pedro. Fraudou Ananias a parte do preço que devia pôr todo aos pés dos apóstolos, como agora fazem alguns que pagam a décima parte, mas dizimada: manda-o vir diante de si Pedro, julga o crime sumariamente, notifica-lhe a sentença em três palavras, e foram tão rigorosas e executivas, que no mesmo ponto com assombro e tremor dos circunstantes, caiu morto aos seus pés Ananias. Tanto rigor em um discípulo de Cristo, na piedade de um apóstolo, nas entranhas de um S. Pedro, por uma culpa ao parecer não pesada? Sim, diz Santo Ambrósio, e dá a razão: *Tanta erat infectus avaritiae pestilentia; ut Sanctus eum Petrus, non tam emendare voluerit, quam damnare.* Deu sentença de morte repentina S. Pedro a Ananias, por fraudador somente do preço prometido; porque como estava infectado com a peste da avareza, e podia infectar e apestar a outros, teve por melhor tirar-lhe a vida que esperar-lhe com perigo a emenda. Com este rigoroso remédio se curou já alguma infidelidade em Portugal; exemplo que é bom que ande nas memórias sempre vivo; mas aos fielmente portugueses baste-vos o do glorioso S. Roque, para que assim como ele deu estado, riquezas, e quanto possuía pela pátria do Céu, demos nós também com firme resolução quanto temos pela defensa da nossa. Ainda há comendas, ainda há rendas, ainda há joias, ainda há coches, ainda há galas, e regalos, e enquanto houver sangue nas veias, haverá muito que dar. Dê-se tudo pela pátria que nela fica, assim como deu S. Roque tudo, para nela o achar. E se o exemplo de S. Roque por alto nos desmaia, e há olhos fracos, que cegam com tanta luz, abaixemos um pouco a vista, e veremos retratada aos pés do santo uma ação irracional, mas generosa, que quanto mais falta de uso da razão, estranha e repreende mais justamente as sem-razões de infidelidade humana. Todos os autores antigos fizeram ao cão símbolo da fidelidade, e quando esta nobreza não fora tão antiga naquele animal, o de S. Roque pudera ganhar este título para toda a sua espécie. Estava S. Roque no campo deitado ao pé de uma árvore, pobre, desconhecido, solitário, enfermo, e no meio deste desamparo tinha um cão, que levando todos os dias um pão na boca, sem comer dele bocado, o sustentava. Isto sim que é ser leal, isto sim que é ser exemplo da verdadeira fidelidade: chegar a tirar o pão da boca para sustentar com ele a seu senhor. Lástima é que carecesse tal generosidade de uso de razão; quando vemos tantas almas racionais tão mal-empregadas em sujeito de menos honrados procedimentos.

VII

A segunda peste (muito me detive na passada, será esta a peste pequena), a segunda peste define-se: Muita fé, ou muita confiança, e deste mal está inficionada muita gente, que se chamam os demasiadamente confiantes. Explico-me. Há cidades em Portugal, que sem estarem tão longe de Castela, como Roma de Cartago, nem as dividir um mar, senão um pequeno rio, e algumas uma linha matemática, tão confiantes estão de si mesmas, que por mais que sejam mandadas fortificar, não se fortificam, considerando (à maneira dos Espartanos) que, onde estão os peitos dos seus cidadãos, não são necessárias muralhas. Há homens em Portugal que sem terem gasto os anos nas escolas de Flandres nem combatido nas fronteiras da África, por mais que os mandem ter armas e exercitá-las, têm por afronta ou por ociosidade este exercício; como se fosse contra os foros da nobreza prevenir a defensa da pátria; ou puderam, sem exercitar as armas, entrar naquele número ordenado de gente que, por constar de homens exercitados, se chama exército. É boa confiança esta com o inimigo à porta? É muito demasiada e muito errada confiança: desconfiar por temor é covardia; mas desconfiar por cautela é prudência. Não quero desconfiança que faça desmaiar; desconfiança que faça prevenir, sim. E este segundo modo de desconfiar é muito necessário, principalmente aos Portugueses, cujo demasiado valor os fez algumas vezes tão confiantes que o vieram a sentir mal prevenidos. A moderada desconfiança não é achaque, senão esmalte da valentia. O valente dizem que há de ser desconfiado; ao menos um soldado francês sei eu, e na milícia de sua profissão soldado de fama, o qual sempre foi valente ao desconfiado, S. Roque. O que pondero é que deixou S. Roque uma vez a pátria, e depois se tornou para ela. Que deixasse a pátria, quem queria seguir a Cristo, com seguro ditame atuava; que no remanso perigoso da pátria, principalmente os poderosos, como S. Roque, mais ocasião têm de ofender que de servir a Deus: pois se deixa a pátria e foge dela, porque a torna a buscar? Em uma e outra resolução agiu como desconfiado Roque. A primeira vez fugiu da pátria porque desconfiou de sua virtude; na segunda vez voltou à pátria porque desconfiou de sua fuga. Como se fizera este discurso o santo entre valente e desconfiado consigo. Eu, se fico na pátria, as ocasiões são muitas: se me falta virtude para as resistir, fico vencido. Pois que remédio? Não há outro senão fugir; alto, deixemos a pátria. E depois de a ter deixado, como se tornara sobre si: fugir (diz Roque) é covardia; não querer vir às mãos com o inimigo é pouco valor. Pouco valor em um soldado de Cristo? Não há de ser assim: ânimo, voltemos outra vez para a pátria; e assim o fez. Elias retratado. Foge Elias de Jezabel, que lhe queria tirar a vida, chega ao deserto e começa a chamar e desafiar a morte: *Petivit animae suae, ut moreretur.*[i] Tudo sucedeu no mesmo dia, para ser mais achada a repugnância. Se teme o profeta a morte, como a chama? E se foge dela na cidade, como no deserto a desafia? São desconfianças de um bem entendido valor. Na cidade fugiu da morte, porque desconfiou da sua fortaleza; no deserto desafiou a morte, porque desconfiou de sua fuga. O meio em que consiste a fortaleza é entre o temor e a ousadia: temeu e ousou Elias sempre desconfiado, para em uma e outra ação se mostrar valente. Tão longe está de valente o tímido como o temerário; e se em alguma parte está mais perigosa a conservação, é na presunção de segura. Nem aqui nos faltará o Evangelho.

Quer Cristo que estejamos em vigília, bem assim como o fazem os servos diligentes, que esperam por seu senhor: *Ut cum venerit, et pulsaverit* (aqui reparo); para que quando vier a bater — Bater? Logo fechadas hão de estar as portas? Pois se fazem tantas diligências por pressa, e mais pressa, se hão de estar as roupas na cinta, se hão de estar as tochas nas mãos, e essas já acesas; por que não estarão também as portas abertas? Porque ensinava Cristo a seus Discípulos a ser vigilantes, e não bastam para a segura vigilância olhos abertos com portas abertas; senão olhos abertos com portas fechadas: *Ut cum venerit, et pulsaverit.* Para que quando vierem de fora achem em que bater primeiro. E se não bastam olhos abertos com portas abertas; que seria portas abertas com olhos fechados? Por semelhante descuido se perdeu Troia: *Panduntur portae*: eis aí as portas abertas. *Invadunt urbem somno vinoque sepultam*: eis aí os olhos fechados. O que importa é moderar a confiança com a cautela e segurar o valor com a vigilância: vigiar, armar, fortificar, exercitar e trabalhar, que ainda que se tenha trabalhado tanto, a empresa foi muito grande, e é necessário mais.

VIII

E o que mais necessário é que tudo (até agora como a portugueses, agora como a cristãos) é que as negligências de dentro não desanimem e descomponham as diligências de fora. Quem me dera neste passo as forças e o espírito que não tenho! É possível que quando estamos recebendo enchentes de benefícios da Divina Misericórdia, não façamos senão provocar com pecados a Divina Justiça? Que quando devêramos andar humildes e agradecidos a tantas mercês, armemos os favores do Céu contra o mesmo Céu, e façamos guerra a Deus com seus benefícios? Que ainda se guarde pouca justiça? Que ainda se trate pouca

---

[i] *3.º Livro dos Reis*, XIX, 4.

verdade? Que agora reinem mais as invejas? Que agora estejam mais em seu ponto as ambições? Que agora, porque Deus está por nós, nos ponhamos nós contra ele? É boa confiança esta? Grandes motivos nos tem dado Deus de grande confiança; mas antes nos quer menos confiados de suas misericórdias, que pouco atentos a nossas obrigações: *Et vos estote parati* (diz Cristo por conclusão do Evangelho): *Quia qua hora non putatis, Filius hominis veniet*. Estai preparados e prevenidos, porque na hora em que menos o imaginais, vos pedirão conta da vida. Muito é dificultar Cristo o remédio em uma hora a quem o pode ter em um instante! Se um instante basta (que tal é a bondade de Deus) para um arrependimento final, como nos atemoriza o Senhor com as brevidades de uma hora? Parece que é estreitar os limites e diminuir a opinião gloriosa de sua misericórdia infinita. Assim parece, não há dúvida; mas quer Deus antes menos reputada sua misericórdia, que demasiadamente confiante nossa esperança. Confiar em Deus ofendendo-O é venerar um atributo com injúria de outro, e presumi-lo tão misericordioso, que possa ser menos bom. *Absit ut ita aliquis interpretetur*: Deus nos livre de sermos tão maus intérpretes de sua bondade (diz Tertuliano): *Quasi ex redundantia clementiae coelestis, libidinem faciat humanae temeritatis*: que nos sirva de tentação a liberalidade divina, e demos costas a nossas temeridades com os exemplos contínuos de suas misericórdias.

Miséria é, e cegueira de entendimento grande, que nos traga desvanecidos e descuidados o que nos devera fazer humildes e temerosos. Porque Castela se vai precipitando a tão conhecida ruína, nos damos nós por seguros? Oh, miséria! Porque Castela se vê em estado que já não pode resistir a seus inimigos, nos imaginamos vencedores dos nossos? Oh, cegueira! Alegra-nos vàmente o que nos devera confundir; anima-nos o que nos devera assombrar; e enche-nos de confiança o que nos devera encher de temor. Não falo do temor que faz tímidos, senão do temor que faz receosos; não do temor que faz temerosos dos homens, senão do temor que faz tementes a Deus. Pergunto, senhores: por que está Deus irado contra Castela, e a castiga tão rigorosamente? Não há dúvida que por seus pecados, por suas maldades, por suas injustiças, por suas soberbas, por suas incontinências; boas testemunhas somos, como cúmplices um tempo dos mesmos delitos. Pergunto mais: o Deus de Castela é o mesmo que o de Portugal, ou outro? Esta pergunta não tem resposta. Pois o Deus é o mesmo, e em Casela castiga pecados, como há de premiar pecados em Portugal? Se Castela tem a ruína em seus vícios, como havemos nós de ter segurança nos nossos? Oh, que bem fixou a força desta razão o profeta Naum, falando com a cidade de Tiro! *Nunquid melior est Alexandria populorum, quae habitat in fluminibus?* etc. Porventura, ó Tiro, sois vós melhor que a grande cidade de Alexandria, cabeça de tantas províncias? Porventura, ó Portugal, sois vós maior e mais populoso que

Espanha, todo de quem éreis parte? *Et tamen ipsa abiit in transmigrationem*: E contudo Alexandria, ó Tiro, foi destruída; e contudo Espanha, Portugal, vai-se acabando. Pois se a monarquia famosa das Espanhas, se aquela que há pouco dominava facilmente o mundo, assim a castiga e aniquila Deus por seus pecados: se lhe não vale a Espanha seu amplo império, se não se sustenta nos estribos de sua grandeza, se de suas próprias entranhas brotam as labaredas com que se vai consumindo este Etna; se tantos exércitos espalhados pelo mundo a não defendem; se tantas frotas e tantos milhões a não socorrem; se tantas orações (que é mais) e tanto culto divino; se tantas penitências e sacrifícios não bastam para interromper no braço irado da Divina Justiça: se tanto provocam a Deus os pecados de Espanha, por que não teme Portugal os seus? Por que os não teme, e os não chora? Não nos fiemos indiscretamente em milagres e favores do Céu: porque em grandes misericórdias ensaia Deus grandes castigos; e todo este bem perderemos se formos ingratos. Com grandes milagres e prodígios livrou Deus ao povo de Israel do cativeiro de Faraó em que estavam; e contudo, de tantos mil que saíram do Egito, porque pecaram depois de tão grande mercê, só dois entraram na Terra Prometida. Libertou-os Deus por aflitos, e depois castigou-os por ingratos. Fique-nos esta advertência, Cristãos, consideremos bem esta verdade, atuemos pelos ditames deste desengano, para que saibamos o que principalmente devemos temer; e sobre que bases podemos fundar segura a firmeza de nossas confianças. Agradar e servir a Deus, e logo confiar bravamente.

E para que sejam eficazes estes remédios, Roque divino, debaixo de vossa proteção e favor esperamos os efeitos de virtude. Francês e português sois, glorioso santo, e em um e outro título estão bem fundadas nossas esperanças. Quem melhor nos socorrerá que um francês, quando as florentes Lises de França, com tão irmanada correspondência, assistem ao lado das Quinas portuguesas? E quem mais natural português, e mais verdadeiro, que aquele que nasceu com o hábito de Cristo sobre o peito esquerdo, publicando que era cavaleiro francês por geração, mas português por nascimento? Todo o reino de Portugal vos encomendo, divino Roque, pois tão duplicadas são as razões com que confia em vosso favor. Encomendo-vos esta cidade, que com tanta devoção e frequência soleniza vossas sagradas memórias. Encomendo-vos esta casa, que tão autorizada está com vosso patrocínio, e tão rica e tão santificada com o tesouro de vossas preciosas relíquias. Encomendo-vos (mas não vos encomendo, que não é necessário) a vossa real e ilustríssima Irmandade, em que vos serviam os reis e vos serve a melhor nobreza; e particularmente, como tão particular nele, vos encomendo, glorioso santo, a quem hoje com tão lembrada prevenção, e com tão antecipada liberalidade, celebra vossa festa ausente. A pessoa, a causa, os benefícios pedem que tenhais boas ausências, com quem as sabe ter tão pontuais, e ainda que em distância tanta, lá chega também a jurisdição milagrosa de vossos poderes; que a hostilidade de nossos mal reconhecidos amigos, que ainda ali não cessa, peste foi daquele estado, e peste do mundo. Deste mal tão pernicioso nos ajudai a livrar, poderoso santo, aquela tão dilatada província, a mais rica e mais preciosa joia desta Coroa; para que, ou no descanso da verdadeira paz, ou na superioridade de vitoriosa guerra, brilhe a conhecida prudência, e valor de quem vos serve e governa, e o sempre e em toda a parte eficaz patrocínio de vossa sagrada intercessão, pela qual esperamos também, mediante a graça, o prêmio da glória. *Quam mihi, etc.*

SERMÃO DE SANTO ANTÔNIO

Pregado na festa que se fez ao Santo na Igreja das Chagas de Lisboa, aos 14 de Setembro de 1642, tendo-se publicado as Cortes para o dia seguinte

Vos estis sal terrae.[i]

I

À Arca do Testamento (que assim lhe chamou Gregório IX), ao martelo das heresias (que este nome lhe deu o mundo), ao defensor da Fé, ao lume da Igreja, à maravilha de Itália, à honra de Espanha, à glória de Portugal, ao melhor filho de Lisboa, ao querubim mais eminente da Religião Seráfica, celebramos festa hoje. Necessário foi que o advertíssemos, pois o dia o não supõe, antes parece que diz outra coisa. Celebramos festa hoje, como dizia, ao nosso português Santo Antônio: e se havemos de reparar em circunstâncias de tempo, não é a menor dificuldade da festa, o celebrar-se hoje. Hoje? Em catorze de setembro Santo Antônio? Se já celebramos universalmente suas sagradas memórias em treze de junho, como torna agora em catorze de setembro? Entendo que não vem Santo Antônio hoje por hoje, senão por amanhã. Estavam publicadas as Cortes do Reino para quinze de setembro; vem Santo Antônio aos catorze, porque vem às Cortes. Como há dias que o Céu está pela Coroa de Portugal, manda também seu procurador o Céu às Cortes do Reino. Algumas sombras disto havemos de achar entre as luzes do Evangelho. Com três semelhanças é comparado Santo Antônio ou com três nomes é chamado neste Evangelho. É chamado sal da terra: *Vos estis sal terrae*: é chamado luz do mundo: *Vos estis lux mundi*: é chamado cidade sobre o monte: *Non potest civitas abscondi supra montem posita*. Esta última semelhança me faz dificuldade.

Que Santo Antônio se chame sal da terra, sua grande sabedoria o merece: que se chame luz do mundo, os raios de sua doutrina, os resplandores de seus milagres o aprovam; mas chamar-se cidade Santo Antônio: *Non potest civitas abscondi*! Um santo chamar-se uma cidade? Sim. Em outro dia fora mais dificultosa a resposta; mas hoje, e no nosso pensamento, é muito fácil. Chama-se

---

[i] *Mat.*, V, 13.

cidade Santo Antônio porque os procuradores de Cortes são cidades: são cidades pela voz, são cidades pelo poder, são cidades pela representação; e assim dizemos que vêm às Cortes as cidades do Reino, e não vêm elas, senão seus procuradores. E como os procuradores de Cortes são cidades por esta maneira, muito a propósito vem Santo Antônio hoje representado em uma cidade, porque é cidade por representação. Mas que cidade? *Civitas supra montem posita*: cidade posta em cima, ou acima dos montes. Clara está a descrição, se a interpretamos misticamente. Cidade acima dos montes, não há outra senão a Jerusalém do Céu, a cidade da Glória: *Civitas, de qua dicitur, gloriosa dicta sunt de te, civitas Dei,* comenta Hugo Cardeal. E por parte desta cidade do Céu temos hoje na Terra a Santo Antônio.

Na Igreja de Santo Antônio se costumam cá fazer as eleições dos procuradores de Cortes; e também no Céu se fez a eleição na pessoa de Santo Antônio. E foi a eleição do Céu com toda a propriedade; porque, ainda humanamente falando, e pondo Santo Antônio de parte o hábito e o cordão, parece que concorrem nele com eminência as partes e qualidades necessárias para este ofício público. As qualidades que constituem um perfeito procurador de Cortes são duas: ser fiel, e ser estadista. E quem se podia presumir mais fiel, e ainda mais estadista, que Santo Antônio? Fiel como português, Santo Antônio de Lisboa: estadista como italiano, Santo Antônio de Pádua. Deu-lhe a fidelidade a terra própria; a razão de Estado as estranhas. Isto de razão de Estado, com ser tão necessária aos reinos, nunca se deu muito no nosso (culpa de seu demasiado valor); e os portugueses que a usam e praticam com perfeição, mais a devem à experiência das terras alheias, que às influências da própria. E como Santo Antônio andou tantas e tão políticas em sua vida, Espanha, França, Itália, ainda nesta parte ficava mui acertada a eleição de sua pessoa, quanto mais crescendo sobre estes talentos os outros maiores de seu zelo, de sua sabedoria, de sua santidade.

Só fará escrúpulo nesta matéria o gênio tão conhecido de Santo Antônio, segundo o qual parece que era mais conveniente sua assistência em Cortes que se fizessem em Castela, que nestas que celebramos em Portugal. Os intentos de Castela são recuperar o perdido: os intentos de Portugal são conservar o recuperado. E como deparar coisas perdidas é o gênio e a graça particular de Santo Antônio; a Castela parece que convinha a assistência de seu patrocínio, que a nós por agora não. Quem nos ajude a conservar o ganhado, é o que havemos mister. Ora, Senhores, ainda não conhecemos bem a Santo Antônio? Santo Antônio, para os estranhos, é recuperador do perdido; para com os seus é conservador do que se pode perder. Caminhava o pai de Santo Antônio a degolar (assim o dizem muitas histórias, ainda que alguma fale menos nobremente), e chegando já às portas da Sé, e às suas, eis que apareceu o santo milagrosamente, fez parar os ministros da Justiça, ressuscita o morto, declara-se a inocência do condenado, e fica livre. Pergunto: Por que não esperou Santo Antônio que morresse seu pai, e depois de morto lhe restituiu a vida? Não é menos fundada a dúvida que no exemplo de Cristo Senhor nosso, de quem diz o texto de S. João, que avisado da enfermidade de Lázaro, de propósito se deteve e o deixou morrer, para depois o ressuscitar. *Distulit sanare, ut posset resuscitare,* ponderou o Crisólogo: que lhe dilatou a saúde, porque lhe quis ressuscitar a vida. Pois se é mais gloriosa ação, e mais de Cristo ressuscitar uma vida, que impedir uma morte: por que não fez assim Santo Antônio?

Não fora maior milagre, não fora mais bizarra maravilha acabar o verdugo de passar o cutelo pela garganta do pai, e no mesmo ponto aparecer sobre o teatro o filho, ajuntar a cabeça ao tronco, levantar-se o morto vivo, pasmarem todos, e não crerem o que viam, ficando só da ferida um fio sutilmente vermelho para fiador do milagre? Pois por que o não fez Santo Antônio assim? Se tinha virtude milagrosa para ressuscitar; se ressuscitou ali um morto; se ressuscitou outros muitos em diversas ocasiões; por que se não esperou um pouco para ressuscitar também a seu pai? Por quê? Porque era seu pai. Aos estranhos ressuscitou-os, depois de perderem a vida: a seu pai defendeu-lhe a vida, para que não chegasse a perdê-la: aos estranhos remedeia; mas ao seu sangue preserva. Cristo Senhor nosso foi redentor universal do gênero humano, mas com diferença grande. A todos os homens geralmente livrou-os da morte do pecado, depois de incorrerem nele; mas a sua Mãe preservou-a, para que não incorresse: aos outros deu-lhes a mão, depois de caírem; a sua Mãe teve a mão, para que não caísse: dos outros foi redentor por resgate; de sua Mãe por preservação. Assim também Santo Antônio. Aos estranhos ressuscitou-os depois de mortos: a seu pai conservou-lhe a vida, para que não morresse; que essa diferença faz o divino português dos seus aos estranhos. Para com os estranhos é recuperador das coisas perdidas, para com os seus é também preservador de que se não percam. Por isso com bem ocasionada propriedade se compara hoje no Evangelho ao sal: *Vos estis sal terrae.* O sal é remédio da corrupção, mas remédio preservativo: não remedeia o que se perdeu: mas conserva o que se pudera perder, que é o de que temos necessidade.

Suposto isto, nenhuma parte lhe falta a Santo Antônio, antes todas estão nele em sua perfeição, para o ofício que lhe consideramos de procurador do Céu nas nossas Cortes. Como tal dirá o Santo hoje seu parecer a respeito da conservação do Reino: e esta será a matéria do sermão. Santo Antônio é o que há de pregar, e não eu. E cuido que desta maneira ficará o sermão mais de Santo Antônio que nenhum outro; porque nos outros tratamos nós dele, neste trata ele de nós. Mas como eu sou o que hei de falar; para que o discurso pareça de Santo Antônio, cujo é, e não meu, muita graça me é necessária. *Ave Maria*.

II

Vos estis sal terrae.

Já Santo Antônio tem dito seu parecer. Nestas quatro palavras breves, nestas seis sílabas compendiosas, *Vos-es-tis-sal-te-rrae*, se resume todo o arrazoado de Santo Antônio em ordem ao bem e conservação do Reino. E ninguém me diga que disse estas palavras Cristo a Santo Antônio, e não Santo Antônio a nós; porque como a retórica dos do outro mundo são os exemplos, e o que obraram em vida é o que nos dizem depois da morte, dizer Cristo a Santo Antônio o que foi é dizer-nos Santo Antônio o que devemos ser. *Vos estis sal terrae*, disse Cristo a Santo Antônio por palavra: *Vos estis sal terrae*, diz Santo Antônio aos portugueses por exemplo. Entendamos bem estas quatro palavras, que estas bem entendidas nos bastam.

Vos estis sal terrae. O primeiro fundamento que toma para seu discurso Santo Antônio é supor que devemos e havemos de tratar de nossa conservação. Isso quer dizer (conforme a exposição de todos os Doutores) *Vos estis sal terrae*: Vós sois sal da terra. Quem diz sal, diz conservação; a que Cristo encomendava no original destas palavras tem grandes circunstâncias da nossa. Muito tenho reparado, em que primeiro chamou Cristo aos Apóstolos pescadores, e ao depois chamou-lhes sal: *Faciam vos fieri piscatores hominum: Vos estis sal terrae*.[i] Se pescadores, por que sal juntamente? Porque importa pouco o ter tomado, se se não conserva o que se tomou. Chamar-lhes pescadores foi encomendar-lhes a pescaria; chamar-lhes sal foi encarregar-lhes a conservação. Sois pescadores, Apóstolos meus, porque quero que vades pescar por esse mar do mundo; mas advirto-vos que sois também sal; porque quero que pesqueis, não para comer, senão para conservar. Senhores meus, já fomos pescadores, ser agora sal é o que resta. Fomos pescadores astutos, fomos pescadores venturosos; aproveitamo-nos da água envolta, lançamos as redes a tempo, e ainda que tomamos somente um peixe-rei, foi o mais formoso lanço, que se fez nunca; não digo nas ribeiras do Tejo, mas em quantas rodeiam as praias do Oceano. Pescou Portugal o seu reino, pescou Portugal a sua coroa, advirta agora Portugal, que não a pescou

---

[i] *Marc.*, I, 17.

para a comer, senão para a conservar. Foi pescador, seja sal. Mas isto não se discorre, supõe-se.

Porém: *Si sal evanuerit, in quo salietur?* Se o sal não for efetivo; se os meios que se tomarem para a conservação saírem vãos e ineficazes, que remédio? Esta é a razão de se repetirem; e esta é a maior dificuldade destas segundas Cortes. As primeiras Cortes foram de boas vontades; estas segundas podem ser de bons entendimentos. Nas primeiras tratou-se de remediar o Reino; nestas trata-se de remediar os remédios. Dificultosa empresa, mas importantíssima. Quando os remédios não têm bastante eficácia para curar a enfermidade, é necessário curar os remédios, para que os remédios curem ao enfermo. Assim o fez o mesmo Cristo Deus e Senhor nosso, sem dispêndio de sua sabedoria, nem erro de sua providência. Não se pode acertar tudo da primeira vez. Trabalhava Cristo por sarar e converter o seu povo com os remédios ordinários da doutrina, e pregação evangélica; e vendo que se não seguia a desejada saúde, que fez? Tratou de remediar os remédios para que os remédios remediassem os enfermos. Em próprios termos o disse Santo Astério falando da ressurreição da filha do Jairo: *Ut vidit Judaeos ad sermones absurdescere, fatis ipsos instituit, ac medicinae medicinam accommodat.* Vendo Cristo que estava a enfermidade rebelde, e os ouvintes surdos a seus sermões, ajuntou às palavras obras, ajuntou à doutrina milagres, e tomou por arbítrio melhorar os remédios, para que os remédios melhorassem os enfermos: *Ac medicinae medicinam accommodat.* Aplicou umas medicinas a outras medicinas, para que os que eram remédios fracos fossem valentes remédios. Este é o fim de se repetirem Cortes em Portugal. Arbitraram-se nas passadas vários modos de tributos, para remédio da conservação do Reino; mas como estes tributos não foram efetivos, como estes remédios saíram ineficazes, importa agora remediar os remédios.

III

Mas perguntar-me-á alguém, ou perguntara eu a Santo Antônio: Que remédio teremos nós para remediar os remédios? Muito fácil, diz Santo Antônio: *Vos estis sal terrae.* Para se curar uma enfermidade, vê-se em que peca a enfermidade: para se curarem os remédios, veja-se em que pecaram os remédios. Os remédios, como diz a queixa pública, pecaram na violência, muitos arbítrios, mas violentos muito. Pois modere-se a violência com a suavidade, ficarão os remédios remediados. Foram ineficazes os tributos por violentos, sejam suaves, e serão efetivos. *Vos estis sal terrae*: Duas propriedades tem o sal, diz aqui Santo Hilário; conserva, e mais tempera: é o antídoto da corrupção, e lisonja do gosto: é o preservativo dos preservativos, e o sabor dos sabores: *Sal incorruptionem corporibus, quibus fuerit aspersus, impertit, et ad omnem sensum conditi saporis aptissimus est.* Tais como isto devem ser os remédios com que se hão de conservar as repúblicas. Conservativos sim, mas desabridos não. Obrar a conservação, e saborear, ou ao menos não ofender o gosto, é o primor dos remédios. Não tem bons efeitos o sal, quando aquilo que se salga fica sentido. De tal maneira se há de conseguir a conservação, que se escusa quanto for possível o sentimento. Tirou Deus uma costa a Adão para a fábrica de Eva: mas como a tirou? *Immisit Deus saporem in Adam*, diz o Texto sagrado: Fez Deus adormecer a Adão, e assim dormindo lhe tirou a costa.[i]

Pois por que razão dormindo, e não acordado? Disse-o advertidamente o nosso português Oleastro, e é o pensamento tão tirado da costa de Adão, como das entranhas dos portugueses: *Ostendit, quam difficile sit ab homine auferre, quod etiam in ejus cedit utilitatem: quam obrem opus est ab eo surripere, quod ipse concedere negligit.* A costa de que se havia de formar Eva, tirou-a Deus a Adão dormindo, e não acordado, para mostrar quão dificultosamente se tira aos homens, e com quanta suavidade se deve tirar ainda o que é para seu proveito. Da criação e fabricação de Eva dependia não menos que a conservação e propagação do gênero humano; mas repugnam tanto os homens a deixar arrancar de si aquilo que se lhe tem convertido em carne e sangue, ainda que seja para bem de sua casa, e de seus filhos, que por isso traçou Deus tirar a costela de Adão, não acordado, senão dormindo: adormeceu-lhe os sentidos, para lhe escusar o sentimento. Com tanta suavidade como isto, se há de tirar aos homens o que é necessário para sua conservação. Se é necessário para a conservação da pátria, tire-se a carne, tire-se o sangue, tirem-se os ossos, que assim é razão que seja; mas tire-se com tal modo, com tal indústria, com tal suavidade, que os homens não o sintam, nem quase o vejam. Deus tirou a costa a Adão, mas ele não o viu, nem o sentiu; e se o soube, foi por revelação. Assim aconteceu aos bem governados vassalos do imperador Teodorico, dos quais por grande glória sua dizia ele: *Sentimus auctas illationes, vos addita tributa nescitisi*: Eu sei que há tributos, porque vejo as minhas rendas acrescentadas: vós não sabeis se os há, porque não sentis as vossas diminuídas. Razão é que por todas as vias se acuda à conservação; mas como somos compostos de carne e sangue, obre de tal maneira o racional, que tenha sempre respeito ao sensitivo. Tão ásperos podem ser os remédios, que seja menos feia a morte que a saúde. Que me importa a mim sarar do remédio, se hei de morrer do tormento?

---

[i] *Gênes.*, II, 21.

Divina doutrina nos deixou Cristo desta moderação na sujeita matéria dos tributos. Mandou Cristo a S. Pedro que pagasse o tributo a César, e disse-lhe que fosse pescar, e que na boca do primeiro peixe acharia uma moeda de prata, com que pagasse. Duas ponderações demos a este lugar o dia passado: hoje lhe daremos sete a diferentes intentos. Se Deus não faz milagres sem necessidade, por que o fez Cristo nesta ocasião, sendo ao parecer supérfluo? Pudera o Senhor dizer a Pedro que fosse pescar, e que do preço do que pescasse, pagaria o tributo. Pois por que dispõe que se pague o tributo não do preço, senão da moeda que se achar na boca do peixe? Quis o Senhor que pagasse S. Pedro o tributo, e mais que lhe ficasse em casa o fruto de seu trabalho, que este é o suave modo de pagar tributos. Pague Pedro o tributo sim, mas seja com tal suavidade e com tão pouco dispêndio seu que, satisfazendo às obrigações de tributário, não perca os interesses de pescador. Coma o seu peixe como dantes comia, e mais pague o tributo que dantes não pagava. Por isso tira a moeda não do preço senão da boca do peixe: *Aperto ore ejus, invenies staterem.*[i] *Aperto ore*: Notai. Da boca do peixe se tirou o dinheiro do tributo; porque é bem que para o tributo se tire da boca. Mas esta diferença há entre os tributos suaves e os violentos; que os suaves tiram-se da boca do peixe; os violentos, da boca do pescador. Hão-se de tirar os tributos com tal graça, com tal indústria, com tal invenção, *Invenies staterem*, que pareça o dinheiro achado, e não perdido; dado por mercê da ventura, e não tirado à força da violência. Assim o fez Deus com Adão; assim o fez Cristo com S. Pedro; e, para que não diga alguém, que são milagres a nós impossíveis, assim o fez Teodorico com seus vassalos. A boa indústria é suplemento da Onipotência, e o que faz Deus por todo-poderoso, fazem os homens por muito industriosos.

IV

Sim. Mas que indústria poderá haver para que os tributos se não sintam, para que sejam suaves e fáceis de levar? Que indústria? *Vos estis sal terrae*. Não se mete Santo Antônio a discursar arbítrios particulares, que seria coisa larga, e menos própria deste lugar, posto que não dificultosa: um só meio aponta o Santo nestas palavras, que transcende universalmente por todos os que se arbitrarem, com que qualquer tributo, se for justo, será mais justo; e se fácil, muito mais fácil, e mais suave: *Vos estis sal terrae*. Nota aqui S. João Crisóstomo a generalidade com que falou Cristo aos Discípulos. Não lhes chamou sal de

---

[i] *Mat.*, XVII, 26.

uma casa, ou de uma família, ou de uma cidade, ou de uma nação, senão sal de todo o mundo, sem excetuar a ninguém: *Vos estis sal terrae, non pro una gente, sed pro universo mundo*, comenta o Santo Padre. Queremos, Senhores, que o sal, qualquer que for, não seja desabrido? Queremos que os meios da conservação pareçam suaves? *Non pro una gente, sed pro universo mundo*. Não sejam os remédios particulares, sejam universais: não carreguem os tributos somente sobre uns, carreguem sobre todos. Não se trate de salgar só um gênero de gente: *Non pro una gente*: reparta-se, e alcance o sal a Terra: *Vos estis sal terrae*. Convida Cristo aos homens para a aceitação e observância de sua Lei, e diz assim: *Venite ad me omnes, qui laboratis, et onerati estis et ego reficiam vos.*[i] Vinde a mim todos, que tão cansados e molestados vos traz o mundo, e eu vos aliviarei: *Tollite jugum meum super vos, et invenietis requiem animabus vestris*:[ii] Tomai o meu jugo sobre vós, e achareis descanso para a vida: *Jugum enim meum suave est, et onus meum leve*:[iii] Porque o jugo de minha Lei é suave, e o peso de meus preceitos é leve.

Ora, se tomarmos bem o peso à Lei de Cristo, havemos de achar que tem alguns preceitos pesados, e, segundo a natureza, assaz violentos. Haver de amar aos inimigos: confessar um homem suas fraquezas a outro homem: bastar um pensamento para ofender gravemente a Deus, e ir ao Inferno: estes e outros semelhantes preceitos não há dúvida que são pesados e dificultosos: e por tais os estimou o mesmo Senhor, quando lhes chamou cruz nossa: *Tollat crucem suam, et sequatur me.*[iv] Pois se os preceitos da Lei de Cristo, ao menos alguns, são cruz pesada; como lhes chama o Senhor jugo suave e carga leve: *Jugum enim meum suave est, et onus meum leve*? Antes de o Senhor lhes chamar assim, já tinha dito a causa: *Venite ad me omnes*. A Lei de Cristo é uma lei que se estende a todos com igualdade, e que obriga a todos sem privilégio: ao grande e ao pequeno: ao alto e ao baixo: ao rico e ao pobre: a todos mede pela mesma medida. E como a lei é comum sem exceção de pessoas, e igual sem diferença de preceito, modera-se tanto o pesado no comum, e o violento no igual, que, ainda que a lei seja rigorosa, é jugo suave; ainda que tenha preceitos dificultosos, é carga leve: *Jugum meum suave est, et onus meum leve*. É verdade que é jugo, é verdade que é peso, nem Cristo o nega; mas como é jugo que a todos iguala, o exemplo o faz suave; como é peso que sobre todos carrega, a companhia o faz leve. Clemente Alexandrino: *Non praetergredienda est aequalitas, quae versatur in distributionibus*

---

[i] *Mat.*, XI, 28.
[ii] Ibid., 29.
[iii] Ibid., 30.
[iv] Ibid., XVI, 24.

honorando justitiam: propterea Dominus, tollite, inquit, jugum meum super vos, quia benignum est et leve.

O maior jugo de um reino, a mais pesada carga de uma república, são os imoderados tributos. Se queremos que sejam leves, se queremos que sejam suaves, repartam-se por todos. Não há tributo mais pesado que o da morte, e contudo todos o pagam, e ninguém se queixa; porque é tributo de todos. Se uns homens morreram, e outros não, quem levara em paciência esta rigorosa pensão da mortalidade? Mas a mesma razão que a estende, a facilita; e porque não há privilegiados, não há queixosos. Imitem as resoluções políticas o governo natural do Criador: *Qui solem suum oriri faciet super bonos et malos, et pluit super justos et injustos.*[i] Se amanhece o Sol, a todos esquenta; e se chove o céu, a todos molha. Se toda a luz caíra a uma parte, e toda a tempestade a outra, quem o sofrera? Mas não sei que injusta condição é a deste elemento grosseiro em que vivemos, que as mesmas igualdades do céu, em chegando à Terra, logo se desigualam. Chove o céu com aquela igualdade distributiva que vemos; mas em a água chegando à Terra, os montes ficam enxutos, e os vales afogando-se: os montes escoam o peso da água de si, e toda a força da corrente desce a alagar os vales: e queira Deus que não seja teatro de recreação para os que estão olhando do alto ver nadar as cabanas dos pastores sobre os dilúvios de suas ruínas. Ora guardemo-nos de algum dilúvio universal, que quando Deus iguala desigualdades, até os mais altos montes ficam debaixo da água. O que importa é que os montes se igualem com os vales, pois os montes são a quem principalmente ameaçam os raios: e reparta-se por todos o peso, para que fique leve a todos. Os mesmos animais de carga, se lhe deitam toda a uma parte, caem com ela; e a muitos navios meteu nas mãos dos piratas a carga não por muita, mas por descompassada. Se se repartir o peso com igualdade de justiça, todos o levarão com igualdade de ânimo: *Nullus enim gravanter obtulit, quod cum aequitate persolvitur.* Porque ninguém toma pesadamente o peso que se lhe distribuiu com igualdade, disse o político Cassiodoro.

V

Boa doutrina estava esta, se não fora dificultosa, e, ao que parece, impraticável. Bom era que nos igualáramos todos: mas como se podem igualar extremos que têm a essência na mesma desigualdade? Quem compõe os três estados do Reino é a desigualdade das pessoas. Pois como se hão de igualar os

---

[i] *Mat.*, V, 45.

três estados, se são estados porque são desiguais? Como? Já se sabe que há de ser: *Vos estis sal terrae*. O que aqui pondero é que não diz Cristo aos Apóstolos: vós sois semelhantes ao sal; senão: *Vos estis*. Vós sois sal. Não é necessária filosofia para saber que um indivíduo não pode ter duas essências. Pois se os Apóstolos eram homens, se eram indivíduos da natureza humana, como lhe diz Cristo que são sal: *Vos estis sal*? Alta doutrina de estado. Quis-nos ensinar Cristo Senhor nosso que pelas conveniências do bem comum se hão de transformar os homens, e que hão de deixar de ser o que são por natureza, para serem o que devem ser por obrigação. Por isso tendo Cristo constituído aos Apóstolos ministros da Redenção, e conservadores do mundo, não os considera sal por semelhança, senão sal por realidade: *Vos estis sal*: porque o ofício há-se de transformar em natureza, a obrigação há-se de converter em essência, e devem os homens deixar o que são, para chegarem a ser o que devem. Assim o fazia o Batista, que, perguntado quem era, respondeu: *Ego sum vox*:[i] Eu sou uma voz. Calou o nome da pessoa, e disse o nome do ofício; porque cada um é o que deve ser, e se não, não é o que deve. Se os três estados do Reino, atendendo a suas preeminências, são desiguais, atendam a nossas conveniências, e não o sejam. Deixem de ser o que são para serem o que é necessário, e iguale a necessidade os que desigualou a fortuna.

A mesma formação do sal nos porá em prática esta doutrina. Aristóteles e Plínio reconhecem na composição do sal o elemento da água e do fogo: *Sal est igneae, et aquae naturae, continens duo elementa, ignem et aquam*, diz Plínio. A glossa ordinária e S. Cromácio acrescentam o terceiro elemento do ar (prova seja a grande umidade deste misto), e diz assim S. Cromácio: *Natura salis per aquam, per colorem solis, per flatum venti constat et ex eo, quod fuit, in alteram speciem commutatur*: A matéria ou natureza do sal são três elementos transformados, os quais tendo sido fogo, ar e água, se uniram em uma diferente espécie, e se converteram em sal. Grande exemplo da nossa doutrina! Assim como o sal é uma junta de três elementos, fogo, ar e água, assim a república é uma união de três estados, eclesiástico, nobreza e povo. O elemento do fogo representa o estado eclesiástico, elemento mais levantado que todos, mais chegado ao Céu, e apartado da Terra; elemento a quem todos os outros sustentam, isento ele de sustentar a ninguém. O elemento do ar representa o estado da nobreza, não por ser a esfera da vaidade, mas por ser o elemento da respiração; porque os fidalgos de Portugal foram o instrumento felicíssimo, por que respiramos, devendo este reino eternamente à resolução da sua nobreza os alentos com que vive, os espíritos com que se sustenta.

---

[i] *João*, I, 23.

Finalmente o elemento da água representa o estado do povo: (*Aquae sunt populi*, diz um texto do Apocalipse)[i] e não como dizem os críticos, por ser elemento inquieto e indômito, que à variedade de qualquer vento se muda; mas por servir o mar de muitos e mui proveitosos usos à terra, conservando os comércios, enriquecendo as cidades, sendo o melhor vizinho, que a natureza deu às que amou mais. Estes são os elementos de que se compõe a república. De maneira, pois, que aqueles três elementos naturais deixam de ser o que eram, para se converterem em uma espécie conservadora das coisas: *Ex eo, quod fuit, in alteram speciem commutatur*: assim estes três elementos políticos hão de deixar de ser o que são, para se reduzirem unidos a um estado que mais convenha à conservação do Reino. O estado eclesiástico deixe de ser o que é por imunidade, e anime-se a assistir com o que não deve. O estado da nobreza deixe de ser o que é por privilégios, e alente-se a concorrer com o que não usa. O estado do povo deixe de ser o que é por possibilidade, e esforce-se a contribuir com o que pode: e desta maneira deixando cada um de ser o que foi, alcançarão todos juntos a ser o que devem: sendo esta concorde união dos três elementos eficaz conservadora do quarto. *Vos estie sal terrae.*

VI

Amplifiquemos este ponto, como tão essencial, e falemos particularmente com cada um dos três estados. Primeiramente o estado eclesiástico deixe de ser o que é por imunidade, e seja o que convém à necessidade comum. Serem isentas de pagar tributo as pessoas e bens eclesiásticos, o direito humano o dispõe assim, e alguns querem que também o divino. No nosso passo o temos. Indo propor S. Pedro a Cristo que os ministros reais lhe pediam o tributo, respondeu o Senhor que fosse pescar, como dissemos, e que na boca do primeiro peixe acharia o didracma, ou moeda. Dificulto. Suposto que o tributo se havia de pagar do dinheiro milagroso, e não do preço do peixe, para que vai pescar S. Pedro? Não era mais barato dizer-lhe Cristo que metesse a mão na algibeira e que aí acharia com que pagar? Para Cristo tão fácil era uma coisa como a outra; para S. Pedro mais fácil esta segunda. Pois por que lhe manda que vá ao mar, que pesque, e que do dinheiro que achar por esta indústria, pague o tributo? A razão foi porque quis Cristo contemporizar com o tributo de César, e mais conservar em seu ponto a imunidade eclesiástica. Pague Pedro (como se dissera Cristo), mas pague como pescador, não pague

---

[i] *Apoc.*, XVII, 15.

como apóstolo: pague como oficial do povo, e não como ministro da Igreja. Deixe Pedro, por representação, de ser o que é, e torne por representação a ser o que foi: deixe de ser eclesiástico, e torne a ser pescador; e então pague por obrigação do ofício o que não deve pagar por privilégio da dignidade. *Ita Christus tributum solvere voluit, ut nec publicanos offenderet, nec suum perderet privilegium,* diz o doutíssimo Maldonado de sentença de S. Crisóstomo e de Eutímio. A sua razão é: *Dum non ex suo, sed ex invento solveret*: porque pagou do dinheiro achado, e não do seu.

Mas a mim mais fácil me parece distinguir na mesma pessoa diferentes representações, que admitir, receber, e dar sem consideração de domínio. O pensamento é o mesmo, escolha cada um das duas razões a que mais lhe contentar. E como a matéria era de tanta importância, ainda por outra cláusula a confirmou e ratificou o Senhor, para que este exemplo lhe não prejudicasse: *Da eis pro me et te*:[i] Dai, Pedro, por mim, e por vós. *Da*: aqui reparo. Quando Lhe vieram perguntar a Cristo se era lícito pagar o tributo a César, respondeu o Senhor: *Reddite, quae sunt Caesaris, Caesari, et quae sunt Dei, Deo*:[ii] Pagai o de César a César, e o de Deus a Deus. Pergunta Teofilato: *Quare reddite et non date?* Por que diz Cristo *pagai*, e não diz *dai*? A mesma questão faço eu aqui: *Da eis pro me et te: quare da et non, redde?* Por que diz *dai* e não diz *pagai*? Se lá diz Cristo *pagai* e não *dai*; por que cá diz o mesmo Senhor *dai* e não *pagai*? A razão é porque lá falava Cristo com os seculares, cá falava com os eclesiásticos; e quando uns e outros concorrem para os tributos, os seculares *pagam*, e os eclesiásticos *dão*. Os seculares *pagam*, porque *dão* o que devem; os eclesiásticos *dão*, porque pagam o que não devem. Por isso Cristo usou da cláusula *dá* com grande providência; para que este ato tão contrário à imunidade eclesiástica não cedesse em prejuízo dela, declarando que o tributo que um e outro estado paga promiscuamente nos seculares é justiça, nos eclesiásticos é liberalidade: nos seculares é dívida, nos eclesiásticos é dádiva: *Da: Reddite.*

Tanta é a imunidade das pessoas e bens eclesiásticos: mas estamos em tempo em que é necessário cederem de sua imunidade para socorrerem a nossa necessidade. Não digo que *paguem* os eclesiásticos; mas digo que *deem*: não digo *reddite*; mas digo *da*. Liberalidade peço e não justiça; ainda que a ocasião presente é tão forçosa, que justiça vem a ser a liberalidade. Com nenhum doutor alegarei nesta matéria, que não seja ou sumo pontífice, ou cardeal, ou bispo; para que com o desinteresse em causa própria se qualifique ainda mais a autoridade maior. Quando el-rei de Israel, Saul, tratava de tirar a vida a Davi,

---

[i] *Mat.*, XVI, 26.
[ii] Ibid., XXII, 21.

rei também de Israel, que havia naquele tempo dois que se intitulavam reis do mesmo reino; um, rei injusto, outro santo: um, rei escolhido por Deus, outro, reprovado por Ele. Neste tempo (que parece neste tempo) foi ter Davi com o sacerdote Abimeleque, ou Abiatar, e com licença sua tomou do altar os pães da proposição, e repartiu-os a seus soldados. Ação foi esta, que tem contra si um texto expresso no capítulo vinte e quatro do Levítico, desta maneira: *Eruntque (panes propositionis) Aaron et filiorum ejus, ut comedant eos in loco sancto: quia Sanctum Sanctorum est de sacrificiis Domini jure perpetuo*: Quer dizer: que os pães da proposição seriam perpetuamente de Aarão e seus descendentes, e que os comeriam os sacerdotes, e não outrem, por ser pão santo e consagrado a Deus. Esta é a verdadeira inteligência do texto, conforme uma glosa de fé no capitulo sexto de S. Lucas. Pois se os pães da proposição eram próprios dos sacerdotes, e nenhum homem secular podia comer deles licitamente, como os deu a Davi um sacerdote tão zeloso como Abimeleque; e como os tomou para seus soldados um rei tão santo como Davi?

Não temos menor intérprete ao lugar que o Sumo Pontífice Cristo, autor e expositor de sua mesma Lei. Aprova Cristo esta ação de Davi no capítulo segundo de S. Marcos, e diz assim: *Nunquam legistis, quid fecerit Davi quando necessitatem habuit? Quomodo introivit in domum Dei, et Panes Propositionis manducavit, quos non licebat manducare nisi sacerdotibus et dedit eis: qui cum eo erant?*[i] Nunca lestes o que fez Davi quando teve necessidade, como entrou no templo de Deus, como tomou os pães, que não era lícito comer senão aos sacerdotes, e os deu a seus soldados? De maneira que a total razão, por que aprova Cristo entrar Davi no templo, e tomar o pão dos sacerdotes é porque o fez o rei, *quando necessitatem habuit*, quando teve necessidade; porque quando estão em necessidade os reis, é bem que os bens eclesiásticos os socorram, e que tirem os sacerdotes o pão da boca para o sustentarem a ele e a seus soldados. Assim declara Cristo que precede o direito natural ao positivo, e que pôde ser lícito pelas circunstâncias do tempo, o que pelas leis e cânones é proibido.

E verdadeiramente que quando a nenhum rei deveram os eclesiásticos esta correspondência, os reis de Portugal a mereciam; porque se atentamente se lerem as nossas crônicas, apenas se achará templo, ou mosteiro em todo Portugal, que os reis portugueses com seu piedoso zelo ou não fundassem totalmente, ou não dotassem de grossas rendas, ou não enriquecessem com preciosíssimas dádivas. Impossível coisa fora deter-me em matéria tão larga e inútil, e tão sabida. Concorram pois as igrejas a socorrer a seus fundadores,

---

[i] *Marc.*, II, 25 e 26.

a sustentar a quem as enriqueceu, e a oferecer parte de suas rendas às mãos de cuja realeza receberam todas. Mais é isto justiça, que liberalidade; mais é obrigação, que benevolência; mais é restituição, que dádiva.

Tirou el-rei Ezequias do Templo, para se socorrer em uma guerra, os tesouros sagrados, e as mesmas lâminas de ouro com que estavam chapeadas as portas; e justificam muito esta resolução assim o Texto, como os Doutores, por três razões: De necessidade em respeito do reino; de conveniência em respeito do Templo; de obrigação em respeito do rei. Por razão de necessidade em respeito do reino (diz o Cardeal Caetano), porque quando o reino tinha chegado a termos, que se não podia conservar, nem defender de outra maneira, justo era que em falta dos tesouros profanos substituíssem os sagrados, e que se empenhassem e vendessem as joias da Igreja para remir a liberdade pública. *Omni exceptione maius est exemplum hoc Ezechiae, ut pro redemptione vexationis ab infidelibus liceat, exhaustis publicis thesauris, ex Ecclesiae totalibus subvenire publicae liberiati christianorum.* Por razão de conveniência em respeito do Templo (diz o bispo S. Teodoreto); porque mais convinha ao Templo conservar-se pobre, que não se conservar; e é certo que na perda ou defensa da cidade consistia juntamente a sua; porque fazendo-se senhor da cidade Senaqueribe, também arderia com a cidade o Templo: *Quando non sufficiebant thesauri regis, mos erat in hujusmodi necessitatibus sacros etiam thesauros consumere; necessitas autem effecit, ut etiam constaret portas aeneas, ne si bello superior fuisset Senacherib, et urbem, et templum incenderet.* Finalmente, por razão de obrigação, em respeito do mesmo rei; porque, como nota o Texto, *confregit Ezechias valvas templi et laminas auri, quas ipse affixerat.*[i]

As lâminas de ouro, que Ezequias arrancou das portas do Templo, ele mesmo as tinha dado; e era justa correspondência que em tal ocasião as portas se despissem de suas joias, e restituíssem generosamente o seu ouro a um rei, que com tanta liberalidade as enriquecera. Os templos são armazéns das necessidades; e os reis que oferecem votos depositam socorros. Quando Davi se viu no deserto desarmado e perseguido, nenhum socorro achou senão a espada do gigante, que consagrara a Deus no Templo; que as dádivas, que dedicaram aos templos os reis vitoriosos, bem é que as restituam os templos aos reis necessitados. Isto é o que deve fazer o estado eclesiástico de Portugal, e em primeiro lugar os primeiros dele; que por isso pagou o tributo não outro dos Apóstolos, senão S. Pedro.

---

[i] *4.º Livro dos Reis*, XVIII, 16.

VII

O estado da nobreza também é isento por seus privilégios de pagar tributos: *Capita stipendio censa ignobiliora*, disse lá Tertuliano; donde Jeremias, falando de Jerusalém: *Princeps Provinciarum fata est sub tributo*:[i] Contrapôs o tributo à nobreza, e exagerou a Jerusalém senhora, para a lamentar tributária. No passo que nos fez o gasto temos também isto. Quando os ministros de César pediram o tributo a S. Pedro, perguntou-lhe Cristo: *Quid tibi videtur, Simon?*[ii] Que vos parece, Pedro, neste caso? *Reges terrae a quibus accipiunt tributum, a filiis, an ab alienis?*[iii] Os reis da terra de quem recebem tributo, dos filhos, ou dos estranhos? *Ab alienis.*[iv] Dos estranhos, respondeu S. Pedro. *Ergo liberi sunt filii?*[v] Logo isentos somos nós de pagar tributos?, diz Cristo: Eu, porque sou Filho do Rei dos reis; e vós, porque sois domésticos e criados de minha casa; que os que têm foro, ou filiação na casa real, isentos e privilegiados são de pagar tributos. *Hoc exemplum probat*, diz o doutíssimo Tanero, *etiam familiares ipsius Christi a tributo liberos esse, cum et in humana politia non tantum filius ipse regis, sed etiam familia ejus a tributis libera esse soleat.* Isto resolveu Cristo *de jure*. Mas *de facto* que resolveu? *Ut autem non scandalizemus eos, vade et da eis pro me et te.*[vi] Resolveu que sem embargo de serem privilegiados, pagassem o tributo: porque seria matéria de escândalo, que quando pagavam todos, não pagassem eles. Pois se nos casos comuns lhe parece bem a Cristo que paguem tributos os nobres, a quem isentam as leis; quanto mais em um caso tão extraordinário e maior que pôde acontecer em um reino, em que se arrisca a conservação do mesmo reino, do mesmo rei e a mesma nobreza?

Por duas razões principalmente me parece que corre grande obrigação à nobreza de Portugal de concorrerem com muita liberalidade para os subsídios e contribuições do Reino. A primeira razão é porque as comendas e rendas da Coroa, os fidalgos deste Reino são os que as logram e lograram sempre; e é justo que os que se sustentam dos bens da Coroa não faltem à mesma Coroa com seus próprios bens: *Quae de manu tua accepimus, dedimus tibi*. Não há tributo mais bem pago no mundo, que o que pagam os rios ao mar. Continuamente estão pagando este tributo, ou em desatados cristais, ou em prata sucessiva (como dizem os cultos), e vemos que para não faltarem a esta dívida, se desentranham

---

[i] *Tren.*, I, 1.
[ii] *Mat.*, XVII, 24.
[iii] Ibid.
[iv] Ibid., 25.
[v] Ibid.
[vi] Ibid., 26.

as fontes e se despenham as águas. Pois quem deu tanta pontualidade a um elemento bruto? Por que se despendem com tanto primor umas águas irracionais? Por quê? Porque é justo que tornem ao mar águas que do mar saíram. Não é o pensamento de quem cuidais, senão de Salomão. *Ad locum, unde exeunt, flumina revertuntur*:[i] Tornam os rios perpetuamente ao mar (e em tempos tempestuosos com mais pressa e muito tributo); porque, mais ou menos grossas, do mar recebem todas suas correntes. Que injustiça fora da natureza, e que escândalo do Universo, se crescendo caudalosos os rios, e fazendo-se alguns navegáveis com a liberalidade do mar, represaram avarentos suas águas, e lhe negaram o devido tributo? Tal seria, se a nobreza faltasse à Coroa com o ouro que dela recebe. E é muito de advertir aqui uma lição que a terra nos dá, se já não for repreensão, com seu exemplo. A água que recebe a terra é salgada; a que torna ao mar é doce. O que recebe em ondas amargosas, restitui-o em doces tributos. Assim havia de ser, Senhores, mas não sei se acontece pelo contrário. A todos é coisa muito doce o receber; mas tanto que se fala em dar, grandes amarguras! Pois consideremos a razão, e parecer-nos-á imitável o exemplo. A razão por que as águas amargosas do mar se convertem em tributos doces é porque a terra, por onde passam, recebe o sal em si. *Vos estis sal terrae*: portugueses, entranhe-se na terra o sal; entenda-se que o que se dá é o sal e conservação da terra; e logo serão os tributos doces, ainda que pareçam amargosas as águas.

A segunda razão por que a nobreza de Portugal deve servir com sua fazenda a el-rei nosso senhor, que Deus guarde, mais que nenhuma outra nobreza a outro rei, é porque ela o fez. Já que a fidalguia de Portugal saiu com a glória de levantar o rei, não deve querer que a leve outrem de o conservar e sustentar no Reino. Fazer, e não conservar, é insuficiência de causas segundas inferiores: os efeitos das causas primeiras dependem delas *in fieri, et conservari*. É verdade que muitas vezes tem maiores dificuldades o conservar, que o fazer; mas quem se gloria da feitura, não deve recusar o peso da conservação. Pecou Adão, decretou o Eterno Padre, que não havia de aceitar menor satisfação, que o sangue de seu unigênito Filho. Notificou-se este decreto ao Verbo (digamo-lo assim), e que vos parece que responderia? *Ego feci, ego feram*: Eu o fiz, eu o sustentarei, diz por Isaías. A razão com que o Filho de Deus se animou à conservação tão dificultosa e tão penosa de Adão foi com se lembrar que Ele o fizera: *Ego feci, ego feram*. Para se persuadir a ser redentor, lembrou-se que fora criador; e para conservar a Adão com todo o sangue, lembrou-se que o fizera com uma palavra. Nobreza de Portugal, já fizestes ao rei, conservá-lo agora é o que resta, ainda que custe: *Ego feci, ego feram*. Muito foi fazer um rei com uma palavra: mas conservá-lo

---

[i] *Ecles.*, I, 7.

com todo o sangue das veias será a coroa de tão grande façanha. Sangue e vidas é o que peço; que a tão ilustres e generosos ânimos, petição fora injuriosa falar em fazenda.

VIII

Resta que a obrigação absoluta de pagar tributos, só o terceiro estado a tenha. E assim o diz o nosso passo, que, como até agora nos acompanhou, ainda aqui nos não falta. Da boca do peixe tirou S. Pedro a moeda para o tributo: mas perguntará algum curioso, que peixe era este, ou como se chamava? Poucos dias há que eu me não atrevera a satisfazer à dúvida; mas fui-a achar decidida em um autor estrangeiro da nossa Companhia, chamado Adamus Conthzem, pode ser que seja mais conhecido dos políticos, que dos escriturários; mas em uma e outra coisa é muito douto. Diz este autor, falando do nosso peixe: *Piscis est apud Plinium, qui Faber dicitur, et piscis Sancti Petri Christianis*: Que é este um peixe, a que hoje os Cristãos chamam peixe de S. Pedro; e Plínio, na sua *História Natural*, lhe chama *Faber*. Notável coisa! *Faber* quer dizer o oficial. De sorte que ainda no mar, quando se há de pagar um tributo, não o pagam os outros peixes, senão o peixe oficial. Não pagou o tributo um peixe fidalgo, senão um peixe mecânico. Não o pagou um peixe que se chamasse rei, ou delfim, ou outro nome menor de nobreza, senão um peixe que se chamava oficial: *Faber*. Sobre os oficiais, sobre os que menos podem, caem de ordinário os tributos; não sei se por lei, se por infelicidade: e melhor é não saber por quê.

Seguia-se agora, segundo a ordem que levamos, exortar o povo aos tributos; mas não cometerei eu tão grande crime. Pedir perdão aos que chamei povo, isso sim. Em Lisboa não há povo. Em Lisboa não há mais que dois estados — eclesiástico e nobreza. Vassalos que com tanta liberalidade despendem o que têm, e ainda o que não têm, por seu rei, não são povo. Vai louvando o Esposo divino as perfeições da Igreja, em figura da Esposa, e admirando o ar, garbo e bizarria, com que punha os pés no chão, chama-lhe filha de príncipe: *Quam pulchri sunt gressus tui in calceamentis, filia principis?*[i] Não há dúvida que no corpo político de qualquer monarquia, os pés, como parte inferior, significam o povo. Pois se o Esposo louva o povo da monarquia da Igreja, com que pensamento, ou com que energia lhe chama neste louvor filha de príncipe: *Filia principis*? A versão hebreia o declarou ajustadamente: *Filia principis, idest, filia populi sponte offerentis*. Onde a Vulgata diz filha de príncipe, tem a raiz hebreia,

---

[i] *Cânt.*, VII, 1.

filha do povo, que oferece voluntária e liberalmente. E povo que oferece com vontade e liberalidade não é povo, é príncipe: *Filia populi sponte offerentis: filia principis.* Bem dizia eu logo que em Lisboa não há três estados, senão dois — eclesiástico, e nobreza. E se quisermos dizer que há três, não são eclesiástico, nobreza, e povo, senão eclesiástico, nobreza e príncipes. E a príncipes quem os há de exortar em matéria de liberalidade? Só digo por conclusão, e em nome da Pátria o encareço muito a todos, que ninguém repare em dar com generoso ânimo tudo o que se pedir (que não será mais do necessário), ainda que para isso se desfaça a fazenda, a casa, o estado e as mesmas pessoas; porque se pelo outro caminho deixarem de ser o que são, por este tornarão a ser o que eram: *Vos estis sal terrae.* A água deixando de ser água, faz-se sal, e o sal desfazendo-se do que é, torna a ser água. Neste círculo perfeito consiste a nossa conservação e restauração. Deixem todos de ser o que eram, para se fazerem o que devem; desfaçam-se todos como devem, tornarão a ser o que eram. Este é em suma o espírito das nossas quatro palavras: *Vos, estis, sal, terrae.*

IX

Temos acabado o sermão. E Santo Antônio? Parece que nos esquecemos dele; mas nunca falamos de outra coisa. Tudo o que dissemos neste discurso foram louvores de Santo Antônio, posto que desconhecidos, por irem com o nome mudado. Chamamos-lhe propriedade do sal, e eram virtudes do Santo. E senão, arribemos brevemente sobre elas, e vamo-las discorrendo. Se a primeira propriedade do sal é preservar da corrupção, que espírito apostólico houve que mais trabalhasse por conservar incorrupta a Fé Católica com a verdade de sua doutrina, com a pureza de seus escritos, com a eficácia de seus exemplos, e com a maravilha perpétua de seus prodigiosos milagres? Se a segunda propriedade do sal é, sobre preservativo, não ser desabrido, que santo mais afável, que santo mais benigno, que santo mais familiar, que santo enfim, que tenha uns braços tão amorosos, que por se ver neles Deus, desceu do Céu à Terra, não para lutar como Jacó, mas para se regalar docemente? Se a terceira propriedade do sal apostólico era não ser de uma senão de toda a terra; quem no mundo mais sal da terra, que Santo Antônio? De Lisboa deixando a pátria, para Coimbra; de Portugal, com desejo de martírio, para Marrocos; da arribada de Marrocos para Espanha, da Espanha para Itália, da Itália para França, da França para Veneza, de Veneza outra vez a França, outra a Itália, com repetidas jornadas: com os pés andou a Europa, e com os desejos a África, e se não levou os raios de sua doutrina a mais partes do mundo, foi porque ainda as não tinham descoberto os portugueses.

Se a quarta propriedade do sal foi ser sujeito das transformações dos elementos, em que santo se viram tantas metamorfoses, como em Santo Antônio, transformando-se do que era, para ser o que mais convinha? De Fernando se mudou em Antônio, de secular em eclesiástico, de clérigo em religioso, e ainda de um hábito em outro hábito, para maior glória de Deus tudo, sendo o primeiro em quem foi crédito a mudança, e a inconstância virtude. Finalmente, se a última propriedade do sal é conseguir o seu fim desfazendo-se: quem mais bizarra e animosamente que Santo Antônio se tiranizou a si mesmo, desfazendo-se com penitências, com jejuns, com asperezas, com estudos, com caminhos, com trabalhos padecidos constante e fervorosamente por Deus; até que em trinta e seis anos de idade (sendo robusto por natureza) deixou de ser temporalmente ao corpo, para ser por toda a eternidade à alma, onde vive, e viverá sem fim?

SERMÃO DA GLÓRIA DE MARIA MÃE DE DEUS

Em dia da Sua Gloriosa Assunção, pregado na Igreja de Nossa Senhora da Glória, em Lisboa, no Ano de 1644

Maria optimam partem elegit.[i]

I

Bem se concordam, neste dia e neste lugar, o título da casa com o da festa e o da festa com o da casa: a casa da Senhora da Glória e a festa da glória da Senhora. O Evangelho, que deve ser o fundamento de tudo que se há de dizer, também eu o quisera concordar com essa glória; mas o que dele e dela se tem dito até agora não concorda com o meu desejo, nem com o meu pensamento. O Evangelho diz que escolheu Maria a melhor parte: *Maria optimam partem elegit*; e os santos e teólogos, que mais se alargaram, aplicando essa escolha e essa parte à glória da senhora, só dizem que verdadeiramente foi a melhor; porque a glória a que a Senhora hoje subiu e está gozando no Céu é melhor e maior glória que a de todos os bem-aventurados. Os bem-aventurados da Glória, ou são homens ou anjos, e não só em cada uma destas comparações, senão em ambas, dizem que é maior a glória de Maria que a de todos os homens e a de todos os anjos, e não divididos, mas juntos. Grande glória! Grande, incomparável, imensa! O Sol não só excede na luz a cada uma das estrelas, e a cada um dos planetas, senão a todas e a todos incomparavelmente. Por isso a Senhora neste dia se chama escolhida como o Sol: *Quae est ista quae ascendit, electa ut Sol.*[ii] O mar não só excede na grandeza a cada uma das fontes e a cada um dos rios, senão a todas e a todos imensamente; por isso a Senhora se chama Maria, que quer dizer mar, e só por este nome (que não tem outra coisa no Evangelho) se lhe aplicam as palavras dele: *Maria optimam partem elegit*. Isto é, como dizia, tudo o que dizem os santos e teólogos; mas nem o Evangelho assim entendido, nem a glória da Senhora assim declarada, nem a comparação dela assim deduzida, concordam com o meu pensamento. O Evangelho, dizendo: *optimam partem*, parece-me que quer dizer muito mais. A glória de

---

[i] *Luc.*, X, 42.
[ii] *Cânt.*, VI, 10.

Maria, sendo de Maria Mãe de Deus, parece-me que é muito maior, e a comparação com os outros bem-aventurados somente parece-me muito estreita e quase indigna. O meu pensamento é (Deus me ajude nele) que a comparação de glória a glória não se deve fazer só entre a glória de Maria com a glória do todas as outras criaturas humanas e angélicas, senão com a glória do mesmo Criador delas, a quem Maria criou. O Texto e a palavra *optimam* a tudo se estende, porque sendo superlativa, põe as coisas no sumo lugar, do qual se não exclui Deus, antes se inclui essencialmente. Neste tão remontado sentido, pretendo provar e mostrar hoje que, comparada a glória de Maria com a glória do mesmo Deus e fazendo da glória de Deus e da glória de Maria duas partes, a melhor parte é a de Maria: *Maria optimam partem elegit*. Até não me ouvirdes, não me condeneis. E espero que me não haveis de condenar, se a mesma Senhora da Glória me assistir com sua graça. *Ave Maria*.

II

Maria optimam partem elegit. Suspensos considero todos os que me ouvem, na expectativa do assunto que propus: os curiosos com indiferença, os devotos com alvoroço, os críticos com a censura já prevenida, e todos com razão. É certo e de fé que, por grande e grandíssima que seja a glória de Maria Senhora nossa, a glória de Deus é infinitamente maior, assim como Ele (que só se compreende) é por natureza infinito. Pois se a glória de Maria, como glória de pura criatura, posto que criatura a mais excelente de todas, é glória finita, e infinitamente menor que a glória de Deus; como me atrevo eu a afirmar, e como se pode entender que, ainda em comparação da glória do mesmo Deus, se verifiquem as palavras do Evangelho na glória de Maria, e que goze Maria a melhor parte? *Maria optimam partem elegit?*

Para inteligência desta verdade, nas mesmas palavras do Evangelho temos outra dúvida não menos dificultosa, que se deve averiguar primeiro. Esta, que o Texto chama a melhor parte, diz o mesmo Texto que Maria a escolheu: *Maria optimam partem elegit*; e também esta escolha não tem lugar nem se pode verificar na glória da Senhora. A eleição para a glória é só de Deus: Deus é O que elegeu e escolheu para a glória todos os bem-aventurados, que por isso se chamam escolhidos; e ainda que entre todos os escolhidos a Senhora tenha o primeiro e mais sublime lugar, ela também foi escolhida, e não a que escolheu. Assim o canta a Igreja, quando canta a mesma entrada da Senhora no Céu: *Elegiteam Deus et præelegiteam, in tabernaculo suo habitare facit eam*. Pois se Maria foi a escolhida para a glória que tem no céu, e a escolha foi de

Deus e não sua; como diz a mesma Igreja, nas palavras que lhe aplica, que a Senhora foi a que escolheu e elegeu esta melhor parte: *Maria optimam partem elegit?* Na inteligência desta segunda dúvida consiste a solução da primeira. Ora vede e com atenção. É certo que a Senhora foi escolhida por Deus para a glória e também é certo que a glória de Deus é infinitamente maior que a glória da Senhora; e contudo diz o Evangelho que Maria foi a que escolheu e que escolheu a melhor parte, uma e outra coisa com grande mistério e energia. Diz que Maria foi a que escolheu; porque ainda que a eleição não foi da Senhora, a grandeza de sua glória é tão imensa, que não parece que foi a glória escolhida para ela, senão que ela foi a que a escolheu para si. E diz que Maria escolheu a melhor parte; porque ainda que a glória de Deus é infinitamente maior que a sua, a melhor parte que pode escolher uma mãe é que a glória de seu Filho seja a maior. Como Maria é mãe de Deus, e Deus Filho de Maria, mais se gloria a Senhora de que seu Filho goze esta infinidade de glória, e de ela a gozar em seu filho, do que se a gozara em si mesma. E daqui se segue que considerada a glória de Deus e a glória de Maria em duas partes, porque a parte de Deus é a máxima, por isso a parte de Maria é a ótima: *Maria optimam partem elegit.*

Para todos os que sois pais e mães, não hei mister maior, nem melhor prova do que digo, que os vossos próprios afetos e o ditame natural dos vossos corações. Dizei-me: se houvera neste mundo uma dignidade, uma honra, uma glória maior que todas, e se pusera na vossa eleição e na vossa escolha querê-la para vós ou para vosso filho, para quem a havíeis de querer? Não há dúvida que para vosso filho. Pois isto mesmo é o que devemos considerar na glória da Senhora. É verdade que a glória de Deus é infinitamente maior que a de sua Mãe; mas como todo esse excesso de glória é de seu Filho e está em seu Filho, ela a possui e goza em melhor parte, que se a gozara em si mesma. Assim entendo e suponho que o entendem todos os que são pais e mães. Mas porque muitos dos que me ouvem não têm esta experiência, e porque em algum coração humano, ainda que paterno ou materno, pode estar este mesmo afeto menos bem ordenado; para glória da Senhora da Glória, e para maior evidência de que mais gloriosa é pela glória de seu Filho que pela sua, e que gozando nele toda essa glória, a goza na melhor parte, ouçamos e provemos esta mesma verdade, pelo testemunho universal e concorde de todas as letras sagradas, eclesiásticas e profanas. No primeiro lugar ouviremos os filósofos, no segundo, os Santos Pais da Igreja, no terceiro, as Escrituras divinas, e no último, ao mesmo Deus na pessoa do Pai; e veremos quão conforme foi o seu afeto com o desta Soberana Mãe, pois ambos são Pai e Mãe do mesmo Filho.

III

Comecemos pelos filósofos. Põe em questão Sêneca e disputa sutilissimamente no livro terceiro dos cinco que intitulou *De Beneficiis*, se pode um filho vencer em algum benefício a seu pai? A razão de duvidar é porque o primeiro e maior benefício é o ser, e havendo o pai dado o ser ao filho, o filho não pode dar o ser a seu pai. Mas esta diferença não tem lugar no nosso caso, porque falamos de um Pai, e de uma Filha, em que o Pai é juntamente Pai e Filho da mesma Mãe e a Mãe é juntamente Mãe e Filha do mesmo Pai. Abstraindo, porém, deste impossível da natureza, que os filósofos gentios não conheceram, resolve o mesmo Sêneca que bem pode um filho vencer no maior benefício a seu pai, e o prova com o exemplo de Eneias, o qual, por meio das lanças dos Gregos e do incêndio e labaredas de Troia, levando sobre seus ombros ao velho Anquises, deu mais heroicamente a vida a seu pai do que dele a recebera. À vista deste famoso espetáculo de valor e de piedade, não há dúvida que venceu o filho ao pai. Mas qual foi então mais glorioso: o filho vencedor ou o pai vencido? A este exemplo ajunta o mesmo filósofo o de Antíloco e de outros que deram a seus pais mais ainda que o ser e a vida que lhes deviam, e conclui assim: *Felices qui vicerint, felices qui vincentur: quid autem est felicius quam sic cedere?* Quando os filhos vencem aos pais e se ostentam maiores que eles, felizes são os que vencem e felizes os vencidos; mas muito mais felizes os pais vencidos que os filhos vencedores, porque não pode haver maior gosto, nem maior glória para um pai, que ver-se vencido de seu filho. Grande glória é do filho que vença ao pai, que lhe deu o ser; mas muito maior glória é do mesmo pai, ver que deu o ser a um tal filho que o vença a ele.

Isto que disse Sêneca, falando dos benefícios, corre igualmente, e muito mais em todas as outras ações ou grandezas em que os pais se veem vencidos dos filhos. Ouçamos a outro filósofo que, melhor ainda que Sêneca, conheceu os afetos naturais, e não só em mais harmonioso estilo, mas com mais profunda especulação que todos, penetrou a anatomia do coração humano. Faz paralelo Ovídio entre os dois primeiros Césares, Júlio e Augusto, aquele pai, e este filho; e depois de assentar que a maior obra de Júlio César foi ter um tal filho como Augusto: *Nec enim de Cæsaris actis ullum maius opus, quam quod pater extitit hujus.*[i] Supõe com a comum opinião de Roma que um cometa, que na morte de Júlio César apareceu, era a alma do mesmo Júlio colocada entre os deuses como um deles. E no meio daquela imaginada bem-aventurança, qual vos parece que seria a maior glória de um homem que nesta vida tinha logrado todas

---

[i] Ovid. *Metamorfoses*.

as que pode dar o mundo? Diz o mesmo Ovídio (tão falso na suposição como poeta, mas tão certo no discurso como filósofo) que o que fazia lá de cima Júlio César era olhar para seu filho Augusto, e que, considerando as grandezas do mesmo filho e reconhecendo e confessando que eram maiores que as suas, o seu maior gosto e a sua maior glória era ver-se vencido dele: *Natique videns benefacta, fatetur esse suis maiora, et Vinci gaudet ab illo*. Ah Virgem gloriosíssima, no Céu estais verdadeiramente, como crê e adora a nossa Fé, mas nas sombras escuras e falsas deste fabuloso pensamento, que consideração haverá que não reconheça quais são lá os mais intensos afetos e as maiores glórias do vosso? Estais vendo e contemplando, como em um espelho claríssimo, o infinito ser, os infinitos atributos, a infinita e imensa majestade de vosso Unigênito Filho; conheceis e confessais que as suas grandezas excedem, e são também infinitamente maiores que as vossas: *Fatetur esse suis maiora*; mas a mesma evidência de que vosso Filho vos vence e excede na glória é a melhor parte da mesma glória vossa, e a de que mais vós gozais e gozareis eternamente com Ele: *Et Vinci gaudet ab illo*. Quem pudera imaginar que Júlio César, vencedor de Cipião e de Pompeu — e de tantos outros capitães famosos, que junto a estes perdem o nome —, triunfador da África, do Egito, das Gálias e das Espanhas e da mesma Roma; aquele enfim, de tão altivo coração que ninguém sofreu lhe fosse superior ou igual no Mundo; quem pudera imaginar, digo, que havia de gostar e gloriar-se de ser vencido de outro? Mas como Augusto que o vencia era filho seu, o ser vencido dele era a sua maior vitória, este o maior triunfo de seus triunfos, esta a maior glória de suas glórias: *Et Vinci gaudet ab illo*.

Mas porque neste exemplo nos não fique o escrúpulo de ser adulação poética, posto que tão conforme ao afeto natural, confirmemo-lo com testemunho histórico e verdadeiro, em nada menor que passado, e porventura mais notável. Celebra Plutarco, tão insigne historiador como filósofo, o grande extremo com que Filipe, rei de Macedônia, amava a seu filho, Alexandre, já digno do nome de Grande em seus primeiros anos, pela índole e generosidade real que em todos seus pensamentos, ditos e ações resplandecia. E para prova deste extremado afeto, refere uma experiência que nos vassalos pudera ser tão arriscada, como do rei mal recebida, se o amor de pai a filho a não interpretara de outra sorte. Foi o caso que os Macedônios, sem embargo da fé que deviam a Filipe, publicamente chamavam a Alexandre o rei e a Filipe o capitão. Mas como castigaria Filipe este agravo? Não há ciúmes mais impacientes, mais precipitados e mais vingativos que os que tocam no cetro e na coroa. Apenas tem havido púrpura antiga nem moderna, que por leves suspeitas neste gênero se não tingisse em sangue. E que sofra Filipe, aquele que tanto tinha dilatado o império de Macedônia, que seus próprios vassalos em sua vida e em sua presença lhe tirem o nome de rei e o deem a Alexandre! Muito fora que o sofresse, mas muito mais foi, que não só o sofria, senão que o estimava e se gloriava muito disso. Ouvi a Plutarco: *Hinc filium non immerito Philippus dilexit, ut etiam gauderet, cum Alexandrum Macedones regem, Philippum appellarent Ducem.* Era Filipe pai e Alexandre filho, e tão fora estava o pai de sentir que lhe antepusessem o filho, que antes o tinha por lisonja e glória, e esse era o seu maior gosto: *Ut etiam gauderet.* Quando lhe tiravam a coroa para a darem a seu filho, então se tinha Filipe por mais coroado; quando já faziam a Alexandre herdeiro do reino, antes de lhe esperarem pela morte, então se tinha por imortal; quando o apelidavam com menor nome, então se tinha por maior. E quando lhe diziam que ele só era capitão, então aceitava esta gloriosa injúria, como os vivas e aplausos da mais ilustre vitória; porque a maior glória de um pai é ser vencido de seu filho: *Et Vinci gaudet ab illo.*

A razão e filosofia natural deste afeto é porque ao maior desejo, quando se consegue, segue-se naturalmente o maior gosto; e o maior desejo que têm e devem ter os pais é serem tais seus filhos, que não só os igualem, mas os vençam e excedam a eles. Assim o disse ou cantou ao Imperador Teodósio Claudiano, tão insigne na filosofia como na poética. Descreve copiosamente as virtudes imperiais, militares e políticas com que seu filho Honório se adiantava admiravelmente aos anos, e não só igualava, mas excedia a seu pai; e fazendo uma apóstrofe a Teodósio, lhe diz confiadamente assim: *Aspice nunc quacumque micas, seu circulus Austri, magne parens, gelidi seu te meruere Triones, aspice, completur votum, Jam natus adæquat te meritis, et quod magis est optabile, vincit.*[i] De lá onde como estrela, de Marte ilustrais o Mundo com vossas vitórias, ou seja no círculo do Austro, ou no frio Setentrião, olhai, felicíssimo César, para Honório, vosso filho, e se como imperador tendes conseguido o nome de Grande, chamando-vos a voz pública Teodósio, o Magno, a minha (diz Claudiano) não vos invoca com o nome de grande imperador, senão com o de grande pai: *Magne parens*; e o que celebro mais entre todas as glórias de vossa felicidade e o que tenho por mais digno do emprego de vossa vista é que vejais e torneis a ver: *Aspice, aspice*; que chegastes a ter um filho, o qual não só vos iguala, que é o que desejam os pais, mas que já vos excede e vence, que é o que mais devem desejar: *Et quod magis est optabile, vincit.* Notai muito as palavras: *Quod magis est optabile*, e aplicai-as ao nosso caso. O que mais se deve desejar é o melhor que se pode escolher; e como o que mais devem desejar os pais é que os filhos os vençam e os excedam, bem se conclui que, se entre a glória de Deus e a de sua Mãe fora a escolha da mesma Mãe, o que a Senhora havia de escolher para si é que seu Filho a excedesse e ven-

---

[i] Claudiano, *Consul. in 2. Honor.*

cesse na mesma Glória, como verdadeiramente a excede e vence: *Et quod magis est optabile, vincit*. Vence Deus incomparavelmente a sua Mãe na glória infinita que goza, mas como este mesmo excesso é o mais que Maria podia desejar e o melhor que devia escolher como Mãe, por isso se diz com razão que Maria escolheu hoje a melhor parte: *Maria optimam partem elegit*.

IV

Temos ouvido os filósofos, que falam pela boca da natureza; ouçamos agora os Santos Padres, que falam pela da Igreja. São Sidônio Apolinar, bispo arvernense e padre do quinto século, escrevendo a Audaz, prefeito dos reis godos no tempo em que dominaram Itália, promete-lhe suas orações e conclui com estas palavras: *Deum posco, ut te filii consequantur, et quod magis decet velle, transcendant*. Rogo a Deus por vós e por vossos filhos, diz o eloquentíssimo Padre, e o que peço para eles é que vos imitem; o que peço para vós é que vos excedam, porque vos imitem, porque isso é que eles devem fazer; que vos excedam, porque isto é o que vós deveis desejar: *Et quod magis decet velle, transcendant*. Oh, quisesse Deus que fossem hoje tais os pais, e tal a criação dos filhos, que por uns e outros lhes pudéssemos fazer esta oração! Mas é tanto pelo contrário que podemos chorar da nossa idade o que o outro gentio lamentava da sua: *Ætas parentum peior avis tulit nos nequiores, mox daturos progeniem vitiosiorem*. Os avós foram maus, os filhos são piores, os netos serão péssimos. Haviam-se de prezar os pais, não só de ser bons, mas de dar tal criação aos filhos, que se pudessem gloriar de serem eles melhores. Mas deixadas estas lamentações, que não são para dia tão alegre, continuemos a ouvir os Santos Padres, e sejam os dois maiores da Igreja Grega e Latina, Nazianzeno e Agostinho.

Faz duas elegantes epístolas S. Gregório Nazianzeno, uma a Nicóbulo, famoso letrado, em nome de um seu filho, em nome do mesmo Nicóbulo; e na primeira, pedindo o filho ao pai que lhe dê licença para frequentar as escolas e seguir as letras, diz assim: *Gratia, quam posco, genitor charissime, patris est mage, quam nati*: a graça que vos peço, pai meu, é mais para vós que para mim, e mais é vossa que minha. Se isto dissera o moço, que ainda não tinha mais que o desejo de saber, não me admirara o dito; mas falando por boca dele o grande Nazianzeno, do qual com singular elogio elogia a Igreja, que em nenhuma coisa da que escreveu, errou; como pode ser que a glória do filho seja mais do pai que do mesmo filho: *Patris est magis quam nati*? E se esta preposição é verdadeira, segue-se dela, aplicada ao nosso intento, que a glória de Deus é mais de Maria que do mesmo Deus, porque Deus é filho e ela é Mãe. E porque não faça dúvida o falarmos da glória de um de outro, com a mesma palavra explica o santo Padre, que logo acrescenta: *Glória namque patris natorum est fama, decusque, ut rursus natis est glória fama parentum.* Como pode ser logo neste caso, ou em algum outro, que a glória do filho seja mais do pai que do filho: *Patris est magus, quam nati?* Não há dúvida que falou nesta sentença Nazianzeno como quem tão altamente penetrava e distinguia a sutileza dos afetos humanos, entre os quais o amor paterno, como é o mais eficaz e muito forte, é também o mais fino. Diz que a glória do filho é glória do pai, que do mesmo filho; porque mais se gloriam os pais de a gozarem seus filhos ou de a gozarem neles, que se a gozaram em si mesmos. E neste sentido se pode dizer com verdade e propriedade natural que a glória de Deus em certo modo é mais de Maria que do mesmo Deus; porque, não sendo sua, como não é, é do filho unicamente seu, em quem ela mais estima, e da qual mais se gloria que se pudera ser, ou fora sua.

Isto é o que o disse Nazianzeno ao pai por boca do filho; vejamos agora o que diz e responde ao filho por boca do pai: *Sis sane præstantior ipse parente.* Queres, filho, seguir-me na profissão e ser grande, como o mundo e a fama diz que sou, na ciência e nas letras? Sou contente; mas não me contento só com isso: o que peço a Deus é que saias tão eminente nelas, que me faças grandes vantagens, e sejas muito maior que teu pai: *Sis sane præstantior ipse parente.* Assim diz Nicóbulo, ou Nazianzeno por ele, e dá a razão tão própria no nosso caso, como se eu a dera: *Gaudet enim genitor, cum palmam, præripit ipsi virtutis sua progenies: maiorque voluptas hinc oritur, quam si reliquos præverteret omnes.* Desejo, filho, que sejas maior que eu; porque não há gosto para um pai como ver que seu filho lhe leva a palma, e de se ver assim vencido dele, se gloria muito mais que se vencera, e se avantajara a todos quantos houve no mundo. Mudai agora o nome de *Genitor* em *Genitrix*, e entendei que falou Nazianzeno da glória de Maria no Céu, onde tão gloriosamente se vê vencida da glória de seu Filho: *Gaudet enim Genitrix, cum palmam præripit virtutis sua progenies.* Vê-se Maria, quando vê a Deus, infinitamente vencida da imensidade de sua glória; mas como é glória, não de outrem, senão de seu Filho: *Sua progenies*, o ver-se vencida d'Ele é a sua vitória e a sua palma: *Cum palmam præripit ipsi.* Nas outras contendas a palma é do vencedor, mas quando contende o filho com o pai ou com a mãe, a palma é do pai ou da mãe vencida; porque a sua maior glória é ter um filho que a vença nela. Este dia da Senhora da Glória chama-se também da Senhora da Palma; porque, como é tradição dos que assistiram a seu glorioso trânsito, o anjo embaixador de seu Filho, que lhe trouxe a alegre nova, lhe meteu juntamente na mão uma palma, com a qual, como vencedora da Morte e do Mundo, entre as aclamações e vivas de toda a corte beata, entrasse triunfante no Céu. Subi, Senhora, subi, subi ao trono da glória que vos está aparelhado sobre todas as hierarquias, que lá vos espera outra palma infinitamente mais gloriosa. E que palma? Não aquela com que venceis em glória a todos os espíritos bem-aventurados, senão aquela com que na mesma glória sois vencida de vosso Filho: *Cum palmam præripit ipse sua progenies.* Grande glória da Senhora é, como Lhe canta a Igreja, ver-Se exaltada no Céu sobre todos os coros e hierarquias dos espíritos angélicos; grande glória que os principados e potestades, que os querubins e serafins lhe ficam muito abaixo, e que no lugar, na dignidade, na honra, na glória excede incomparavelmente a todos; porém o ver que neste mesmo excesso de glória é excedida infinitamente de seu Filho; isso é o de que naquele mar imenso de glória mais se gloria, isto é o de que naquele verdadeiro paraíso dos deleites eternos mais a deleita: *Maiorque voluptas hinc oritur, quam si reliquos præverteret omnes.*

Mas ouçamos já a Agostinho, que mais sutilmente ainda penetrou os efeitos e causas desta tão verdadeira, como racional complacência. Escreve Santo Agostinho em seu nome e no de Elvídio a Juliana, mãe da virgem Demetríade, bem celebrada nas Epístolas de S. Jerônimo; e porque esta senhora romana de nobreza consular, desprezadas as grandezas, riquezas e pompas do Mundo, se tinha dedicado toda a Deus no estado mais sublime da perfeição evangélica, dá o parabéns Agostinho à mãe com estas ponderosas palavras: *Te volentem, gaudentemque vincit: genere ex te, honore supra te: in qua etiam tuum esse cæpit, quod in te esse non potuit*: Vossa filha Demetríade, ó Juliana, vence-vos, sim, na alteza do estado, a que a vedes sublimada; mas muito por vossa vontade e muito por vosso gosto vos vence: *Volentem, gaudentemque vincit*; porque é filha vossa aquela de quem vos vedes vencida: *Genere ex te, honore supra te*. A honra que goza é muito sobre vós, mas como a geração que tem é de vós, também esta mesma honra é vossa; porque o que não podeis ter, nem alcançar em vós e por vós, já o tendes e gozais nela por ser vossa filha: *In qua etiam tuum esse cæpit, quod in te esse non potuit*. Vai por adiante Agostinho, ainda com mais profundo pensamento: *Illa carnaliter non nupsit ut non tantum sibi, sed etiam tibi, ultra te, spiritualiter augeretur, quoniam tu ea compensatione minor illa es, quod ita nupsisti, ut nasceretur*: Demetríade, vossa filha, é maior que vós, e vós menor que ela; mas se ela vos excedeu a vós no que tem de maior, não vos excedeu só para si, senão também para vós; porque esse excesso se compensa com nascer de vós: *Non tantum sibi, sed etiam tibi, ultra te, ea compensatione ut nasceretur*. Em uma só coisa não vem própria a semelhança, porque Maria pode ser Mãe, como Juliana, e Virgem juntamente como Demetríade; mas em tudo o mais especulou e ponderou a agudeza de Agostinho, quanto se pode dizer no nosso caso.

Te volentem, gaudentemque vincit. Venceu-nos vosso Filho na glória, Virgem Mãe, mas muito por vossa vontade e por vosso gosto; porque esse mesmo excesso de glória por ser sua é o que mais quereis e de que mais vos gozais: *Genere ex te, honore supra te*. A sua honra, a sua grandeza, a sua majestade, a sua glória imensa e infinita, é muito sobre vós, porque ele é Deus, e vós criatura: *Honore supra te*; mas a geração desse mesmo Deus, que é tanto sobre Vós, é de Vós: *Genere ex te*. E que se segue de aqui? Segue-se que tendes o que não podíeis ter, e que toda a glória sua começa também a ser vossa: *Etiam tuum esse cæpiet, quod in te esse non potuit*. Vós não podíeis ser Deus, mas como Deus pode fazer que fôsseis sua Mãe, tudo o que não podíeis ter em Vós, tendes nele. Ele é maior que Vós, e Vós menor: *Minor est*: mas tudo o que tem de maior (que é tudo) não só o tem para si senão também para Vós: *Non tantum sibi, sed tibi, ultra te*. Oh, quem pudera declarar dignamente a união destes termos, *ultra te, et tibi!* Enquanto a glória de Deus é infinita e imensa, estende-se muito além de Vós: *Ultra te*; mas enquanto é glória de vosso Filho, toda se contrai e reflete a Vós: *Tibi*. Para os raios do Sol fazerem reflexão, é necessário que tenham limite onde parem; mas a glória da Divindade de vosso Filho, que não tem nem pode ter limite, por isso se limitou à Humanidade que recebeu de Vós, para refletir sobre Vós, nascendo de Vós: *Ea compensatione, ut nasceretur*. E chama-se este nascer de Vós compensação ou recompensa com que Deus vos compensou toda a grandeza e glória, que tem mais que Vós; porque, nascendo de Vós, é vosso verdadeiro Filho; e sendo toda essa glória de vosso Filho, também é vossa, e vossa naquela parte onde a tendes por melhor: *Optimam partem elegit*.

V

Parece que não podia falar mais concordemente ao nosso intento, nem a filosofia dos Gentios, nem a teologia dos Santos Padres. Vejamos agora o que dizem as Escrituras Sagradas. O primeiro exemplo que elas nos oferecem é o famoso do Barcelay. No tempo em que Absalão se rebelou contra Davi (que tão mal pagam os filhos a seus pais o amor que lhes devem), um dos senhores que seguiram as partes do rei foi este Barcelay, o qual o assistiu sempre tão liberal e poderosamente, que ele só, como refere o Texto, lhe sustentava os arraiais. Restituído pois Davi à coroa e lembrado deste serviço ou gentileza, de que outros príncipes se esquecem com a mudança da fortuna, qui-lo ter junto a si na corte e fazer-lhe a mercê e honra que sua fidelidade merecia; e para o vencer na liberalidade ou não ser vencido dele, disse-lhe que ele mesmo se despachasse, porque tudo quanto quisesse lhe concederia: *Quidquid tibi placuerit, quod petieris a me, impetrabis*. Generoso rei! Venturoso vassalo! Mas para quem vos parece que quereria toda esta ventura? Era Barcelay pai, tinha um filho que se chamava Caimam, escusou-se de aceitar o lugar e mercê que o rei lhe oferecia, e o que só lhe pediu foi que a fizesse a seu filho: *Est servus tuus Caimam, ipse vadat tecum, et fac ei quidquid tibi bonum videtur.* Dirão os que têm lido esta história que se escusou Barcelay porque se via carregado de anos, como ele mesmo disse; mas isso só foi um desvio e modo de não aceitar cortesmente, e não é razão que satisfaça, pois vemos tantas velhices decrépitas, tão enfeitiçadas das paredes de palácio, que, tropeçando nas escadas, sem vista e sem respiração, as sobem todos os dias, bem esquecidos dos que lhes restam de vida. E quando Barcelay não fosse tocado deste contágio, ao menos podia dividir a mercê entre si e o filho, e aparecerem ambos na corte, como vemos muitos títulos com duas caras (a modo do deus Jano), uma com muitas cãs e outra sem barba. Mas a verdadeira razão por que este honrado pai não aceitou a mercê do rei para si e a pediu para seu filho, nem a dividiu entre ambos, podendo, pois estava na sua eleição, foi (como dizem literalmente Lira e Abulense) porque era pai, e entendeu que tanto lograva aquela honra em seu filho, como em si mesmo, porque nele era mais sua, como acima disse S. Gregório Nazianzeno. E porque o santo não deu a razão da sua sentença, nós a daremos e provaremos agora com outro mais notável exemplo da Escritura.

 Quando Abraão sacrificou seu filho Isaac, é coisa mui notável e mui notada que, sendo Isaac a vítima do sacrifício, os louvores desta ação e desta obediência, todos se deem a Abraão e não a Isaac. Isaac não se ofereceu com grande prontidão ao sacrifício? Não se deixou atar? Não se inclinou sobre o altar e se lançou sobre a lenha? Não viu sem horror desembainhar a espada? Não aguardou sem resistência o golpe? Que mais fez logo Abraão, para que a obediência de Isaac se passe em silêncio e a de Abraão se estime, se louve, se encareça com tanto excesso? Nenhuma diferença houve no caso, senão ser Abraão pai e Isaac filho. Amava Abraão mais a vida de Isaac que a sua, e vivia mais nela que em si mesmo; e posto que ambos sacrificaram a vida e a mesma vida, o sacrifício de Abraão foi maior e mais heroico que o de Isaac porque se Isaac sacrificou a sua vida, Abraão sacrificou a vida que era mais que sua, porque era de seu filho. Até aqui está dito e bem dito; mas eu passo avante e noto o que, a meu ver, é digno ainda de maior reparo: Premiou Deus esta famosa ação de Abraão, e como a premiou, e em quem? Não a premiou no mesmo Abraão, senão em Isaac: *Quia fecisti rem hanc, benedicentur in semine tuo omnes gentes: in Isaac vocabitur tibi semem.* Pois se a ação do sacrifício foi celebrada em Abraão e não em Isaac, porque foi premiada em Isaac e não em Abraão? Por isso mesmo. A ação foi celebrada em Abraão e não em Isaac porque Isaac sacrificou a sua vida e Abraão sacrificou a vida que estimava mais que a sua, porque era de seu filho; e da mesma maneira foi premiada em Isaac e não em Abraão, para que o prêmio, sendo de seu filho, fosse também mais estimado dele do que se fora seu. A vida que sacrificastes era mais que vossa porque era de vosso filho? Pois seja o prêmio também de vosso filho, para que seja mais que vosso. E como os pais estimam mais os bens dos filhos que os seus próprios, e os logram e gozam mais neles que em si mesmos, vede se escolheria ou quereria a Senhora a imensa glória de seu Filho antes para ele que para si, se a terá por sua e mais que sua, e se as mesmas vantagens de glória, em que infinitamente se vê excedida, serão as que mais gloriosa a fazem e de que mais se gloria!

O mesmo Filho de Maria, por ser Filho seu, se chama também Filho de Davi; e na história do mesmo Davi nos dá a Escritura Sagrada o maior e mais universal testemunho, que para prova desta verdade, se pode desejar nem ainda inventar. Chegado Davi ao fim da vida, quis nomear sucessor do reino, e mandou ungir a seu filho Salomão por rei. Deu esta ordem a Banaias, capitão dos guardas da pessoa real, o qual lhe beijou a mão pela eleição, que não era pouco controversa, e o cumprimento com que falou ao rei foi este: *Quomodo fuit Dominus cum Domino meo rege, sic sit cum Salomone, et sublimius faciat solium ejus a solio Domini mei Regis David*: Assim como Deus assistiu sempre e favoreceu a Vossa Majestade, assim assista e favoreça o reinado de Salomão, e sublime e exalte o seu trono muito mais que o trono de Vossa Majestade. Executou-se prontamente a ordem, ungiram a Salomão no monte Gihon com todas as cerimônias que então se usavam em semelhante celebridade; entrou o novo rei por Jerusalém a cavalo, com trombetas e atabales diante, entre vivas e aclamações de todo o povo e exército; vieram todos os príncipes e ministros maiores das doze tribos congratular-se com Davi, e as palavras com que lhe deram o parabéns foram outra vez as mesmas: *Amplificet Deus nomen Salomonis super nomen tuum, et magnificet thronum ejus super thronum tuum*: Seja maior o nome de Salomão, Senhor, que o vosso nome, e mais alto e glorioso o seu trono, do que foi o vosso. O que me admira, sobretudo neste caso, é que todos dissessem a mesma coisa. Estas são as ocasiões em que a discrição, o engenho e a cortesania dos que dão o parabéns aos reis, se esmera em buscar cada um novos modos de congratulação, novos motivos de alegria, e ainda novos conceitos de lisonja, e mais os que fazem a fala em nome dos seus tribunais ou repúblicas. Como logo em tantas tribos, tantos ministros, tantos príncipes e senhores (que, como diz o texto, vieram todos) não houve quem falasse por outro estilo, nem dissesse outra coisa a Davi, senão que Deus fizesse a seu filho maior que ele e sublimasse e exaltasse o trono de Salomão, mais que o seu trono? Isto disseram todos. Porque a um rei tão famoso e glorioso como Davi, nenhuma outra felicidade nem glória lhe restava para desejar, senão que tivesse um filho que em tudo se lhe avantajasse e o excedesse, e que o trono do mesmo filho fosse muito mais levantado e sublimado que o seu. A Davi, enquanto Davi, bastava-lhe por glória ter sido Davi; mas enquanto pai, não lhe bastava. Ainda lhe restava outra maior glória que desejar, e esta era ter um tal filho que, na majestade, na grandeza, na glória e no mesmo trono, o vencesse e excedesse muito: *Et magnificet thronum ejus super thronum tuum.*

Dois tronos há no Céu mais sublimes que todos: o de Deus e o de sua Mãe; o de Deus infinitamente mais alto que o de sua Mãe, e o de sua Mãe infinitamente mais alto que o de todas as criaturas. Mas a maior glória de Maria não consiste em que o seu trono exceda o de todas as hierarquias criadas, senão em ter um Filho cujo trono exceda infinitamente o seu. E este é o parabém que no Céu Lhe estão dando hoje e Lhe darão por toda a eternidade todos os espíritos bem-aventurados, sem haver em todos os coros de homens e anjos quem diga nem possa dizer outra coisa, senão: *Thronus ejus super thronum tuum.* Vence Maria no Céu a todas as Virgens, na glória que se deve à pureza; a todos os confessores, na que se deve à humildade; a todos os mártires, na que se deve à paciência; a todos os apóstolos, patriarcas e profetas, na que se deve à Fé, à Religião, ao zelo e culto da honra de Deus. Mas assim os confessores como as virgens, assim os mártires como os apóstolos, assim os patriarcas como os profetas, deixadas todas essas prerrogativas em que gloriosamente se veem vencidos, os louvores e euges eternos com que exaltam a Gloriosíssima Mãe, é ser inferior o seu trono ao de seu Filho: *Thronus ejus super thronum tuum.* Vence Maria a todos os anjos e arcanjos, a todos os principados e potestades, a todos os querubins e serafins, na virtude, no poder, na ciência, no amor, na graça, na glória. Mas todos estes espíritos angélicos, passando em silêncio os outros dons sobrenaturais que tocam a cada uma das hierarquias em que veneram e reconhecem a soberana superioridade com que a Senhora, como rainha de todas, incomparavelmente as excede; todos, como tão discretos e entendidos o que só dizem e sabem dizer; o que sobretudo admiram e apregoam é: *Thronus ejus super thronum tuum.* Assim que, homens e anjos, unidos no mesmo conceito e enlevados no mesmo pensamento, o que cantam, o que louvam, o que celebram, prostrados diante do trono da segunda Majestade da Glória, e os vivas que lhe dão concordemente, é ser Mãe de um Filho que, excedendo ela a todos em tão sublime grau na mesma glória, ele a vence e excede infinitamente. E isto é o que, divididos em dois coros de inumeráveis vozes e unidos em uma só voz, aplaudem, aclamam, festejam, e tudo o mais calam, conformando-se nesta eleição com a parte da mesma glória que a Senhora elegeu por melhor: *Optimam partem elegit.*

VI

E porque a preferência desta eleição não fique só no juízo dos entendimentos criados, subamos aos arcanos do entendimento divino, e vejamos como o Eterno Pai, em tudo o que teve liberdade para eleger e escolher, também escolheu esta parte e a teve por melhor. Para inteligência deste ponto havemos de supor que tudo quanto tem e goza, o Filho de Deus o recebeu de seu Pai, mas por diferente modo. O que pertence à natureza e atributos divinos recebeu o Verbo Eterno do Eterno Pai, não por eleição e vontade livre do mesmo Pai, senão natural e necessariamente. E a razão é porque a geração do Divino Verbo procede por ato do entendimento, antecedente a todo ato da vontade sem o qual não há eleição. É verdade que, ainda que a geração do Verbo não procede por vontade nem é voluntária, nem por isso é involuntária ou contra vontade. E daqui se ficará entendendo a energia e propriedade daquelas dificultosas palavras de S. Paulo,[i] em que diz: que a igualdade que o Filho tem com o Pai na natureza e atributos divinos não foi furto, nem o mesmo Verbo o reputou por tal: *Non rapinam arbitratus est esse se æqualem Deo*. E porque declarou S. Paulo o modo da geração do Verbo pela semelhança ou metáfora do furto, dizendo que não foi furto, nem como furtado ou roubado o que recebeu do Pai? Divinamente, por certo, e não se podia declarar melhor. O furto é aquilo que se toma ou se retém e possui, *invito domino* contra vontade de seu dono. E a Divindade que o Verbo recebeu do Pai, ainda que da parte do mesmo Pai não fosse voluntária, contudo não foi invita; não foi voluntária, sim, mas não foi contra vontade. E como o Pai não foi invito na geração do Verbo e na comunicação da sua Divindade (posto que fosse necessária e não livre), por isso a igualdade que o Verbo tem com ele é verdadeiramente sua e não roubada: *Non rapinam arbitratus est esse se æqualem Deo*.

Até aqui o que o Filho recebeu do Pai necessariamente, e sem eleição sua. E que é o que recebeu por vontade livre e por verdadeira e própria eleição? O que logo se segue e acrescentou o mesmo S. Paulo: *Sed semetipsum exinanivit, formam servi accipiens, in similitudinem hominum factus, et habitu inventus ut homo, propter quod et Deus exaltavit illum: et donavit illi nomen, quod est super omne nomen*: Recebeu o Filho do Pai, por verdadeira e própria eleição, o ofício e dignidade de Redentor do gênero humano, fazendo-se juntamente homem, e com esta nova e inefável dignidade recebeu um nome sobre todo nome, que é o nome de Jesus, mais sublime e mais venerável, pelo que é e pelo que significa, que o mesmo nome de Deus: *Ut in nomine Jesu omne genu flectatur*. Recebeu a

---

[i] *Filip.*, II, 6.

potestade judiciária que o Pai demitiu de si, competindo ao Filho privativamente o juízo universal e particular de vivos e mortos: *Pater non judicat quemquam, sed omne judicium dedit filio*.[i] Recebeu o primeiro trono entre as três Pessoas da Santíssima Trindade, assentando-se à mão direita do mesmo Pai: *Dixit Dominus Domino meo: sede a dextris meis*. Tudo isto, e o que disto se segue, com imensa exaltação e glória recebeu o Filho de seu de seu Eterno Padre, por vontade livre e própria eleição.

Mas se toda esta nova exaltação e toda esta nova glória não era devida à Pessoa do Filho por força ou direito da geração eterna, em que somente era igual ao Padre na natureza e atributos divinos, e a eleição livre de dar ou tomar a mesma exaltação e glória estava e dependia da vontade do mesmo Padre, por que a não tomou para si? Assim como encarnou a Pessoa do Filho, assim pudera encarnar a Pessoa do Padre; e no tal caso a nova dignidade de Redentor, o nome sobre todo o nome, a maior veneração e adoração de homens e anjos, e todas as outras prerrogativas e glórias que pelo mistério da Encarnação e Redenção sobrevieram e acresceram ao Filho, não haviam de ser do Filho, senão do mesmo Padre. Pois se a eleição voluntária e livre de tudo isso estava na mão do Pai e podia tomar para si toda essa exaltação e glória; porque a quis antes para a Pessoa do Filho? Por nenhuma outra razão, senão porque era Filho e ele Pai: *Ego autem constitutus sum rex abeo super Sion montem sanctum ejus. Dominus dixit ad me: Filius meus es tu*. Assim como o Eterno Pai, para encarecer o amor que tinha aos homens, não se nos deu a si, senão a seu Filho: *Sic Deus dilexit mundum, ut Filium suum Unigenitum daret*; assim para manifestar o amor que tinha ao mesmo Filho, não tomou para si estas novas glórias, senão que todas as quis para Ele e lhas deu a Ele, entendendo que, quando fossem de seu Filho, então eram mais suas, e que mais e melhor as gozava n'Ele que em Si mesmo.

E que Filho é este, Virgem Gloriosíssima, senão o mesmo Filho vosso, Filho Unigênito do Eterno Pai e Filho Unigênito de Maria? E se o Eterno Pai, em tudo o que pode ter eleição própria, escolheu os excessos de sua glória para seu Filho, essa mesma glória, que ele goza em Si e vós n'Ele, em que infinitamente vos vedes excedida, quem pode duvidar, se tem inteiro juízo, que seria também vossa a mesma eleição? Toda a Igreja Triunfante no Céu, e toda a Militante na Terra, reconhece e confessa que entre todas as puras criaturas, ou sobre todas elas, nenhuma há mais parecida a Deus Pai que aquela singularíssima Senhora, que Ele criou e predestinou *ab æterno* para Mãe do seu Unigênito Filho; porque era justo que o Pai e a Mãe de quem ele recebeu as duas naturezas de que inefavelmente é composto, fossem, quanto era possível, em tudo semelhantes. E

---

[i] *João*, V, 22.

se o amor do Pai, por ser amor de Pai, e Pai sem Mãe, escolheu para seu Filho e não para si as glórias que cabiam na sua eleição, não há dúvida que o amor da Mãe, e Mãe sem Pai, escolheria para o mesmo Filho também, e não para si, toda a glória infinita que Ele goza. E esta é a eleição que teria por melhor: *Maria optimam partem elegit*.

Assim o entendeu da mesma Mãe o mesmo Pai; e o provou maravilhosamente o juízo e amor da mesma Senhora para com seu Filho, onde a eleição foi propriamente sua. Quando o Eterno Padre quis dar Mãe a seu Unigênito, foi com tal miramento e atenção à grandeza e majestade da que sublimava a tão estreito e soberano parentesco, que não só quis que fosse sua, isto é, do mesmo Pai, a eleição da Mãe, senão que também fosse da Mãe a eleição do Filho. Bem pudera o Eterno Padre formar a Humanidade de seu Filho nas entranhas puríssimas da Virgem Maria, sem consentimento nem ainda conhecimento da mesma Virgem, assim como formou a Eva da costa de Adão, não acordado e estando em si, senão dormindo. Mas para que o Filho que havia de ser seu, posto que era Deus, não só fosse seu, senão da sua eleição, por isso (como diz S. Tomás) Lhe destinou antes por embaixador um dos maiores príncipes da sua corte, o qual de sua parte Lhe pedisse o sim, e negociasse e alcançasse o consentimento, e o aceitasse em seu nome. Este foi, como lhe chamou São Paulo, o maior negócio que nunca houve nem haverá entre o Céu e a Terra, dificultado primeiro pela Senhora, e depois persuadido e concluído por S. Gabriel. Mas quais foram as razões e os motivos de que usou o anjo para o persuadir e concluir? É caso digno de admiração, e que singularmente prova da parte de Deus, do anjo e da mesma Virgem, qual é na sua eleição a melhor parte.

Repara Maria na embaixada, insta o célebre embaixador, e as promessas que alegou para conseguir o consentimento foram estas: *Ecce concipies et paries Filium, et vocabis nomen ejus Jesum: hic erit magnus, et Filius Altissimi vocabitur; dabit illi Dominus Deus sedem David patris ejus, et regnabit, in domo Jacob, et regni ejus non erit finis*.[i] O filho de que sereis Mãe terá por nome Jesus, que quer dizer o Redentor do Mundo; este será grande, chamar-se-á Filho de Deus, dar-lhe-á o mesmo Deus o trono de Davi seu pai; reinará em toda a casa de Jacó; e seu reino e império não terá fim. Não sei se advertis no que diz o anjo e no que não diz; no que promete e no que não promete. Tudo o que promete são grandezas, altezas e glórias do Filho; e da Mãe, com quem fala, nenhuma coisa diz; e à mesma a quem pretende persuadir nada lhe promete. Não pudera Gabriel dizer à Senhora com a mesma verdade que ela seria a florescente vara de Jessé; que n'Ela ressuscitaria o cetro de Davi; que a sua casa se levantaria, e

---

[i] *Luc.*, I, 31.

estenderia mais que a de Jacó; que seria rainha sua e de todas as hierarquias dos anjos, Senhora dos homens, Imperatriz de todo o criado; e que esta majestade e grandeza também a lograria sem fim? Tudo isto, e muito mais, podia e sabia dizer o anjo. Pois porque diz e promete só o que há de ser o Filho, e não diz nem promete o que há de ser a Mãe? Porque falou como anjo, conforme a sua ciência; e como embaixador, conforme as suas instruções; por isso, nem ele diz, nem Deus lhe manda dizer senão o que há de ser seu Filho; porque nas matérias onde Maria tem a eleição livre, o que mais pesa no seu juízo e o que mais move e enche o seu afeto são as grandezas e glórias de seu Filho e não as suas: as de seu Filho, e não as suas, porque as tem mais por suas, sendo de seu Filho; as de seu Filho e não as suas, porque as estima mais nele e as goza mais nele que em Si mesma. Isto é o que, segundo o conhecimento de Deus, e o do anjo, e o seu, elegeu Maria, na terra; e isto é o que na presença de Deus, dos anjos e de todas os bem-aventurados tem por melhor no Céu: *Maria optimam partem elegit.*

VII

E nós, Senhora, que, como filhos de Eva, ainda gememos neste desterro, e como filhos, posto que indignos, vossos, esperamos subir convosco e por Vós a essa bem-aventurada pátria, o que só nos resta depois desta consideração de vossa glória, é dar-Vos o parabém dela. Parabém Vos seja a eleição, que, ainda que não foi nem podia ser vossa, na predestinação com que fostes escolhida para a glória de Mãe de Deus, foi vossa no consentimento voluntário e livre que se Vos pediu e destes para o ser. Parabém Vos seja a parte que compreende aquele todo incompreensível de glória, que só pode abarcar e abraçar o ser imenso, e conter dentro de si o infinito, que Vós também com maior capacidade que a do Céu tivestes dentro em Vós. Parabém Vos seja finalmente a melhoria, pois melhor Vos está como Mãe, que toda essa imensidade e infinidade de glória seja de vosso Filho, e melhor a gozais por este modo, segundo as leis do perfeito amor, que se a gozáreis em Vós mesma. E assim como Vos damos o parabém e nos alegramos, com todo o afeto de nossos corações, de que a estejais gozando e hajais de gozar por toda a eternidade; assim Vos pedimos, humildemente postados ao trono de Vossa Gloriosíssima Majestade, que, como Senhora da Glória e liberalíssima dispensadora de todas as graças de vosso benditíssimo Filho, alcançadas e merecidas pelo sangue preciosíssimo que de Vós recebeu, nos comuniqueis, aumenteis e conserveis até o último dia, em que passarmos, como Vós hoje, desta vida àquela graça que nos é necessária para Vos louvarmos eternamente na Glória.

SERMÃO DE S. PEDRO NOLASCO

Pregado no dia do Santo, em 1645, na igreja de N. S. das Mercês, em São Luís do Maranhão

Ecoe nos reliquimus omnia, et secuti sumus te: quid ergo erit nobis?[i]

I

Estas duas cláusulas de S. Pedro — deixar e seguir — são os dois polos da virtude, são o corpo e alma da santidade, são as duas partes de que se compõe toda a perfeição evangélica. A primeira, deixar tudo: *Ecce nos reliquimus omnia*: a segunda, seguir a Cristo: *Et secuti sumus te*.

Se lançarmos com advertência os olhos por todo o mundo cristão, acharemos nele quatro diferenças de homens, em que este deixar e seguir do Evangelho está variamente complicado. Há uns que nem deixam, nem seguem: há outros que deixam, mas não seguem: outros que seguem, mas não deixam: outros que deixam, e juntamente seguem. Não deixar, nem seguir, é miséria: deixar, e não seguir, é fraqueza: seguir, e não deixar, é desengano: deixar, e seguir, é perfeição. Em nenhum destes quatro predicamentos entram os homens do mundo, ainda que sejam cristãos; porque nenhum deles professa deixar e seguir. A sua profissão é obedecer aos preceitos, mas não seguir os conselhos de Cristo. Os que somente professam deixar, e seguir, somos todos os que temos nome de religiosos. E para que cada um conheça em que predicamento destes está, e a qual pertence, se ao da miséria, se ao da fraqueza, se ao do desengano, se ao da perfeição, será bem que declaremos estes nomes e que definamos estas diferenças; e que saibamos quem são estes miseráveis, quem são estes fracos, quem são estes desenganados e quem são estes perfeitos, e santos.

Os miseráveis que não deixam, nem seguem, são os que se metem a religiosos, como a qualquer outro ofício, para viver. Fica no mundo um moço sem pai, mal herdado da fortuna, e menos da natureza, sem valor para seguir as armas, sem engenho para cursar as letras, sem talento, nem indústria para granjear a vida por outro exercício honesto: que faz? Entra-se em uma religião

---

[i] *Mat.*, XIX.

das menos austeras, veste, come, canta, conversa, não o penhoram pela décima, nem o prendem para a fronteira, não tem coisa que lhe dê cuidado, nem ele o toma: enfim, é um religioso de muito boa vida, não porque a faz, mas porque a leva. Este tal nem deixa, nem segue. Não deixa, porque não tinha que deixar: não segue, porque não veio seguir a Cristo, veio viver. Os fracos, que deixam, e não seguem, são os que traz à religião o nojo, o desar, a desgraça e não a vocação. Sucede-lhe a um homem nobre e brioso sair mal de um desafio, fazerem-lhe uma afronta que não pode vingar, negar-lhe el-rei o despacho e o agrado, não levar a beca ou a cadeira, ou o posto militar, a que se opôs, ou levar-lhe o competidor o casamento em que tinha empenhado o tempo, o crédito e o amor: enfadado da vida, e indignado da fortuna; entrega a sua casa a um irmão segundo, mete-se em uma religião de repente; mas leva consigo o mundo à religião, porque olha para ele com dor, e não com arrependimento. Este deixa, mas não segue. Deixa, porque deixou o patrimônio e a fazenda: não segue, porque mais o trouxe, e tem na religião a afronta que recebeu no mundo, que o zelo, ou desejo de seguir, e servir a Cristo. Os desenganados que seguem, mas não deixam, são os mal pagos dos homens, que o verdadeiro desengano traz a Deus. Vistes o soldado veterano, que, feitas muitas proezas na guerra, se acha ao cabo da vida carregado de anos, de serviços e de feridas sem prêmio: e desenganado de quão ingrato e mau senhor é o mundo, querendo servir a quem melhor lhe pague, e meter algum tempo entre a vida e a morte, troca o colete pelo saial, o talim pelo cordão e a gola pelo capelo, em uma religião penitente, e não tendo outro inimigo mais que a si mesmo, contra ele peleja, a ele vence, e dele triunfa. Este é o que não deixa, mas segue. Não deixa, porque não tinha que deixar mais que os papéis, que queimou, que sempre foram cinza: e segue, porque já não conhece outra caixa, nem outra bandeira, senão a voz de Cristo e sua cruz. Finalmente, os perfeitos e santos que deixam, e juntamente seguem, são os que chamados, e subidos pela graça divina ao cume mais alto da perfeição evangélica, imitam gloriosamente a S. Pedro, e aos outros apóstolos, os quais tudo o que tinham, e tudo o que podiam ter, deixaram e renunciaram por Cristo, e em tudo o que obraram e ensinaram, fizeram e padeceram, seguiram e imitaram a Cristo. E por isso S. Pedro em nome de todos, e todos por boca de S. Pedro, dizem hoje com tanta confiança, como verdade: *Ecce nos reliquimus omnia, et secuti sumus te.*

Estes são os quatro gêneros de homens que há no mundo, ou fora do mundo, em que se vê variamente complicado o deixar e seguir do Evangelho. Mas eu entre eles, ainda que vejo a S. Pedro Apóstolo, não acho, nem posso descobrir a S. Pedro Nolasco. Que o não ache entre os miseráveis, claro se estava. Como havia de estar entre as infelicidades da miséria um santo tão dotado da natureza, tão favorecido da fortuna e tão mimoso da graça? Que o não ache entre os fracos, também, e muito mais ainda. Como havia de estar entre os desmaios da fraqueza um santo tão soldado, tão valente, tão animoso, tão resoluto, tão forte, tão constante, tão invencível? Entre os desenganados cuidei que o poderia achar por seu entendimento, por seu juízo, por sua discrição e pelo conhecimento e experiência grande que tinha do mundo. Mas aquele desengano, que descrevemos, era filho da necessidade, e não da virtude: e um achaque como este não cabia na nobreza de seu coração. Porém que entre os perfeitos, e os santos, não ache eu a um tão grande santo? Que não esteja ao menos junto a S. Pedro, um Pedro tão parecido com ele? Isto é o que me admira, e me admirou grandemente, enquanto não conheci a causa. Mas porque ela há de ser a matéria do sermão, quero-a resumir em poucas palavras. Ainda que em tudo o mais, como já aqui vimos, foi tão parecido S. Pedro Nolasco a S. Pedro Apóstolo; nos dois pontos de deixar e seguir há grande diferença de Pedro a Pedro. Por quê? Porque S. Pedro Apóstolo deixou, S. Pedro Nolasco fez mais que deixar: S. Pedro Apóstolo seguiu, S. Pedro Nolasco fez mais que seguir. E como fez mais que deixar e mais que seguir? Fez mais que deixar porque professou pedir; e pedir é mais que deixar: fez mais que seguir porque professou emparelhar; e emparelhar é mais que seguir. Sobre estes dois pontos, faremos dois discursos, que eu desejo que sejam breves. Dai-me atenção e ajudai-me a pedir graça. *Ave Maria.*

II

Ecce nos reliquimus omnia.

Primeiramente digo que S. Pedro Nolasco fez mais que deixar, porque professou pedir. E é assim. A profissão de S. Pedro Nolasco, e da sagrada Religião das Mercês, é pedir esmolas pelos fiéis, para com elas remir os cativos que estão em terra de mouros. E este pedir (ainda que não fora para resgatar) é mais que deixar. O mesmo S. Pedro, e os outros apóstolos, quero que nos deem a prova. Chama Cristo a S. Pedro, e Santo André, deixam barcos, e redes, e seguem a Cristo. Chama Cristo a S. João, e Santiago, deixam barcos, e redes, e a seu próprio pai, e seguem a Cristo. Chama Cristo a S. Mateus Publicano, deixa o Telônio, o dinheiro, os contratos e segue a Cristo: o mesmo fizeram os demais apóstolos, não havendo algum deles que dilatasse, nem por um só momento, o deixar tudo. Recebidos na escola, e na familiaridade de Cristo, passou um ano, passaram dois, passaram três anos, e nenhum deles houve que em todo este tempo pedisse alguma coisa a Cristo: até que o mesmo Senhor lho estranhou: *Usque modo non petistis quidquam*:[i] exortando-os a que pedissem confiadamente, porque tudo lhes seria concedido. Três vezes leio no Evangelho que exortou Cristo os Apóstolos a pedir, mas ainda depois destas tão repetidas exortações, não se lê no mesmo Evangelho que pedissem coisa alguma. Pois se Cristo estranha aos Apóstolos o não pedirem, e os exorta tantas vezes a pedir, por que não pedem? E se para deixarem tudo quanto tinham, bastou só uma palavra de Cristo, ou não foi necessária uma palavra sua (porque Cristo não lhes disse que deixassem o que tinham, quando o deixaram), por que não bastam tantas exortações, por que não bastam tantos avisos, por que não basta tanta familiaridade para pedirem? Porque tanta diferença vai de deixar a pedir. Para deixarem tudo, bastou o primeiro momento da vista de Cristo: para pedirem alguma coisa, não bastaram três anos de familiaridade de Cristo: para deixarem, não foi necessário que Cristo os mandasse deixar: para pedirem, não bastou que Cristo os mandasse pedir.

Viu-se isto ainda melhor, entre os doze, nos dois que se mostraram mais ambiciosos. Afetaram S. João e Santiago as duas cadeiras da mão direita e esquerda; mas não se atreveram eles a pedi-las: meteram por terceira a mãe, para que fizesse este requerimento. Pergunto: por que não pediram por si mesmos estes dois discípulos, pois tinham tantas razões que os animassem a o fazer? A primeira seja, que eles tinham deixado por Cristo mais que todos, porque os outros apóstolos deixaram as redes, que era o ofício: e S. João e Santiago deixaram as redes, que era o ofício, e deixaram o pai, que era o amor: *Relictis retibus, et patre*, nota o evangelista.[ii] Demais disso eram parentes muito chegados de Cristo e tinham as razões do sangue, e tal sangue. Sobretudo, dos três mais validos apóstolos, eram eles os dois, e S. João não só valido, senão conhecidamente o amado. Pois se tinham tantas razões de confiança estes dois discípulos, por que se retiram, por que se encolhem, por que se não atrevem a pedir a Cristo? Porque não há coisa que tanto repugne os homens como o pedir. É tal esta repugnância, que nem o sangue a modera, nem o amor a facilita, nem ainda a mesma ambição, que é mais, a vence. Para não deixar o que deixaram, tinham estes dois irmãos as maiores repugnâncias da natureza, que era o deixar pais e fazenda: para pedir o que desejavam, tinham as maiores confianças da natureza, e da graça, que era o sangue, e o favor: e que fizeram? Tendo as maiores repugnâncias para não deixar, deixaram: e tendo as maiores confianças para pedir, não pediram. Tanto maior dificuldade é a do pedir, que a do deixar: tanto

---

[i] *João*, XIV, 24.
[ii] *Mat.*, IV, 22.

menor fineza é a do deixar, que a do pedir. Deixar é grandeza, pedir é sujeição: deixar é desprezar, pedir é fazer-se desprezado: deixar é abrir as mãos próprias, pedir é beijar as alheias: deixar é comprar-se, porque quem deixa, livra-se; pedir é vender-se, porque quem pede, cativa-se: deixar finalmente é ação de quem tem: pedir é ação de quem não tem: e tanto vai de pedir a deixar, quanto vai de não ter a ter. Mais fez logo neste caso, e mais fino, e generoso andou com Cristo S. Pedro Nolasco que S. Pedro Apóstolo, porque S. Pedro Apóstolo deixou, e professou deixar: S. Pedro Nolasco deixou, e professou pedir.

E se pedir, só por pedir, é maior ação que deixar; pedir para dar, e para dar em redenção de cativos (que são os fins deste glorioso pedir), quanto maior ação, e perfeição será? A regra de perfeição que Cristo pôs aos que quisessem ser seus discípulos foi que vendessem o que tinham, e o dessem a pobres: *Si vis perfectus esse, vende quae habes, et da pauperibus.*[i] Esta foi a primeira coisa que fez S. Pedro Nolasco. Vendeu todas as riquezas que possuía, como grande senhor que era no mundo, e deu o preço para redenção de cativos. Mas depois de se pôr neste grau de perfeição, ainda subiu a professar outro mais alto, que foi não só dar o que tinha, senão pedir o que não tinha, para também o dar. Que dê um homem tudo o que tem, não o manda Cristo, mas aconselha-o: porém, sobre dar o que tem, que peça ainda o que não tem, para o dar; isso nem o mandou Cristo nunca, nem o aconselhou. Aconselhou que déssemos a quem nos pedisse: *Qui petit a te, da ei*:[ii] mas que pedíssemos para dar a outrem parece que não fiou tanto do valor humano. E isto é o que fez e o que professou S. Pedro Nolasco, excedendo-se a si mesmo, e a todos os que deram a Deus, e por Deus, quanto tinham. Quem dá o que tem, dá a fazenda: quem pede para dar, dá o sangue; e o sangue mais honrado e mais sensitivo, que é o que sai às faces. Quem dá o que tem, pode dar o que vale pouco; mas quem dá o que pede não pode dar senão o que custa muito; porque nenhuma coisa custa tanto como o pedir. A palavra mais dura de pronunciar, e que para sair da boca uma vez se engole, e afoga muitas, é *Peço. Molestum verbum est, onerosum, et dimisso vultu dicendum, rogo,* diz Sêneca; e acrescenta que até aos deuses não pediriam os homens, se o não fizessem em secreto. O certo é que houve homem a quem Deus convidou, e ofereceu que pedisse, e respondeu: *Non petam.*[iii] Considerai a que chegam muitas vezes os homens, por não chegar a pedir, e vereis os que o não experimentastes quanto deve custar. Finalmente é sentença antiquíssima de todos os sábios que ninguém comprou mais caro que quem pediu: *Nulla*

---

[i] *Mat.*, XIX, 21.
[ii] Ibid., V, 42.
[iii] *Isaías*, VII, 11.

res carius constat, quam quae precibus empta est. Quem para dar espera que lhe peçam, vende: e quem pede para que lhe deem, compra, e pelo preço mais caro, e mais custoso. Donde se infere claramente que, aos religiosos da redenção dos cativos, mais lhes custam os resgates que os resgatados; porque os resgatados os compram dando; os resgates os compram pedindo. Para comprar os resgatados, dão uma vez: para comprar os resgates, pedem muitas vezes. E se os Turcos cortam muito caros os resgates dos cativos, S. Pedro Nolasco ainda os cortou mais caros; porque os cortou a resgates pedidos e mendigados.

Sendo despojados de todos os seus bens os fiéis da primitiva Igreja, na perseguição que se levantou contra eles em Jerusalém, depois da morte de S^to. Estêvão, mandou S. Paulo a Corinto seu discípulo Tito, para que dos cristãos daquela opulenta cidade recolhesse algumas esmolas (que depois se chamaram *colectas*) com as quais fossem socorridos os de Jerusalém. Exortando, pois, o Apóstolo aos Coríntios, para que ajudassem nesta obra de tanta piedade a Tito, propõe-lhes o exemplo de Cristo, admirável ao seu intento, e muito mais admirável ao nosso, e diz assim: *Scitis enim gratiam Domini nostri Jesu Christi, quoniam propter vos egenus factus est, cum esset dives, ut illius inopia vos divites essetis.*[i] O original grego, em que foi escrita aquela Epístola, com maior expressão, e energia, em lugar de *egenus factus est*, tem *mendicavit*.[ii] E quer dizer o Apóstolo: para que entendais, ó Coríntios, quão gratas serão a Deus as esmolas que vai pedir Tito, lembrai-vos da graça que nos fez o mesmo Senhor, quando por amor de nós mendigou, para que nós fôssemos ricos.

Isto posto, é questão entre os teólogos se Cristo foi tão pobre que chegasse a mendigar.[iii] E parece que não; porque o Senhor até a idade de trinta anos vivia do ofício de S. José, e do trabalho de suas próprias mãos. Depois que saiu em público a pregar, era assistido, sem o pedir, das esmolas de pessoas devotas, das quais sustentava todo o Colégio Apostólico, e não eram tão escassas estas esmolas, que não abrangessem também a outros pobres, e ainda à cobiça de Judas, como tudo consta do Evangelho. Esta é a opinião de muitos e graves autores. Outros, porém, têm por mais provável que Cristo verdadeiramente mendigasse, não sempre, mas algumas vezes: e o provam com o lugar do Salmo: *Ego autem mendicus sum, et pauper.*[iv] e com este de S. Paulo. Mas, ou o Senhor mendigasse por este modo, ou não; como o Apóstolo diga, que mendigou, para com a sua mendiguez, e pobreza enriquecer aos Coríntios, e a

---

[i] *2.ª ad Corint.*, VIII, 9.
[ii] *Ita Suares ex versione S. Basilii, et Cornel. ex vers. Erasmi.*
[iii] D. Th. in 3. p. q. 40.
[iv] *Sal.*, XXXIX, 18.

todos os homens: *Mendicavit, ut ejus inopia divites essetis*. Bem se vê que não é este o sentido daquelas grandes palavras, senão outro muito mais universal, e mais sublime. Qual foi logo a mendiguez, e o cabedal mendigado, com que o Filho de Deus, fazendo-se pobre, nos fez ricos? S. Gregório Nazianzeno, e S. João Crisóstomo, os dois maiores lumes da teologia e eloquência grega, e que por isso podiam melhor penetrar a força e inteligência do Texto escrito na sua própria língua; dizem que falou S. Paulo do mistério altíssimo da Redenção e que o cabedal mendigado, com que o Filho de Deus nos enriqueceu, foi a carne e sangue, que mendigou da natureza humana, e deu, e pagou na cruz pelo resgate do gênero humano. *Nostrae salutis causa eo paupertatis devenit, ut corpus etiam acciperet*: diz Nazianzeno. E Crisóstomo ainda com maior expressão: *Ut ejus paupertate ditesceremus. Qua paupertate? Quia assumpsit carnem, et factus est homo, et passus ea, quae passus*. Ora vede.

Pelo pecado de Adão estava o gênero humano cativo e pobre: como cativo gemia e padecia o cativeiro: como pobre não tinha cabedal para o resgate: e como a Justiça Divina tinha cortado o mesmo resgate, não em menor preço que o sangue de seu Unigênito Filho, que fez a imensa caridade deste Senhor? Aqui entra o *mendicavit*. Não tendo, nem podendo ter, enquanto Deus, o preço decretado para a Redenção, mendigou da natureza humana a carne e sangue, que uniu a sua Pessoa divina: e por este modo, como altamente diz o Apóstolo, nós, que éramos cativos e pobres, com a pobreza e mendiguez de Cristo ficamos ricos: *Ut ejus inopia divites essetis*; porque Ele, mendigando como pobre, teve com que ser Redentor; e nós com este cabedal mendigado tivemos com que ser remidos. De maneira que na obra da Redenção, que foi a maior da caridade divina, não Se contentou Deus com dar o que tinha, senão com mendigar o que não tinha, para também o dar. Deu a divindade, deu os atributos, deu a Pessoa, que é o que tinha: e mendigou a carne e sangue, que não tinha, para o dar em preço da Redenção. E isto é o que diz S. Paulo: *Propter vos mendicavit, ut ejus inopia divites essetis*. Mas o que sobretudo se deve notar é que a esta circunstância de mendigar o preço do nosso resgate chamou o Apóstolo a graça e a excelência do benefício da Redenção: *Scitis gratiam Domini nostri Jesu Christi, quoniam mendicavit*. Como se fizesse mais o Filho de Deus na circunstância que na obra, e mais no mendigar que no remir. Para nos remir tinha a Divina Sabedoria e Onipotência muitos modos; mas quis que fosse pelo preço de seu sangue: e sendo este preço por si mesmo de valor infinito, para que fosse dobradamente precioso, quis que sobre ser infinito fosse mendigado: *Mendicavit*. Tão gloriosa ação é, e tão heroica, mendigar para remir. E tal foi a empresa e Instituto de S. Pedro Nolasco: ordenou que seus filhos professassem pobreza, e juntamente redenção de cativos. Para quê? Para que pelo voto de pobreza deixassem tudo o que tinham, que é o que fez S. Pedro; e pelo voto da redenção mendigassem para ela o que não tinham, que é o que fez o Filho de Deus.

E porque nos não falte com o exemplo, como nos assiste com a presença o mesmo Redentor Sacramentado; e seja o divino Sacramento a última confirmação e cláusula desta gloriosa fineza. Fala deste divino Sacramento, e também dos outros Tertuliano e diz assim profundamente: *In sacramentis suis egens mendicitatibus Creatoris, nec aquam reprobavit, qua suos abluit: nec oleum, quo suos ungit, nec panem, quo ipsum Corpus suum repraesentat*. Em nenhuma parte é Cristo mais liberal que nos seus Sacramentos, e muito mais no maior de todos: ali está continuamente despendendo os tesouros de sua graça, e aplicando-nos os efeitos da Redenção. Mas por que modo faz estas liberalidades Cristo? Agora entra a profundidade de Tertuliano. Traz Cristo estas liberalidades como Redentor, pedindo primeiro esmola para elas, e mendigando-as de si mesmo como Criador: *In sacramentis suis egens mendicitatibus Creatoris*. Deus Redentor nos Sacramentos faz-se mendigo de Deus Criador e, para nos aplicar a redenção no Batismo, pede primeiro esmola de água: *Aquam, qua suos abluit*: Para nos aplicar a redenção na Unção, pede primeiro esmola de óleo: *Oleum, quo suos ungit*: para nos aplicar a redenção na Eucaristia, pede primeiro esmola de pão: *Panem, quo corpus suum repraesentat*. De sorte que é tão alta, tão soberana, tão grata e tão preciosa obra diante de Deus o mendigar para remir, que não tendo Deus a quem pedir, nem de quem receber, fez distinção de Si a Si mesmo: de Si enquanto Redentor, a Si mesmo enquanto Criador; e mendigando primeiro esmolas da natureza, como pobre, reparte delas liberalidades, e liberdades de graça, como Redentor: *In Sacramentis suis eqens mendicitatibus Creatoris*. E se pedir só por pedir vale tanto, e pedir para remir vale tanto mais; sem fazer agravo a um Pedro, nem lisonja ao outro, podemos repetir e assentar o que dissemos: que fez mais S. Pedro Nolasco em pedir que S. Pedro Apóstolo em deixar: *Ecce nos reliquimus omnia*.

III

Desta primeira vantagem de S. Pedro Nolasco, comparado com S. Pedro Apóstolo, se segue outra grande vantagem à sagrada Religião das Mercês, não comparada com as outras religiões (como depois faremos) senão comparada consigo mesma. E que vantagem é esta? Que por este liberalíssimo modo de pedir, e por este nobilíssimo modo de mendigar, ficaram os Religiosos das Mercês maiores redentores do que pretenderam ser, e maiores do que se cuida que são. Porque não só são redentores dos cativos que estão nas terras dos infiéis, mas são também redentores dos livros, que estão nas terras dos cristãos: não só redentores na África, mas também redentores na Europa, na Ásia e na América. E isto como? Eu o direi. Os religiosos deste sagrado Instituto não pedem esmolas em todas as terras de cristãos, para irem resgatar cativos nas terras dos infiéis? Sim. Pois nas terras dos infiéis são redentores pelos resgates que dão: e nas terras dos cristãos são redentores pelas esmolas que pedem. A esmola tem tanta valia diante de Deus, que é como uma segunda redenção do cativeiro do pecado. Assim o pregou o profeta Daniel a el-rei Nabucodonosor, aconselhando-o, que pois tinha a Deus tão ofendido, remisse seus pecados com esmolas: *Peccata tua eleemosynis redime.*[i] No cativeiro do pecado estão os cativos atados a duas cadeias, uma da culpa, outra da pena: e é tal o valor da esmola, que não só os redime, e livra da cadeia da pena, como obra penal e satisfatória que é; senão também da cadeia da culpa; ou formalmente, se vai informada, como deve ir, com ato de verdadeira caridade, ou quando menos dispositivamente, porque entre todas as obras humanas é a que mais dispõe a Misericórdia Divina para a remissão do pecado. Assim o ensina a teologia, e o pregaram depois de Daniel todos os padres. E como a esmola resgata do cativeiro do pecado a quem a dá por amor de Deus; e destas esmolas dadas, e pedidas por amor de Deus, fazem os Religiosos das Mercês os seus resgates, por meio das mesmas esmolas vêm a ser duas vezes redentores: redentores daqueles por quem as dão; e redentores daqueles a quem as pedem. Redentores daqueles por quem as dão, que são os cristãos de Berberia, a quem livram do cativeiro dos infiéis: e redentores daqueles a quem as pedem, que são os fiéis de todas as partes do mundo, a quem por meio das suas esmolas livram do cativeiro do pecado: *Peccata tua eleemosynis redime.*

E é muito para advertir e ponderar que estas segundas redenções das esmolas que se pedem são muitas mais em número que as primeiras dos resgates que se dão. Porque como a esmola respeita a misericórdia de Deus, e o resgate a avareza do bárbaro; bastando para uma redenção uma só esmola, é necessário que se ajuntem muitas esmolas para um só resgate. E assim, ainda que sejam poucos os resgatados, são muitos mil os remidos, porque são resgatados só aqueles por quem se dá o resgate, e são remidos todos aqueles a quem se pede, e dão a esmola. Nem obsta que o preço e merecimento da esmola seja daqueles que a dão, para que os que a procuram e solicitam não sejam também, como digo, seus redentores. Um redentor, que primeiro foi cativo, me dará a prova. Quando José livrou da fome ao Egito, e aos que do Egito se socorriam, o nome que alcançou por esta famosa ação foi de redentor do Egito e do mundo:

---

[i] *Dan.*, IV, 24.

Vocavit eum lingua aegyptiaca Salvatorem mundi.[i] Mas se considerarmos o modo desta redenção, acharemos no Texto sagrado que assim os estrangeiros, que concorriam de fora, como os mesmos Egípcios compravam o trigo com o seu dinheiro. Pois se uns e outros remiam as vidas do poder da fome, não de graça, senão pelo seu dinheiro, como se chama José o Redentor, e não eles? Porque ainda que eles concorriam com o preço, José foi o inventor daquela indústria, e o que a solicitava e promovia. Eles remiam-se a si, cada um com o que dava, e José remiu-os a todos, com o que recebia, não para si, senão também para o dar. Por isso dobradamente redentor, não só do Egito, senão do mundo: *Redemptorem mundi*. Oh, família sagrada, sempre e de tantos modos redentora! Oh, redentores sempre grandes, e sempre gloriosos! Grandes e gloriosos redentores, quando dais o que pedistes: e maiores e mais gloriosos redentores, quando pedis o que haveis de dar. Para que em vós também, como em vosso fundador, se veja que fazeis mais, segundos apóstolos, em pedir todos, do que fizeram os primeiros, em deixar tudo: *Ecce nos reliquimus omnia*.

IV

Et secuti sumus te. S. Pedro Apóstolo seguiu a Cristo, e digo que S. Pedro Nolasco fez mais que seguir, porque professou emparelhar. E assim foi. A profissão que fez S. Pedro Nolasco, e a que fazem todos os religiosos do seu Instituto, é resgatar os cristãos cativos em terra de Mouros, não só para os pôr em liberdade, mas para os livrar do perigo em que estão, de perder a fé. De maneira que uma coisa é a que fazem, outra a que principalmente pretendem: o que fazem, é libertar os corpos, o que principalmente pretendem, é pôr em salvo as almas. Isto é o que professou S. Pedro Nolasco, e nisto (como dizia) não só seguiu os passos de Cristo: *Et secuti sumus te*: mas do modo que pode ser, os emparelhou. E digo do modo que pode ser, porque estas parelhas sempre se hão de entender com aquela diferença soberana e infinita que há de Filho de Deus a servo de Deus. Mas vamos a elas.

Falando Cristo dos prodigiosos sinais, que hão de preceder ao Dia do Juízo, diz que quando virmos estes prodígios, que nos alentemos e animemos, porque então é chegada a nossa redenção: *Respicite, et levate capita vestra: quoniam appropinquat redemptio vestra.*[ii] Bem aviados estamos! Eu cuidava e ainda cuido; e não só cuido, mas creio de fé que a Redenção há mil e seiscentos e cinquenta

---

[i] *Gênes.*, XLI, 45.
[ii] *Luc.*, XXI, 28.

anos que veio ao mundo, e que na sua primeira vinda nos remiu Cristo a todos, dando o seu sangue por nós. Pois se o mundo já está remido, e a Redenção é já passada há tantos centos de anos, como diz Cristo que quando virmos os sinais do Dia do Juízo, então entendamos que é chegada a nossa redenção? A dúvida é boa; mas a resposta será tão boa como ela, porque é a literal, e verdadeira. Ora vede. O gênero humano pela desobediência de Adão ficou sujeito a dois cativeiros: o cativeiro do pecado, e o cativeiro da morte: o cativeiro do pecado pertence à alma, e o cativeiro da morte pertence ao corpo. Daqui se segue que assim como os nossos cativeiros são dois, também devem ser duas as nossas redenções: uma redenção que nos livre as almas do cativeiro do pecado; e outra redenção que nos livre os corpos do cativeiro da morte. A primeira redenção já está feita, e esta é a redenção passada, que obrou Cristo, quando com o seu sangue remiu nossas almas: a segunda redenção ainda está por fazer, e esta é a redenção futura, que há de obrar o mesmo Cristo, quando com sua Onipotência ressuscitar nossos corpos: *Ipsi intra nos gemimus, adoptionem Filiorum Dei expectantes, redemptionem corporis nostri*: diz o Apóstolo S. Paulo.[i] E como esta segunda parte da nossa redenção está ainda por obrar, e não estão ainda remidos do seu cativeiro os corpos, posto que já o estejam as almas, por isso diz absolutamente Cristo que no Dia do Juízo há de vir a Redenção, porque a redenção inteira, e perfeita, e a redenção que dá a Cristo o nome de perfeito, e consumado Redentor, não é só redenção de almas, nem é só redenção de corpos, senão redenção de corpos e de almas juntamente.

E se não vede-o no primeiro efeito, ou no primeiro ato de Cristo Redentor. O ponto em que Cristo ficou Redentor do mundo foi o momento em que expirou na cruz: e que sucedeu então? Desceu o Senhor no mesmo momento aos cárceres do Limbo, a libertar as almas que nele estavam detidas: e no tempo que lá embaixo se abriram os cárceres das almas, cá em cima se abriram também os cárceres dos corpos: *Monumenta aperta sunt: et multa corpora sanctorum, qui dormierant, surrexerunt*, diz S. Mateus:[ii] abriram-se as sepulturas, e saíram delas muitos corpos de santos ressuscitados. Notai que não diz muitos homens, nem muitos santos, senão muitos corpos, em correspondência das almas do Limbo. Dos cárceres do Limbo saíram as almas, e dos cárceres das sepulturas saíram os corpos; porque quis Cristo naquele ponto, em que estava libertando as almas do cativeiro do pecado, libertar também os corpos do cativeiro da morte, para tomar inteira posse, e não de meias, do inteiro, e perfeito nome de

---

[i] *Rom.*, VIII, 23.
[ii] *Mat.*, XXVII, 52.

Redentor: não só Redentor de almas, nem só Redentor de corpos; mas Redentor juntamente de corpos e mais de almas.

Tal foi, e tal há de ser a consumada redenção de Cristo; e tal é, e tal foi sempre a redenção que professou seu grande imitador S. Pedro Nolasco, e todos os que vestem o mesmo hábito. Perfeitos e consumados redentores, porque são redentores de corpos, e redentores de almas. Cuida o vulgo, erradamente, que o Instituto desta sagrada Religião é somente aquela obra de misericórdia corporal, que consiste em remir cativos; e não é só obra de misericórdia corporal, senão corporal e espiritual juntamente: corporal, porque livra os corpos do cativeiro dos infiéis; espiritual, porque livra as almas do cativeiro da infidelidade. Compreende esta obra suprema de misericórdia os dois maiores males, e os dois maiores bens desta vida e da outra. O maior mal desta vida é o cativeiro, e o maior mal da outra é a condenação; e destes dois males livram os redentores aos cativos, tirando-os de terra de infiéis. O maior bem desta vida é a liberdade, e o maior bem da outra é a salvação. E estes dois bens conseguem os mesmos redentores aos cativos, passando-os a terras de cristãos. Pelo bem e mal desta vida, são redentores do corpo: pelo bem e mal da outra vida, são redentores da alma: e por uma e outra redenção, são redentores do homem todo, que se compõe de alma e corpo, como o foi Cristo.

É verdade que o que se vende e se paga em Berberia, o que se desenterra das masmorras, o que se alivia dos ferros, o que se liberta das cadeias são os corpos, mas o que principalmente se compra, o que principalmente se resgata, o que principalmente se pretende descativar são as almas. Almas e corpos se rimem, almas e corpos se resgatam, mas as almas resgatam-se por amor de si mesmas; e os corpos por amor das almas. São os contratos destes mercadores do Céu como o daquele mercador venturoso e prudente do Evangelho. Achou este homem um tesouro escondido em um campo alheio: e que fez? *Vadit, et vendit universa, quae habet, et emit agrum illum.*[i] Foi vender tudo quanto tinha e comprou o campo. Não reparo no tudo do preço, porque já fica dito que dão estes liberais compradores mais que tudo. Este comprador do Evangelho deu o que tinha: *Omnia, quae habet*; mas não pediu. Os nossos dão o que têm, e mais o que pedem. O em que reparo é no que se vendeu, e se comprou, porque foi com diferentes pensamentos. O que vendeu, vendeu o campo; o que comprou, comprou também o campo; mas não comprou o campo por amor do campo, senão o campo por amor do tesouro. Assim passa cá. O bárbaro vende o corpo que ali tem preso e cativo, e o redentor também compra o corpo: mas não compra principalmente o corpo, por amor do corpo, senão o corpo por amor

---

[i] *Mat.*, XIII, 44.

da alma. Sabe que a alma é tesouro, e o corpo terra; e compra a terra por amor do tesouro: compra a terra, porque o infiel não semeie nele zizânia, com que venha a arder o tesouro, e mais a terra. Assim o fez este homem do Evangelho. Mas quem era, ou quem significava este homem? *Quem qui invenit homo?*[i] Era e significava aquele que, sendo Deus, Se fez homem para resgatar, e ser Redentor dos homens. A este soberano Redentor imitam os nossos redentores, e O acompanham tão par a par (posto que reverencialmente) que bem se vê que os leva seu generoso intento mais a emparelhar que a seguir: *Et secuti sumus te.*

E para que este glorioso emparelhar se veja não só nos objetos da intenção, senão também no modo e modos de remir, é muito de considerar a diferença que estes redentores fazem no resgate dos corpos, e no das almas. Os corpos resgatam-os depois de cativos, e as almas antes que o estejam: os corpos depois de perderem a liberdade; as almas antes que percam a fé, e para que a não percam. De sorte que a redenção dos corpos é redenção que remedeia; a redenção das almas é redenção que preserva, que é outro modo de remir mais perfeito, e mais subido, de que também (posto que uma só vez) usou Cristo. Fazem questão os teólogos se foi Cristo Redentor de sua Mãe? E a razão de duvidar é porque remir é resgatar de cativeiro: a Virgem, como foi concebida sem pecado original, nunca foi cativa do pecado: logo, se não foi cativa, não podia ser resgatada, nem remida, e por consequência nem Cristo podia ser seu Redentor. Contudo, é de fé que Cristo foi Redentor de sua Mãe. E não só foi Redentor seu de qualquer modo, senão mais perfeito Redentor que de todas as outras criaturas. Porque aos outros remiu-os depois; a sua Mãe remiu-A antes: aos outros remiu-os depois de estarem cativos do pecado: a sua Mãe remiu-A antes, preservando-A para que nunca o estivesse. E este segundo modo de redenção é o mais subido, e mais perfeito. Assim foi Cristo Redentor de sua Mãe: e assim são estes filhos da mesma Mãe redentores das almas que livram com os corpos. Redentores são dos corpos e mais das almas; mas com grande diferença: aos corpos resgatam; às almas preservam: aos corpos livram do cativeiro; às almas livram do perigo: aos corpos livram de uma grande desgraça; às almas livram da ocasião de outra maior: aos corpos livram do poder dos infiéis, depois que estão já em seu poder; às almas livram do poder da infidelidade, não porque estejam em poder dela, mas porque não venham a estar. E é esta uma vantagem não pequena, que faz esta ilustríssima Religião às outras que se ocupam em salvar almas. As outras fazem que os infiéis sejam cristãos; e ela faz que os cristãos não sejam infiéis: as outras tiram as almas do pecado; esta tira as almas da tentação: as outras conseguem que Cristo seja crido; esta consegue que Cristo não seja negado: as outras

---

[i] Ibid.

guiam a Zaqueu, para que seja discípulo; esta tem mão em Judas, para que não seja apóstata: enfim, as outras tratam as almas como Cristo remiu universalmente a todas; esta trata universalmente a todas, como Cristo remiu singularmente a de sua Mãe. Vede, se seguem ou se emparelham?

Mas falta por dizer neste caso a maior fineza. Além dos três votos essenciais, e comuns a todas as religiões, fez S. Pedro Nolasco e fazem todos seus filhos um quarto voto de se deixar ficar como cativos em poder dos Turcos, todas as vezes que lá estiver alguma alma em perigo de perder a fé, e não houver outro meio de a resgatar, entregando-se a si mesmos em penhor e fiança dos resgates. Que eloquência haverá humana que possa bastantemente explicar a alteza deste voto verdadeiramente divino, nem que exemplo se pode achar entre os homens, de fineza e caridade que o iguale? Davi, aquele homem feito pelos moldes do coração de Deus, é nesta matéria o maior exemplo que eu acho nas Escrituras Sagradas; mas ainda ficou atrás muitos passos. Estava Davi com muitos que o acompanhavam nas terras de Moab, aonde se recolhera, fugido de Saul, que com grandes ânsias o buscava para lhe tirar a vida. Eis que um dia subitamente sai-se com todos os seus daquelas terras e vem-se meter nas de Judeia, que eram as mesmas de el-rei Saul. Se Davi se não aconselhara neste caso, como se aconselhou, com o profeta Gad, ninguém julgara esta ação senão pela mais arrojada, e mais cega de quantas podia fazer um homem de juízo, e sem juízo. Está Davi retirado e seguro em terras livres, e vem-se meter dentro em casa de seu próprio inimigo, e de um inimigo tão cruel e inexorável como Saul, que por sua própria mão o quis pregar duas vezes com a lança a uma parede? Sim, diz Nicolau de Lira. E dá a razão: *Ne viri, qui erant cum Davi, declinarent ad idolatriam, si diu manerent in terra idolatriae subdita.* A terra dos Moabitas era terra de idólatras: os que acompanhavam a Davi era gente pouco segura, que dava indícios e desconfianças de poder inclinar à idolatria: pois, alto, diz Davi, não há de ser assim: saiam-se eles da terra onde corre perigo a sua fé: e esteja eu embora na terra do meu maior inimigo a todo risco. Assim o fez aquele grande espírito de Davi; mas ainda que se arriscou, não se entregou. Os religiosos deste Instituto não só se arriscam, mas entregam-se. Quando não têm prata nem ouro com que resgatar os cativos, resgatam-nos com os seus próprios ferros, passando as algemas às suas mãos, e os grilhões aos seus pés, e fazendo-se escravos dos Turcos, porque uma alma o não seja do Demônio. Só de S. Paulino, bispo de Nola, celebra a Igreja uma ação semelhante a esta, porque, não tendo com que resgatar o filho de uma viúva, se vendeu e cativou por ele a si mesmo. Esta façanha fez S. Paulino, mas vede onde a fez. Em Nola. Já isto eram raízes da caridade de Nolasco: em S. Paulino de Nola se semeou, em S. Pedro Nolasco nasceu, em seus gloriosos filhos cresce e floresce. Muitos a executam em Berberia hoje, e todos em qualquer parte do mundo estão aparelhados para a executar, porque todos o têm por voto.

Sim. Mas onde temos em Cristo a parelha desta fineza, que é a obrigação deste discurso? Cristo, como perfeito Redentor, remiu-nos; mas nunca se prendeu, nunca se cativou, nunca se encarcerou por nossa Redenção. Que seria, Senhor, se não estivéreis presente nessa Custódia? Digo que sim se prendeu, sim se cativou, sim se encarcerou Cristo por nós. Aquela Custódia é o cárcere, aqueles acidentes são as cadeias, aquele Sacramento é o estreitíssimo cativeiro, em que o piedosíssimo Redentor se deixou preso, encarcerado e cativo, por libertar nossas almas. No Dia do Juízo chamará Cristo aos seus para o Reino do Céu, e um dos particulares serviços que há de relatar por merecimento de tão grande prêmio será este: *In carcere eram, et venistis ad me*:[i] estava encarcerado, e visitastes-me na minha prisão. Não é necessário que nós ponhamos a dúvida, que trazem consigo as palavras, porque os mesmos premiados a hão de pôr naquele dia. *(Domine) quando te vidimus in carcere, et venimus ad te?*[ii] Senhor, quando estivestes Vós no cárcere, e quando Vos visitamos nós nele? Leiam-se todos os quatro evangelistas, e não se achará que Cristo fosse jamais encarcerado. E se é certo que esteve o Senhor em algum cárcere (pois Ele o diz), diga-me alguém, onde? S. Boaventura o disse e afirma que no Santíssimo Sacramento: *Ecce quem totus mundus capere non potest, captivus noster est.* Eis ali aquele imenso Senhor, que não cabe no mundo todo e está feito nosso prisioneiro e nosso cativo. Vós não vedes como O fecham, como O encerram, como O levam de uma para outra parte, preso sempre ao elo dos acidentes? E se não, dizei-me, aquela pirâmide sagrada, em que está o Divino Sacramento, por que lhe chamou a Igreja Custódia? Porque custódia quer dizer cárcere: assim lhe chamam não só os autores da língua latina, e grega, senão os mesmos evangelistas. S. Lucas referindo como prenderam aos Apóstolos, e os meteram no cárcere público, chama ao cárcere custódia: *Injecerunt manus in Apostolos, et posuerunt eos in custodia publica.*[iii] Assim está aquele Senhor: se exposto, em cárcere público: se encerrado, em cárcere secreto; mas sempre encarcerado, sempre prisioneiro, sempre cativo nosso: *Captivus noster est.* E como Cristo chegou a se prender e cativar pelo remédio de nossas almas, obrigação era destes gloriosos emuladores dos passos de seu amor que também se prendessem e se cativassem por elas. Cristo cativo por vontade; eles cativos por vontade: Cristo por remédio das almas; eles por remédio das almas: Cristo como Redentor; eles como redentores: eles

---

[i] *Mat.*, XXV, 36.
[ii] Ibid., 39.
[iii] *At. Apost.*, V, 18.

acompanhando a Nolasco, e Nolasco emparelhando com Cristo: que chegou ao emparelhar este grande Pedro, quando o outro, mais que grande, fez muito em o seguir: *Et secuti sumus te.*

V

Desta segunda vantagem de S. Pedro Nolasco com S. Pedro Apóstolo, se segue também outra grande vantagem à sagrada Religião das Mercês, não já comparada consigo mesma, senão com as outras religiões. E que vantagem é esta? Que pela perfeição e excelência deste quarto voto (e mais não é atrevimento) excede esta religiosíssima religião a todas as outras religiões da Igreja. Bem mostra a confiança da proposição que não é minha, nem de nenhum autor particular, senão daquele Oráculo supremo, que só tem jurisdição na Terra, para qualificar a verdade de todas. Assim o disse o papa Calisto III por palavras, que não podem ser mais claras, nem mais expressas: *Ratione quarti voti emissi pro redimendis captivis, quo se pignus esse captivorum Fratres hujus Instituti promittunt, merito potest Ordo iste aliis Ordinibus celsior, et perfectior judicari.* Tenhamos paciência às outras religiões, que assim o disse o Sumo Pontífice. Querem dizer as palavras: Que em respeito do quarto voto, com que os religiosos deste Instituto prometem de se entregar aos infiéis, em penhor dos cativos que resgatarem, se pode com muita razão esta ordem julgar por mais sublime, e mais perfeita, que todas as outras ordens. Quando isto escreveu Calisto III, que foi no ano de 1456, ainda a Companhia de Jesus e outras religiões de menos antiguidade ficavam de fora; mas no ano de 1628, Urbano VIII, por suas bulas, confirmou e repetiu este mesmo elogio da sagrada Religião das Mercês, com que todas as religiões, sem excetuar nenhuma, ficam entrando nesta conta. E o papa Martinho V, pela altíssima perfeição do mesmo voto, declara que os religiosos das outras religiões se podiam passar para a das Mercês, como mais estreita: e que os religiosos dela se não podiam passar para as outras, como religiões menos apertadas. Tanto peso fez sempre no juízo dos supremos pontífices esta notável obrigação: e tanto é atar-se um homem, para desatar a outros, e cativar-se, para os libertar. Mas nesta vantagem, que reconheceram e aprovaram, nenhum agravo fizeram os pontífices às outras religiões. Por que, que muito que esta religião neste voto nos exceda a nós, se nele se emparelhou com Cristo? Assim o diz a mesma Constituição sua: posto que com palavras de gloriosa humildade: *Exemplo Domini nostri Jesu, qui semetipsum dedit pro nobis, ut nos a potestate demonis redimeret.* Ao exemplo de Nosso Senhor e Redentor Jesus Cristo, que para nos remir do poder do Demônio Se entregou a Si mesmo por nós.

E como as palavras dos sumos pontífices são vozes da boca de S. Pedro, as mesmas soberanias que todos concedem e confessam deste sagrado Instituto, S. Pedro as concede e confessa. Concede e confessa S. Pedro que este soberano Instituto tem eminência sobre todos os institutos; concede e confessa S. Pedro que seu ilustríssimo fundador foi o primeiro e o maior exemplar dele: concede e confessa S. Pedro que vê as glórias do seu nome não só multiplicadas, mas crescidas: concede e confessa, enfim, que em matéria de seguir, como de deixar, se vê vencido de outro Pedro: de outro Pedro que, tendo Pedro deixado tudo, fez ele mais que deixar: de outro Pedro que, tendo Pedro seguido a Cristo, fez ele mais que seguir: *Ecce nos reliquimus omnia, et secuti sumus te.*

VI

Tenho acabado o sermão, breve para o que pudera dizer, posto que mais largo para o tempo do que eu determinava. E se a vossa devoção, e paciência, ainda não está cansada e me pergunta pela consequência, ou consequências de todo ele, concluindo com a de S. Pedro: *Quid ergo erit nobis?* seja a consequência de tudo, darmos todos os parabéns à Senhora das Mercês, e darmo-lo a nós mesmos pela glória que à Senhora, e pelo proveito que a todos nós nos cabe na direção desta obra e deste dia.

Sendo este sagrado Instituto tão excelente entre todos, e de tanta glória de Deus, e bem universal do mundo, e uma como segunda redenção dele, não me espanto que a mesma Rainha dos Anjos (com privilégio singular desta Religião) se quisesse fazer fundadora dela, e que descesse do Céu a revelar seu Instituto, e a solicitar em pessoa os ânimos dos que queria fazer primeiros instrumentos de tão grande obra. Foi coisa notável que na mesma noite apareceu a Senhora, primeiro a S. Pedro Nolasco, logo a el-rei D. Jaime de Aragão, logo a S. Raimundo de Penaforte, declarando a cada um em particular a nova ordem que queria fundar no mundo, debaixo de seu nome e patrocínio: porque comunicando todos três a aparição, não duvidassem da verdade dela e pusessem logo em execução, como puseram, o que a Senhora lhes mandava, sendo o primeiro que tomou o hábito e professou nele o nosso S. Pedro Nolasco. Cristo Senhor nosso, no dia da Ressurreição, apareceu, se bem notarmos, a três gêneros de pessoas diferentes. Apareceu às Marias, apareceu aos Apóstolos, apareceu aos Discípulos, que iam para Emaús. Pois tanta pressa, tantas diligências, tantas aparições, e todas no mesmo dia, e em tal dia? Sim, que o pedia assim a importância do negócio. O fundamento de toda a nossa fé, e de toda a nossa esperança, é o mistério da Ressurreição: *Si*

Christus non resurrexit, vana est fides vestra, diz S. Paulo.[i] E como a Cristo e ao mundo lhe não importava menos a fé deste mistério que o fundamento total e estabelecimento de sua Igreja, por isso anda tão solícito, por isso faz tantas diligências, por isso aparece uma, duas, e três vezes, no mesmo dia, em diversos lugares, e a diferentes pessoas. Assim o Filho, assim a Mãe. O que Cristo fez para fundar a sua Igreja fez a Senhora para fundar a sua Religião. Na mesma noite vai ao paço e fala com el-rei D. Jaime, na mesma noite vai ao convento de S. Domingos e fala com S. Raimundo, na mesma noite vai a uma casa particular e fala com S. Pedro Nolasco. Pois a Rainha dos Anjos, a Mãe de Deus, a Senhora do mundo, pelos paços dos reis, pelos conventos dos religiosos, pelas casas dos particulares, e no mesmo dia, e na mesma noite, que é mais? Sim, que tão grande é o negócio que a traz à Terra: quer fundar a sua Religião das Mercês e anda feita requerente, não das mercês que espera, senão das mercês que deseja fazer. E como esta soberana Rainha se empenhou tanto em fundar esta sua Religião no mundo; oh, que grande glória terá hoje no Céu em que se vê com nova casa neste Estado, e com o seu Instituto introduzido em Portugal depois de quatrocentos anos! Note o Maranhão de caminho, e preze muito, e preze-se muito desta prerrogativa, que tem entre todas as conquistas do nosso reino. Todos os Estados de nossas Conquistas, na África, na Ásia e na América, receberam de Portugal as religiões com que se honram e se sustentam: só o estado do Maranhão pode dar nova religião a Portugal, porque lhe deu a das Mercês. Cá começou e de cá foi, e já lá começa a ter casa, e quererá a mesma Senhora que cedo tenha casas e província.

Mas tornando a esta, que hoje consagramos à Virgem das Mercês, não quero dar o parabém aos filhos desta Senhora, de ter tal Mãe (pois é privilégio este muito antigo); à mesma Senhora quero dar o parabém de ter tais filhos: filhos que com tão poucas mãos trabalharam tanto: filhos que com tão pouco cabedal despenderam tanto: filhos que com tão pouco tempo acabaram tanto: filhos, enfim, que, não tendo casa para si, fizeram casa a sua Mãe. Não sei se notais o maior primor da arquitetura desta Igreja. O maior primor desta Igreja é ter por correspondência aquelas choupanas de palha em que vivem os religiosos. Estarem eles vivendo em umas choupanas palhiças, e fabricarem para Deus e para sua Mãe um templo tão formoso e suntuoso como este; este é o maior primor, e a mais airosa correspondência de toda esta obra; ação, enfim, de filhos de tal Mãe, e que parece lhe vem à Senhora por linha de seus maiores. Salomão, vigésimo quarto avô da Mãe de Deus, edificou o Templo de Jerusalém, e nota a Escritura Sagrada, no modo, duas coisas muito

---

[i] *1.ª ad Corint.*, XV, 17.

dignas de advertir: a primeira que, enquanto o templo se edificou, não tratou Salomão de edificar casa para si, nem pôs mão na obra: a segunda que, sendo a obra dos paços de Salomão, que depois edificou, de muito menos fábrica que o Templo; o Templo acabou-se em sete anos, e os paços fizeram-se em treze. Grande caso é que se achasse o juízo de Salomão nos edificadores deste templo, sendo, entre os filhos desta Senhora, não os de maiores anos. Bem assim como Salomão, fizeram primeiro a casa de Deus, sem porem mão na sua: e bem assim como Salomão, acabaram esta obra com tanta pressa, deixando a do convento, para se ir fazendo com mais vagar. Digno verdadeiramente por esta razão, e por todas, de que todos os fiéis queiram ter parte em tão religiosa obra, e tão agradável a Deus, e a sua Mãe.

Mas que parabém darei eu ao nosso Estado, e a esta cidade cabeça dele, vendo-se de novo defendida com esta nova torre do Céu, e honrada com esta nova casa, da Senhora das Mercês? A Senhora, que tantas raízes deita nesta terra, grande prognóstico é de que a tem escolhido por sua: *In electis meis mitte radices*.[i] Nossa Senhora da Vitória, Nossa Senhora do Carmo, Nossa Senhora do Desterro, Nossa Senhora da Luz, Nossa Senhora das Mercês; vede que formosa coroa a cabeça do nosso Estado. Que influências tão benignas choverão sobre todos nós estas cinco formosas estrelas. Todas são muito resplandecentes; mas com licença das quatro, a de Nossa Senhora das Mercês promete influências maiores, porque são mais universais. Nossa Senhora da Vitória é dos conquistadores; Nossa Senhora do Desterro é dos peregrinos; Nossa Senhora do Carmo é dos contemplativos; Nossa Senhora da Luz é dos desencaminhados; mas Nossa Senhora das Mercês é de todos, porque a todos indiferentemente está prometendo e oferecendo todas as mercês que lhe pedirem. Nos tesouros das mercês desta Senhora, não só há para o soldado vitória, para o desterrado pátria, para o desencaminhado luz, para o contemplativo favores do Céu, que são os títulos com que veneramos a Senhora nesta cidade; mas nenhum título há no mundo, com que a Virgem Maria seja invocada, que debaixo do amplíssimo nome de Nossa Senhora das Mercês não esteja encerrado, e que a esta Senhora se não deva pedir com igual confiança. Estais triste, e desconsolado; não é necessário chamar pela Senhora da Consolação; valei-vos da Senhora das Mercês, e Ela vos fará mercê de vos consolar. Estais aflito e angustiado; não é necessário chamar pela Senhora das Angústias; valei-vos da Senhora das Mercês, que Ela vos fará mercê de vos acudir nas vossas. Estais pobre e desamparado; não é necessário chamar pela Senhora do Amparo; valei-vos da Senhora das Mercês, e Ela vos fará mercê de vos amparar.

---

[i] *Ecles.*, XXIV, 13.

Estais embaraçado e temeroso em vossas pretensões, não é necessário chamar pela Senhora do Bom Sucesso; valei-vos da Virgem das Mercês, e Ela vos fará mercê de vos dar o sucesso que mais vos convém. Estais enfermo e desconfiado dos remédios; não é necessário chamar pela Senhora da Saúde; acudi à Senhora das Mercês, e Ela vos fará mercê de vo-la dar, se for para seu serviço. Estais finalmente para vos embarcar, ou para embarcar o que tendes; não é necessário chamar pela Senhora da Boa Viagem; acudi à Senhora das Mercês, e Ela vos fará mercê de vos levar em paz, e a salvamento. De sorte que todos os despachos que a Senhora costuma dar em tão diferentes tribunais, como os que tem pelo mundo, e no nosso reino, todos estão advocados a esta Casa das Mercês, porque nela se fazem todas.

E porque vos não admireis desta prerrogativa: da Senhora da Casa, sabei que a Casa da Senhora tem a mesma prerrogativa. Que casa e que igreja cuidais que é esta em que estamos? Padre, é a igreja nova de Nossa Senhora das Mercês do Maranhão. E é mais alguma coisa? Vós dizeis que não e eu digo que sim. Digo que esta igreja é todas as igrejas, e todos os santuários grandes que há, e se veneram na Cristandade, e ainda fora da Cristandade também. Esta igreja é a igreja de Santiago em Galiza, e a igreja de Guadalupe em Castela, e a igreja de Monserrate em Catalunha, e a igreja do Loreto em Itália, e a igreja de S. Pedro, e de S. Paulo; e de S. João de Laterano, e de Santa Maria Maior em Roma. E para que passemos além da Cristandade, este é o Templo de Jerusalém, não arruinado, este é o monte Olivete, este o Tabor, este o Calvário, esta a cova de Belém, este o Cenáculo, este o Horto, este o Sepulcro de Cristo. Assim o torno a afirmar, e assim é. Sabeis por que modo? Porque todas as graças e indulgências que estão concedidas a estes templos, a todos esses santuários, a todos esses Lugares Sagrados de Jerusalém e do mundo todo, todas estão concedidas por diversos sumos pontífices a esta igreja, por ser da Senhora das Mercês, e da sua religião. De modo que, passeando de vossa casa a fazer oração nesta igreja, é como se fôsseis a Compostela, a Loreto, a Roma, a Jerusalém. Pode haver maior tesouro, pode haver maior felicidade, e facilidade, que esta? O que importa é que nos saibamos aproveitar e nos aproveitemos destas riquezas do Céu. Não nos descobriu Deus as minas da Terra, que este ano com tanta ânsia se buscaram, e descobre-nos as minas do Céu, sem as buscarmos, para que façamos só caso delas. Façamo-lo assim, cristãos; frequentemos de hoje em diante muito esta igreja, e de tantas casas de ruim conversação que há em terra tão pequena, esta, que é de conversar com Deus, e com sua Mãe, não esteja deserta; seja esta de hoje em diante a melhor saída da nossa cidade, saída que vos fará sair, onde não vos convém entrar, nem estar. Aqui venhamos, aqui continuemos, aqui acudamos, nos trabalhos, para o remédio, nas tristezas, para o alívio, nos gostos, para a perseverança; e em todos nossos desejos, e pretensões, aqui tragamos nossos memoriais, aqui peçamos, aqui instemos, e daqui esperemos todas as mercês do Céu, e ainda as da Terra que sendo mercês da Senhora das Mercês, sempre serão acompanhadas de graça, e encaminhadas à Glória: *Quam mihi, etc.*

SERMÃO DO MANDATO

PREGADO EM LISBOA, NA CAPELA REAL, NO ANO DE 1645

Sciens Jesus quia venit hora ejus, ut transeat ex hoc mundo ad Patrem, cum dilexisset suos, qui erant in mundo, in finem dilexit eos.[i]

I

Considerando eu com alguma atenção os termos tão singulares deste amoroso Evangelho, e ponderando a harmonia e correspondência de todo seu discurso, tantas vezes e por tão engenhosos modos deduzido; vim a reparar finalmente (não sei se com tanta razão como novidade) que o principal intento do Evangelho foi mostrar a ciência de Cristo, e o principal intento de Cristo mostrar a ignorância dos homens.

Sabia Cristo (diz S. João) que era chegada a sua hora de passar deste mundo ao Padre: *Sciens quia venit hora ejus, ut transeat ex hoc mundo ad Patrem:*[ii] Sabia que tinha depositados em suas mãos os tesouros da onipotência, e que de Deus viera e para Deus tornava: *Sciens quia omnia dedit ei Pater in manus, et quia a Deo exivit, et ad Deum vadit.*[iii] Sabia que, entre os doze que tinha assentados à sua mesa, estava um que lhe era infiel, e que O havia de entregar a seus inimigos: *Sciebat enim quisnam esset qui traderet eum.*[iv] Até aqui mostrou o Evangelista a sabedoria de Cristo. Daqui adiante continua Cristo a mostrar a ignorância dos homens. Quando S. Pedro não queria consentir que o Senhor lhe lavasse os pés, declarou-lhe o Divino Mestre a sua ignorância, dizendo: *Quod ego facio, tu nescis:*[v] O que eu faço, Pedro, tu não o sabes. Depois de acabado aquele tão portentoso exemplo de humildade, tornou a Se assentar o Senhor, e voltando-Se para os Discípulos, disse-lhes: *Scitis qui fecerim vobis?*[vi] Sabeis porventura o que acabei agora de vos fazer? Aquela interrogação enfática tinha for-

---

[i] *João*, XIII.
[ii] *João*, XIII, 1.
[iii] Ibid., 3.
[iv] Ibid., 11.
[v] Ibid., 7.
[vi] Ibid., 12.

ça de afirmação; e perguntar *sabeis?* foi dizer que não sabiam. De maneira que, na primeira parte do Evangelho, o Evangelista atendeu a mostrar a sabedoria de Cristo, e Cristo, na segunda, a mostrar a ignorância dos homens.

Mas se o fim e intento de ambos era o mesmo: se o fim e o intento de Cristo e do Evangelista era manifestar gloriosamente ao mundo as finezas do seu amor, por que razão o Evangelista se emprega todo em ponderar a sabedoria de Cristo, e Cristo em advertir a ignorância dos homens? A razão que a mim me ocorre, e eu tenho por verdadeira e bem fundada, é porque as duas suposições em que mais apuradamente se afinou o amor de Cristo hoje foram: da parte de Cristo a sua ciência, e da parte dos homens a nossa ignorância. Se da parte de Cristo, amado, pudera haver ignorância, e da parte dos homens, sendo amados, houvera ciência, ainda que o Senhor obrara por nós os mesmos excessos, ficariam eles e o seu amor (não no preço mas na estimação) de muito inferiores quilates. Pois para que o mundo levante o pensamento de considerações vulgares e comece a sentir tão altamente das finezas do amor de Cristo, como elas merecem, advirta-se (diz o Evangelista) que Cristo amou, sabendo: *Sciens Jesus*:[i] e advirta-se (diz Cristo) que os homens foram amados, ignorando: *Tu nescis.*[ii]

Está proposto o pensamento, mas bem vejo que não está declarado. Em conformidade e confirmação dele pretendo mostrar, hoje, que só Cristo amou finamente; porque amou sabendo: *Sciens*: e só os homens foram finamente amados, porque foram amados ignorando: *Nescis*: Unindo-se, porém, e trocando-se de tal sorte o *sciens* com o *nescis*, e o *nescis* com o *sciens*; que estando a ignorância da parte dos homens, e a ciência da parte de Cristo, Cristo amou, sabendo, como se amara, ignorando: e os homens foram amados, ignorando, como se foram amados, sabendo. Vá agora o amor destorcendo estes fios. E espero que todos vejam a fineza deles.

II

Primeiramente só Cristo amou, porque amou sabendo: *Sciens*. Para inteligência desta amorosa verdade, havemos de supor outra não menos certa, e é que, no mundo e entre os homens, isto que vulgarmente se chama amor não é amor, é ignorância. Pintaram os Antigos ao amor menino; e a razão, dizia eu o ano passado, que era porque nenhum amor dura tanto que chegue a ser ve-

---

[i] *João*, XIII, 1.
[ii] Ibid., 7.

lho. Mas esta interpretação tem contra si o exemplo de Jacó com Raquel, o de Jônatas com Davi, e outros grandes, ainda que poucos. Pois se há também amor que dure muitos anos, por que lhe pintam os sábios sempre menino? Desta vez cuido que hei de acertar a causa. Pinta-se o amor sempre menino porque ainda que passe dos sete anos, como o de Jacó, nunca chega à idade do uso de razão. Usar de razão, e amar, são duas coisas que não se ajuntam. A alma de um menino que vem a ser? Uma vontade com afetos, e um entendimento sem uso. Tal é o amor vulgar. Tudo conquista o amor, quando conquista uma alma; porém o primeiro rendido é o entendimento. Ninguém teve a vontade febricitante, que não tivesse o entendimento frenético. O amor deixará de variar, se for firme, mas não deixará de tresvariar, se é amor. Nunca o fogo abrasou a vontade, que o fumo não cegasse o entendimento. Nunca houve enfermidade no coração, que não houvesse fraqueza no juízo. Por isso os mesmos pintores do amor lhe vendaram os olhos. E como o primeiro efeito, ou a última disposição do amor, é cegar o entendimento, daqui vem que isto que vulgarmente se chama amor tem mais partes de ignorância: e quantas partes tem de ignorância, tantas lhe faltam de amor. Quem ama, porque conhece, é amante; quem ama, porque ignora, é néscio. Assim como a ignorância na ofensa diminui o delito, assim no amor diminui o merecimento. Quem, ignorando, ofendeu, em rigor, não é delinquente; quem, ignorando, amou, em rigor, não é amante.

É tal a dependência que tem o amor destas duas suposições, que o que parece fineza, fundado em ignorância, não é amor; e o que não parece amor, fundado em ciência, é grande fineza. As duas primeiras pessoas deste Evangelho nos darão a prova: Cristo e S. Pedro. Transfigurou-se Cristo no monte Tabor, e vendo S. Pedro que o Senhor tratava com Moisés e Elias de ir morrer a Jerusalém, para o desviar da morte, deu-lhe de conselho que ficasse ali: *Domine, bonum est nos hic esse.*[i] Esta resolução de S. Pedro considerada como a considerou Orígenes foi o maior ato de amor que se fez nem pode fazer no mundo, porque se Cristo não ia morrer a Jerusalém, não se remia o gênero humano; se não se remia o gênero humano, S. Pedro não podia ir ao Céu: e que quisesse o grande apóstolo privar-se da glória do Céu, porque Cristo não morresse na Terra: que antepusesse a vida temporal de seu Senhor à vida eterna sua, foi a maior fineza de amor a que podia aspirar o coração mais alentado. Deixemos a S. Pedro, e assim vamos a Cristo.

Em todas as coisas que Cristo obrou neste mundo, manifestou sempre o muito que amava aos homens: contudo, uma palavra disse na cruz, em que

---

[i] *Mat.*, XVII, 4.

parece se não mostrou muito amante: *Sitio*:[i] Tenho sede. Padecer Cristo aquela rigorosa sede, amor foi grande; mas dizer que a padecia, e significar que Lhe dessem remédio, parece que não foi amor. Afeto natural sim, afeto amoroso não. Quem diz a vozes o que padece, ou busca o alívio na comunicação, ou espera o remédio no socorro: e é certo que não ama muito a sua dor quem a deseja diminuída, ou aliviada. Quem pede remédio ao que padece não quer padecer; não querer padecer não é amar: logo não foi ato de amor em Cristo dizer: *Sitio*:[ii] Tenho sede. Contraponhamos agora esta ação de Cristo na cruz, e a de S. Pedro no Tabor. A de S. Pedro parece que tem muito de fineza, a de Cristo parece que não tem nada de amor. Se será isto assim?

Dois evangelistas o resolveram com duas palavras. O evangelista S. João com um *sciens*; e o evangelista S. Lucas com um *nesciens*. O que em S. Pedro parecia fineza não era amor, porque estava fundado em ignorância: *Nesciens quid diceret.*[iii] O que em Cristo não parecia amor era fineza, porque estava fundado em ciência: *Sciens quia omnia consummata sunt, ut consummaretur scriptura, dixit: Sitio.*[iv] Apliquemos por cada parte. Quando S. Pedro disse: *Bonum est nos hic esse*, não sabia o que dizia: *Nesciens quid diceret*,[v] porque estava transportado e fora de si. E assim todas aquelas finezas que considerávamos pareciam amor e eram ignorâncias; pareciam afetos da vontade e eram erros de entendimento. Se aquela resolução de S. Pedro se fundara no conhecimento das consequências que dissemos, não há dúvida de que fora o mais excelente ato de amor a que podia chegar a bizarria de um coração amoroso; mas como a resolução se fundava na ignorância do mesmo que dizia, em vez de sair com título de amante, saiu com nome de néscio, porque amar ignorando não é amar, é não saber.

Não assim Cristo. Porque quando disse *Sitio*,[vi] sabia muito bem que, acabados já todos os outros tormentos, faltava só por cumprir a profecia do fel: *Sciens quia omnia consummata sunt, ut consummaretur scriptura, dixit: Sitio.*[vii] E assim aquelas tibiezas que considerávamos, parecia que não eram amor, e eram as maiores finezas; parecia que eram um desejo natural, e eram o mais amoroso e requintado afeto. Se Cristo dissera, tenho sede, cuidando que Lhe haviam de dar água, era pedir alívio; mas dizer, tenho sede, sabendo que Lhe haviam de dar fel, era pedir novo tormento. E não pode chegar, a mais um amor ambi-

---

[i] *João*, XIX, 28.
[ii] Ibid.
[iii] *Luc.*, IX, 33.
[iv] *João*, XIX, 28.
[v] *Luc.*, IX, 33.
[vi] *João*, XIX, 28.
[vii] Ibid.

cioso de padecer, que pedir os tormentos por alívios, e para remediar uma pena, dizer que lhe acudam com outra. Dizer Cristo que tinha sede não foi solicitar remédio à necessidade própria; foi fazer lembrança à crueldade alheia. Como se dissera: Lembrai-vos, homens do fel, que vos esquece: *Sitio*.[i] Tão diferente era a sede de Cristo do que parecia. Parecia desejo de alívios, e era hidropisia de tormentos. De sorte que a ciência com que obrava Cristo e a ignorância com que obrava Pedro trocaram estes dois afetos de maneira que o que em Pedro parecia fineza, por ser fundado em ignorância, não era amor; e o que em Cristo não parecia amor, por ser fundado em ciência, era fineza. E como a ciência ou ignorância é a que dá ou tira o ser, e a que diminui ou acrescenta a perfeição do amor, por isso o evangelista S. João se funda todo em mostrar o que Cristo sabia, para provar o que amava: *Sciens quia venit hora ejus, in finem dilexit eos.*[ii]

III

Quatro ignorâncias podem concorrer em um amante que diminuam muito a perfeição e merecimento de seu amor. Ou porque não se conhece a si: ou porque não conhecesse a quem amava: ou porque não conhecesse o amor: ou porque não conhecesse o fim onde há de parar, amando. Se não se conhecesse a si, talvez empregaria o seu pensamento onde o não havia de pôr, se se conhecera. Se não conhecesse a quem amava, talvez quereria com grandes finezas, a quem havia de aborrecer, se o não ignorara. Se não conhecesse o amor, talvez se empenharia cegamente no que não havia de empreender, se o soubera. Se não conhecesse o fim em que havia de parar, amando, talvez chegaria a padecer os danos a que não havia de chegar se os previra. Todas estas ignorâncias que se acham nos homens em Cristo foram ciências, e em todas e cada uma crescem os quilates de seu extremado amor. Conhecia-se a si, conhecia a quem amava, conhecia o amor e conhecia o fim onde havia de parar, amando. Tudo notou o Evangelista. Conhecia-se a si; porque sabia que não era menos que Deus, Filho do Eterno Padre: *Sciens quia a Deo exivit.*[iii] Conhecia a quem amava, porque sabia quão ingratos eram os homens, e quão cruéis haviam de ser para com Ele: *Sciebat enim quisnam esset, qui traderet eum.*[iv] Conhecia o amor, e bem à custa do seu coração, pela larga experiência do que tinha amado: *Cum dilexisset*

---

[i] Ibid. Ita S. Aug.
[ii] *João*, XIII, 1.
[iii] *João*, XIII, 3.
[iv] Ibid., 11.

suos.[i] Conhecia, finalmente, o fim em que havia de parar, amando, que era a morte, e tal morte: *Sciens quia venit hora ejus.*[ii] E que conhecendo-se Cristo a Si, conhecendo a quem amava, conhecendo o amor, e conhecendo o fim cruel em que havia de parar, amando; amasse contudo? Grande excesso de amor: *In finem dilexit!*[iii] Para que conheçamos quão grande e quão excessivo foi, vamo-lo ponderando por partes em cada uma destas circunstâncias de ciência.

Primeiramente foi grande o amor de Cristo, porque nos amou, conhecendo-se: *Sciens quia a Deo exivit.*[iv] Que conhecendo-se Cristo a Si, nos amasse a nós, grande e desusado amor! Enquanto Páris, ignorante de si, e da fortuna de seu nascimento, guardava as ovelhas do seu rebanho nos campos do monte Ida, dizem as histórias humanas que era objeto dos seus cuidados Enome, uma formosura rústica daqueles vales. Mas quando o encoberto príncipe se conheceu, e soube que era filho de Príamo, rei de Troia, como deixou o cajado, e o surrão, trocou também de pensamento. Amava humildemente, enquanto se teve por humilde; tanto que conheceu quem era, logo desconheceu a quem amava. Como o amor se fundava na ignorância de si, o mesmo conhecimento que desfez a ignorância acabou também o amor. Desamou o príncipe, o que tinha amado pastor: porque, como é falta de conhecimento próprio nos pequenos levantar o pensamento, assim é afronta da fortuna nos grandes abater o cuidado. Ah príncipe da glória, que assim parece vos havia de suceder convosco; mas não foi assim! Quem ouvisse dizer que nos amava o Filho de Deus com tanto extremo parece que poderia pôr em dúvida se o Senhor Se conhecia ou vivia ignorante de quem era? Pois para que a verdade de nossa fé não perigue nos extremos de seu amor, e para que o mundo não caia em tal engano, saibam todos (diz o Evangelista) que Cristo amou, e amou tanto: *In finem dilexit;*[v] mas saibam também que juntamente conhecia quem era: *Sciens quia a Deo exivit.*[vi]

Se Cristo não Se conhecera, não fora muito que nos amasse; mas amar-nos, conhecendo-Se, foi tal excesso, que parece que o mesmo amar-nos foi desconhecer-Se. Disse uma vez a Esposa dos Cantares a seu Esposo que o amava muito: *Quem diligit anima mea.*[vii] E ele que lhe responderia? *Si ignoras te o pulcherrima inter milieres*.[viii] Formosíssima de todas as mulheres, desconheceis-vos?

---

[i] Ibid., 1.
[ii] Ibid.
[iii] Ibid.
[iv] Ibid., XIII, 3.
[v] *João*, 1.
[vi] Ibid., 3.
[vii] *Cânt.*, I, 6.
[viii] *Cântico dos Cânticos*, I, 7.

Notável resposta! De maneira que quando a Esposa afirma ao Esposo que o ama, o Esposo pergunta à Esposa se se desconhece: *Si ignoras te?* Esposo discreto e amado, que modo de responder é esse; e que consequência tem esta vossa resposta? Quando a Esposa vos assegura o seu amor, vós duvidais-lhe o seu conhecimento: e quando afirma que vos ama, perguntais-lhe se se desconhece: *Si ignoras te?* Sim. Porque, conforme a alta estimação que o Esposo fazia dos merecimentos da Esposa, afirmar ela que o amava tanto era grande razão para duvidar se se não conhecia. Como se dissera o Esposo: Vós dizeis que me amais: *Quem diligit anima mea?* Pois eu digo que vos não conheceis: *Si ignoras te o pulcherrima.* Porque se vos conheceis a vós, como é possível que me ameis a mim? Foi necessário que a vós vos faltasse o conhecimento, para que a mim me sobejasse a ventura. O amor de minha indignidade vem a parecer ignorância de vossa grandeza: *Si ignoras te;* porque se não deixareis de vos conhecer, como vos abateríeis a me amar? Isto que antigamente disse Salomão à princesa do Egito podemos nós dizer com mais razão ao verdadeiro Salomão, Cristo, à vista dos extremos de seu amor: *Si ignoras te.*[i] É isto amor, Deus meu, ou ignorância? Amai-nos, ou desconhecei-Vos? Verdadeiramente parece que Vos esqueceis de quem sois, e que Vos tirais da memória, para nos meter na vontade. Oh, que alta e que profundamente considerou hoje S. Pedro estes dois extremos, quando, com assombro do Céu, Vos viu diante de si com os joelhos em terra: *Tu mihi?*[ii] Vós a mim? Vós, Pedro? Parece, Senhor, que nem vos conheceis a Vós, nem me conheceis a mim. Mas o certo é que a Vós Vos conheceis, e a mim amais. E é tão grande vossa sabedoria em conhecer estas desproporções, como vosso amor em ajuntar estas distâncias. Mas em amor infinito bem podem caber distâncias infinitas. Assim o provam as mãos de Deus juntas com os pés dos homens: *Sciens quia omnia dedit ei Pater in manus.*[iii] Eis aí as mãos de Deus: *Coepit lavare pedes discipulorum.* Eis aí os pés dos homens.

Apareceu Deus na sarça a Moisés e mandou-lhe descalçar os sapatos: *Solve calceamenta de pedibus tuis.*[iv] Quando eu lia este passo, admirava-me certo muito de que a majestade e grandeza de Deus entendesse com os pés de Moisés. Mas quem puser os olhos na sarça, deixará logo de se admirar. A sarça em que Deus apareceu estava ardendo toda em chamas vivas, e um Deus abrasado em fogo, que muito que se abalance aos pés dos homens? Falando a nosso modo, nunca Deus se conheceu melhor que quando estava na sarça, porque ali de-

---

[i] *Cântico dos Cânticos*, I, 7.
[ii] *João*, XIII, 6.
[iii] Ibid., XIII, 3.
[iv] *Êxod.*, III, 5.

finiu sua essência: *Ego sum qui sum*.[i] E que definindo-se Deus, o fogo não se apagasse? Que conhecendo-se Deus essencialmente, as labaredas, em que ardia, não se diminuíssem? Grande amor! Definir-se e esfriar-se fora tibieza: definir-se e arder, isso é amar. Não fora Deus quem é, se não amara como amou. O definir-se foi declarar a sua essência: o arder foi provar a definição. O mesmo aconteceu a Cristo hoje: *Sciens quia a Deo exivit, ponit vestimenta sua*.[ii] Sabendo que era Filho de Deus, começou a despir as roupas. Quem sabia que era Filho de Deus conhecia-Se: quem lançava de Si as roupas abrasava-Se: e conhecer-se e abrasar-se, isto é amor: *In finem dilexit*.

IV

A segunda ignorância que tira o merecimento ao amor é não conhecer quem ama, a quem ama. Quantas coisas há no mundo muito amadas que, se as conhecera quem as ama, haviam de ser muito aborrecidas! Graças logo ao engano, e não ao amor. Serviu Jacó os primeiros sete anos a Labão, e ao cabo deles em vez de lhe darem a Raquel, deram-lhe a Lia. Ah enganado pastor, e mais enganado amante! Se perguntarmos à imaginação de Jacó por quem servia, responderá que por Raquel. Mas se fizermos a mesma pergunta a Labão, que sabe o que é, e o que há de ser, dirá, com toda a certeza, que serve por Lia: e assim foi. Servis por quem servis, não servis por quem cuidais. Cuidais que os vossos trabalhos, e os vossos desvelos, são por Raquel, a amada, e trabalhais e desvelais-vos por Lia, aborrecida. Se Jacó soubera que servira por Lia, não servira sete anos, nem sete dias. Serviu logo ao engano, e não ao amor, porque serviu por quem não amava. Oh, quantas vezes se representa esta história no teatro do coração humano, e não com diversas figuras, senão na mesma! A mesma que na imaginação é Raquel, na realidade é Lia: e não é Labão o que engana a Jacó, senão Jacó o que se engana a si mesmo. Não assim o divino amante Cristo. Não serviu por Lia debaixo da imaginação de Raquel; mas amava a Lia conhecida como Lia. Nem a ignorância Lhe roubou o merecimento ao amor, nem o engano Lhe trocou o objeto ao trabalho. Amou e padeceu por todos, e por cada um, não como era bem que eles fossem, senão assim como eram. Pelo inimigo, sabendo que era inimigo; pelo ingrato, sabendo que era ingrato; e pelo traidor, sabendo que era traidor: *Sciebat enim quisnam esset, qui traderet eum*.[iii]

---

[i] *Êxod.*, 14.
[ii] *João*, XIII, 3 e 4.
[iii] *João*, XIII, 11.

Deste discurso se segue uma conclusão tão certa, como ignorada; e é que os homens não amam aquilo que cuidam que amam. Por quê? Ou porque o que amam não é o que cuidam; ou porque amam o que verdadeiramente não há. Quem estima vidros, cuidando que são diamantes, diamantes estima, e não vidros: quem ama defeitos, cuidando que são perfeições, perfeições ama, e não defeitos. Cuidais que amais diamantes de firmeza, e amais vidros de fragilidade: cuidais que amais perfeições angélicas, e amais imperfeições humanas. Logo os homens não amam o que cuidam que amam. Donde também se segue que amam o que verdadeiramente não há; porque amam as coisas, não como são, senão como as imaginam, e o que se imagina, e não é, não o há no mundo. Não assim o amor de Cristo, sábio sem engano: *Cum dilexisset suos, qui erant in mundo.*[i] Notai o Texto, e a última cláusula dele, que parece supérflua e ociosa. — Como amasse aos seus que havia no mundo. — Pois onde os havia de haver? Fora do mundo? Claro está que não. Logo se bastava dizer — como amasse aos seus — porque acrescenta o Evangelista — os seus que havia no mundo? — *Suos, qui erant in mundo.* Foi para que entendêssemos o conhecimento com que Cristo amava aos homens, mui diferente do com que os homens amam. Os homens amam muitas coisas que as não há no mundo: amam as coisas como as imaginam; e as coisas como eles as imaginam, havê-las-á na imaginação, mas no mundo não as há. Pelo contrário, Cristo amou os homens como verdadeiramente eram no mundo, e não como enganosamente podiam ser na imaginação: *Cum dilexisset suos, qui erant in mundo.*[ii] Não amou Cristo os seus como vós amais os vossos. Vós amai-los como são na vossa imaginação, e não como são no mundo. No mundo são ingratos, na vossa imaginação são agradecidos: no mundo são traidores, na vossa imaginação são leais: no mundo são inimigos, na vossa imaginação são amigos. E amar ao inimigo, cuidando que é amigo, e ao traidor, cuidando que é leal, e ao ingrato, cuidando que é agradecido, não é fineza, é ignorância. Por isso o vosso amor não tem merecimento, nem é senão engano. Só o de Cristo foi verdadeiro amor, e verdadeira fineza; porque amou os seus como eram, e com inteira ciência do que eram: ao inimigo, sabendo o seu ódio, ao ingrato, sabendo a sua ingratidão, e ao traidor, sabendo a sua deslealdade: *Sciebat enim quisnam esset, qui traderet eum.*[iii]

Mas se esta ciência de Cristo era universal, em respeito de todos os discípulos (que eram os seus, que havia no mundo), por que nota mais particularmente o Evangelista o conhecimento desta mesma ciência, em respeito de

---

[i] Ibid., XIII, 1.
[ii] *João*, XIII, 1.
[iii] Ibid., 11.

Judas, advertindo que sabia o Senhor qual era o que O havia de entregar: *Sciebat enim quisnam esset, qui traderet eum?* Tão inteiramente conhecia Cristo a Judas, como a Pedro, e aos demais; mas notou o Evangelista com especialidade a ciência do Senhor em respeito de Judas; porque em Judas mais que em nenhum dos outros campeou a fineza do seu amor. Ora vede. Definindo S. Bernardo o amor fino, diz assim: *Amor non quaerit causam, nec fructum.* O amor fino não busca causa nem fruto. Se amo porque me amam, tem o amor causa; se amo para que me amem, tem fruto: e amor fino não há de ter por quê, nem para quê. Se amo porque me amam, é obrigação, faço o que devo: se amo para que me amem, é negociação, busco o que desejo. Pois como há de amar o amor para ser fino? *Amo, quia amo, amo, ut amem*: amo porque amo, e amo para amar. Quem ama porque o amam, é agradecido, quem ama para que o amem, é interesseiro: quem ama não porque o amam, nem para que o amem, esse só é fino. E tal foi a fineza de Cristo em respeito de Judas, fundada na ciência que tinha dele e dos demais discípulos.

Na prática desta última Ceia, disse Cristo aos Discípulos: *Jam non dicam vos servos, sed amicos*:[i] Discípulos meus: daqui em diante não vos hei de chamar servos senão amigos. Sendo isto assim, lede todos os evangelistas, e achareis que só a Judas chamou amigo, quando disse: *Amice, ad quid venisti.*[ii] Pois, Senhor, não está aí Pedro, não está aí João, que merecem mais que todos o nome de amigos? Por que lhes não dais a eles este nome, senão a Judas? A Judas, o inimigo? A Judas, o falsário? A Judas, o traidor, o nome de amigo: *Amice?* Hoje sim. Porque Cristo neste dia não buscava motivos ao amor, buscava circunstâncias à fineza. Os outros discípulos sabia Cristo que O amavam, e sabia que O haviam de amar, até dar a vida por Ele. Porque O amavam, tinha o seu amor causa, e porque O haviam de amar, tinha fruto. Pelo contrário Judas nem amava a Cristo, porque O vendia, nem O havia de amar, porque havia de perseverar obstinado até a morte: e amar o Senhor a quem O não amava, nem O havia de amar, era amar sem causa, e sem fruto, e por isso a maior fineza. Amar ingratidões conhecidas, causa é que algumas vezes se acha no amor. Mas ninguém amou uma ingratidão sabida, que aí mesmo não amasse um agradecimento esperado. Só Cristo foi tão fino e tão amante que amou sem correspondência, porque amou a quem sabia que O não amava: e sem esperança, porque amou a quem sabia que O não havia de amar. Por isso dá o título de amigo só a Judas, não porque lhe merecesse o amor, mas porque lhe acreditava a fineza. Amar por razões de amar, isso fazem todos; mas amar com razões de aborrecer, só o faz Cristo. Fez das

---

[i] *João*, XV, 15.
[ii] *Mat.*, XXVI, 50.

ofensas obrigações, e dos agravos motivos; porque era obrigação do seu amor chegar à maior fineza: *In finem dilexit.*

V

A terceira circunstância de ciência, que grandemente subiu de ponto o amor de Cristo, foi o conhecimento que tinha do mesmo amor. Cristo conhecia todas as causas com três ciências altíssimas: com a ciência divina, como Deus; com a ciência beata, como bem-aventurado; com a ciência infusa, como cabeça do gênero humano e Redentor do mundo. O amor ainda o conheceu com outra quarta ciência, que foi a experimental e adquirida; porque assim como diz S. Paulo, que aprendeu a obedecer, padecendo, assim aprendeu a amar, amando. E isto é o que ponderou muito S. João, advertindo, que amou, tendo amado: *Cum dilexisset, dilexit.*

Questão é curiosa nesta filosofia, qual seja mais precioso e de maiores quilates: se o primeiro amor, ou o segundo? Ao primeiro ninguém pode negar que é o primogênito do coração, o morgado dos afetos, a flor do desejo e as primícias da vontade. Contudo, eu reconheço grandes vantagens no amor segundo. O primeiro é bisonho, o segundo é experimentado: o primeiro é aprendiz, o segundo é mestre: o primeiro pode ser ímpeto, o segundo não pode ser senão amor. Enfim, o segundo amor, porque é segundo, é confirmação e ratificação do primeiro, e por isso não simples amor, senão duplicado, e amor sobre amor. É verdade que o primeiro amor é o primogênito do coração; porém a vontade sempre livre não tem os seus bens vinculados. Seja o primeiro, mas não por isso o maior.

A primeira vez que Jônatas se afeiçoou a Davi, diz a Escritura Sagrada que lhe fez juramento de perpétuo amor: *Inierunt autem Davi, et Jonathas foedus, diligebat enim eum, quasi animam suam.*[i] Passaram depois disto alguns tempos de firme vontade, posto que de vária fortuna; torna a dizer o Texto que Jônatas fez segundo juramento a Davi de nunca faltar a seu amor: *Et addidit Jonathas dejerare Davi, eo quod diligeret illum.*[ii] Pois se Jônatas tinha já feito um juramento de amar a Davi, por que faz agora outro? Porventura quebrou o primeiro, para que fosse necessário o segundo? É certo que o não quebrou, porque não fora Jônatas o exemplo maior da amizade, se o não fora também da firmeza. Pois se o amor estava jurado ao princípio, por que o jura outra vez agora? Porque foi muito diferente matéria jurar o amor antes de conhecido, ou jurá-lo depois de

---

[i] *1.º Livro dos Reis*, XVIII, 3.
[ii] Ibid., XX, 17.

experimentado. Quando Jônatas jurou a primeira vez, não sabia ainda o que era amar, porque o não experimentara: quando jurou a segunda vez já tinha larga experiência do que era e do que custava, pelo muito que padeceu por Davi: e era tão diferente o conceito que Jônatas fazia agora de um amor a outro, que julgou que o juramento do primeiro não o obrigava a guardar o segundo. Pois para que a ignorância passada não diminuísse o merecimento presente, por isso fez juramento de novo amor. Não novo, porque deixasse de amar alguma hora mas porque era pouco o que dantes prometera, em comparação do muito que hoje amava. Então prometeu como conhecia, agora prometia como experimentara. Que Jônatas se resolvesse a amar a Davi, quando não conhecia as paixões deste tirano afeto, não foi muita fineza; mas depois de conhecer seus rigores, depois de sofrer suas sem-razões, depois de experimentar suas crueldades, depois de padecer suas tiranias, depois de sentir ausências, depois de chorar saudades, depois de resistir contradições, depois de atropelar dificuldades, depois de vencer impossíveis; arriscando a vida, desprezando a honra, abatendo a autoridade, revelando secretos, encobrindo verdades, desmentindo espias, entregando a alma, sujeitando a vontade, cativando o alvedrio, morrendo dentro em si, por tormento e vivendo em seu amigo, por cuidado: sempre triste, sempre afligido, sempre inquieto, sempre constante, apesar de seu pai e da fortuna de ambos (que todas estas finezas, diz a Escritura, fez Jônatas por Davi), que depois, digo, de tão qualificadas experiências de seu coração e de seu amor, se resolvesse segunda vez a fazer juramento de sempre amar! Isto sim, isto é amor.

O mesmo digo do nosso fino Amante, com a vantagem que vai de Filho de Deus a filho de Saul. Se Cristo pudera não conhecer o amor, ou o não conhecera por experiência, menos fora que nos amasse; porém conhecendo experimentalmente o amor, e o amor seu, e sabendo que este fora tão rigoroso, que o arrancou do peito de seu Pai; que foi tão desumano, que O lançou na terra em um presépio; que foi tão cruel que a oito dias de nascido Lhe tirou o sangue das veias; que foi tão desamoroso, que, antes de dois meses de idade, o desterrou sete anos para o Egito, e que era tão tirano, que se Lhe não tirou a vida a mãos de Herodes, foi porque se não contentava com tão pouco sangue: que conhecendo Cristo, que este era o seu amor, não desistisse, nem Se arrependesse, antes continuasse a amar, grande amor! Grande, porque amou; mas muito maior, porque amou sobre ter amado: *Cum dilexisset, dilexit*.

Bem vejo que me replicam os teólogos que o amor de Cristo, desde o primeiro instante até o último, sempre foi igual, e nunca cresceu. Assim o pedia a razão. Se o diminuir no amor é descrédito, também é descrédito o crescer. Quem diz que ama mais, desacredita o seu amor, porque ainda que o crescer seja aumento, é aumento que supõe imperfeição. Amor que pode crescer não é amor perfeito. Pois se o amor perfeitíssimo de Cristo sempre foi igual, e nunca cresceu, como dizemos que hoje foi maior? Todos respondem e bem, que foi maior nos efeitos. Mas eu como mais grosseiro, ainda na mesma substância do amor, não posso deixar de reconhecer alguma consideração de maioria. Confesso que não cresceu, mas bem se pode ser maior sem crescer. Uma coluna sobre a base, uma estátua sobre a peanha, cresce sem crescer. Assim o amor de Cristo hoje, porque foi amor sobre amor. E como a base e a peanha, não só era da mesma substância, senão a mesma substância do amor de Cristo não só fica hoje mais subido, senão, em certo modo, maior. É tanto isto assim que, a meu ver, não podem ter outro sentido as palavras do Evangelista: *Cum dilexisset, dilexit.* Como amasse, amou. Estas palavras dizem mais do que soam. Amasse, e amou, não têm mais diferença que no tempo: na significação, não têm diversidade. Que nos diz logo de novo o Evangelista? Se dissera — como amasse muito, agora amou mais — bem estava: isso é o que queria provar. Mas se queria dizer que amou mais; como diz somente que amou? Porque o diz com tais termos que, dizendo só que amou, fica provado que amou mais: *Cum dilexisset, dilexit.* Como amasse, amou: e isto de amar sobre haver amado não é só amar depois, senão amar mais. Não diz só relação de tempo, senão excesso de amor. E como o Evangelista queria subir de ponto o muito que o Senhor amou hoje, entendeu que, para encarecer o amor presente, bastava supor o passado.

Quando Deus mandou a Abraão que lhe sacrificasse seu filho, em todo o rigor da propriedade hebreia, diz o Texto assim: *Tolle filium tuum, quem dilexisti Isaac*:[i] Sacrifica-me teu filho Isaac, a quem amaste. A quem amas, parece que havia de dizer, porque todo o intento de Deus foi encarecer o amor, para dificultar o sacrifício. Pois porque não diz, sacrifica-me o filho que amas, senão o filho que amaste? Por isso mesmo. Queria Deus encarecer o amor, para dificultar o sacrifício, e em nenhuma coisa podia encarecer mais o amor presente que na suposição do passado. Sacrifica-me o filho não só que amas, senão que amaste, porque amar sobre haver amado é o maior amor. Por isso o Evangelista hoje, comparando amor com amor, não faz comparação de grande a excessivo, senão de primeiro a segundo: *Cum dilexisset, dilexit.* Esta foi a primeira e segunda ferida do coração, de que o nosso divino Amante, muito antes de o amor Lhe tirar as setas, já se gloriava: *Vulnerasti cor meum, soror mea sponsa, vulnerasti cor meum.*[ii] A primeira ferida foi a do amor passado, a segunda, a do amor presente: e para prova de qual foi maior e mais penetrante, se não basta ser ferida sobre ferida, baste saber que com a primeira viveu, e que a segunda

---

[i] *Gênes.*, XXII, 2.
[ii] *Cânt.*, IV, 9.

Lhe tirou a vida: *Cum dilexisset, in finem dilexit.* E somos entrados sem o pretender na quarta consideração.

VI

A quarta e última circunstância em que a ciência de Cristo afinou muito os extremos de seu amor foi saber e conhecer o fim onde havia de parar, amando: *Sciens quia venit hora ejus.* De muitos contam as histórias que morreram porque amaram; mas porque o amor foi só a ocasião, e a ignorância a causa, falsamente lhe deu a morte o epitáfio de amantes. Não é amante quem morre porque amou, senão quem amou para morrer. Bem notável é neste gênero o exemplo do príncipe Siquém. Amou Siquém a Dina, filha de Jacó, e rendeu-se tanto aos impérios de seu afeto, que sendo príncipe soberano, se sujeitou a tais condições e partidos, que a poucos dias de desposado lhe puderam tirar a vida, Simeão e Levi, irmãos de Dina. Amou Siquém, e morreu; mas a morte não foi troféu de seu amor, foi castigo de sua ignorância. Foi caso, e não merecimento; porque não amou para morrer, ainda que morreu porque amou. Deveu-lhe Dina o amor, mas não lhe deveu a morte; antes por isso nem o amor lhe deveu. Que quem amou porque não sabia que havia de morrer, se o soubera, não amara. Não está o merecimento do amor na morte, senão no conhecimento dela.

Vede-o em Abraão e Isaac claramente. Naqueles três dias em que Abraão foi caminhando para o monte do sacrifício com seu filho Isaac, ambos iam igualmente perigosos, mas não iam igualmente finos. Iam igualmente perigosos, porque um ia a morrer, outro a matar, ou a matar-se: mas não iam igualmente finos, porque um sabia aonde caminhavam, o outro não o sabia. O caminho era o mesmo, os passos eram iguais, mas o conhecimento era muito diverso, e por isso também o merecimento. Abraão merecia muito, Isaac não merecia nada; porque Abraão caminhava com ciência, Isaac com ignorância: Abraão ao sacrifício sabido, Isaac ao sacrifício ignorado. Esta é a diferença que faz o sacrifício de Cristo a todos os que sacrificou a morte, por culpas do amor. Só Cristo caminhou voluntário à morte sabida, todos os outros sem vontade à morte ignorada.[i] A Siquém, a Sansão, a Ámon, e aos demais que morreram, porque amaram, levou-os o amor à morte, com os olhos cobertos, como condenados: só a Cristo, como triunfador, com os olhos abertos. (Tomara ter mais honradas antíteses; mas estas são as que lemos na Escritura.) Nem Siquém amara a Dina, nem Sansão a Dalila, nem Ámon a Tamar, se anteviram a morte que os

---

[i] *Gênes., Juízes, Livro dos Reis.*

aguardava. Só a ciência de Cristo conheceu que o seu amor O levava à morte, e só Cristo conhecendo-a, e vendo-a vir para Si, caminhou animosamente a ela: *Sciens quia venit hora ejus.*

Que bem, e que poeticamente o cantou Davi: *Sol cognovit occasum suum.*[i] O Sol que conheceu o seu ocaso. Poucas palavras, mas dificultosas. O Sol é uma criatura irracional e insensível. (Porque ainda que alguns filósofos creram o contrário, é erro condenado.) Pois se o Sol não tem entendimento, nem sentidos, como diz o profeta que o Sol conheceu o seu ocaso: *Sol cognovit occasum suum*? O certo é (diz Agostinho) que, debaixo da metáfora do Sol material, falou Davi do Sol divino, Cristo, que só é Sol com entendimento. E porque ambos foram muito parecidos em correr ao seu ocaso, por isso retratou as finezas de um nas insensibilidades do outro. Se a luz do Sol fora verdadeira luz de conhecimento; e o ocidente, onde se vai pôr o Sol, fora verdadeira morte; não nos causara grande admiração ver que o Sol, conhecendo o lugar de sua morte, com a mesma velocidade com que sobe ao zênite, se precipitasse ao ocidente? Pois isto foi o que fez aquele Sol divino: *Sol cognovit occasum suum.* Conheceu verdadeiramente o Sol divino o seu ocaso, porque sabia determinadamente a hora em que chegando aos últimos horizontes da vida, havia de passar deste ao outro hemisfério: *Sciens quia venit hora ejus, ut tramseat ex hoc mundo.* E que sobre este conhecimento certo do fim cruel a que o levava seu amor, caminhasse sem fazer pé atrás, tão animoso ao verdadeiro e conhecido ocaso, como o mesmo Sol material, que não morre, nem conhece; grande resolução, e valentia de amor! Não só conhecer a morte, e ir a morrer; mas ir a morrer, conhecendo-a, como se a ignorara.

Só S. João, que nos deu o pensamento, poderá dar a prova. Quando vieram a prender a Cristo seus inimigos, diz assim o Evangelista: *Sciens omnia, quae ventura erant super eum, processit, et dixit: quem quaeritis?*[ii] Sabendo o Senhor tudo o que havia de vir sobre Ele, saiu a encontrar-se com os que O vinham prender, e disse-lhes: A quem buscais? Parece que se implica nos termos esta narração. Quem sabe não pergunta. Pois se Cristo sabia tudo, e sabia que O buscavam a Ele, e o Evangelista nota que o sabia: por que pergunta como se o não soubera? A razão e o mistério são porque desde este ponto começava Cristo a caminhar para a morte, e esse foi o modo com que seu amor O levava. Levava-O à morte, sabendo, como se O levara, ignorando. Quem ler o que diz o Evangelista dirá que Cristo sabia: quem ouvir o que Cristo pergunta, cuidará que Cristo ignorava: e, ou na verdade, ou na aparência, tudo era. Na verdade

---

[i] *Sal.*, CIII, 19.
[ii] *João*, XVIII, 4.

sabia, e na aparência ignorava; porque de tal maneira amou, e foi a morrer, sabendo, como se amara, e morrera, ignorando.

Este é o segredo que encobria aquele véu, ou aquele misterioso eclipse com que o amor hoje cobriu os olhos a Cristo, por mãos de seus inimigos: *Velaverunt eum, et percutiebant faciem ejus.*[i] Que sofresse o Senhor outros muitos tormentos, não me espanto, que a tudo se oferece quem sobre tudo ama. Mas de permitir que Lhe cobrissem os olhos, parece que não só se podia ofender a sua paciência, senão muito mais seu amor. S. João hoje, naquele repetido *sciens*, não tirou as vendas ao amor de Cristo para que soubesse o mundo que amava com os olhos abertos? Pois por que permite, no mesmo dia, que lhe cubram e vendem os olhos? Porque esta foi a destreza com que o amor de Cristo soube equivocar a ciência com a ignorância. Fez que amasse de tal maneira com os olhos abertos, como se amara com os olhos fechados. Que amasse de tal maneira, sabendo, como se amara, ignorando. Desafrontou-se o amor com aquele véu que parecia afrontoso e vingou-se para maior honra sua, do que lhe tinha feito S. João. S. João tirou as vendas ao amor de Cristo, e o mesmo amor tornou-as a pôr em Cristo; para que advertíssemos que de tal maneira amou, sabendo, e com os olhos abertos, como se amara, ignorando, e com os olhos fechados: *Velaverunt eum.* Conhecia-Se Cristo a Si, e amou como se não Se conhecera: sabia o que amava e amou como se o não soubera: tinha experimentado o amor e amou como se o não experimentara: previu o fim a que havia de chegar, amando, e amou como se o não previra. E porque amou, sabendo, como se amara, ignorando; por isso só Ele amou e soube amar finamente: *Sciens, sciens, sciens, sciens in finem dilexit eos.*

VII

Temos considerado o amor de Cristo pelas advertências de S. João. Consideremo-lo agora pelas advertências do mesmo Cristo, que, como quem O conhecia melhor, serão as mais bem ponderadas e mais profundas. Apostaram hoje o maior amante e o maior amado — Cristo e S. João —, apostaram, digo, a encarecer os extremos do mesmo amor: e depois que S. João disse quanto soube, advertindo que Cristo amara, sabendo: Tá (diz Cristo) que não é essa a maior circunstância que sobe de ponto o meu amor. Se os homens querem saber a fineza com que os amei, não a ponderem pela minha sabedoria, ponderem-na pela sua ignorância. Amei muito aos homens porque os amei, sabendo eu tu-

---

[i] *Luc.* XXII, 64.

do, mas muito maior foi meu amor, porque os amei ignorando eles quanto eu os amava: *Quid ego facio, tu nescis.* Por mais que os homens façam discursos, e levantem pensamentos, nunca poderão chegar a conhecer o amor com que os amou Cristo, nem enquanto Deus, nem enquanto homem: e que se resolva Cristo a amar a quem não só Lhe não havia de pagar o amor, mas nem ainda O havia de conhecer! Que não haja de ter o meu amor, não só a satisfação de pago, mas nem ainda o alívio de conhecido! Esta foi a maior valentia do coração amoroso de Cristo, e esta a maior dificuldade, porque rompeu a força do seu amor.

E senão façamos esta questão. Que é o que mais deseja, e mais estima o amor: ver-se conhecido, ou ver-se pago? É certo que o amor não pode ser pago sem ser primeiro conhecido: mas pode ser conhecido sem ser pago: e considerando divididos estes dois termos, não há dúvida de que mais estima o amor e melhor lhe está ver-se conhecido, que pago. Porque o que o amor mais pretende é obrigar: o conhecimento obriga, a paga desempenha: logo muito melhor lhe está ao amor ver-se conhecido, que pago; porque o conhecimento aperta as obrigações, a paga e o desempenho desata-as. O conhecimento é satisfação do amor-próprio: a paga é satisfação do amor alheio: na satisfação do que o amor recebe, pode ser o afeto interessado: na satisfação do que comunica, não pode ser senão liberal: logo mais deve estimar o amor ter segura no conhecimento a satisfação da sua liberalidade, que ver duvidosa na paga a fidalguia do seu desinteresse. O mais seguro crédito de quem ama é a confissão da dívida no amado: mas como há de confessar a dívida quem a não conhece? Mais lhe importa logo ao amor o conhecimento que a paga; porque a sua maior riqueza é ter sempre endividado a quem ama. Quando o amor deixa de ser acredor, só então é pobre. Finalmente, ser tão grande o amor que se não possa pagar é a maior glória de quem ama: se esta grandeza se conhece, é glória manifesta: se não se conhece, fica escurecida, e não é glória: logo muito mais estima o amor, e muito mais deseja, e muito mais lhe convém a glória de conhecido que a satisfação de pago. Baste de razões, vamos à Escritura.

A maior façanha do amor humano foi aquela animosa resolução com que o patriarca Abraão, antepondo o amor divino ao natural e paterno, determinou tirar a vida a seu próprio filho. Teve Deus mão na espada ao desamorado e amorosíssimo servo seu; e o que lhe disse imediatamente foi: *Nunc cognovi quoe timeas Deum.*[i] Agora conheço, Abraão, que me amas. Isto quer dizer aquele *timeas,* em frase da Escritura, e assim o trasladam muitos, e interpretam todos: *Nunc cognovi quod diligis Deum.* Depois disto apareceu ali um cordeiro grande embaraçado entre umas sarças, que deu alegre fim ao não imaginado sacrifício:

---

[i] *Gênes.*, XXII, 12.

o qual acabado, tornou Deus a falar a Abraão, e disse-lhe: *Quia fecisti hanc rem, benedicam tibi, et multiplicabo semen tuum sicut stellas coeli.* Em prêmio desta ação que fizeste, será tua geração bendita, multiplicarei teus descendentes como as estrelas, nascerá de ti o Messias. Este foi historicamente o caso: reparemos agora nele. Duas vezes falou Deus aqui com Abraão e duas coisas lhe disse; uma logo, quando lhe deteve a espada, e outra depois. A que lhe disse logo foi que conhecia que O amava: *Nunc cognovi quod diligis Deum.* A que lhe disse depois foi que lhe premiaria liberalmente aquela ação: *Quia fecisti rem hanc, etc.* Pois pergunto: por que diz Deus a Abraão, em primeiro lugar, que conhecia seu amor, no segundo, que o premiaria? E já que dilatou para depois as promessas do prêmio, por que não dilatou também as certificações do conhecimento: *Nunc cognovi?* Falou Deus como quem conhece os corações, e sabe o que mais estima quem verdadeiramente ama. Primeiro certificou a Abraão de que conhecia seu amor, e reservou para depois o assegurar-lhe que o havia de premiar, porque como Abraão era tão verdadeiro e fino amante, mais estimava ver o seu amor conhecido, que pago. As promessas do prêmio, dilatem-se embora; mas as certificações do conhecimento deem-se logo e no mesmo instante. Porque mais facilmente sofrerá um grande amor as dilações ou esperanças de pago, que as dúvidas de conhecido. Antes digo que foi necessária a consequência de dizer Deus a Abraão que conhecia seu amor, quando lhe mandava suspender a espada, porque se Abraão não ficara certo de que seu amor estava já conhecido, sem dúvida executara o golpe, para que o sangue de melhor parte de seu coração dissesse a gritos quão verdadeiramente amava. E que estimando o amor, sobretudo ver-se conhecido; e não conhecendo os homens o amor de Cristo (antes sendo impossível conhecê-lo como ele é), vencesse seu amor esta dificuldade, e atropelasse este impossível, e apesar dele e de si mesmo amasse: estupenda resolução de amor!

VIII

Muito custou a Cristo amar-nos, muito padeceu amando-nos; porém a mais rigorosa pena a que O condenou seu amor foi que amasse a quem O não havia de conhecer. Isto é o que mais sente, isto é o que mais lastima quem ama. Dois desmaios, ou dois acidentes grandes padeceu a Esposa dos Cantares, causados ambos do seu amor. Um foi logo no princípio dele, que se escreve no capítulo segundo: outro foi depois de haver já amado muito, e se refere no capítulo quinto. Houve-se porém a Esposa nestes dois acidentes com diferença muito digna de consideração e reparo. No primeiro acidente disse: *Fulcite me floribus, stipate me malis, quia amore langueo.*[i] Acudi-me com confortativos, trazei-me rosas e flores, porque estou enferma de amor. No segundo diz: *Adjuro vos filiae Jerusalem, si inveneritis dilectum, ut nuntietis ei, quia amore langueo.*[ii] Pelo que vos mereço, filhas de Jerusalém, que busqueis a meu amado, e lhe façais a saber que estou enferma de amor. Notável diferença! Se a Esposa em ambos os casos estava igualmente enferma de amor: *Quia amore langueo*, por que razão no primeiro acidente pediu remédios e confortativos, e no segundo não? E se no segundo não teve o cuidado de pedir remédios, por que encomenda com tanto encarecimento às amigas, e lhes pede juramento de que o façam a saber a seu Esposo: *Adjuro vos, ut nuntietis dilecto*? Não se podia melhor pintar a verdade do que dizemos. No primeiro acidente, em que a Esposa era ainda principiante no amor, pediu somente remédios para a enfermidade, porque os efeitos penosos que experimentava seu coração eram os que mais lhe doíam. Porém no segundo acidente, em que o amor era já perfeito e consumado, em vez de dizer que acudam com remédios a seu mal, diz que acudam com notícias a seu amado, porque não lhe doía tanto a sua dor, porque ela a padecia, quanto porque ele a ignorava. Acudiu a Esposa primeiro ao que lhe doía mais; e mais lhe doíam os afetos do seu amor, porque os ignorava a causa, que porque os padecia o sujeito. Por isso em vez de dizer, trazei-me remédios, dizia, levai-lhe notícias. Tanto a afligiam as penas do seu amor, muito mais por ignoradas que por padecidas! O mesmo foi em Cristo.

No Salmo 34 conforme o Texto grego, diz assim o Filho de Deus: *Congregata sunt super me flagella, et ignoraverunt:*[iii] Caíram sobre mim tantos açoites e ignoraram. Para inteligência deste afeto, havemos de supor que de todos os tormentos da sua Paixão nenhum sentiu Cristo tanto como o dos açoites. Bastava a razão por prova; mas o mesmo Senhor o declarou, quando descobriu aos Discípulos o que havia de padecer: *Tradetur gentibus, et illudetur, et flagellabitur, et conspuetur, et postquam flagellaverint, occident eum.*[iv] Em todos os outros tormentos, e na mesma morte, falou só uma vez; porém o tormento dos açoites repetiu-o duas vezes: *Flagellabitur, et postquam flagellaverint,*[v] porque o que mais sente o coração naturalmente sai mais vezes à boca. Diz pois o Senhor: *Congregata sunt super me flagella, et ignoraverunt:*[vi] Caíram sobre mim tantos açoites e ignoraram. Afligido Jesus; que termos de falar são estes? Se

---

[i] *Cânt.*, II, 5.
[ii] *Cânt.*, V, 8.
[iii] *Sal.*, XXXIV, 15.
[iv] *Luc.*, XVIII, 32 e 33.
[v] Ibid.
[vi] *Sal.*, XXXIV, 15.

foram os açoites o tormento de Vós mais sentido, parece que havíeis de dizer: Caíram sobre mim os açoites. Oh, como os senti! Oh, como me atormentaram! Mas em vez de dizer que os sentiu, e que O atormentaram, queixa-se somente o Senhor de que os ignoraram; porque, no meio dos maiores excessos do seu amor, o que mais atormentava o coração de Cristo não era o que ele padecia, senão o que os homens ignoravam: *Et ignoraverunt*. Não se queixa dos açoites e queixa-se da ignorância; porque os açoites afrontavam a Pessoa, a ignorância desacreditava o amor. E quem amava com tanto extremo, que quis comprar os créditos de seu amor à custa das afrontas de sua Pessoa, que visse enfim a Pessoa afrontada, e o amor não conhecido, oh, que insofrível dor! E porque esta falta de conhecimento é o que mais sente e mais deve sentir quem ama, por isso ponderou Cristo a fineza de seu amor, não pela circunstância da sua ciência, senão pela de nossa ignorância: *Quod ego facio, tu nescis*. Muito mais realça o amor de Cristo este *nescis,* que o *sciens* de S. João, tantas vezes repetido. Porque se foram grandes circunstâncias de amor, amar, conhecendo-se a si, e conhecendo a quem amava, e conhecendo o amor, e conhecendo o fim em que havia de parar, amando, sobre todas estas considerações se levanta e remonta incomparavelmente empregar todos esses conhecimentos e todo esse amor por quem o não havia de conhecer: *Tu nescis*.[i]

IX

Mas sendo assim que as ignorâncias dos homens eram por uma parte o maior sentimento, e por outra o maior crédito do amor de Cristo, usou o mesmo amor tão finamente delas, que tomou estas mesmas ignorâncias por instrumento de nos acreditar a nós, sem reparar nas consequências, com que se podia desacreditar a si. Subindo Cristo à cruz, isto é, ao trono de seu amor, no mais público teatro dele, que foi o Calvário, a primeira palavra que falou foi esta: *Pater, dimitte illis, non enim sciunt quid faciunt*:[ii] Eterno Pai, perdoai aos homens, porque não sabem o que fazem. Por que não sabem o que fazem, Perdoador amoroso? E sabe vosso amor o que Vos obriga a fazer nesta razão que alegais? Se a nossa ignorância nos faz menos ingratos, também Vos faz a Vós menos amante, porque na pedra da ingratidão afia o amor as suas setas, e quanto a dureza é maior, tanto mais as afina. Como formais logo desculpas a nossas ingratidões, donde podíeis crescer motivos a vossas finezas? Cuidei que

[i] *João*, XIII, 7.
[ii] *Luc.*, XXIII, 34.

tinha dito a maior de todas, mas esta foi a maior. Chegou Cristo a diminuir o crédito de seu amor, para dissimular e encobrir os defeitos do nosso, e quis parecer menos amante, só para que nós parecêssemos menos ingratos. Assim usou da ignorância dos homens, sendo a consideração da nossa ignorância o mais apurado motivo da sua fineza.

Mas por isso mesmo veio a não ser assim, e onde arriscou o amor de Cristo a sua opinião, dali saiu com ela mais acreditada. Porque não pode chegar à maior fineza um amante que a estimar mais o crédito do seu amado, que o crédito do seu amor. Exemplo deste primor só no mesmo Cristo se pode achar. Nasceu Cristo em um presépio e diz por boca do Evangelista que nasceu ali porque não havia lugar na cidade: *Quia non erat ei locus in diversorio.*[i] Evangelista sagrado, não digais tal coisa: seria essa a ocasião, mas não foi essa a causa. Nasceu Cristo em um presépio porque foi tão amante dos homens, que logo quis padecer por eles aquele desamparo: e nasceu fora da cidade porque foram os homens tão duros e tão ingratos, que Lhe não quiseram dar abrigo dentro de Belém. Pois se o amor de Cristo e a ingratidão dos homens foram a causa, por que se cala o merecimento de Cristo, e a culpa, que era dos homens, se atribui à ocasião e ao tempo: *Quia non erat ei locus in diversorio?*[ii] O certo é que mais amante Se mostrou Cristo na causa que apontou, que no desamparo que padeceu. O que era eleição sua quis que parecesse necessidade; e o que era ingratidão nossa quis que parecesse contingência, para que na contingência ficasse dissimulada a ingratidão, e na necessidade, o amor. A ingratidão acrescentava a fineza, a necessidade diminuía o amor, e quis Cristo parecer menos amante para que os homens parecessem menos ingratos. Assim amou no princípio da vida, e assim acabou no fim dela. Por isso desculpa a ingratidão dos homens com a sua ignorância: *Non enim sciunt quid faciunt*, sendo a mesma ignorância dos homens o maior crédito do seu amor: *Quod ego facio, tu nescis.*

X

Este foi, cristãos, o amor de Cristo, esta a ciência e as ciências com que nos amou, e esta a ignorância e ignorâncias sobre que somos amados. Tragamos sempre diante dos olhos este *sciens*,[iii] e este *nescis*:[iv] tenhamos sempre na me-

---

[i] *Luc.*, II, 7.
[ii] Ibid.
[iii] *João*, XIII, 1.
[iv] Ibid., 7.

mória (que o mesmo Senhor tanto nos recomendou neste dia) a sua ciência e a nossa ignorância. Sirva-nos a sua ciência de espertador, para nunca deixar de amar: sirva-nos a nossa ignorância de estímulo, para sempre amar mais e mais a quem tanto nos amou. Como não havemos de amar sempre a quem sempre está vendo e conhecendo se O amamos? Como não havemos de amar muito a quem nos amou tanto, que jamais O poderemos alcançar, nem conhecer? Oh, que confusão tão grande será a nossa se bem considerarmos a força e correspondência deste *sciens*, e deste *nescis*? Quando Cristo perguntou tantas vezes a S. Pedro se O amava, respondeu ele, atônito da pergunta: *Tu Domine scis, quia amo te*:[i] Bem sabeis Vós, Senhor, que Vos amo. Comparai agora este *tu scis* de Pedro, dito a Cristo, com o *tu nescis* de Cristo dito a Pedro. Quando Cristo ama a Pedro, não sabe Pedro quanto o ama Cristo: *Tu nescis*. Mas quando Pedro ama a Cristo, sabe Cristo quanto O ama Pedro: *Tu scis*. Oh, que desproporção tão notável de amor e de ciência! O amor de Pedro, sabido: o amor de Cristo, ignorado. O amor de Cristo padece a nossa ignorância: o nosso padece a sua ciência: e ambos podem estar igualmente queixosos. O de Cristo queixoso, porque o não conhecem os homens: *Tu nescis*: o dos homens queixoso, porque o conhece Cristo: *Tu scis*. Se Cristo não conhecera o amor dos homens, tivera o nosso amor essa consolação nas suas tibiezas: e se os homens conheceram o amor de Cristo, tivera o seu amor essa satisfação nos seus excessos. Mas que sendo o amor de Cristo tão excessivo, não o conheçam os homens! E que sendo o amor dos homens tão imperfeito, o conheça Cristo! Muito igual e muito desigual sorte é a de ambos. O remédio que isto tinha, Senhor, era que Vós e nós trocássemos os corações. Se Vós nos amásseis com o nosso coração, proporcionado seria o amor e o merecimento, e bastaria a nossa ignorância para o conhecer. E se nós Vos amássemos com o vosso, amar-Vos-íamos quanto mereceis, e só a vossa ciência conheceria o nosso amor. Mas já que isto não pode ser, Vós, que só Vos conheceis, Vos amai: Vós, que só conheceis vosso amor, o pagai. E seja única glória vossa e sua saber-se que só de Vós pode ser pago, e só de Vós conhecido. Assim o cremos, assim o confessamos, e prostrados aos pés de vosso amor lhe oferecemos uma eterna coroa, tecida deste *nescis*, e deste *sciens*: *Sciens quia venit hora ejus, in finem dilexit eos*.

---

[i] Ibid., XXI, 15.

SERMÃO DA BULA DA SANTA CRUZADA

PREGADO NA CATEDRAL DE LISBOA, NO ANO DE 1647

*Unus militum lanceam latus ejus aperuit,
et continuo exivit sanguis, et aqua.*[i]

I

Como do lado do primeiro Adão dormindo foi formada Eva, assim do lado do segundo Adão morto se formou a Igreja. Daquele lado ferido saíram e manaram os sacramentos, e daquele lado aberto se derramaram os tesouros das graças, com que o mundo depois de remido se enriquece. Mas, se bem todas as graças da Igreja se representam admiravelmente na história deste mistério, reparando eu com atenção em todas as circunstâncias dele, ainda acho com maior propriedade as da Bula da Santa Cruzada, que hoje se concedem e publicam solenemente ao reino e reinos de Portugal.

Saíram estas graças do lado de Cristo não antes, nem depois, senão quando estava pregado na cruz; porque da cruz trouxeram o merecimento, e da cruz tomou a mesma Bula o nome, que por isso se chama da Cruzada. Saíram em figura de sangue e água; *Exivit sanguis, et aqua*: de água, para apagar o que estava escrito; e de sangue, para se escrever de novo o que naquele sagrado papel se lê. Diz S. Paulo que Cristo morrendo apagou a escritura de nossos pecados, e que assim apagada a pregou na sua cruz; *Detens, quod contra nos erat, chirographum, et ipsum tulit de medio, affigens illud cruci*.[ii] Mas se Cristo então apagou uma escritura, e a fixou na cruz para o remédio, hoje escreve outra escritura, e fixa nela a mesma cruz para o efeito. Isto é o que significa aquela cruz, e isto o que contém aquela escritura, tudo graça e tudo graças.

Vejo porém que me estão perguntando todos, e com razão; se estes tesouros e graças manaram do lado de Cristo aberto, como os abriu não outrem, senão um soldado; *Unus militum lanceam latus ejue aperuit?* Esta é a maior circunstância da história, e a mais viva energia do mistério. O princípio e primeira instituição da Bula da Cruzada foi em tempo do Concílio Lateranense,

---

[i] *João*, XIX.
[ii] *Col.*, II, 14.

quando se concederam estas graças e indulgências a todos os que tomando a insígnia da cruz se alistassem por soldados para a conquista da Terra Santa. E como elas foram concedidas não a outros, senão aos soldados daquela sagrada empresa, por isso com a mesma propriedade não outrem, senão um soldado, foi o que abriu o lado de Cristo; *Unus militum*. Mas não parou aqui o mistério, como também não pararam aqui as graças. O motivo que teve primeiro o papa Gregório XIII, e depois seus sucessores, e hoje o Santíssimo Padre Inocêncio X, nosso senhor, para conceder as mesmas indulgências da Cruzada aos reinos de Portugal, foi, como se contém na mesma Bula, o subsídio dos nossos soldados da África, que, armados sempre, e em vela naquelas fronteiras, defendem as portas de Espanha e da cristandade contra a invasão dos Mouros. E como os soldados da África propriamente são soldados de lança, e os cavaleiros que lá servem, servem ou com uma ou com muitas lanças; para cumprimento e realce do mistério em toda a sua propriedade, o soldado que abriu o lado de Cristo e franqueou os tesouros das mesmas graças não foi só, nem devia ser, de qualquer modo soldado, senão soldado de lança e com lança; *Lanceam latus ejus aperuit*.

Temos declarado o tema, e proposta a matéria em comum. Para descer aos particulares dela publicando as graças da Santa Bula, e descobrindo um por um os inestimáveis tesouros que nelas se encerram, o mesmo Lema nos dará o discurso. Em todo ele não seguirei outra ordem, nem outra divisão, que a das mesmas palavras. *Ave Maria*.

II

Unus militum lanceam latus ejus aperuit.

A primeira excelência, que acho na Bula da Santa, Cruzada, é ser um o que abre estes tesouros do lado de Cristo; *Unus*. Se estas graças e indulgências dependeram de muitos, para mim quase deixaram de ser graças. Esta é a grande diferença que há entre as graças e mercês dos reis da Terra, e as do Rei do Céu. As graças dos reis da Terra, sendo por merecimentos nossos, dependem de muitos ministros; as do Rei do Céu, sendo por merecimentos seus, dependem de um só; *Unus*.

Antes de Davi entrar em desafio com o gigante, perguntou que prêmio se havia de dar a quem tirasse do mundo aquele opróbrio de Israel?[i] E foi-lhe res-

---

[i] *1.º Livro dos Reis*, XVII, 23.

pondido que o rei lhe havia de dar sua própria filha, em casamento.[i] Saiu Davi a campo, matou o filisteu; mas quando aos aplausos da famosa vitória parece que se haviam de seguir logo as bodas, nada menos lhe passava pelo pensamento a Saul. Puxava Davi pela palavra real: requeria o prêmio não arbitrário, senão certo de um tão singular e notório serviço; e a resposta por muito tempo (como se costuma) eram dilações e palavras frívolas. Finalmente, mandou-lhe responder o rei que se queria com efeito a satisfação que se lhe prometera, matasse mais um cento de filisteus.[ii] Servi lá, arriscai-vos lá e fiai-vos de promessas e mercês de homens. De maneira que para Davi merecer a mercê, bastou-lhe pelejar e vencer um filisteu; e para fazer a mercê efetiva, foi-lhe necessário pelejar e vencer um cento de filisteus. Isto é o que vos acontece em todas as promessas e despachos dos reis da Terra. Muito mais custa o requerimento que o merecimento. Para o merecimento basta batalhar com um inimigo; para o requerimento é necessário batalhar com um cento de ministros, que as mais das vezes não são amigos. Para render o filisteu de Davi bastou uma pedra; para render estes filisteus tão estirados, tão sombrios, tão armados, não basta uma pedreira, nem muitas pedreiras: e se alguns se rendem com pedras, não são as do rio. Mas quando não foram tão duros e tão dificultosos, bastava serem tantos.

Esta é pois a primeira graça que Deus nos faz na Bula da Santa Cruzada. Tantas enchentes de mercês, tantos tesouros de misericórdias e favores, e todos despachados por um só ministro, um confessor. Para as mercês dos reis da Terra, que não importam nada, tantas papeladas e tantos ministros: para as graças do Rei do Céu, que importam tudo, uma só folha de papel, e um só ministro; uma bula, e um sacerdote: *Unus*.

Mas porque, para tirar toda a dificuldade e repugnância, não basta só ser o ministro um, se for certo e determinado; concede-vos mais a Bula que esse *um* seja, à vossa eleição, aquele que vós escolherdes. Esta é a maior circunstância de graça que se encerra nesta graça. Quando Cristo sarou aquele leproso do Evangelho, mandou-lhe (segundo o Texto de S. Marcos) que se fosse presentar ao príncipe dos sacerdotes: *Vade, ostende te principi sacerdotum*.[iii] Contra este mandado está que a lei universal do Levítico (como consta do capítulo treze) só obrigava aos leprosos que se manifestassem a qualquer sacerdote, aos quais pertencia julgar da lepra.[iv] Pois se qualquer sacerdote ordinário podia conhecer da lepra, porque manda Cristo a este leproso que nomeadamente se presente

---

[i] Ibid., XVII, 25.
[ii] *1.º Livro dos Reis*, XVIII, 25.
[iii] *Marc.*, I, 44.
[iv] *Levit.*, XIII, 1.

ao príncipe dos sacerdotes? Respondem os expositores que antigamente assim era; mas que esta lei geral se tinha restringido depois, e estava reservado o caso da lepra ao conhecimento e juízo do príncipe dos sacerdotes somente.[i] E por isso Cristo mandou o leproso não a outro sacerdote, senão ao príncipe: *principi sacerdotum*. O mesmo passa hoje nos casos e pecados reservados, de que não podem absolver os sacerdotes ordinários, e só pertence a absolvição ao prelado de toda a diocese, e talvez ao príncipe supremo de toda a Igreja. E posto que semelhantes reservações sejam muito justas e necessárias para refrear a temeridade, não há dúvida que também são ocasionadas para precipitar a fraqueza. Que haja um homem de descobrir a sua lepra e manifestar a sua miséria, de que só Deus é sabedor, não só a outro homem como ele, senão determinadamente a tal homem? Grave e dificultosa pensão! E muito mais quando pela distância dos lugares se acrescenta o trabalho e a despesa; e pela grandeza e dignidade da pessoa se faz maior a repugnância, o pejo e o horror. É verdade que os meios da salvação se hão de procurar e aceitar de qualquer mão, ainda que seja a mais aborrecida e repugnante: *Salutem ex inimicis nostris, et de manu omnium, qui oderunt nos.*[ii] Mas ainda mal porque é tal a fraqueza e pusilanimidade humana, que estão ardendo muitos no Inferno não por não confessar seus pecados, senão pelos não confessar a tal homem; sem reparar que no Dia do Juízo hão de ser manifestos todos a todos os homens.

A este inconveniente porém acode hoje a Misericórdia Divina, e a benignidade do sumo pastor por meio da Santa Cruzada, concedendo, a todos os que a tomarem, faculdade de eleger cada um o confessor aprovado de que mais se contentar e satisfizer. Por isso o ministro que abriu o lado se não nomeia no Texto, e só se diz que era: *Unus militum*: Um, indeterminadamente. E posto que da História Eclesiástica conste que foi Longino (ou, como o vulgo lhe chama, Longuinhos), nesse mesmo homem concorriam duas circunstâncias dignas de grande reparo para o nosso caso. Era Longino estrangeiro e cego. Estrangeiro; porque sendo romano servia nos presídios de Jerusalém: cego; porque, como afirma S. Gregório Nazianzeno, de ambos os olhos não via.[iii] E por que quis Cristo que lhe abrisse o lado e fosse o dispensador destas graças um estrangeiro e cego? Para tirar toda a ocasião e escusa ao pejo e repugnância humana. Tendes pejo de manifestar a vossa miséria, tendes repugnância de descobrir o vosso pecado? O remédio está na vossa eleição: buscai um estran-

---

[i] *Cornel, ibi.*
[ii] *Luc.*, I, 71.
[iii] *Naz. in Trag.*

geiro que vos não conheça; buscai um cego que vos não veja: *Unus militum.* Passemos à segunda palavra.

III

Militum. Sobre esta palavra *soldados*, a primeira coisa que ocorre é o soldo. E se este se paga pontualmente e se despende todo com os nossos soldados e cavaleiros da África tão beneméritos da Fé e da Igreja, esse é o fim para que os sumos pontífices concederam o subsídio da Bula. Da pureza das primeiras mãos em que se recebe, nunca houve, nem pode haver dúvida. Mas como passa por tantas outras, e há tanto mar e sumidouros, em meio, não sei se poderá ser justificada a queixa comum? É certo que nos escritores da África (sem serem Tertulianos, nem Agostinhos) se leem de tempos passados graves lamentações deste descaminho. O dinheiro santo da Bula, que cá se recolhe em vinténs, dizem que torna de lá em meticais, e que a muita fome que de cá se leva, é a causa da que lá se padece. Mas isto toca a quem toca. O que a mim me pertence é desfazer este escrúpulo, e assegurar a todos os que tomam a Bula que, ainda que o dinheiro da esmola se desencaminhe, e os soldados da África o não comam, sempre as graças concedidas se ganham com infalível certeza.

No Dia do Juízo dirá Cristo: *Venite, benedicti patris mei: esurivi enim, et dedistis mihi manducare*:[i] Vinde, benditos de meu Padre, porque tive fome e me destes de comer. Notai muito aquele *porque*. Não diz: porque comi o que me destes; senão: porque me destes de comer. Aqui está o ser da obra. O merecimento da esmola não consiste em que a comam aqueles para quem a dais; senão em que vós a deis para que eles a comam. E isto é o que se verifica na esmola da Bula, em qualquer acontecimento. Pode acontecer que a não comam, nem se sustentem com ela os soldados para que está aplicada. E pode também acontecer que em parte não haja tais soldados; porque há praças fantásticas. Mas ainda que a praça e o soldado seja fantástico, a esmola que se dá para seu sustento sempre é verdadeira, e o merecimento certo. Grande exemplo na História Sagrada.

Vieram à casa de Abraão três anjos em figura de peregrinos, e diz o Texto que Abraão os hospedou e lhes pôs a mesa e os tratou com grande agasalho e regalo.[ii] Agora pergunto: Aqueles anjos comeram verdadeiramente o que lhes deu Abraão? Claro está que não; porque os anjos não comem, e aqueles corpos

---

[i] *Mat.*, XXV, 35.
[ii] *Gênes.*, IV, 2.

com que apareceram eram corpos fantásticos. Contudo, diz o mesmo Texto, que Deus pagou esta obra a Abraão muito de contado, e lhe fez grandes mercês por ela, como foi a do filho Isaac, e outras.[i] Pois por uma obra que se fez a homens fantásticos, a homens que não havia tais homens no Mundo; e pelo comer que se lhes deu, o qual eles não comeram, nem podiam comer, faz Deus tantas graças e tantas mercês a Abraão? Sim. Porque ainda que os homens eram fantásticos, a esmola era verdadeira: e ainda que eles não comeram o que lhes deu Abraão, Abraão deu-o para que eles comessem. A esmola da Bula que dais para os soldados de África, pode acontecer que eles a não comam, ou porque alguns os não há, ou porque fica cá o dinheiro, ou porque se lá vai, eles (como dizeis) ficam anjos: mas como Deus só respeita o merecimento da esmola, e o fim dela; ainda que os homens o divirtam e desencaminhem, a paga que naquela Escritura se vos promete sempre está segura.

Tenho notado a este propósito um lanço da providência e governo de Cristo, que sempre me admirou muito, e deve admirar a todos. Cristo e seus Discípulos, como não possuíam nada deste mundo, viviam das esmolas com que a devoção dos fiéis socorria o Sagrado Colégio. Para receber estas esmolas e as despender e distribuir, houve o Senhor de eleger um deles: e quem se não admirará e pasmará de que este eleito fosse Judas?[ii] Senhor, dai-me licença. Vós não conheceis muito bem a Judas? Sim, conheço. Não sabeis que é ladrão, e que há de furtar? Sim, sei. Estas esmolas que lhe entregais e fiais dele não são para sustento dos outros Discípulos que vos servem, e que hão de defender com a vida vossa Fé, e vossa Igreja? Sim, são. Sobretudo a esmola não é aquela obra de caridade tão estimada de vós, a que tendes prometido tantos prêmios, tantas mercês, tantas graças, e a mesma bem-aventurança? Sim, é. Pois nas mãos de Judas meteis tudo isto para que ele se aproveite e os outros padeçam! Para que ele coma e os outros morram à fome? Não foi esse o fim de Cristo, que Deus não favorece ladrões, ainda que os permita; mas permitiu neste caso com alta providência que as esmolas dadas para sustento dos que O serviam corressem por mãos de quem as havia de roubar; para que constasse então e agora a toda sua Igreja que ainda que as esmolas se roubem e se desencaminhem, e não se apliquem ao fim para que se dão, o preço e merecimento delas, e o prêmio que se promete a quem as dá, sempre está seguro. Neste contrato há duas pagas: uma, a paga dos soldados para quem dais a esmola, que corre por mão dos homens: e outra, a paga da mesma esmola que dais, que corre pela mão de Deus. A que corre por mão dos homens pode faltar aos soldados: a

---

[i] Ibid., XV, 18.
[ii] *João*, XII, 6.

que corre por mão de Deus nunca vos pode faltar a vós. Os soldados não serão pagos, vós sempre sois pagos.

Satisfeito este escrúpulo vulgar, respondamos a outro de mais bem fundada objeção a que nos chama o Texto.

IV

Lancea. Assim como a lança do soldado do Calvário foi a que abriu o lado de Cristo, assim dissemos que as lanças dos nossos soldados de África são as que abriram e abrem os tesouros da Igreja, que se nos concedem na Bula. Mas esta aplicação, ou modo de dizer, parece que se encontra com a propriedade e verdade do que cremos neste mesmo ponto. É verdade católica de nossa Santa Fé Romana que quem abre e só pode abrir os tesouros espirituais da Igreja são as chaves de S. Pedro: logo mal o atribuímos às lanças dos nossos soldados. Direi. Para abrir estes sagrados tesouros, necessariamente concorrem duas coisas: da parte de quem os concede (que é o Papa) o poder: e da parte de quem os recebe (que somos nós) a justa causa. Mas de tal sorte dependem desta justa causa as mesmas graças concedidas, que sem ela seriam totalmente inválidas, e de nenhum efeito. A razão disto é, como está decidido em muitos cânones, porque o pontífice não é senhor dos bens espirituais da Igreja, senão despenseiro; e como tal só os pode despender racionavelmente, e com causa justa. Doutra maneira seria a monarquia espiritual de Cristo tão malgovernada, como são as temporais de muitos príncipes. Por isso vemos tantos tesouros mais esperdiçados que repartidos, e tantas graças e mercês imódicas concedidas sem nenhuma causa, e muitas vezes com a contrária. Digam-no as prodigalidades de el-rei Assuero, com o seu mau valido Amã.[i] E no mesmo tempo o fiel Mardoqueu, benemérito de tantos serviços feitos à coroa e à pessoa do mesmo rei, pregado manhã e tarde aos postes de palácio, subindo e descendo aquelas cansadas escadas, sem haver quem pusesse nele os olhos, salvo o mesmo Amã, para o destruir. Não assim os tesouros da monarquia de Cristo, de que tem as chaves o seu vigário. Ele só os pode despender, sim; mas só com justa causa. E como a justa causa das graças que se nos concedem na Bula é a defesa dos lugares e fortalezas da África, as quais os nossos soldados sustentam contra a invasão e forças de toda a Barbaria; por isso a abertura das mesmas graças se atribui justamente às suas lanças. Vede se falo conforme a doutrina e leis do Senhor e Autor da mesma Igreja?

---

[i] *Est.*, III, 1.

Quando Cristo concedia perdão de pecados, ou dava saúde milagrosa aos enfermos, tudo atribuía comummente à fé dos que a recebiam. À Madalena: *Fides tua te salvam fecit*:[i] À Cananeia: *O mulier, magna est fides tua.*[ii] Ao centurião: *Sicut credidisti, fiat tibi*,[iii] ao pai do surdo e mudo: *Omnia possibilia sunt credenti.*[iv] E assim a outros muitos. Mas por que razão? Essas obras sobrenaturais, Senhor, e essas mercês extraordinárias, ou da graça, ou da saúde, não são todas efeitos da vossa onipotência? São. Pois por que as não atribuís à mesma onipotência que as obras, senão à fé dos que as recebem? Porque segundo a regra geral da Providência de Cristo, queria o Senhor que assentassem estas mercês e graças que fazia sobre o merecimento da fé dos que as logravam. E como para as mesmas graças concorriam duas causas; uma eficiente, que era a onipotência; e outra meritória, que era a fé, atribui-se o efeito à meritória, e não à eficiente; porque a eficiente naquela suposição dependia da meritória. O mesmo passa no nosso caso. O poder de abrir os tesouros da Igreja está nas chaves de S. Pedro; mas como elas os não podem abrir validamente, senão com justa causa, e toda a justa causa das graças que se nos concedem na Bula é a conservação das praças católicas que os nossos soldados e cavaleiros da África defendem às lançadas, por isso sem ofensa do poder das chaves (que reconhecemos) não atribuímos os efeitos delas tanto às mesmas chaves, quanto às lanças: *Lanceam latus ejus aperuit.*

Mas vejo que voltais contra mim a mesma lança, e me arguis com a minha mesma razão. Se a causa das indulgências que se concedem na Bula é a defesa dos lugares da África, e daquelas muralhas da cristandade com que impedimos os passos aos infiéis, e pomos freio ao orgulho e fúria de seus exércitos; será justa e justíssima causa para os soldados e cavaleiros, que com as armas às costas, vigiando de noite, e pelejando de dia, defendem às lançadas, e com o sangue e as vidas, as mesmas muralhas. Mas para nós, que estamos em Portugal muito seguros e descansados, sem vigiar nem acudir a rebate, nem ver mouro, nem empunhar lança; que só com a contribuição de uma esmola tão tênue, tenhamos justa causa de se nos concederem as mesmas graças! Parece que não pode ser. Prova-se com a experiência das nossas fronteiras. Para os soldados que nelas militam e as defendem, todos pagamos a décima: mas quando vem ao requerimento das mercês, só os soldados e capitães as pedem e as recebem: os demais, ainda que os sustentem com os seus tributos, nem recebem, nem pedem, nem

---

[i] *Luc.*, VII, 50.
[ii] *Mat.*, XV, 28.
[iii] Ibid., VIII, 13.
[iv] *Marc.*, IX, 22.

esperam mercê por isso. Não é assim? Assim é: e assim havia de ser, se Deus fora como os homens, e o Rei do Céu como os da Terra. Nas leis da Terra dão-se os prêmios ao que milita e serve; mas não a quem o sustenta: nas leis do Céu, aquele que milita e serve, e mais aquele que o sustenta, todos têm o mesmo prêmio. Lei expressa do Evangelho promulgada por Cristo: *Qui recipit prophetam in nomine prophetae, mercedem prophetae accipiet: qui recipit justum in nomine justi, mercedem justi accipiet:*[i] Eu (diz Cristo) mando meus pregadores, que são os meus soldados, a conquistar o mundo, e pelejar contra os infiéis: mas porque eu lhe não dou sustento, nem soldo com que o comprar, saibam todos que a mercê que lhe tenho taxado a eles por me servirem, a mesma hei de fazer aos que os sustentarem: *Mercedem Prophetae, mercedem justi accipiet.* Pode haver Texto mais claro, e promessa mais infalível? Pois isto é o que se nos promete naquela Escritura, fundada na mesma lei da munificência divina. Os soldados e cavaleiros da África passam o mar, mudam o clima, e deixam a pátria; vós ficais nela: eles vigiam nas atalaias; vós dormis: eles defendem as tranqueiras, saem ao campo, andam às lançadas com os bárbaros, e muitas vezes perdem a vida; vós lograis a bela paz. Mas basta que as vossas esmolas (posto que tão limitadas) concorram ao seu sustento, para que nas mercês e nas graças iguale Deus o vosso ócio ao seu trabalho. Para com os reis só eles merecem e ganham as comendas: para com Deus tanto ganha a vossa esmola, como a sua lança: *Lancea.*

V

Latus ejus. Se esta segunda palavra não limitara ou ampliara a primeira, grande oposição se nos oferecia nela contra tudo o que temos dito, e nos resta por dizer. Cristo na cruz estava com título e representação de rei; mas não de rei universal, que era de todo o mundo, senão de rei particular de uma nação: *Rex Judaeorum*: e não há graças mais dificultosas e duras de conseguir, que as que dependem dos lados dos reis: *Latus ejus.* Olhemos bem para esta figura exterior, e veremos nela uma imagem natural do que os vassalos têm nos reis, e do que padecem com os lados. Primeiramente no estado em que Cristo se achava na cruz, tudo o que pertencia ao Rei estava feito; só o que corria por conta do lado estava por fazer. O que houve de fazer o Rei era pedir perdão pelos inimigos; e já estava pedido: era dar o Paraíso ao ladrão penitente; e já estava dado: era entregar o discípulo à Mãe, e a Mãe ao discípulo; e já estavam entregues: era beber, ou gostar o fel; e já estava gostado: era principalmente remir o mundo; e já

---

[i] *Mat.*, X, 41.

estava remido. Enfim, tudo o que tocava ao Rei estava feito: *Consummatum est*.[i] Ao lado pertencia dar os sacramentos; e só isso estava por fazer. O Rei estava patente a todos com quatro portas abertas, duas para os inferiores nos pés, e duas para os mais altos nas mãos: e os lados no mesmo tempo estavam fechados por uma e por outra parte, sem haver por onde entrar, nem penetrar a eles. O corpo todo estava ferido e lastimado, e só os lados sãos, e sem lesão alguma. Nem chegaram lá os golpes dos açoites, como às costas: nem os carregou o peso da cruz, como aos ombros: nem os rasgava ou suspendia a dureza dos cravos, como aos pés e mãos: nem os molestava o estirado e desconjuntado dos membros, como aos nervos e ossos: nem os atenuava o vazio e exausto do sangue, como às veias: nem os amargava o fel, como à boca, e, o que é mais que tudo, nem os picavam os espinhos, como à cabeça, tendo tanto da coroa. Finalmente, o que excede toda a razão e toda a admiração, é que estava junto e recolhido nos lados tudo o que faltava ao Rei. De duas coisas padeceu Cristo extrema falta no Calvário: falta de sangue, e falta de água. Faltou-lhe o sangue, porque o tinha derramado ali, e em tantas outras partes: faltou-lhe a água, porque da mesma falta de sangue se seguiu aquela extraordinária sede, que o obrigou a dizer: *Sitio*. É porém muito de notar que quando se abriu o lado, do mesmo lado saiu sangue e água: *Exivit sanguis, et aqua*. Pois se o Rei padecia tanta falta de sangue, e tanta falta de água; como agora lhe sai do lado sangue e mais água? Porque tudo o que falta aos reis está junto e recolhido nos lados. Oh, se houvesse, não digo uma lança, ou lançada, senão uma chave mestra que abrisse estes lados; como é certo que achariam neles junto os reis, ou tudo, ou grande parte do que lhes falta, e que fazendo dois atos de justiça em um mesmo ato, poderiam socorrer, remediar, e ainda enriquecer a muitos com o que não basta à poucos.

Estes são os lados dos reis, mas não assim o lado de Cristo. Passemos do exterior da alegoria ao interior da realidade: *Latus ejus*. Toda a diferença de lado a lados está na limitação do *Ejus*, dele, de Cristo. Os lados dos reis da Terra dilatam porque não querem fazer: o lado de Cristo dilatou para poder fazer mais do que estava feito. Os lados dos reis, estando todo o corpo chagado, só eles se veem sãos: o lado de Cristo esteve são, para ser ele o mais chagado; antes a maior chaga de todas. Os lados dos reis fecham-se porque se não querem comunicar: o lado de Cristo esperou fechado, para se comunicar com maior abundância, e para ficar sempre aberto. Finalmente, os lados dos reis ajuntam em si, e para si, tudo o que falta aos reis: o lado de Cristo ajuntou em si, mas para nós, tudo o que sobejou a Cristo. Notai muito.

---

[i] *João*, XIX, 30.

O sangue de Cristo foi o preço de nossa Redenção; e como este preço era infinito, porque uma só gota bastava para remir mil mundos, tão infinito foi o que sobejou depois de remido, como era infinito o que se despendeu para o remir. E que se fez deste preço que sobejou? Assim como do que se despendeu se pagou o resgate, assim do que sobejou se fez um depósito. E este depósito de preço e valor infinito são os tesouros da Igreja, que misteriosamente estavam encerrados no lado de Cristo. Daqui se entenderá a razão por que tendo o Senhor derramado tanto sangue até a morte, ainda reservou no lado mais sangue para o derramar depois de morto. E por quê, se no ponto da morte de Cristo ficou o mundo remido? Porque o sangue derramado até a morte significava o preço necessário à Redenção, que se despendeu; e o sangue que se derramou depois da morte significava o preço superabundante que sobejou. Do que se despendeu na Paixão, como de resgate, se remiu o mundo: do que sobejou no lado, como de depósito, se formou e enriqueceu a Igreja: *Dormiente Adam fit Hexa de latere: mortuo Christo perforatur latus, ut supereffluant sacramenta; unde formetur Ecclesia:*[i] Assim como do lado de Adão (diz Santo Agostinho) se formou Eva, assim do lado de Cristo saíram os Sacramentos, para que deles, como de matéria superabundante, se formasse a Igreja. Isso quer dizer a palavra: *Supereffluant*, que significa sair como coisa superabundante, supérflua, e que sobeja. Falou Agostinho como tão grande lume da teologia; porque estes são os próprios termos de que usam os teólogos quando falam do tesouro da Igreja, que se compõe principalmente da satisfação infinita do sangue de Cristo, que superabundou e sobejou do preço da Redenção: *Thesaurus satisfationum Christi super effluentium*, diz com todos os doutores ortodoxos o cardeal Belarmino.[ii] E este é o tesouro donde a Igreja tirara as graças e indulgências que concede e aplica aos fiéis, para que satisfaçam à Justiça Divina, pelas culpas ou penas de que lhe são devedores.

E se alguém desejar na semelhança de Santo Agostinho (que também é de S. Paulo) a perfeita proporção da figura com o figurado;[iii] e me perguntar como se verifica ou pode verificar do lado de Adão ser formada Eva, não da parte ou matéria necessária, senão da superabundante e supérflua; eu o direi satisfazendo a esta e a outra grande dúvida. Diz o Texto sagrado que tirou Deus uma costa do lado de Adão, e que desta costa formou a Eva: mas duvidam, e com muito fundamento, os teólogos, que costa de Adão foi esta; porque se era uma das costas, de que naturalmente se compõe o corpo humano, segue-se que o corpo

---

[i] *Aug. in Sentent. sentent.* 328.
[ii] *Belarm. de Indulg.* Livro I, Cap. 2.
[iii] *Efés.*, V, 32.

de Adão ficou defeituoso e imperfeito, o que se não deve admitir, sendo Adão o primeiro homem, e o modelo original de todos os homens que dele haviam de nascer. E se o corpo de Adão ficou perfeito, antes perfeitíssimo (como era bem que fosse), que costa foi esta sua de que Eva se formou? Responde S. Tomás que o corpo de Adão, quando ao princípio foi criado, tinha uma costa de mais em um dos lados; e que deste lado, e desta costa que nele sobejava foi formada Eva.[i] Pois assim como no lado de Adão criou Deus uma parte superabundante e supérflua, de que tirou a matéria necessária à formação de Eva, assim no lado de Cristo depositou outra parte também superabundante e supérflua, necessária à formação e reformação da Igreja, que foi o que sobejou do preço infinito da Redenção. E estes são os tesouros das graças que hoje se nos concedem, tirados do depósito infinito e inexausto do lado de Cristo aberto: *Latus ejus aperuit.*

VI

Aperuit. Abriu-se o lado de Cristo: mas porque se podia abrir mais ou menos; para que saibamos a largueza com que se abriu, e quão imensos são os tesouros que dele se nos comunicam, vejamo-los patentes e declarados, não por outro intérprete, senão pela mesma Bula. Diz S. João no princípio do seu Apocalipse[ii] que viu diante do trono de Deus um pergaminho escrito por dentro e por fora, envolto e cerrado com sete selos. Isto é o que ele chama livro, porque assim eram, e se chamavam os livros daquele tempo. Desejava, como profeta, saber o que continha aquela escritura tão cerrada; e diz que chorava muito, por se não achar quem a abrisse. Mas logo se chegou a ele um velho dos vinte e quatro anciãos que assistem ao trono de Deus, o qual o consolou, dizendo que o Leão da tribo de Judá tinha poder para a abrir. Então viu S. João um Cordeiro que estava em pé, como morto, o qual desfechando os sete selos, abriu e estendeu o pergaminho, e fez patente o que nele estava escrito. Grande mistério verdadeiramente, e grande e excelente representação ou figura da Bula da Santa Cruzada! Primeiramente isto significam os selos, que são os que dão autoridade à Bula, e dos mesmos selos pendentes é que ela tem e tomou o nome, porque bula quer dizer selo. Estava o pergaminho escrito por dentro e por fora, porque as graças que contém a Bula não só pertencem aos bens interiores e espirituais, senão também aos temporais e exteriores. E não só aos vivos, que estamos neste mundo, senão também aos defuntos, que estão fora dele. Não se

---

[i] *D. Tom.* p. 1, q. 92, art. 3.
[ii] *Apoc.*, V, 1.

achava quem abrisse o que ali estava fechado, e publicasse o que estava escrito, porque este poder é só de Cristo e do seu vigário; e por isso o velho que consolou a S. João, como tem para si Lirano, foi S. Pedro. Disse-lhe que o abriria o Leão da tribo de Judá, que é Cristo, o qual logo apareceu, em figura de cordeiro, em pé, e como morto: *Agnum stantem, tanquam occisum*:[i] tudo com o mesmo mistério. Em figura de cordeiro, porque esta obra, sendo de seu poder, é muito mais de sua benignidade e misericórdia. Em pé e como morto, porque Cristo morreu na cruz, não jazendo senão em pé; e da cruz acresceu à Bula o nome de Cruzada. E finalmente não morto, senão como morto, porque correr sangue do lado de Cristo (o que só acontece aos vivos) foi acção de faculdade vital e vivificante, como gravemente notou Santo Hipólito: *Ut ne ipsum corpus mortuum aliis simile appareat, nobis autem ea, quae sunt vitae causa, possit profundere.*[ii] Correu sangue do lado de Cristo morto, como se estivera vivo (diz este antiquíssimo padre), para que entendêssemos que o mesmo lado, ainda morto, tinha potência de vivificar, e que dele manavam todas as graças que nos haviam de dar vida.

Vamos agora metendo a mão neste sagrado lado aberto (não como Tomé incrédulo mas fiel) e abrindo os sete selos um por um, como o mesmo Cordeiro crucificado os abriu; vejamos os divinos tesouros de graças, que naquela larga Escritura se nos prometem, e comunicam. Em uma alma, ou consciência embaraçada, podem geralmente concorrer sete impedimentos, para não conseguir prontamente os meios de sua salvação. Pecados reservados, excomunhões, interditos, votos, enfermidades, dívidas temporais aos homens, e espirituais a Deus. E todos estes impedimentos (com poucas excepções, em que me não posso deter e se contêm na mesma Bula) se nos tiram e facilitam por ela. Acha-se carregada a vossa alma não só com pecados, mas com pecados de dificultosa absolução quais são os reservados? Tomai a Bula da Santa Cruzada; abri o primeiro selo: *Aperuit*: e ela dá poder ao confessor que elegerdes, para vos absolver de todos, por graves e enormes que sejam, e não só reservados aos prelados ordinários, mas à mesma Sé Apostólica. Estais ligado com a gravíssima censura da excomunhão; tendes horror (como deveis ter) de vós mesmo, vendo-vos privado da comunicação dos fiéis? Abri o segundo selo: *Aperuit*: e por graça e faculdade da mesma Bula, sereis absolto da excomunhão, ou seja *A jure*, ou *Ab homine* e restituído ao antigo estado. Fecharam-se-vos as portas da Igreja, por estar interdita a paróquia, a cidade ou reino, onde viveis? No meio desta tristeza e desconsolação pública, abri o terceiro selo: *Aperuit*: e pelo privilégio que

---

[i] Ibid., V, 6.
[ii] *S. Hipól. Epist. ad Regin.*

debaixo dele se vos concede, não só podereis assistir privadamente aos divinos ofícios e receber os sacramentos, mas se durante o interdito morrerdes, gozareis de eclesiástica sepultura. Fizestes votos com que vos obrigastes a Deus e aos santos, mais do que o tempo, as ocupações e a pouca devoção vos dão lugar? Abri o quarto selo: *Aperuit*: e o confessor por virtude da Bula vo-los comutará de modo que facilmente os possais cumprir. Sois enfermo, ou achacado, fazem-vos dano à saúde os comeres quadragesimais? Abri o quinto selo: *Aperuit*: e de conselho do médico e confessor, não só na Quaresma, mas em todos os outros dias proibidos podereis comer licitamente o que julgardes conveniente à vossa fraqueza. Adquiristes e possuís bens alheios; não sabeis a quem os haveis de restituir, porque ou foram adquiridos vagamente, ou não aparece o dono; não podeis restituir inteiramente por pobreza, ou não quereis por avareza (como é mais certo)? Abri o sexto selo: *Aperuit*: e a tudo vos dará a Bula tão fácil remédio que com pouca despesa satisfaçais muita dívida. Finalmente, deveis a Deus as penas de vossos pecados, que sois obrigado a pagar, ou nesta, ou na outra vida, como as estão pagando os do Purgatório, dos quais igualmente vos compadeceis, ou pelas obrigações do sangue, ou pelas de cristão? Abri o sétimo selo: *Aperuit*: e achar-vos-eis rico de tantas abundâncias de graças e indulgências, que plenária e plenissimamente possais satisfazer por vós, e por todos os defuntos a quem se estender a vossa caridade.

 Oh, misericórdias do lado de Cristo! Oh, tesouros da Madre Igreja, que dele se enriqueceu! Ele tão infinito em lhos entregar, e ela tão liberal em no-los repartir! Agora entendereis a cláusula desta visão do Apocalipse. Diz S. João que quando o Cordeiro abriu os sete selos daquela misteriosa escritura, prostrados diante do seu trono lhe deram infinitas graças todos os que estavam no Céu, e na terra e debaixo da terra, e no mar e debaixo do mar: *Et omnem creaturam, quae in caelo est, et super terram et sub terra, et quae sunt in mari et quae in eo, omnes audivi dicentes sedenti in throno, et Agno: benedictio, et honor, et gloria*. E quem são estes que davam tantas graças a Deus e ao Cordeiro que abriu os sete selos, não só no Céu, senão na terra e no mar; e não só na terra e no mar, senão também debaixo da terra, e debaixo do mar? São todos aqueles que por diversos modos gozam os benefícios da Bula. Os do Céu são os bem-aventurados; os da terra e do mar são os vivos: os de debaixo da terra e debaixo do mar são os defuntos. E todos davam graças a Deus e a Cristo morto pela abertura dos sete selos da Santa Cruzada; porque bem-aventurados, vivos e defuntos, todos por diverso modo lhe devem o maior benefício. Os bem-aventurados, porque por meio da Bula subiram direitos à glória. Os vivos, porque por meio da Bula se restituem à graça. Os defuntos e do Purgatório, porque por meio da

Bula se livram das penas. Vede até onde alcançam, e se são grandes e universais para todos as graças daquele lado e daquela escritura aberta: *Aperuit?*

VII

Et continuo. Mas por que em matéria de mercês e graças não basta só estarem impetradas e concedidas, nem basta terdes em vosso poder as portarias, os alvarás, e as provisões, para que, entre o dado e o efetivo; entre a escritura e a posse; entre o papel e o que ele diz, não se atravessem muitos embaraços e muito tempo de esperas, e ainda de desesperações; com muita razão me perguntareis: estas graças e indulgências tão grandes que se nos concedem na Bula, quando se alcançam? Já pagamos a esmola; já se escreveu o nosso nome na Bula; já a temos em nosso poder; mas o efeito ou o efetivo, quando há de ser? A palavra que se segue o diz: *Et continuo*: logo sem dilação, logo sem tardança, logo verdadeiramente logo. E digo, verdadeiramente, porque não cuide ou receie alguém que o logo da Santa Cruzada é como os logos dos vossos tribunais.

Não há palavra mais equívoca, nem advérbio de mais duvidosa significação, que o logo em matéria de despachos. Apenas há remissão que não desça com um logo, e quase não há consulta que não suba com dois logos, e alguma com três. Mas estes logos quão longos são, quanto tardam, e quanto duram! Há logo de dois anos, e de quatro, e de dez, e de toda a vida. Estais despachado para a Índia, sobem os vossos papéis com três logos; dispara a capitânia peça de leva, cortam-se as amarras, embarcais-vos e que vos sucede? Estivestes parado muitos dias nas calmas de Guiné; destes volta ao cabo de Boa Esperança; invernastes em Moçambique; passastes duas vezes a Linha; chegais finalmente a Goa a cabo de ano e meio; e os logos ainda não chegaram. Se lá morrestes, chegarão para o Dia do Juízo; e se tornastes daí a oito ou dez anos, ainda os logos estão lá em cima ou não há já memória donde estejam. E isto é o que significavam aqueles logos. Muitas vezes me pus a considerar, que quer dizer logo, logo? Porque se o primeiro logo significa logo, o segundo que significação tem? Parece que um logo sobre outro logo é como um não sobre outro não. Um não sobre outro não quer dizer sim; e um logo sobre outro logo muitas vezes quer dizer nunca, e quase sempre, tarde. Isto porém se entende quando os logos são para remunerar e premiar beneméritos, que quando são para os destruir e aniquilar, um logo, e dois, e três todos voam. Vede-o na tragédia do grande Precursor de Cristo. Fez el-rei Herodes aquele solene convite ao dia dos seus anos: saiu a dançar a filha de Herodias: disse-lhe o rei que pedisse, ainda que fosse a metade do seu reino. E que pediu? A cabeça do Batista com três logos: *Cumque introisset statim cum festinatione ad regem, petivit dicens: Volo, ut protinus des mihi in disco caput Joannis Baptistae.*[i] Contai os logos, e vede se foram três: *Statim*, logo: *Cum festinatione*, logo: *Protinus*, logo: e foram os logos tão prontos e tão logos, que logo entre os pratos da mesa apareceu em um deles a cabeça do maior dos nascidos. Estes são os logos da justiça, ou tirania do mundo. Quatro significações, todas formidáveis! Para o bem um nunca, para o mal três logos: *Statim*: *Cum festinatione*: *Protinus*.

Só o logo da Santa Cruzada sendo para bem, e para tão grandes bens, verdadeiramente e com infalível certeza é logo: *Et continuo*. Para um logo não ser logo, podem-no impedir e retardar, ou as distâncias do tempo, ou as dos lugares. Mas nem as distâncias do tempo (ainda que sejam de muitos anos), nem as distâncias dos lugares (ainda que sejam de muitos centos de léguas), podem impedir ou suspender o logo da Santa Cruzada, para que não seja logo. Vamos à mesma Bula, e ide comigo. O jubileu do Ano Santo antigamente era de cem em cem anos: depois foi de cinquenta em cinquenta: hoje é de vinte cinco em vinte cinco. Mas esta mesma distância de tempo tão comprido se estreita e abrevia de tal modo por graça e privilégio da Bula, que, sem esperar vinte cinco anos, nem dez, nem dois, nem um, neste mesmo dia podeis ganhar o jubileu do Ano Santo; e neste mesmo ano duas vezes. Nas distâncias dos lugares ainda é mais maravilhoso este logo: *Et continuo*. Quereis ganhar as indulgências de Sant'Iago; haveis de peregrinar cem léguas a Compostela. Quereis fazer as estações de Roma e correr as sete igrejas dentro e fora dos muros; haveis de peregrinar quinhentas léguas a Itália. Quereis visitar o Santo Sepulcro, o Calvário, o Monte Olivete, a Casa Santa, haveis de peregrinar mil léguas a Jerusalém. Não são grandes distâncias de lugares estas? Grandes por certo, e ainda maiores, se lhes ajuntarmos que haveis de passar por terras habitadas de infiéis, e por mares infestados de infinitos corsários, onde é mais certa a escravidão e o remo, que os perdões e indulgências que ides buscar. Mas para todos estes perigos, eu vos darei um passaporte muito seguro, e para todos estes caminhos um atalho muito breve. Tomai a Bula da Santa Cruzada, e sem sair de Lisboa fostes a Compostela, fostes a Roma, fostes a Jerusalém porque as graças que lá haveis de ir buscar, aqui se vos concedem, não diversas, nem menores, senão as mesmas. Querei-las alcançar logo? Visitai cinco igrejas. Quereis mais logo? Visitai na mesma igreja cinco altares. Quereis mais logo? Visitai o mesmo altar cinco vezes; e sem vos bulir de um lugar, fostes a Galiza, fostes a Itália, fostes a Palestina, e vos achais rico de todos os tesouros de graças, que tão longe se vão buscar com tanto trabalho.

---

[i] *Marc.*, VI, 25.

Mas ouço que me diz algum pobre: padre, não são indulgências o que eu só quero: maior mal e maior pena é a minha. Fui tão desgraçado, que incorri uma excomunhão da Bula da Ceia. E quem me há de levar aos pés do padre--santo, e mais em tempo de tantas guerras? Também cometi um pecado muito grave, reservado ao meu bispo, e agora não há bispos. Além de que eu sou de uma aldeia de Entre Douro e Minho; e depois que faltou o santo Fr. Bartolomeu dos Mártires, já os prelados não conhecem o meu lugar. Assim que me vejo com o remédio quando menos muito dilatado: a morte pode vir mais cedo, não sei que há de ser de mim? Quê? Eu vos dou o remédio logo. Tomai a Bula da Santa Cruzada, elegei um confessor, e logo tendes o bispo na vossa igreja e o papa na vossa terra; porque o confessor com uma Bula na mão é bispo e é Papa. Pode haver maior felicidade e maior brevidade que esta, para os pecados, para as censuras, para as indulgências? De maneira que sem a Bula da Cruzada haveis de ir buscar o bispo e o Papa; e com a Bula, o bispo e o Papa vêm-vos buscar a vós. Sem a Bula havíeis de ir tão longe, a Compostela, a Roma, a Jerusalém: com a Bula tendes Compostela, tendes Roma, tendes Jerusalém dentro em Lisboa. Vede quanto vai deste sagrado tribunal aos outros. Nos outros tribunais tratam-se os negócios em Lisboa, como se estiveram em Roma, ou em Jerusalém; neste tratam-se e conseguem-se os de Roma e de Jerusalém como se estiveram em Lisboa. Em Lisboa digo, mas não como em Lisboa; porque o despacho e as graças não estão na mão dos ministros, senão na vossa.

E se vos parece coisa dificultosa que naquela folha de papel, como se fora um mapa do mundo, se juntem lugares tão distantes e terras tão remotas como são Roma, Jerusalém e Lisboa; e que para se conseguirem tantos tesouros de graças, se contente Deus e o seu vigário com que vos ponhais de joelhos numa igreja; respondei-me a uma pergunta: Quem é mais liberal, Deus em dar, ou o Demônio em prometer? Não há dúvida que Deus em dar. Lembrai-vos agora do que fez o Demônio e do que prometeu, e do que pediu a Cristo na tentação do monte. O que fez foi trazer ali o mundo: o que prometeu foi a glória de todos os reinos: o que pediu foi somente que se pusesse Cristo de joelhos diante dele. Pois se o Demônio trouxe todos os reinos do mundo a um monte; porque não trará Deus, por modo mais fácil, Jerusalém, Roma e as outras cidades santas à vossa? E se o Demônio prometeu todas as glórias daqueles reinos; por que não prometerá Deus todas as graças daqueles lugares? E se o Demônio se contenta, e não quer mais, nem põe outra condição, senão que se lhe ajoelhem; porque se não contentará Deus com vos ver de joelhos diante de si, contrito, arrependido e orando? Finalmente, se o Demônio fez tudo isto (como diz o evangelista) em um momento; *In momento*;[i] por que o não fará Deus em um logo que seja logo: *Et continuo*? Mas já é tempo de concluirmos. Vão juntas as duas últimas palavras.

VIII

Exivit sanguis, et aqua. S. Jerônimo, que por testemunho da Igreja, na interpretação das Sagradas Escrituras é o máximo de todos os Doutores, declarando o mistério por que do lado de Cristo morto saiu sangue e água, disse com singular propriedade que foi para significar no sangue o martírio, e na água o batismo: *Latus Christi percutitur lanceam, et baptismi atque martyrii pariter sacramenta funduntur.*[ii] E por que razão mais o martírio e o batismo, que algum dos outros sacramentos? A razão deste pensamento não a deu S. Jerônimo; mas posto que seja altíssima, não é dificultosa de entender. Entre todos os sacramentos, só o batismo e o martírio (que também é batismo) de tal modo purificam a alma, e a absolvem de toda a culpa e pena, que no mesmo ponto ao mártir por meio do sangue próprio, e ao batizado por meio da água batismal, se lhes abrem as portas do Céu, e se lhes franqueia a vista de Deus. Esse foi o mistério com que ao soldado que abriu o lado (tanto que dele saiu o sangue e água) logo sendo cego, se lhe abriram os olhos, e viu ao mesmo Cristo, que não podia ver. E como o fim da Encarnação do Verbo foi destruir o pecado, reparar o estado da inocência, e abrir e restituir ao homem o paraíso perdido; por isso o último ato da vida e morte de Cristo, e a última cláusula com que obrou a obra da Redenção, foi tirar do sacrário de seu próprio peito aquelas duas chaves douradas do Céu, e dar-nos as duas prendas mais seguras da sua graça e glória, que são, no sangue a do martírio, e na água a do batismo: *Baptismi, atque martyrii pariter sacramenta funduntur.*

Quando os filhos de Israel passaram do Egito à Terra de Promissão, passaram pelo mar Vermelho, e pelo rio Jordão; mas por um e outro a pé enxuto. E que Egito, que Terra de Promissão, que filhos de Israel, que mar Vermelho, que rio Jordão foi este? O Egito é o mundo, a Terra de Promissão é a glória, os filhos de Israel são os fiéis, o mar Vermelho é o martírio, o rio Jordão é o batismo: e passaram por um e outro milagrosamente a pé enxuto; porque só pelo mar Vermelho do martírio, e só pelo rio Jordão do batismo, se pode passar à glória a pé enxuto (isto é) sem tocar as penas do Purgatório. Mas com isto ser assim,

---

[i] *Luc.*, IV, 5.
[ii] *D. Hier. Ep.* 83.

debaixo das mesmas significações de martírio e batismo, acho eu que ainda nos deu mais o lado de Cristo, e foi mais liberal conosco nas graças da Santa Cruzada. Comparado o martírio com o batismo, não tem conhecida vantagem: ambos se excedem um ao outro, e ambos são excedidos. O batismo (como é Sacramento do princípio da vida) deixa-nos capazes de merecer; mas também capazes de pecar. O martírio (como se consuma com a morte, e acaba a vida) deixa-nos incapazes de pecar, mas também incapazes de merecer. E nesta vantagem recíproca, com que o martírio e o batismo se excedem, e são excedidos, só poderá resolver qual é maior graça quem primeiro averiguar se é melhor o merecimento com perigo, ou a segurança sem merecimento? Tão iguais ou problemáticas são as prerrogativas do batismo, e do martírio, comparados entre si. Mas comparados com as graças da Santa Cruzada, não há dúvida que a indulgência e indulgências plenárias, que tão facilmente, e por tantos modos se nos concedem nela, ainda têm circunstâncias de vantagem, com que não só igualam, mas excedem ao mesmo batismo, e ao mesmo martírio. Igualam o batismo e o martírio; porque se o batismo e o martírio purificam e livram a alma de toda a culpa e pena, o mesmo faz a indulgência plenária verdadeiramente ganhada. E excedem o mesmo batismo, e o mesmo martírio, porque a indulgência plenária é como o martírio, mas como martírio sem tormento: e é como o batismo, mas como batismo com repetição. Ora vede.

O martírio (como lhe chama a Igreja) é um compêndio ou atalho brevíssimo do caminho da Glória; porque o mártir sem dar mais que um passo, com um pé na Terra, e outro no Céu, entra da morte à bem-aventurança. Por aquela morte se lhe não pede conta da vida; por aquela pena se lhe perdoam todas as penas que devia por seus pecados. E posto que tivesse sido o maior pecador, no mesmo ponto fica santo. Grande felicidade por certo, e muito para desejar! Mas os mártires que assim passaram ao Céu, por onde passaram? Uns por cruzes, outros por grelhas, outros por rodas de navalhas, outros pelas unhas e dentes das feras, e todos por tantos e tão atrozes tormentos, que muitos, por medo e horror de tão cruéis mortes, se escondiam e fugiam do martírio; e outros, estando já nele, por não lhes bastar a fortaleza e constância para o sofrer, desmaiavam e retrocediam. Vede agora quanto mais fácil é ir direito ao Céu por uma indulgência da Bula da Cruzada, que de cruz não tem mais que o nome! O mártir sobe direito ao Céu, mas por tantos tormentos e tão arriscados: vós com a indulgência plenária também subis direito ao Céu, mas sem tormento, nem risco. Por isso o sangue, que significava o martírio, não saiu do lado de Cristo vivo com dor, senão do lado morto e insensível; porque as graças que manaram daquela fonte divina, se bem logram os privilégios de martírio, são martírio sem tormento.

E se é grande prerrogativa a da indulgência plenária, por ser como o martírio, mas sem tormento; não é menor, nem menos privilegiada, por ser como o batismo, mas com repetição. A graça do sacramento do batismo é tão maravilhosa por grande, como por fácil. Que maior maravilha, e que maior facilidade, que um homem carregado de pecados e obrigado por eles a penas eternas, purificar-se de toda a culpa, e livrar-se de toda a pena só com se lavar, ou o lavarem com uma pouca de água? Mas esta mesma graça tão grande, e esta mesma maravilha e facilidade (se é lícito falar assim) tem um notável defeito. E qual é? Não se poder o batismo reiterar, nem repetir. O homem uma vez batizado não se pode batizar outra vez. Essa foi a razão (como lemos em Santo Agostinho) porque muitos dos antigos catecúmenos, conhecendo esta limitação, e que não se podiam batizar mais que uma só vez, ou dilatavam o batismo para a morte, ou, quando menos, para a velhice, reservando e como poupando a eficácia daquele remédio para o tempo da maior necessidade. Era abuso, e por isso se proibiu justissimamente. Mas se o batismo se pudera repetir, e um homem se pudesse rebatizar todas as vezes que quisesse, não há dúvida que seria graça sobre graça, e um excesso de favor muito mais para estimar. Pois isto mesmo que Deus não concedeu a todos pelo sacramento do batismo nos concede hoje a nós pela Bula da Santa Cruzada; porque sendo a indulgência plenária, como batismo em purificar de culpa e pena, é juntamente como batismo com repetição, porque se pode repetir e reiterar muitas vezes. O batismo é fonte que se abre uma só vez e se torna a cerrar para sempre: mas a indulgência da Bula é fonte que se abre hoje e todos os anos, e não se torna a cerrar, antes fica continuamente aberta. Por isso o lado de que saiu a água (que significava o batismo) de tal maneira se abriu, estando Cristo morto, que não se tornou a cerrar, nem depois de ressuscitado. Aberto uma vez, e sempre aberto: *Lancea latus ejus aperuit, et continuo exivit sanguis, et aqua.*

IX

Tenho acabado o meu discurso. E sei, senhores, que vos tenho cansado, mas não sei se vos tenho persuadido? Se estais resolutos todos a vos aproveitar de tão inestimáveis tesouros, isto é o que Cristo deseja: e esta a correspondência que espera de vossa devoção o amor e liberalidade, com que para vos encher de graças, abriu e tem aberto o lado. Mas se houver algum cristão indigno de tal nome, que por fraqueza de fé, ou falta de piedade, não agradeça ao mesmo Senhor as mercês que tão de graça lhe oferece, ao menos com as aceitar e estimar como merecem, saiba que esta será a segunda lançada com que lhe penetrará mais dentro o peito aberto e lhe ferirá o coração. A lançada do Calvário não diz o Texto que feriu, senão que abriu o lado: esta segunda lançada é a que só o pode ferir, estando tão aberto, e penetrar tanto dentro, que lhe chegue ao coração: *Vulnerasti cor meum soror mea sponsa, vulnerasti cor meum in uno oculorum tuorum*.[i] São queixas de Cristo a sua Igreja, que se compõe de maus e bons, de devotos e indevotos, e de fiéis e infiéis. Diz pois o amoroso Senhor que sua Esposa lhe feriu o coração com um dos olhos: *In uno oculorum*. E por que não com ambos? Porque os dois olhos da Igreja são a fé e o entendimento; e só com um deles (se se dividem) ferem os homens neste caso o coração de Cristo. Os hereges ferem o coração de Cristo com o olho da fé: *In uno oculorum*; porque negam a verdade das indulgências, e o poder do pontífice para as conceder. Assim as negou Lutero, por sinal que raivoso de se dar a outro pregador o sermão da Cruzada, que ele pretendia pregar. E este foi o primeiro erro com que depois se precipitou a tantos. Os católicos (que somos nós) ferem também o coração de Cristo; mas com o olho do entendimento: *In uno oculorum*; porque crendo o poder do pontífice, e a verdade das indulgências, têm alguns tão pouco juízo, que por negligência e pouco cuidado da alma, e por desprezo dos bens do Céu deixam de se aproveitar de tamanhos tesouros. Oh, que ferida essa para o coração de Cristo, tão cruel da nossa parte, e tão sensível da sua!

É possível que há de haver no Mundo homem com fé, que podendo-se purificar de todos seus pecados, e pagar a Deus as penas de que lhe é devedor, e uma e outra coisa tão facilmente, o não faça? Mas a mesma facilidade é a causa. É tal a condição vil de nossa natureza, que só estimamos o dificultoso, e desprezamos o fácil. A primeira vez que se concederam as indulgências do Ano Santo, foi tal o concurso de todo o mundo a Roma, que não cabendo a multidão das gentes na cidade, inundava os campos. Se esta mesma bula se concedera uma só vez em cem anos, e no cabo do Mundo, lá a havíamos de ir tomar. Pois porque Deus nos facilita tanto este bem, e nos vem buscar com ele a nossa casa, o havemos nós de estimar menos? O que o havia de fazer mais precioso, lhe há de tirar o preço? Tais como isto somos os homens. Quando Eliseu mandou a Naaman Siro que se lavasse no Jordão para sarar da lepra, quis-se ele voltar logo para a sua terra, desprezando o remédio pela facilidade, e não crendo que podia ter tanta virtude, o que tão pouco custava. Mas que lhe disseram a este príncipe os seus criados, e com que o persuadiram a que fizesse o que Eliseu lhe ordenava? *Pater, et si rem grandem dixisset tibi Propheta, certe facere debueras, quanto magis, quia nunc dixit tibi lavare, et mundaberis*:[ii] Senhor, se o profeta vos mandasse

---

[i] *Cânt.*, IV, 9.
[ii] *4.º Livro dos Reis*, V, 13.

fazer uma coisa muito dificultosa, é certo que a havíeis de fazer para sarar da lepra; pois se vos pede uma coisa tão fácil como lavar-vos no Jordão, por que o não fareis? Isto diziam a Naaman os prudentes criados, e o mesmo digo eu aos que não quiserem curar suas consciências, e acudir a suas almas para esta e para a outra vida, com um remédio tão fácil. Se para nos purificar de tantas lepras tão feias, tão asquerosas e tão mortais (como são os pecados de todo gênero), e para nos livrar das penas devidas por eles, ou eternas no Inferno, ou de muitos anos no Purgatório, devíamos aceitar qualquer partido, e oferecer-nos muito de grado a qualquer satisfação, por dura e dificultosa que fosse; uma tão fácil como esta, em que tudo se nos concede, e perdoa de graça, por que a desprezaremos? Se há alguém que saiba responder a este porquê, deixe embora de tomar a bula. Mas porque estou certo, que nenhum entendimento que tenha fé lhe pode achar resposta, quero-vos deixar com a mesma pergunta nos ouvidos, esperando que por eles nos abra os corações aquele mesmo Senhor que para nos encher de tantas graças se deixou abrir o peito: *Unus militum lanceam latus ejus aperuit.*

SERMÃO DA QUARTA DOMINGA DO ADVENTO

PREGADO NA CAPELA REAL, EM 1650

Factum est verbum Domini super Joannem, et venit in omnem regionem Jordanis, praedicans baptismum poenitentiae in remissionem peccatorum.[i]

I

Sem que eu o diga, está dito por si mesmo que havemos de ter hoje o quarto juízo. No primeiro sermão vimos o juízo de Deus para com os homens; no segundo vimos o juízo dos homens uns para com os outros; no terceiro vimos o juízo de cada um para consigo mesmo. Mas qual será o quarto e último juízo que nos resta hoje para ver? Nem é juízo de si mesmo, nem é juízo dos homens, nem é juízo de Deus: é o juízo destes três juízos. Todos os três juízos que vimos vêm hoje chamados a juízo. Levanta neste Evangelho o Batista o tribunal supremo da penitência: *Praedicans baptismum poenitentiae in remissionem peccatorum*: e assenta-o com grande propriedade e mistério nas ribeiras do Jordão: *In omnem regionem Jordanis*; porque Jordão quer dizer: *Fluvius judicii*: o rio do juízo. A ver-se nas águas deste rio, apresentar-se diante deste tribunal, vêm hoje os três juízos, cada um por suas causas. O juízo de si mesmo vem por suspeições, porque o damos por suspeito; o juízo dos homens vem por agravo, porque agravamos dele; o juízo de Deus vem por apelação, porque apelamos de Deus para a nossa penitência. Todos estes juízos hão de ser julgados hoje, e espero que hão de sair bem julgados, porque debaixo do juízo da penitência, o juízo de si mesmo emenda-se; o juízo dos homens despreza-se; o juízo de Deus revoga-se. Assim que o juízo de si mesmo emendado; o juízo dos homens desprezado; o juízo de Deus revogado; é o que havemos de ver hoje.

Tenho proposto (católico e nobilíssimo auditório) a matéria deste último sermão. E se nos passados mereci alguma coisa a vossos entendimentos (*quod sentio quam sit exiguum*) quisera que me pagassem hoje vossos corações. Aos corações determino pregar hoje, e não aos entendimentos. Cristo, soberano

---

[i] *Luc.*, III.

exemplar dos que pregam sua palavra, comparou os pregadores aos que lavram e semeiam: *Exiit qui seminat seminare: semen est verbum Dei.*[i] O último sermão é o Agosto dos pregadores: se se colhe algum fruto, neste sermão se colhe. Mas quando eu vejo que hoje nos torna a repetir o Batista, que clamava em deserto: *Vox clamantis in deserto*;[ii] que confiança pode ficar a qualquer outro pregador, que não desmaie; ou que palavras podem ser tão fortes e eficazes às suas, que antes de as pronunciar a voz, não emudeçam? Lembra-me, porém, que para Cristo converter um homem que O tinha negado três vezes, porque se dignou de lhe pôr os olhos, bastou a voz irracional e noturna de uma ave, cujas asas apenas a levantam da terra, para o restituir outra vez ao caminho do Céu. Tanto pode um *respexit* dos olhos divinos. Assim é, Senhor, assim é. E posto que este indigno ministro da vossa palavra seja tão desproporcionado instrumento para obra tão grande; se os olhos de vossa piedade e clemência se puserem nos que me ouvem, e um raio de vossa vista lhes ferir as almas; não desespero, antes confio de vossa graça, que as soberanas influências de sua luz farão o que podem, e o que costumam: *Qui respicit terram, et facit eam tremere*:[iii] olhai vós, Senhor, que ainda que sejamos de terra insensível e dura, nós tremeremos de vos ofender: *Aspexit, et dissolvit gentes*:[iv] olhai Vós, Senhor, que ainda que fôssemos gentios sem fé, e não cristãos, os nossos corações se farão de cera, e se derreterão. Neste dia, pois, em que nos não resta outro, acendei a frieza de minhas palavras, e alumiai as trevas de nossos entendimentos, de sorte que, resolutamente desenganados, façamos hoje um inteiro e perfeito juízo de Vós, de nós e do mundo: de Vós, para que vos conheçamos e vos amemos; de nós, para que nos conheçamos e nos humilhemos; do mundo, para que o conheçamos e o desprezemos.

II

Ora venham entrando os três juízos, para serem examinados e julgados no tribunal da penitência: o juízo de si mesmo, para que se emende; o juízo dos homens, para que se despreze; o juízo de Deus, para que se revogue: e comecemos pelo que nos fica mais perto.

No tribunal dos areopagitas em Atenas, costumavam entrar os réus com os rostos cobertos. Assim entra e se presenta no tribunal da penitência o juízo de si

---

[i] *Luc.*, VIII, 5.
[ii] *Luc.*, III, 4.
[iii] *Sal.*, CIII, 32.
[iv] *Habac.*, III, 6.

mesmo. Entra com os olhos tapados, porque não há juízo mais cego. A cegueira do juízo e amor-próprio é muito maior que a cegueira dos olhos; a cegueira dos olhos faz que não vejamos as coisas; a cegueira do amor-próprio faz que as vejamos diferentes do que são, que é muito maior cegueira. Trouxeram um cego a Cristo, para que o curasse; pôs-lhe o Senhor as mãos nos olhos e perguntou-lhe se via. Respondeu: *Video homines velut arbores ambulantes*:[i] que via andar os homens como árvores. Pergunto: e quando estava este homem mais cego, agora ou antes? Agora, não há dúvida que tinha alguma vista, mas esta vista era maior cegueira que a que dantes tinha: porque dantes não via nada, agora via uma coisa por outra, homens por árvores; e maior cegueira é ver uma coisa por outra que não ver nada. Não ver nada é privação; ver uma coisa por outra é erro. Eis aqui porque sempre erra o juízo próprio: eis aqui porque nunca acabamos de nos conhecer. Porque olhamos para nós com os olhos de um mais cego que os cegos, com uns olhos que sempre veem uma coisa por outra, e as pequenas lhes parecem grandes. Somos pouco maiores que as ervas, e fingimo-nos tão grandes como as árvores; somos a coisa mais inconstante do mundo, e cuidamos que temos raízes; se o Inverno nos tirou as folhas, imaginamos que no-las há de tornar a dar o Verão; que sempre havemos de florescer, que havemos de durar para sempre. Isto somos, e isto cuidamos.

E que faz a penitência para emendar este juízo tão sem juízo? Que faz a penitência para iluminar este cego tão cego? Duas coisas. Tira-lhe o véu dos olhos e mete-lhe um espelho na mão. Tira-lhe o véu dos olhos, como pedia o pecador a Deus: *Revela oculos meos*;[ii] mete-lhe um espelho na mão, como dizia Deus ao pecador: *Statuam te contra faciem tuam*.[iii] Pôr-vos-ei a vós diante de vós. Nenhuma coisa trazemos os homens mais esquecida e desconhecida, nenhuma trazemos mais detrás de nós que a nós mesmos. E que faz o juízo da penitência? Põe-nos a nós diante de nós: *Statuam te contra faciem tuam*. Põe-nos a nós diante de nós, como a réus diante do tribunal, para que nos julguemos; põe-nos a nós diante de nós, como objeto diante do espelho, para que nos vejamos. Coisa dificultosa é que homens tão derramados nas coisas exteriores cheguem a se ver interiormente, como convém. Mas isso faz a penitência por um de dois modos, ambos maravilhosos: ou voltando-nos os olhos de fora para dentro, para que nos vejam: ou virando-nos a nós mesmos de dentro para fora, para que nos vejamos.

---

[i] *Marc.*, VIII, 24.
[ii] *Sal.*, CXVIII, 18.
[iii] Ibid., XLIX, 21.

Quando Deus quis converter aquele tão desvanecido rei Nabucodonosor, para que se descesse de seus soberbíssimos pensamentos e conhecesse o que era, o primeiro passo por onde o encaminhou à penitência foi transformá-lo em bruto. Sobre o modo desta transformação há variedade de pareceres entre os doutores: uns dizem que foi imaginária, outros que foi verdadeira; e posto que este segundo modo é mais conforme ao Texto, de ambos podia ser. Se foi transformação imaginária, voltou Nabucodonosor os olhos para dentro de si mesmo, e viu tão vivamente o que era que desde aquele ponto se não teve mais por homem, senão por bruto, e como tal se tratava. Se foi transformação verdadeira, converter Deus em bruto a Nabucodonosor não foi outra coisa que virá-lo de dentro para fora, para que mostrasse por fora na figura o que era por dentro na vida. Oh, quão outro se imaginava este grande rei antes do que agora se via! Antes não se contentava com ser homem, e imaginava-se Deus: agora conhecia que era muito menos que homem, porque se via bruto entre os brutos. Se voltarmos os olhos para dentro de nós, ou se Deus nos virara a nós mesmos de dentro para fora, que diferente conceito havia de fazer cada um de si do que agora fazemos! Mas sigamos os passos deste novo monstro, e vê-lo-emos, e ver-nos-emos. Andou pastando aquele bruto racional o primeiro dia de sua transformação entre os animais; lá pela tarde teve sede; foi-se chegando sobre quatro pés à margem de um rio, e quando reconheceu no espelho das águas a deformidade horrenda de sua figura, valha-me Deus, que assombrado ficaria de si mesmo! Provaria primeiro fugir de si; mas como se visse atado tão fortemente àquele tronco bruto, remeteria a precipitar-se na corrente; e se Deus o não tivesse contido, porque o queria trazer por aqueles campos de Babilônia para exemplo eterno de soberbos, ali ficaria sepultado, primeiro em sua confusão, e depois na profundidade do rio. Que rio é este, senão o rio Jordão: *Fluvius judicii*: rio do juízo? E quem é este Nabucodonosor assim transformado, senão o pecador, bruto com razão, e sem uso dela, que anda pascendo nos campos deste mundo entre os outros animais, mais animal que eles? Só uma diferença há entre nós e Nabucodonosor: que ele quis fugir de si e não pôde; nós ainda podemos, se quisermos. Chega enfim o pecador a ver-se nas águas deste rio, espelhos naturais, e sem adulação; vê de repente o que nunca tinha visto: vê-se a si mesmo. Oh, que assombro! É possível que este seja eu? Tal feiúra, tal horror, tal bruteza, tais deformidades há em mim? Sim; e muito maiores. Esse sois, e não o que vós cuidáveis. Vede se diz esse retrato com o que vós tínheis formado de vós mesmo no vosso pensamento; vede bem, e considerai muito devagar nesse espelho o rosto e as feições interiores da vossa alma; vede bem esses olhos, que são as vossas intenções; esses cabelos, que são vossos pensamentos; essa boca, que são as vossas palavras; essas mãos, que são as vossas ações e as vossas obras; vede bem se diz essa imagem com a que tendes na vossa ideia; vede se se parece o que vedes com o que imagináveis; vede se vos conheceis; vede se sois esse, ou outro: *Tu quis es?*

III

Sabeis por que andamos tão vangloriosos e tão desvanecidos de nós mesmos? Porque trazemos os olhos por fora e a nós por dentro; porque não nos vemos. Se nos víramos interiormente como somos, se consideráramos bem a deformidade de nossos pecados; oh, que diferente conceito havíamos de formar de nós! Tão desvanecidos de ilustres, tão desvanecidos de senhores, tão desvanecidos de poderosos, tão desvanecidos de discretos, tão desvanecidos de gentis-homens, tão desvanecidos de sábios, tão desvanecidos de valentes, tão desvanecidos de tudo: por quê? Porque vos não vedes por dentro. Dizei-me vós que uma vez pusésseis bem os olhos em vossos pecados: oh, como havíeis de emendar todos estes epítetos! Nenhum homem houve no mundo que mais se pudesse prezar de si que Davi, porque nele ajuntou a natureza, a fortuna e a graça, tudo o que repartiu pelos grandes homens; e contudo, nenhum homem achareis mais humilde nem menos prezado de si mesmo, antes mais desprezador de si, que Davi. E donde cuidais que lhe vinha isto? *Peccatum meum contra me est semper*:[i] estava Davi sempre olhando para seus pecados, e vendo-os, e vendo-se neles: *Quasi peccatorum imagines contemplando,* comenta S. João Crisóstomo. Estava Davi contemplando os seus pecados, como se estivera vendo e considerando as imagens e retratos de suas ações. Não há dúvida que muitas peças do palácio de Davi pelo Verão nas pinturas, pelo Inverno nos tapizes estariam ornadas com as famosas histórias de suas façanhas. Não deu tanta matéria às artes Hércules em seus trabalhos como Davi em suas vitórias. Mas não eram estas as vistas em que se entretinha aquele grande rei, nem estas as galerias em que ia passear. Em contraposição daquelas pinturas (sigamos assim a consideração de Crisóstomo) mandou fabricar Davi outra galeria, chamada de suas fraquezas, e nela pintar em diversos quadros, não as famosas, mas as lastimosas histórias de seus pecados. Aqui vinha passear Davi; aqui tinha o bom rei as suas meditações; e aqui alcançava a maior de todas suas vitórias, que foi o conhecimento de si mesmo.

Quasi peccatorum imagines contemplando. Vamos com Davi considerando pecados, e mudando epítetos. Punha os olhos Davi em um quadro, via a histó-

---

[i] *Sal.*, I, 5.

ria de Betsabá, e dizia consigo: É possível que me tenha o mundo por profeta, e que não antevisse eu que de uma vista se havia de seguir um pensamento, de um pensamento um desejo, e de um desejo uma execução tão indigna de minha pessoa e de meu estado! Não me chamem mais profeta, chamem-me cego. É possível que seja eu tido no mundo pelo valente da fama, e que bastou uma mulher para me vencer, e para que eu deixasse a guerra, e não saísse à campanha naquele tempo em que costumavam andar os reis armados diante de seus exércitos: *Eo tempore, quo solent reges ad bella procedere!*[i] Não me chame ninguém valente, chamem-me fraco. Dava dois passos adiante Davi, punha os olhos em outro quadro; via a história de Urias: como dava a carta a Joabe, e como aparecia logo morto nos primeiros esquadrões e vitoriosos os inimigos. É possível que me preze eu de príncipe verdadeiro, e que tenha mandado cometer uma traição tão grande debaixo de minha firma; e que a um vassalo tão fiel, depois de lhe tirar a honra, lhe tirei também a vida enganosamente! Não me terei mais por verdadeiro, senão por desleal. É possível que me fez Deus rei do seu povo, para Lho conservar e defender, e que consolo eu a nova derrota do meu exército, com a nova da morte de Urias; e que pesa mais na minha estimação a liberdade de um apetite que a perda de tão fiéis e valerosos soldados! Não me chamem rei, chamem-me tirano. Ia por diante Davi, contemplava outro quadro; via o caso de Nabal Carmelo: como mandara tirar a vida a tudo o que em sua casa a tivesse, e como depois lhe concedia perdão pelos rogos de sua mulher, Abigail. É possível que eu sou o celebrado de benigno e piedoso, e mande tirar a vida a um homem porque não quis dar sua fazenda aos fugitivos que me seguem! Eu sou o que domei os leões e os ursos no deserto, e não pude domar um ímpeto de ira dentro de mim mesmo! Não me chamarei mais humano, chamar-me-ei fero. É possível que me preze eu de inteiro, e que sendo tão justificada a causa de Nabal, ao menos não digna de castigo, não bastasse para me aplacar a sua justiça, patrocinada só de si mesma; e que depois, representada por Abigail, pudesse mais um memorial acompanhado do seu rosto, que da sua razão! Não me chamarei inteiro, chamar-me-ei respectivo. Dava mais passos adiante Davi, via em outro quadro a história de Siba: como acusava a Mefibosete seu senhor, como tomava posse da fazenda, e como depois de provada a calúnia, lhe mandara restituir só a metade. É possível que me preze eu de considerado, e que pelo dito de um criado, sem mais informação nem figura de juízo, declare Mefibosete, filho do rei meu antecessor, por réu de lesa-majestade, e lhe confisco a fazenda, e a dou ao mesmo acusador! Não me terei mais por prudente, senão por temerário.

---

[i] *1.º Livro dos Paral.*, XX, 1.

É possível que tenho eu opinião de reto, e que depois de averiguada a calúnia e provada a inocência, deixo ao traidor com a metade dos bens, e não mando que se restituam todos ao inocente! Não me terei mais por reto, senão por injusto. Eis aqui como Davi, pelos retratos de seus pecados, ia mudando os seus epítetos, e emendando o juízo de si mesmo; e tendo em si tanta matéria para a vaidade, achava tanta para os desenganos.

Cristãos (e não digo senhores, porque quisera que prezásseis mais de cristãos), ponha-se cada um diante das imagens de seus pecados: *Peccatorum imagines contemplando*: cuide e considere nelas um pouco, e verá como as ideias antigas que tinha na fantasia se lhe vão despintando, e como muda e emenda o juízo errado que de si mesmo fazia. Todos vos prezais de honrados, todos vos prezais de valorosos, todos vos prezais de entendidos, todos vos prezais de sisudos: quereis emendar esses epítetos? Virar os olhos para dentro aos pecados. Eu sou o que me tenho por honrado; e cometi tantas vezes uma vileza tão grande, como ser ingrato e infiel a meu Senhor, e a meu Deus, que me criou e me remiu com seu sangue! Não sou honrado, sou vil. Eu sou o que me tenho por valoroso; e cometi tantas vezes uma fraqueza tão baixa, como deixar-me vencer de qualquer tentação e virar as costas a Cristo, sem resistir por seu amor nem a um pensamento! Não sou valoroso, sou covarde. Eu sou o que me prezo de entendido; e cometi tantas vezes uma ignorância tão feia, como antepor a criatura ao Criador, a suma miséria ao sumo e infinito bem! Não sou entendido, sou néscio. Eu sou o que me prezo de sisudo; e cometi tantas vezes uma loucura tão completa como arriscar por um apetite leve, por um instante de gosto, uma eternidade de Glória ou de Inferno! Não sou sisudo, sou louco. Desta maneira emenda o juízo da penitência os erros e as cegueiras do nosso. Em lugar de sisudo, põe louco; em lugar de discreto, néscio; em lugar de valeroso, covarde; em lugar de honrado, vil; e aquilo era o que cuidávamos, isto o que somos. Ninguém nos diz melhor o que somos que os nossos pecados.

IV

Ainda os nossos pecados postos diante dos olhos têm outro modo de convencer e emendar, mais apertado e mais forçoso que é convencer-nos a nós conosco, e emendar o nosso juízo com o nosso próprio juízo. Cada um em seu juízo não se deve estimar mais que aquilo em que ele mesmo se avalia. E como se avalia cada um de nós? Isto não se vê nos nossos pensamentos, vê-se nos nossos pecados. Todas as vezes que um homem peca, vende-se pelo seu pecado:

Venundatus est, ut faceret malum, diz a Escritura Sagrada.[i] Ora veja cada um de nós o preço por que se vende, e daí julgará o que é. Prezais-vos muito, e estimais-vos muito, desvaneceis-vos muito: quereis saber o que sois por vossa mesma avaliação? Vede o preço por que vos dais, vede os vossos pecados. Dais-vos por um respeito, dais-vos por um interesse, dais-vos por um apetite, por um pensamento, por um aceno: muito pouco é o que por tão pouco se dá. Se nos vendemos por tão pouco, como nos prezamos tanto? Filhos de Adão enfim. Quem visse a Adão no Paraíso com tantas presunções de divino mal cuidaria que em todo o Mundo pudesse haver preço por que se houvesse de dar. E que sucedeu? Deu-se ele, e deu a todos seus filhos por uma maçã. Se nos vendemos tão baratos, por que nos avaliamos tão caros? Já que vos estimais tanto, não vos deis por tão pouco; e pois vos dais por tão pouco, não vos tenhais por mais. Não é razão que se avalie tão alto no seu pensamento quem se vende tão baixo no seu pecado.

Agora entendereis o espírito e a prudência de Davi, em pôr diante dos olhos as imagens de seus pecados: *Peccatorum imagines contemplando*: quando para se excitar a contrição e conhecimento de sua miséria, parece que, como profeta, pudera representar diante de si outra imagem, que mais o movera. Não movera mais a Davi uma imagem de Cristo crucificado, pois ele sabia muito bem que Deus havia de morrer em uma cruz por aqueles mesmos pecados? Digo que não; e vede a razão por que o digo. Muito melhor me conheço eu diante da imagem de um pecado que diante da imagem de um Cristo crucificado. Quando estou diante da imagem de Cristo crucificado, parece que tenho razões de me ensoberbecer, porque vejo o preço por que Deus me comprou; mas quando me ponho diante da imagem de um pecado, não tenho senão razões de me humilhar, porque vejo o preço por que eu me vendi. Quando vejo que Deus me compra com todo o seu sangue, não posso deixar de cuidar que sou muito; mas quando vejo que eu me vendo pelos nadas do mundo, não posso deixar de crer que sou nada. Eis aqui a que se reduz, e como se desengana o juízo de si mesmo, quando se vê, como em espelho, na imagem de seus pecados: e assim o muda, assim o emenda o juízo da penitência: *Praedicans baptismum poenitentiae*.

V

O juízo de si mesmo (como acabamos de ver) emenda-se; e o juízo dos homens? Despreza-se. Entra pois o juízo dos homens a presentar-se diante do tribunal da penitência: e não vem com os olhos vendados, como o juízo de si

---

[i] *3.º Livro dos Reis*, XXI, 25.

mesmo; mas com todos os sentidos, e com todas as potências livres, e muito livres; porque com todas julga a todos. Traz livres os olhos, porque julga tudo o que vê; traz livres os ouvidos, porque julga tudo o que ouve; traz livre a língua, porque publica tudo o que julga; e traz livre mais que tudo a imaginação, porque julga e condena tudo o que imagina.

Mas que faz a penitência para desprezarmos este ídolo tão adorado, tão temido e tão respeitado no mundo? Que faz, ou que pode fazer a penitência, para que não façamos caso, sendo homens, do juízo dos homens? Com abrir ou fechar um sentido, faz a penitência tudo isto. Para o juízo de si mesmo, abre-nos os olhos; para o juízo dos homens, fecha-nos os ouvidos. No dia da Paixão choviam testemunhos e blasfêmias contra Cristo; e o Senhor, como se nada ouvira. Assim Lho disse admirado Pilatos: *Non audis quanta adversum te dicunt testimonia?*[i] Não ouves quantos testemunhos dizem contra ti? Não ouvia Cristo, porque ouvia como se não ouvira. O Senhor naquele dia ia satisfazer pelos pecados nossos, que fizera seus; e quem trata de satisfazer a Deus por pecados não tem ouvidos para o que contra ele dizem os homens: *Ego autem tanquam surdus non audiebam.*[ii] Digam os homens, julguem os homens, condenem os homens o que quiserem, e quanto quiserem; que quem trata deveras da satisfação de seus pecados, quem trata deveras de ser bem julgado de Deus, não se lhe dá do juízo dos homens. Sabeis por que fazemos tanto caso dos juízos humanos? Porque não somos verdadeiros penitentes. Se a nossa penitência, se o nosso arrependimento fora verdadeiro, que pouco caso havíamos de fazer de todas as opiniões do mundo!

Pecou Davi o pecado de Betsabé e Urias: ao cabo de algum tempo veio o profeta Natã a adverti-lo do grande mal que tinha feito: reconheceu Davi sua culpa: disse: *Peccavi,*[iii] pequei; e no mesmo ponto por parte de Deus o absolveu o profeta do pecado: *Dominus quoque transtulit peccatum tuum.*[iv] Pecou Saul o pecado de desobediência, reservando do despojo de Amaleque para o sacrifício: veio também o profeta Samuel adverti-lo de quanto Deus sentira aquela culpa; conheceu-a Saul: disse: *Peccavi,* pequei; mas nem o profeta respondeu que estava perdoado, nem Deus lhe concedeu perdão. É este um dos notáveis casos que tem a Escritura, considerada a semelhança de todas as circunstâncias dele. Davi era rei, Saul também era rei; Davi pecou, Saul pecou; a Davi veio amoestar um profeta, a Saul veio amoestar outro profeta; Davi disse: *Peccavi,* pequei; Saul disse:

---

[i] *Mat.*, XXVII, 13.
[ii] *Sal.*, XXXVII, 14.
[iii] *2.º Livro dos Reis*, XII, 13.
[iv] Ibid.

Peccavi, pequei. Pois se os casos em tudo foram tão semelhantes, como perdoa Deus a Davi, e não perdoa a Saul? Se um *peccavi* basta a Davi, a Saul porque lhe não bastou um *peccavi*? A razão literal que dão todos os Doutores é, que o *peccavi* de Davi foi dito de todo o coração; o *peccavi* de Saul foi dito somente de boca; a penitência de Davi foi penitência verdadeira; a penitência de Saul foi penitência falsa. Muito bem dito; mas donde se prova? Donde se prova que foi falsa a penitência de Saul, donde se prova que o seu *peccavi* foi dito de boca, e não de coração? Não o dizem os Doutores; mas eu o direi, ou o dirá o Texto. Quando Davi disse: *Peccavi*; não falou mais nada. Quando Saul disse: *Peccavi*, acrescentou estas palavras: *Peccavi: sed honora me coram senioribus populi mei, et coram Israel.*[i] Pequei; mas vós, Samuel, tratai de minha reputação, e honrai-me com os grandes e povo de meu rei. Ah, sim, Saul, e vós depois de dizer *peccavi*, depois de vos pordes em estado de penitente, ainda vos lembra reputação, ainda fazeis caso do que dirão ou não dirão de vós os homens? Sinal é logo que não é verdadeira a vossa penitência, e que aquele *peccavi* nasceu na boca, e não no coração. Quem chega a estar verdadeiramente penitente, quem chega a estar verdadeiramente arrependido, como estava Davi, não lhe lembram mais que os seus pecados: *Peccavi*: não se lhe dá do que julgam, nem do que dizem os homens.

VI

As razões desta verdade são muitas e grandes; ouvi as da minha tibieza, que a quem tiver melhor espírito lhe ocorrerão outras mais e maiores. O verdadeiro penitente, ele mesmo se acusa e se condena: que se lhe dá logo que digam outros o que ele confessa de si? Que importa que outros levem o pregão, quando eu mesmo executo o castigo? Quem se confessa por réu, não lhe fazem agravo as testemunhas. Se um homem está verdadeiramente arrependido, se conhece verdadeira e profundamente suas culpas, nunca ninguém dirá dele tanto mal que ele se não julgue por muito pior. E quem se vê julgado mais benignamente do que suas culpas merecem, antes tem razão de agradecer, que de queixar-se. Por isso os grandes penitentes não se queixavam das injúrias. Julgue e diga o mundo o que quiser, que nunca poderá dizer tanto mal quanto eu sei de certo que há em mim.

Nenhuma coisa deseja mais um verdadeiro penitente, que tomar vingança em si das injúrias de Deus; e como o juízo dos homens se põe da parte desta vingança, antes nos ajuda, que nos ofende. Quem se não aborrece a si, diz Cristo,

---

[i] *1.º Livro dos Reis*, XV, 30.

não me pode servir a mim. Oh, como se aborrece a si, e como se aborrece de si, um verdadeiro penitente! E que se me dá a mim que seja bem ou mal julgado quem eu aborreço? Se eu conheço verdadeiramente a deformidade de minhas culpas, não hei de aborrecer mais a quem as fez, que a quem as diz?

O verdadeiro penitente só uma coisa estima, e só uma coisa teme nesta vida; só estima o que pode dar graça de Deus, e só teme o que a pode tirar. E como o juízo dos homens não pode dar nem tirar graça de Deus, que se lhe dá ao penitente do juízo dos homens? O juízo dos homens, quando muito lhe demos, poderá fazer mal, mas não pode fazer maus. Se eu sou bom, por mais que me julguem mal os homens, não me podem fazer mau; se eu sou mau, por mais que julguem bem os homens, não me podem fazer bom: e como o juízo dos homens não tem poder para fazer maus, nem bons, que caso há de fazer deste juízo o verdadeiro penitente, o qual só uma coisa deseja, que é ser bom, e só de uma coisa lhe pesa, que é ter sido mau?

Feche todas estas razões uma maior que todas. O juízo dos homens, por mais que vos condenem, pode-vos impedir o Céu, ou levar-vos ao Inferno? Não. Ponde agora de uma parte todos os juízos dos homens, e da outra os vossos pecados, e perguntai-vos a vós mesmo quais destes deveis mais temer. Os juízos dos homens, ainda que façam todo o mal que podem, nem podem dar Inferno nem tirar Paraíso; os pecados, ainda que acheis neles todos os falsos bens que vos prometem, só eles tiram Paraíso, e dão Inferno. E como o verdadeiro penitente está vendo que só os seus pecados o podem tirar do Paraíso, e levá-lo ao Inferno; que caso há de fazer dos juízos dos homens? Dos pecados sim, e só dos pecados, porque só por eles o pode condenar Deus. E quem teme que o pode condenar Deus, não se lhe dá que o condenem os homens.

VII

Suposta a verdade desta doutrina, que poucos, e que poucas penitentes verdadeiras deve haver hoje no mundo, onde tanto se trata só de agradar e contentar aos homens! Vejam-no os homens em Davi, e as mulheres na Madalena. Davi, que pouco caso fez das injúrias de Simei? Disse Simei a el-rei Davi em seu próprio rosto as injúrias que se não puderam dizer ao homem mais vil; quiseram remeter logo a ele os que acompanhavam ao rei, para lhe tirarem a língua e a vida; e que fez Davi? Teve mão neles para que o deixassem dizer. As injúrias são a música dos penitentes; tal ia Davi naquele passo, descalço, e chorando seus pecados. Quem conhece que tem ofendido a Deus, nenhuma coisa o ofende. Assim desprezava Davíd o juízo dos homens.

Da Madalena quem o poderá explicar com a ponderação que merece? Uma senhora tão importante em Jerusalém, tão servida, tão estimada, tão dada à vaidade e galas; quem a visse com o toucado desprendido, com o vestido sem conserto, pela rua sem companhia, em casa do Fariseu sem reparo, toda fora de si (ou toda dentro em si, porque toda era coração naquela hora), os cabelos descompostos, o alabastro quebrado, os olhos feitos dois rios, lançada aos pés de Cristo, abraçando-os, e abraçando-se com eles; que diria? — Valha-me Deus, senhora, que mudança é esta? Não vedes quem sois? Não vedes o que fazeis? Não vedes o que dirão os homens? — Não; nada vejo, que quem viu seus pecados, não lhe ficam olhos para ver outra coisa. Não vejo o que sou, porque vi o que fui; não vejo o que faço, porque vi o que fazia. Já vi tudo o que havia de ver nesta vida, e prouvera a Deus que não tivera visto tanto. Já não faço caso dos homens, nem dos seus juízos; digam o que quiserem.

Três vezes foi a Madalena julgada e condenada pelos homens. Julgou-a e condenou-a o fariseu, chamando-lhe pecadora: *Quia peccatrix est*:[i] Julgaram-na e condenaram-na os Apóstolos, chamando-lhe desperdiçada: *Ut quid perditio haec.*[ii] Julgou-a e condenou-a sua irmã, chamando-lhe ociosa: *Reliquit me solam ministrare.*[iii] Tudo isto ouviu sempre a Madalena, mas nunca se lhe ouviu uma palavra: como se respondera com o seu silêncio: — Condenem-me embora os fariseus, condenem-me os Apóstolos, condenem-me os de que menos se podia esperar — os irmãos. Nos fariseus condene-me a malícia, nos Apóstolos condene-me a virtude, na irmã condene-me a mesma natureza, que a quem tem maiores causas para sentir, não lhe dão cuidado essas. Quando as dores são iguais, sentem-se todas, quando uma é maior, suspende as outras. A dor dos pecados, se é verdadeira, é a maior dor de todas, porque tem maiores causas, e a quem verdadeiramente lhe doem seus pecados, nenhuma outra coisa lhe dói. A flecha que feriu o coração defende de todas as flechas; porque ainda que achem corpo, já não acham sentimento; faça os tiros que quiser o juízo dos homens, que se o coração está ferido de Deus, ou não ofendem, ou não magoam. O amor é um sentimento que faz insensíveis; por isso se compara à morte. A morte faz insensível a quem mata; o amor insensível a quem ama. Quem trata só de amar a Deus, só sente havê-Lo ofendido: a tudo o mais é insensível.

Exemplos tinha em si mesma a Madalena, e pudera-se argumentar a si consigo. Que importa parecer mal aos homens, se eu parecer bem a Deus? Que importa parecer mal aos demais, se eu parecer bem a quem amo? Quantas vezes

---

[i] *Luc.*, VII, 39.
[ii] *Mat.*, XXVI, 8.
[iii] *Luc.*, X, 40.

nas minhas loucuras segui os desprezos deste ditame? E será bom que seja agora menos animoso meu amor, e menos resoluto? Se eu não reparei no que diriam os homens para ofender a Deus, repararei agora no que dizem, ou no que dirão para O buscar? Não reparei em que dissessem que era pecadora, e repararei em que digam que sou arrependida? Já que sofri que murmurassem o pecado, não é menos que caluniem a emenda?

Isto dizia o silêncio da Madalena, as três vezes que a condenaram os homens. E é muito de notar que de todas estas três vezes estava a Madalena aos pés de Cristo. Oh, que grande remédio são os pés de um Cristo, para um homem se lhe não dar dos juízos dos homens! E se isto faziam os pés de Cristo vivo, quanto mais os pés de um Cristo morto e crucificado! É possível, Senhor, que estejais nessa cruz julgado e condenado, sendo a mesma inocência; e eu não sofrerei ser julgado e condenado, sendo pecador?! Se a Vós Vos julgam e condenam pelos meus pecados, porque hei de sentir eu que me julguem, e me condenem pelos meus? Em Vós estou adorando as injúrias e as afrontas, e em mim não as hei de sofrer? Para Vos ofender e me perder, não reparei no que diriam os homens, e para Vos amar e me salvar, repararei no que dirão? Não é isso o que Vós me ensinais nessa cruz?

Ouvi uma coisa grande, em que parece que mudou de condição Deus. Quando Deus quis castigar o povo no deserto, alegou-lhe Moisés o que diriam os Egípcios: *Ne, quaeso, dicant Aegyptii*;[i] e deixou o Senhor de os castigar. Quando Josué teve a primeira rota na Terra Prometida, alegou a Deus o que diriam os Cananeus: *Quid facies magno nomini tuo*;[ii] e continuou o Senhor a favorecê-lo. Quando o reino de Israel estava mais aflito, representou Davi a Deus o que diriam as gentes: *Ne forte dicant in gentibus*;[iii] e cessou a aflição. De maneira que o remédio que tinham os patriarcas antigos para alcançar de Deus o que queriam era alegar-Lhe um *Ne dicant*, o *que dirão* os homens. Determina Deus de vir à Terra a remir e salvar o mundo; e se ali se achasse Moisés, Josué, ou Davi, com o espírito profético que tinham, parece que puderam fazer a Deus a mesma réplica. — Como assim, Senhor? Quereis ir ao Mundo? Quereis aparecer entre os homens? E não reparais no *que dirão*, e é certo que hão de dizer de Vós? Hão de dizer que sois um samaritano e endemoniado: *Samaritanus es tu, et daemonium habes*;[iv] hão de dizer que sois um blasfemo: *Blasphemavit*;[v] hão de dizer que sois

---

[i] *Êxod.*, XXXII, 12.
[ii] *Josué*, VII, 9.
[iii] *Sal.*, LXXVIII, 10.
[iv] *João*, VIII, 48.
[v] *Mat.*, XXVI, 65,

um enganador: *Seductor ille*;[i] hão de dizer que sois um perturbador da república: *Subvertentem gentem nostram*;[ii] hão de dizer que tendes pacto com o Demônio: *In Beelzebub principe daemoniorum ejicit daemonia*;[iii] hão de dizer que Vós não podeis salvar: *Se ipsum non potest salvum jacere*;[iv] hão de dizer, finalmente, infinitos opróbrios contra Vós: *Saturabitur opprobriis*.[v] Mais. Há-se de levantar um Ário, que há de dizer que não sois consubstancial ao Padre; há-se de levantar um Maniqueu, que há de dizer que não sois homem; há-se de levantar um Nestório, que há de dizer que não sois Deus; há-se de levantar um Calvino, que há de dizer que não estais no Santíssimo Sacramento; hão-se de levantar infinitos heresiarcas, outros que hão de dizer contra vossa Divindade e Humanidade infinitas blasfêmias. Pois se Deus estava prevendo tudo isto, e se antigamente podia tanto com Deus o que diriam os homens; por que agora faz tão pouco caso do *que dirão*? Porque antigamente encontrava-se o *que dirão* dos homens com o nosso castigo, agora encontrava-se com o nosso remédio: e quando o *que dirão* dos homens se encontra com o nosso castigo, deixa Deus de castigar pelo *que dirão*: mas quando o *que dirão* dos homens se encontra com o nosso remédio, pelo *que dirão* os homens, não deixa Deus de salvar. Vá por diante o negócio da salvação, e digam os homens o que quiserem. Cristãos há alguns de nós tão pusilânimes, que, por medo do *que dirão* os homens, deixamos de fazer muitas coisas que importam à nossa salvação. Deus nos livre de uma covardia como esta. Façamos por nossa salvação o que Deus fez pela nossa. Deus, por me salvar a mim, não fez caso do juízo dos homens, e será bom que o faça eu? Faça-se tudo o que for necessário à salvação, e digam os homens o que quiserem. Que importa ser bem julgado dos homens, se vós não vos salvais? E se vós vos salvais, que importa ser mal julgado dos homens? Eis aqui como o juízo dos homens se despreza no juízo da penitência: *Praedicans baptismum poenitentiae*.

VIII

Emendado no juízo da penitência o juízo de si mesmo, e desprezado o juízo dos homens, resta só por julgar o juízo de Deus, que, como temos dito, há de sair revogado neste juízo. Os outros dois juízos entrarão a ser julgados, e

---

[i] Ibid., XXVII, 63.
[ii] *Luc.*, XXIII, 2.
[iii] Ibid., XI, 15.
[iv] *Mat.*, XXVII, 42.
[v] *Tren.*, III, 30.

aparecerão diante do tribunal da penitência. Do juízo de Deus não sei como me atreva a dizer outro tanto. Não é o juízo de Deus aquele juízo supremo, que não só não reconhece superior, mas nem pode ter igual no Céu, nem na Terra? Não é o juízo de Deus, de que falamos, aquele último e universal juízo, onde sem apelação nem agravo, se hão de absolver ou condenar para toda a eternidade aqueles que nele foram julgados, que hão de ser todos os homens? Pois como pode ser que haja outro tribunal no mundo, em que a sentença deste juízo se revogue; ou como pode ser revogar-se?

O como veremos logo: agora vejamos entrar o juízo de Deus, e apresentar-se diante do tribunal da penitência, acompanhado de toda aquela grandeza e temerosa majestade, que no último dia do mundo o fará horrível e tremendo. Não traz diante as varas e machados romanos, insígnias da suprema justiça e autoridade: mas traz aquela espada de dois gumes: *Gladius ex utraque parte acutus*:[i] que significam as duas penas de dano e de sentido, a que só o juízo de Deus, e nenhum humano, pode condenar não só os corpos, mas também, os espíritos. Oh, que autoridade tão severa! Oh, que jurisdição tão horrenda! Oh, que instrumentos tão formidáveis! Se assim faz tremer o juízo de Deus quando aparece a ser julgado, que será quando vier a julgar!

Mas que faz a penitência, ou que pode fazer, para revogar este tão absoluto e tão independente juízo? Faz quase o mesmo que para os demais. Para emendar o juízo de si mesmo, abre-nos os olhos; para desprezar o juízo dos homens, tapa-nos os ouvidos; para revogar o juízo de Deus, volta-nos o coração. Em dando uma volta o coração, está o juízo de Deus revogado. Fala o profeta Joel à letra do juízo final de Deus: descreve o Sol, a Lua e as estrelas escurecidas, e o Céu e a Terra tremendo à sua vista: *A facie ejus contremuit terra, moti sunt coeli: sol et luna obtenebrati sunt, et stellae retraxerunt splendorem suum*:[ii] descreve os exércitos inumeráveis de anjos armados de rigor e obediência, de que o Senhor sairá acompanhado, como executores de sua justiça e vingança: *Dominus dedit vocem suam ante faciem exercitus sui, quia multa sunt nimis castra ejus, quia fortia, et facientia verbum ejus*:[iii] descreve, finalmente, a grandeza e terribilidade daquele temeroso dia: *Magnus enim dies Domini, et terribilis valde*:[iv] e perguntando quem haverá no mundo que o possa suportar: *Et quis sustinebit eum?* conclui com estas palavras: *Nunc ergo, dicit Dominus, convertimini ad me in toto corde vestro*.[v] Vedes

---

[i] *Apoc.*, I, 16.
[ii] *Joel*, II, 10.
[iii] Ibid., 11.
[iv] Ibid., 12.
[v] Ibid.

todos estes aparatos, todos estes rigores, todos estes assombros de ira, de justiça, de vingança? Com dar uma volta ao coração está tudo acabado. Voltai o coração a mim, ou voltai-vos a mim com o coração, diz Deus, e toda a sentença que estiver fulminada contra vós neste meu juízo ficará revogada: *Nunc ergo, dicit Dominus, convertimini ad me in toto corde vestro*. Notai o *nunc ergo*: pelo que agora: de maneira que a penitência há de ser agora, e o juízo há de ser depois. Esta diferença há entre o juízo de Deus e o juízo dos homens: no juízo dos homens apela-se depois, no juízo de Deus apela-se antes: *Nunc ergo*: Agora, agora, cristãos, que agora é o tempo: e por que agora sim e depois não? Porque depois não pode haver penitência. Se depois do Dia do Juízo pudera haver penitência, pudera-se revogar a sentença do juízo de Deus; mas a razão por que aquela sentença se não poderá revogar então é porque não há tribunal da penitência senão agora: *Nunc ergo*. Mas vejamos já os poderes deste tribunal, por um exemplo, e seja o maior que houve no mundo: dai-me atenção.

IX

Entra o profeta Jonas pregando, ou apregoando pela cidade de Nínive: *Adhuc quadraginta dies, et Ninive subvertetur*:[i] Daqui a quarenta dias se há de subverter Nínive. Era esta a sentença que estava dada no tribunal da divina justiça pelos pecados daquela cidade; e o profeta não fazia mais que ofício de notário de Deus, que a publicava. Com este pregão andou Jonas por toda a cidade, a qual era tão desmedidamente grande, que não pôde chegar à praça onde estava o paço menos que ao cabo de três dias. Soou a sentença nos ouvidos do rei; e que vos parece que faria? Desce-se do trono real em que se sentavam sempre os reis, conforme o costume daqueles tempos, rasga a púrpura e veste-se de um áspero cilício; tira a coroa; lança da mão o cetro; cobre a cabeça de cinza; e manda que vão seguindo a Jonas com outro pregão, em que se diga, que faça toda a cidade o que el-rei fazia. O pregão de Deus ia diante, o pregão do rei ia atrás; o pregão de Deus para se executar dali a quarenta dias, o pregão do rei para que se executasse logo: e assim se fez. Vestiu-se de cilício a rainha, vestiram-se de cilício as damas, vestiram-se de cilício os cortesãos, vestiu-se de cilício todo o povo, e, o que se não pudera crer se o não dissera a Escritura, vestiram-se e cobriram-se também de cilício, para horror e assombro dos homens, até os mesmos animais. Desta maneira foi passando a cidade todos aqueles quarenta dias em contínuo jejum, em contínua oração, em contínuas lágrimas e clamores

---

[i] *Jonas*, III, 4.

ao Céu. Chegado o último dia, retirou-se Jonas a um monte, para ver como Nínive se subvertia: aportara ele às praias de Nínive, suponhamos que às nove horas da manhã, e quando ouviu dar as oito daquele dia: Ah, mísera cidade, que já não te resta mais que uma hora de duração! Já se vê a suspensão em que passaria o profeta toda aquela hora. Tocam às nove: eis lá vai Nínive. Assim se lhe figurou a Jonas, quase deslumbrado entre o lume dos olhos e o da profecia; mas Nínive ainda se sustentava. As suas torres estavam muito direitas; os muros estavam muito firmes; e nem a casa que antes estava para cair fez movimento algum. Passou assim a primeira hora, passou a segunda, passou o dia todo, e Jonas a benzer-se e a pasmar. Que é isto, Senhor? Que é da fé de vossas palavras? Que é da verdade de vossos profetas? Não estava determinado, no tribunal de vossa divina justiça, que Nínive fosse subvertida por seus enormes pecados? Não estava assinado o termo preciso de quarenta dias para a execução? Não estava notificada por vosso mandado esta sentença? Não fui eu que a publiquei? Pois como agora falta tudo isto? Como passam os quarenta dias? Como fica a minha profecia sem cumprimento? Como fica Nínive em pé, e a vossa palavra por terra? Se o dissestes, foi porque o tínheis decretado, e se o tínheis decretado, por que não se executou? Porque o rei e povo de Nínive foram tão discretos, que sendo-lhes notificada a sentença do juízo de Deus, apelaram para o tribunal da penitência. E é tão superior a jurisdição do tribunal da penitência, que o que no juízo de Deus se sentencia, no juízo da penitência se revoga. Disse *superior*, porque se estes dois juízos foram iguais, assim como no juízo da penitência se absolve o que no juízo de Deus se condena, assim no juízo de Deus se pudera condenar o que no juízo da penitência se absolvesse: mas é tão superior o juízo da penitência sobre o mesmo juízo de Deus (por excesso de misericórdia sua) que o que no juízo de Deus se condena, no juízo da penitência pode-se absolver: mas o que no juízo da penitência se absolve, no juízo de Deus não se pode condenar. Bendito seja ele: *Qui dedit potestatem talem hominibus.*[i]

    Tudo o que tenho dito é literal; mas ouçamos para maior confirmação a S. Paulino: *Ninivitae meruerunt denuntiatum evadere excidium, quia se spontaneis luctibus cruciando divinam sententiam praevenerunt sua.* Os Ninivitas, diz S. Paulino, impediram a execução do castigo, que já lhes estava denunciado, porque condenando-se à voluntária penitência, previniram a sentença de Deus com a sua. De maneira que, por benefício da penitência, pôde mais a sentença que os Ninivitas deram contra si que a sentença que Deus tinha dado contra eles: *Divinam sententiam praevenerunt sua.* Oh, grande dignidade! Oh, grande soberania da penitência! No juízo final de Deus (ide notando comigo grandes

---

[i] *Mat.*, IX, 8.

diferenças e grandes excelências do juízo da penitência sobre o juízo de Deus), no juízo final de Deus, não é lícito apelar de um atributo divino para outro atributo. Não é lícito apelar da justiça de Deus para sua misericórdia: no juízo da penitência, é lícito apelar da justiça de Deus para a minha justiça. No juízo final de Deus não se pode apelar do Filho para o Pai, nem do Pai para o Filho, nem do Pai e do Filho para o Espírito Santo: em suma, no juízo de Deus não se pode apelar de Deus para Deus: no juízo da penitência posso apelar de Deus para mim. No juízo final de Deus são condenados os pecadores a não ver a Deus: no juízo da penitência são condenados os pecadores a não O ofender: que suave condenação! No juízo final de Deus não aproveitam lágrimas, nem prantos; no juízo da penitência basta uma só lágrima para todos os pecados do mundo. No juízo final de Deus não valem intercessões; no juízo da penitência não são necessárias. No juízo final de Deus condenam-se os pecadores pelos pecados; no juízo da penitência condenam-se os pecados e salvam-se os pecadores. No juízo final de Deus uns saem absolvidos, outros saem condenados; no juízo da penitência ninguém se condena; todos saem absolvidos. No juízo final de Deus manifestam-se os pecados a todos os homens; no juízo da penitência manifestam-se a um só homem. Finalmente no juízo final de Deus, Cristo há de ser o juiz; no juízo da penitência, Cristo é o advogado: *Si quis peccaverit, advocatum habemus apud Patrem Jesum Christum justum*.[i] Vede com tal advogado no tribunal da penitência que diferença haverá do advogar ao revogar! Como não será revogado o juízo no qual é advogado o juiz! Assim se revoga o juízo de Deus no juízo da penitência: *Praedicans baptisman poenitentiae*. E temos o juízo de Deus revogado, o juízo dos homens desprezado, e o juízo de si mesmo emendado.

X

Ora, cristãos, suposto que todos os males e perigos que temos visto nestes juízos têm o remédio na penitência; e suposto que eles são tão grandes que abraçam todos os bens da vida e todos os da eternidade; que resta a quem tem fé, e a quem tem esperança, senão tratar de fazer penitência? *Agite poenitentiam, appropinquavit enim Regnum coelorum*:[ii] fazei penitência, porque é chegado o reino dos Céus. Há mil e seiscentos anos que o Batista disse estas palavras, e nós estamos dizendo todos os dias: *Adveniat Regnum tuum*. Pois se o Reino já então era chegado, como pedimos nós, ainda agora, que venha? O reino dos Céus em

---

[i] *Epíst. 1.ª de S. João*, II, 1.
[ii] *Mat.*, III, 2.

todos os tempos tem três estados: um em que tem chegado, outro em que chega, outro em que vem chegando. Para os que estão mortos, tem chegado; para os que estão morrendo, chega; para os que estão vivos, vem chegando. A uns chegará mais cedo, a outros mais tarde; mas a todos muito brevemente. Esta é a consideração mais poderosa de todas, para nos mover à penitência. Façamos penitência, cristãos, não nos ache a morte impenitentes. Nenhum cristão há que não diga que há de fazer penitência, mas nenhum a quer começar logo, todos a deixam para o fim da vida: *Praedicans baptismum poenitentiae in remissionem peccatorum*. O Batista pregava o batismo da penitência para remissão dos pecados. Se queremos remissão de pecados, tomemos a penitência como batismo. Todos queremos a penitência como a extrema-unção, lá para o fim da vida: não se há de tomar senão como batismo, que não é lícito dilatá-lo a quem tem fé. Se tendes fé, como não fazeis penitência? E se tendes propósito de a fazer e de vos converter a Deus, para quando a dilatais? *Si aliquando cur non modo*, dizia Santo Agostinho. Se me hei de converter em algum tempo, esse tempo por que não será hoje? Esta pergunta não tem resposta: nem o mesmo Santo Agostinho lha achou, nem os Aristóteles, nem os Platões, nem os anjos do Céu, nem o mesmo Demônio do Inferno lhe pôde achar jamais para nos enganar.

 Cristãos da minha alma, sobre tantos juízos é bem que venhamos a contas. Se me ouve algum que esteja resoluto de não se converter jamais, não falo com ele; mas se tendes propósitos de vos converter: *Si aliquando cur non modo?* Se tendes propósitos, e dizeis que vos haveis de converter depois, por que o não fazeis agora? Que motivos haveis de ter depois, que agora não tenhais? Apertemos bem este ponto: estai comigo. Que motivos de vos converter haveis de ter depois, que agora não tenhais? Se depois haveis de fazer verdadeira penitência, a qual não pode ser verdadeira, sem verdadeira contrição, há-vos de pesar de ter ofendido a Deus por ser Ele quem é: pois Deus hoje não é o mesmo que há de ser depois? Não é a mesma majestade, não é a mesma grandeza, não é a mesma onipotência? Não é tão bom, não é tão amável como há de ser então? Pois se então O haveis de amar, por que O não amais agora? De maneira, pecador, que Deus então há de ser digno de ser amado sobre todas as coisas, e agora é digno de ser ofendido em todas? *Si aliquando cur non modo?* Mais: se depois vos haveis de arrepender bem e verdadeiramente, é força que vos pese de todo o coração de vos não haveres arrependido agora: pois que loucura é estares agora fazendo por vosso gosto e por vossa vontade aquilo mesmo que nesta hora estais propondo de vos pesar depois de todo coração? Ou então vos há de pesar, ou não: se vos não há de pesar, condenais-vos; e se vos há de pesar, e propondes de vos pesar, por que o fazeis? Se vos há de pesar depois do presente, por que vos não pesa agora do passado? *Si aliquando cur non modo?* Mais: se os motivos de vosso arrependimento não hão de ser contrição perfeita, nem amor de Deus sobre todas as coisas, senão temor das penas do Inferno somente: *Si aliquando cur non modo?* Se por temor do Inferno vos haveis de arrepender então, por que vos não arrependeis agora por temor do Inferno? Porventura fostes já ao Inferno e perguntastes pela idade dos que lá estão ardendo? Se no Inferno não ardem senão os homens de setenta e de oitenta anos, guardai embora a vossa emenda para essa idade; mas se ao Inferno se vai de sete anos, porque se há de guardar a emenda para os setenta! Pois se as mesmas razões, e os mesmos motivos, que havemos de ter depois, temos agora, se então não havemos de ter nenhuma coisa mais que agora, salvo mais pecados que chorar, e mais culpas de que nos arrepender: *Si aliquando cur non modo?*

Mas até agora imos argumentando em uma suposição que eu não quero conceder daqui por diante, porque vos quero desenganar de todo. Quem diz: *Si aliquando cur non modo*: se vos haveis de converter depois, porque vos não converteis agora, supõe que se vos não converteres agora, que vos haveis de converter depois. Eu não quero admitir tal suposição; porque quero mostrar o contrário. Cristãos, se vos não converteres agora, ordinariamente falando, não vos haveis de converter depois. Dê-me licença Santo Agostinho para trocar a sua pergunta, e apertar mais a dificuldade. Santo Agostinho diz: *Si aliquando cur non modo*: se nos havemos de converter depois, por que não nos convertemos agora? Eu digo: *Si non modo cur aliquando?* Se não nos convertemos agora, por que cuidamos que nos havemos de converter depois? As razões que haveis de ter depois para vos converter, todas essas, e muito maiores, tendes agora: pois se estas razões não bastam para vos converter agora, como hão de bastar humanamente para vos converter depois? A força desta razão fez enforcar a Judas. Fez Judas consigo este discurso: maiores motivos do que eu tive para me converter não são possíveis, porque tive o mesmo Cristo a meus pés: pois se Cristo a meus pés não foi bastante motivo para me converter, não me fica que esperar; venha um laço. Cristãos, eu não quero desesperar a ninguém, nem quero dizer que a salvação não é possível em todo tempo: o que só vos quero persuadir é o que dizem todas as Escrituras, e todos os santos. Que os que deixam a penitência para a hora da morte, ou para o fim da vida, têm muito arriscada sua salvação, porque raramente se salvam: *Si non modo cur aliquando?* Se não vos converteis agora, que tendes vida, como vos haveis de converter depois, quando pode ser que a não tenhais? Dizeis que vos não converteis agora, mas que vos haveis de converter depois: e se o depois for agora? Se morreres no estado presente, se não chegares a esse depois, que há de ser de vós? Quantos amanheceram e não anoiteceram! Quantos se deitaram à noite, e não se levantaram pela manhã! Quantos postos à mesa os sufocou um bocado! Quantos indo por uma rua os sepultou uma ruína! A quantos levou uma bala não esperada! Quantos enlouqueceram de repente! A quantos veio a febre junto com o delírio! A quantos um espasmo, a quantos uma apoplexia, a quantos infinitos acidentes outros, que, ou tiram o uso da razão, ou a vida! Todos estes cuidavam que haviam de morrer uma morte ordinária, como vós cuidais: e quem vos deu a vós seguro, de que vos não há de suceder o mesmo? *Si non modo cur aliquando?* Se agora que estais sãos com o uso livre de vossos sentidos e potências, vos não converteis, como cuidais que vos haveis de converter na hora da morte, cercado de tantas angústias e de tantos estorvos, a mulher, os filhos, os criados, o testamento, as dívidas, os acredores, o confessor, os médicos, a febre, as dores, os remédios, a vida passada, a conta quase presente! Quando todas estas coisas juntas e cada uma delas bastaram para perturbar e pasmar uma alma, e não a deixar com o juízo e com a liberdade que pede a matéria de maior importância; quando já as potências estarão fora de seu lugar e vós mesmo não estareis em vós, como cuidais que vos podereis converter então?

Mas eu vos dou de barato a vida e a saúde, e o vigor das potências e dos sentidos; mais há que isto. Para um homem se converter, não basta só vida e saúde e juízo; mas é principalmente necessária a graça de Deus. Pois *si non modo cur aliquando?* Se agora que tendes ofendido menos a Deus, Deus vos não dá graça eficaz para vos converteres, que será quando O tiverdes ofendido mais? Parece-vos que é boa diligência multiplicar as ofensas a Deus para granjear a graça de Deus? Se ides continuando assim, não há dúvida que depois haveis de ser muito pior ainda do que sois agora: pois se agora que sois melhor, ou menos mau, vos não converteis, como o haveis de fazer depois, quando fordes pior? Os pecados, quanto mais continuados, tanto mais endurecem e obstinam ao pecador: pois *si non modo cur aliquando?* Se agora quando o vosso coração não está ainda tão endurecido, e tão obstinado, não há pregações, nem inspirações, nem exemplos, nem mortes repentinas e desastradas que vos abrandem, que será quando estiver feito de mármore e de diamante? Os pecados com a continuação e com os hábitos tomam cada vez mais forças e fazem-se cada dia mais robustos; e a alma, pelo contrário, com o costume mais fraca: pois *si non modo cur aliquando?* diz a Escritura: *Beatus qui occidit parvulos suos ad petram*:[i] bem-aventurado o que quebra a cabeça a seus pecados, quando pequenos: *Et tu,* diz S. Baquiário, *expectas donec inimicus tuus gigas efficiatur?* E nós para vencer estes inimigos somos tão loucos que esperamos que eles se façam gigantes? Se agora que os pecados estão menos robustos e crescidos, e a alma tem ainda algum vigor, os não podemos derrubar e vencer; que será quando os pecados

---

[i] *Sal.*, CXXXVI, 9.

estiverem gigantes, e a triste alma tão envelhecida neles, e tão enfraquecida, que se não possa mover? Finalmente, cristãos, não vamos mais longe: se Deus nesta mesma hora vos está chamando, e vos está dando golpes ao coração, e vós não Lho quereis abrir, nem O quereis ouvir; como esperais que Deus vos chame depois, ou que vos ouça quando O chamares, ou que O possais chamar como convém? *Si non modo cur aliquando?* O mesmo Deus por suas palavras quero que vos desengane desta vã esperança, em que vos confiais e vos precipitais ao Inferno: ouvi a Deus no capítulo primeiro dos Provérbios: *Vocavi, et renuistis*;[i] chamei-vos, e não acudistes: *Extendi manum meam, et non fuit qui aspiceret*: estendi a minha mão, e não houve quem fizesse caso: *Despexistis omne consilium meum*,[ii] desprezastes todos os meus conselhos: e que se seguirá daqui? *Ego quoque in interitu vestro ridebo, et subsannabo*:[iii] eu também, diz Deus, quando vier a hora de vossa morte, zombarei, e não farei caso de vós; e assim como agora eu vos chamo, e vós não me ouvis, assim, então, eu não ouvirei, ainda que vós me chameis: *Tunc invocabunt me, et non exaudiam*. Cristãos, nós fiamo-nos em que Deus tem prometido, que todas as vezes que o pecador O chamar de todo o coração, o há de ouvir; e esta promessa anda muito mal-entendida entre os homens. É necessário advertir o que Deus tem prometido nela, e o que não tem prometido. Deus tem prometido, que todas as vezes que o pecador O chamar de todo o seu coração, o há de ouvir: mas não tem prometido, que todas as vezes que o pecador quiser, O há de chamar de todo o seu coração. Vai muito de uma coisa a outra. Se chamardes a Deus de todo o coração, há-vos de ouvir Deus: mas se vós agora não ouvirdes a Deus, depois não O haveis de chamar de todo o coração. O chamar de todo o coração não depende só de nosso arbítrio, depende de nosso arbítrio, e mais da graça de Deus: e tem Deus decretado conforme os juízos altíssimos de sua justiça que O não possa chamar de coração na morte quem Lhe não quis dar o coração na vida. Que faz Deus em toda a vida, senão estar-nos pedindo o coração: *Fili, praebe mihi cor tuum*:[iv] e como vós, agora, negais a Deus o coração que vos pede, assim Deus então vos negará justissimamente, que Lhe peçais de todo o coração. Deus agora busca-nos, e não nos acha; então buscaremos nós a Deus, e não O acharemos. O mesmo Deus o prometeu, e ameaçou assim: *Quaeretis, et non invenietis me, et in peccato vestro moriemini*: buscar-me-eis, e não me achareis, e morrereis em vosso pecado. Não diz menos que isto.

---

[i] *Prov.*, I, 24.
[ii] Ibid., 25.
[iii] Ibid., I, 26.
[iv] Ibid., XXIII, 26.

Ora, cristãos, pelas Chagas de Cristo, e pelo que deveis a vossas almas, não queirais que vos aconteça tão grande infelicidade. Desenganai-vos, e seja este o último desengano; que se vos não converteis desde logo, e continuais pelo caminho que ides, vos haveis de perder e condenar sem remédio. O remédio é: *Baptismum poenitentiae*: uma contrição de coração muito verdadeira, uma confissão muito inteira, e muito apostada, com firme resolução de não ofender mais a Deus. Enfim, fazei agora aquilo que dizeis que haveis de fazer depois. Se vos haveis de converter no fim da vida, imaginai que chegou já esse fim, que não é imaginação. Mas que importa, Senhor, que eu o diga, se a vossa graça não ajuda a fraqueza de minhas palavras? Socorrei-nos, Senhor, com o auxílio eficaz desses olhos de misericórdia e piedade; alumiai estes entendimentos, acendei estas vontades, abrasai e abrandai estes endurecidos corações para que vos não sejam ingratos, e se aproveitem neles os merecimentos infinitos de vossa Encarnação: *Per Adventum tuum*, Senhor, pelo amor com que viestes ao Mundo a salvar as almas, que salveis hoje nossas almas; ao menos uma alma, Senhor, à honra de vosso Santíssimo Nascimento: *Per Nativitatem tuam*: pelo amor e pela misericórdia com que nascestes em um presépio; por aqueles desamparos, por aquele frio, por aquelas palhinhas, por aquelas lágrimas, por aquela extremada pobreza, e por aquele afeto ardentíssimo com que tudo isto padecestes por amor de nós. Virgem Santíssima, hoje é o dia dos incendidíssimos desejos de Vossa Expectação, parti conosco, Senhora, desses afetos, para que nasça também Cristo em nossas almas. Convertei os suspiros em inspirações, pedi a vosso querido Esposo, o Espírito Santo, que trespasse nossos corações com um raio eficaz de sua luz, para que O amemos, para que O sirvamos, e para que mereçamos a sua graça, e por meio dela a glória.

SERMÃO DE NOSSA SENHORA DE PENHA DE FRANÇA

PREGADO NA IGREJA DE SANTO AGOSTINO DE LISBOA, EM 1652

*Liber generationis Jesu Christi,
filii Davi, filii Abraham.*[i]

I

Com digno pensamento, Senhor, de vossa divina sabedoria, e com bem-merecida correspondência de vosso amor, vemos juntos hoje (como antigamente os juntou Salomão) os dois tronos de ambas as Majestades:[ii] o de vossa santíssima Mãe, subido a essa penha, e o vosso descido a ela. Sobre uma penha, diz Jó, que havia de fabricar seu ninho a águia; que moraria nas rochas mais altas, e inacessíveis; e que dali contemplaria o corpo morto, para voar e se pôr com ele: *In arduis ponet nidum suum: in petris manet, et in accessis repibus; inde contemplatur escam, et ubicumque fuerit cadaver, statim adest.*[iii] Que águia, que penha, e que corpo morto é este, senão tudo o que estamos vendo? A águia, Maria Santíssima: a penha, Penha de França: o corpo morto, vosso Corpo sacramentado, vivo, mas em forma de morto. Esta águia, como a viu Ezequiel, é a que vos tirou das entranhas do Eterno Padre e vos trasladou às suas.[iv] Ela é a que vestiu vossa divindade desse mesmo corpo: e ele o que reciprocamente com sua real presença vem honrar hoje, e divinizar a celebridade de sua Mãe, e fazer maior este grande dia.

Para que eu nos arcanos secretíssimos desse mistério, e nos que com igual segredo encerra o Evangelho, possa descobrir os motivos de nossa obrigação e agradecimento, e para que de algum modo alcance a ponderar as mercês tão prodigiosas, e tão contínuas, que em todas as partes da terra, do mar, e do mundo, deve Portugal a esse soberano Propiciatório debaixo do glorioso nome de Penha de França; por intercessão da mesma Senhora peço, e da mesma presença

---

[i] *Mat.*, I.
[ii] *3.º Livro dos Reis*, II, 19.
[iii] *Jó*, XXXIII, 38.
[iv] *Ezequ.*, XVII, 3, Prado. Corn. *et alii.*

de vossa divina e humana Majestade espero aquelas assistências de graça que para tão imenso assunto me é necessário: *Ave Maria*.

II

Liber generationis Jesu Christi, Filii Davi, Filii Abraham.[i] A primeira palavra que diz o evangelista, e a primeira coisa que me oferece o tema, é a primeira e a única que me falta neste dia: *Liber*, o livro. Quando esta Sagrada Religião me fez a honra de que subisse hoje a este lugar; quando me encomendou ou mandou que tomasse por minha conta este sermão; como a matéria para todos é tão grande, e para mim mais que tão grande era tão nova; para ter mais que por fama as notícias e documentos do que havia de dizer deste famosíssimo santuário, pedi o livro da sua história, e dos seus milagres. E que vos parece que me responderiam? Esperava eu que me dissessem que eram tantos os volumes, que faziam uma livraria inteira. Responderam-me que não havia livro. Não há livro da história e milagres de Nossa Senhora de Penha de França? Pois seja essa a matéria do sermão, já que me não dão outra. Assim o disse, assim o venho cumprir. Os outros sermões estudam-se pelos livros: este será sermão sem livro, mas não sem estudo.

Se este caso sucedera em outra parte, pudera parecer descuido. Mas na religião do pai dos patriarcas, Santo Agostinho, tão pontual, tão advertida, tão observante, tão ordenada que ela foi a que deu ordem e regras a todas, ou quase todas as religiões do mundo, claro está que não foi descuido. Se sucedera em outra parte, pudera parecer menos devoção. Mas na religião do serafim da Terra, Agostinho, que deixou por herança a seus filhos o coração abrasado que traz na mão, e entre o amor de Jesus e Maria, aquela piedosa indiferença: *Quo me vertam, nescio*; claro está que não foi falta de devoção. Se sucedera em outra parte pudera parecer menos suficiência. Mas na religião da águia dos Doutores, Agostinho, de cujas asas tirou a Igreja em todas as idades as mais bem-cortadas penas com que se ilustra, as mais delgadas, com que se apura, e as mais doutas e copiosas, com que se dilata, claro está que não é insuficiência. Pois se não é insuficiência, se não é falta de devoção, se não é descuido; por que razão não há livro da história e milagres de Penha de França, deste nome, deste templo, desta imagem, deste assombro do mundo, a que justamente podemos chamar o maior e mais público teatro da Onipotência? Sabeis por quê? Porque do que não cabe em livros, não há livro.

---

[i] *Mat.*, I, 1.

Toma por empresa S. Mateus escrever a vida e ações de Cristo, e escreve o seu Evangelho: segue o mesmo exemplo S. Marcos, e escreve o seu. Chegaram às mãos de S. Lucas estes dois Evangelhos, e outros que naquele tempo saíram, que a Igreja não admitiu; e parecendo-lhe a S. Lucas que todos diziam pouco, resolve-se a fazer terceiro Evangelho: e começa assim, falando com Teófilo, a quem o dedicou: *Quoniam multi conati sunt ordinare narrationem, quae in nobis completae sunt, rerum.*[i] Como se dissera: não vos espanteis, ó Teófilo, de que eu escreva Evangelho, de que eu escreva a história e maravilhas de Cristo, depois de o haverem feito quantos sabeis e tendes lido; porque todos esses que escreveram, ainda que tantos e tanto; não chegaram mais que a intentar: *Quoniam multi conati sunt.* Escreveu enfim o seu Evangelho S. Lucas. Chegam todos os três Evangelhos às mãos de S. João; e parecendo-lhe, como verdadeiramente era, que lhes faltava muito por dizer, resolve o Discípulo amado a escrever quarto Evangelho. Assim o fez, e assentou a pena S. João: porque esta foi a sua última obra ainda depois do Apocalipse. Mas que vos parece que lhe sucederia a S. João, com o seu Evangelho? Leu-o depois de o haver escrito: e sucedeu-lhe com o seu, o que lhe tinha sucedido com os outros: pareceu-lhe que era muito pouco o que tinha dito, em comparação do infinito que lhe ficara por dizer. Torna a tomar a pena, e acrescenta no fim do seu Evangelho estas duas regras: *Sunt et alia multa, quae fecit Jesus, quae si scribantur per singula, nec ipsum arbitror mundum capere posse eos, qui scribendi sunt libros:*[ii] Saibam todos os que lerem este livro, que nele não estão escritas todas as obras e maravilhas de Cristo, nem a menor parte delas; porque se todas se houveram de escrever, nem em todo o mundo couberam os livros. Pergunto agora: Em que disse mais S. João, nestas duas últimas regras, ou em todo o seu Evangelho? Parece a pergunta temerária. Ao menos nenhum expositor levantou até agora tal questão. Mas responde tácita e admiravelmente a ela, aquele que entre todos os expositores, na minha opinião, é singular, o doutíssimo Maldonado: *Quod dum dicit, et se excusat; et res Christi magis quodammodo, quam si eas perscripsisset, amplificat.* Muito mais disse S. João só nestas duas regras últimas, do que disse em todo o livro do seu Evangelho, e do que dissera em muitos outros seus, se os escrevera. Notável resolução! É possível que disse mais S. João nestas duas regras, que em todo o seu Evangelho, e em um mundo inteiro de livros, quando os tivera escrito? Sim. Porque em todo esse Evangelho, e em todos esses livros, escrevera S. João as maravilhas de Cristo: nestas duas regras confessou que se não podiam escrever. E muito maior louvor e encarecimento é das coisas grandes confessar que

---

[i] *Luc.*, I, 1.
[ii] *João*, XXI, 25.

se não podem escrever, que escrevê-las. O que se escreve, ainda que seja muito, cabe na pena; o que se não pode escrever é maior que tudo o que cabe nela. O que se escreve tem número e fim; o que se não pode escrever, confessa-se por inumerável e infinito. Muito mais disse logo S. João no que não escreveu, que no que escreveu. No que escreveu disse muitas maravilhas de Cristo, mas não disse todas; no que não escreveu, disse todas, porque mostrou que eram tantas, que se não podiam escrever. No que escreveu venceu aos três evangelistas, porque disse muito mais que todos eles; no que não escreveu, venceu-se a si mesmo, porque disse muito mais do que tinha escrito.

Daqui se entenderá uma dúvida do texto de Ezequiel, em que muitos têm reparado; mas a meu ver, ainda não está entendida. Viu Ezequiel aquele misterioso carro, porque tiravam quatro animais: um homem, um leão, uma águia, e um boi. Todos estes quatro animais tinham asas; mas a águia, diz o texto, que voava sobre todos quatro: *Desuper ipsorum quatuor*.[i] Dificultosa proposição! Se dissera que a águia voava sobre todos os outros três animais, claro estava, e assim havia de ser naturalmente; porque as asas nos outros eram postiças, e a águia nascera com elas. Vede vós agora um boi com asas, como havia de voar? Mas porque muitas vezes a águia e o boi andam no mesmo jugo, por isso o carro faz tão pouco caminho. As asas no leão e no homem (ainda que vemos voar tanto a tantos homens) vêm a ser quase o mesmo. De maneira que voar a águia sobre os outros três animais não é maravilha. Mas dizer o profeta que voava sobre todos quatro, sendo a águia um deles, como pode ser? A nossa razão nos descobriu este grande mistério. Estes animais (como dizem conformemente todos os Doutores) eram os quatro evangelistas: as asas eram as penas com que escreveram: a águia era S. João. E diz o profeta, que a águia voava, não só sobre os outros três, senão sobre todos quatro: *Desuper ipsorum quatuor*, porque assim foi. Quando S. João escreveu o seu Evangelho, voou sobre os três evangelistas, porque disse muito mais que eles; mas quando no fim do seu Evangelho acrescentou aquelas duas regras, em que disse que as maravilhas de Cristo não se podiam escrever, voou sobre todos quatro, porque voou sobre si mesmo, e disse muito mais do que tinha dito. De maneira que muito mais voou aquela águia, quando encolheu as penas, que quando as estendeu. Quando estendeu as penas para escrever as coisas de Cristo, voou sobre os três evangelistas: quando encolheu as penas, confessando que se não podiam escrever, voou sobre todos quatro, porque voou sobre si mesmo: *Desuper ipsorum quatuor*. Passemos agora de uma águia a outra águia, em sentido tam-

---

[i] *Ezequ.*, I, 4.

bém literal, porque assim como S. João é a águia entre os Evangelistas, assim Santo Agostinho é a águia entre os Doutores.

Se as penas de Santo Agostinho se estenderam, se as penas de Santo Agostinho se aplicaram a escrever a história e milagres de Penha de França; muito disseram como elas costumam. Mas encolhendo-se essas penas, e confessando que as maravilhas deste prodígio do mundo são tão grandes, que se não podem escrever, não há dúvida que dizem muito mais: *Dum se excusat, magis res Mariae, quam si eas perscripsisset, amplificat.* Nas matérias grandes, o atrever-se a escrever é engrandecer a pena; não se atrever a escrever é engrandecer a matéria. Se as penas da águia Agostinho se atreveram a uma empresa tão grande, como reduzir a escritura o número sem número das maravilhas desta Senhora, ficaram muito engrandecidas as penas; mas não se atrevendo a empreender tal assunto, e confessando-se desiguais para tão grande empresa, fica mais engrandecida a Senhora. Aquela mulher vestida do Sol, e coroada de estrelas, que viu S. João no Apocalipse, diz o Texto, que lhe deram as asas de uma águia grande para voar: *Datae sunt mulieri alae duae aquilae magnae ut volaret.*[i] Que mulher é a vestida de Sol, e coroada de estrelas senão a Virgem Santíssima? E que asas são as da grande águia, senão as penas, os escritos de Santo Agostinho? Nas outras ocasiões dão-se a esta Senhora as penas daquela águia, para voar muito; nesta ocasião negam-se-lhe as penas, para voar mais. E assim é: muito mais voa a grandeza desta Senhora, encolhendo-se estas penas, e não se atrevendo a escrever suas maravilhas, que se todas se empregaram a escrever: *Quam si eas perscripsisset.* Este foi o generoso pensamento, e a discretíssima advertência, com que se não escreveu livro da história e milagres de Penha de França, sendo mais eloquente, e mais elegante o silêncio, do que a escritura em muitos livros.

III

A razão por que não é necessário que haja livro, direi agora; e é tão clara e manifesta que ela por si mesma se está inculcando. O fim para que os homens inventaram os livros foi para conservar a memória das coisas passadas contra a tirania do tempo, e contra o esquecimento dos homens, que ainda é maior tirania. Por isso Gilberto chamou aos livros, reparadores da memória; e S. Máximo, medicina do esquecimento: *Scriptura memoriae reparatrix est, oblivionis medicamentum.*[ii] E como os livros foram inventados para conservadores

---

[i] *Apoc.*, XII, 14.
[ii] Gilb. serm. 47 in Cant. S. Maxim. in *praef. ad Mistagog Ecclesiast.*

das coisas passadas, por isso os milagres de Penha de França não hão mister livros, porque são milagres que não passam. Esta é uma excelência com que a Virgem Maria quis singularizar os privilégios desta sua casa, sobre todas as que tem milagrosas no mundo, e sobre todas as que tem nesta cidade. Deixemos as do mundo, porque fora discurso muito dilatado: vamos às de Lisboa. Foi milagrosa em Lisboa a casa de Nossa Senhora da Natividade; mas passaram os milagres da Natividade. Foi milagrosa a casa de Nossa Senhora do Amparo; mas passaram os milagres do Amparo. Foi milagrosa a casa de Nossa Senhora do Desterro; mas passaram os milagres do Desterro. Foi milagrosa a casa da Senhora da Luz; mas passaram os milagres da Luz. Só a casa de Nossa Senhora de Penha de França foi milagrosa, e é milagrosa, e há de ser milagrosa, porque os seus milagres nunca passam; e as coisas que não passam, nem acabam, as coisas que permanecem sempre, não hão mister livros. Duas leis fez Deus neste mundo: uma foi a Lei de Moisés, outra a de Cristo. A Lei de Moisés escreveu-se, que por isso se chama a Lei escrita: a Lei de Cristo não se escreveu. E por que não? A Lei de Cristo não é lei mais pura, não é lei mais santa, não é lei mais estimada e amada de Deus, que a Lei de Moisés? Sim. Pois se se escreve a Lei de Moisés, a Lei de Cristo por que se não escreve? Porque a Lei de Moisés era lei que havia de passar; a Lei de Cristo era lei que havia de permanecer para sempre: e as coisas que passam, essas são as que se escrevem; as que permanecem não hão mister que se escrevam. Escrevam-se os milagres da Natividade, escrevam-se os da Luz, escrevam-se os do Amparo e do Desterro, para que lhes não acabe o tempo as memórias, assim como os acabou a eles. Os milagres de Penha de França não hão mister a fé das escrituras, porque eles são a fé de si mesmos. Quem quiser saber os milagres de Penha de França, não é necessário que os vá ler no papel, venha-os ver com os olhos. Esta casa não é milagrosa por papéis; não é necessário que se passem certidões, onde os milagres não passam. Os rios sempre estão a passar, e nunca passam. Assim são os milagres de Penha de França: um rio de milagres.

 Quereis ver este rio, e esta penha? Ponde-vos nos desertos do Egito com os filhos de Israel caminhando para a Terra de Promissão. Perecendo ali de sede aquele numeroso exército, mandou Deus a Moisés que dissesse a uma penha que desse água: *Loquimini ad petram*.[i] Excedeu Moisés o mandamento; deu com a vara na penha: mas pagou o excesso tão rigorosamente, que o castigou Deus com que não entrasse na Terra de Promissão. Para a penha socorrer milagrosamente a necessidade do povo, basta dizer-lho: *Loquere*. Não quer Deus que se cuide que o milagre é da vara; quer que se saiba que o milagre e o bene-

---

[i] *Núm.*, XX, 8.

fício é da penha. E assim foi. Saiu a água milagrosa com tanta abundância, e com tal continuação, que diz S. Paulo: *Bibebant de consequente eos petra*:[i] que bebiam da penha que os ia seguindo. E como os ia seguindo a penha? Não os seguia movendo-se do lugar onde estava; mas seguia-os com um rio milagroso, que dela manava, e ia acompanhando o povo e o sarava de todas as enfermidades: *Non erat infirmus in tribubus eorum*:[ii] Na penha brotava a fonte perene, e da fonte manava perenemente o rio que corria e socorria a todos. E acrescentou logo S. Paulo, que tudo isto era figura do que depois havia de suceder: e bem o vemos. Naquele altar está a penha transplantada de França a Castela, e de Castela a Portugal: daquela penha sai a fonte, que é a imagem milagrosa da Virgem Maria, e daquela fonte nasce o rio de seus milagres e benefícios, que não parando, nem podendo parar, corre perenemente, e acode a todas as necessidades do mundo. Assim o disse S. João Damasceno falando desta Senhora: *Petra, quae sitientibus vitam tribuit*: Penha que a todos os que têm sede, dá vida: *Fons universo orbi medicinam afferens*: Fonte que é medicina universal para todas as enfermidades do mundo. A mesma Senhora o tinha já dito e prometido de si no capítulo oitavo dos *Provérbios*: *Qui me invenerit, inveniet vitam, et hauriet salutem a Domino*:[iii] Aquele que me buscar, achar-me-á, e aquele que me achar, achará a vida e beberá a saúde. Não diz que receberá a saúde, senão que a beberá, porque beberá do rio dos milagres e da fonte da saúde, que sai desta penha.

Mas vejo que me dizem os mais versados nas Escrituras, que os milagres daquela antiga penha não só se escreveram em um livro, senão em muitos, e pelas três penas mais ilustres de ambos os Testamentos, Moisés, Davi, S. Paulo. Pois assim como a história e milagres da penha de Israel se escreveram em tão multiplicados livros, não seria justo também que se escrevesse a história e milagres de Penha de França? Não. Porque vai muito de penha a penha, de rio a rio, e de milagres a milagres. Ali a penha desfez-se, o rio secou-se e os milagres cessaram; e onde o tempo acaba as coisas, é bem que as perpetue a memória dos livros. Na nossa Penha de França não passa assim. A Penha é sempre a mesma, o rio sempre corre, os milagres nunca param. E milagres sobre que não tem jurisdição o tempo, não hão mister remédios contra o tempo, eles são a sua própria escritura, eles os anais, eles os diários de si mesmos.

Criou Deus, distinguiu e ornou esta formosa máquina do universo em espaço de sete dias. E é admirável a pontualidade e exação com que Moisés, dia por dia, escreveu as criaturas e obras de cada um: *Divisit lucem a tenebris*:

---

[i] *2.ª ad Cor.*, X, 4.
[ii] *Sal.*, CIV, 37.
[iii] *Prov.*, VIII, 36.

et factum est dies unus. Fiat firmamentum in medio aquarum: et factum est dies secundus. Germinet terra herbam virentem: et factum est dies tertius:[i] E assim dos mais. De maneira que fez Moisés um diário exatíssimo de todas as obras da criação. As obras da conservação, isto é, da providência com que Deus conserva e governa o universo, em nada são inferiores às da criação, nem no poder, nem na sabedoria, nem na majestade e grandeza. Pois se Moisés escreveu as obras da criação, e compôs um diário tão diligente de todas elas; por que razão, nem ele, nem outro escritor sagrado escreveu as obras da conservação, havendo nestas tanto concurso de causas, e tanta variedade de efeitos, tanta contrariedade com tanta harmonia, tanta mudança com tanta estabilidade, tanta confusão com tanta ordem, e tantas outras circunstâncias de sabedoria, de poder, de providência, tão novas e tão admiráveis? A razão é, porque as obras da criação pararam e cessaram ao sétimo dia: *Requievit die septimo, et cessavit ab universo opere quod patrarat.*[ii] Pelo contrário, as obras da conservação continuaram sempre desde o princípio, continuam e hão de continuar até o fim do mundo: *Pater meus usque modo operatur, et ego operor.*[iii] E das obras que passaram e pararam, era bem que se escrevesse história e ainda diário delas: porém as obras que não acabam, que perseveram, que continuam, e se vão sucedendo sempre, não necessitam de história, nem de memória, nem de escritura, porque elas são uma perpétua história, e um continuado diário de si mesmas. Que bem o disse Davi! *Coeli enarrant gloriam Dei, et opera manuum ejus annuntiat firmamentum. Dies diei eructat verbum:*[iv] Essa revolução dos céus, esse curso dos planetas, essa ordem do firmamento, que outra coisa fazem continuamente, senão anunciar ao mundo as obras maravilhosas de Deus? E que coisa são os mesmos dias, que se vão sucedendo, senão uns historiadores mudos, e uns cronistas diligentíssimos dessas mesmas obras, que não por anais, senão por diários perpétuos as estão publicando: *Dies diei eructat verbum*? Tais são as maravilhas de Penha de França. Se passaram e cessaram, e houvera algum sábado, como aquele da criação, em que constasse que tinham parado, então seria bem que se escrevessem; mas como não param nem cessam (como aqui se vê, e consta todos os sábados, em que se resumem os milagres daquela semana) não é necessário que se escrevam, nem se historiem, porque a sua história é a mesma continuação, e os seus diários os mesmos dias: *Dies diei eructat verbum*: os milagres de hoje são o instrumento autêntico dos milagres

---

[i] *Gênes.*, I, 4, e seg.
[ii] Ibid., II, 3.
[iii] *João*, V, 17.
[iv] *Sal.*, XVIII, 2.

de ontem, e os milagres de amanhã dos milagres de hoje; e assim como se vão sucedendo os dias, se vão também testemunhando uns aos outros, lendo a vista sem escritura, o que na escritura havia de crer a memória. Os Gregos, em um dos seus hinos, com elogio singular, chamaram à Virgem Maria, diário da divina Onipotência: *Diarium unicum Domini creaturae*:[i] Diário único do Senhor das criaturas. Mas em nenhum lugar, em nenhum trono de quantos esta Senhora tem no mundo, se pode insculpir com mais razão este título, que no pé daquela Penha. Diário, porque as suas maravilhas são de cada dia: único, porque só nelas não tem jurisdição o tempo.

Qual vos parece que é o maior milagre de Penha de França? É não ter jurisdição o tempo sobre os seus milagres. Não há poder maior no mundo que o do tempo: tudo sujeita, tudo muda, tudo acaba. Não só tem poder o tempo sobre a natureza; mas até sobre as coisas sobrenaturais tem poder, que é o que mais me admira. Os milagres são coisas sobrenaturais, e não lhes vale o ser superiores à natureza, para não serem sujeitos ao tempo. Grandes milagres foram os da serpente do deserto; todos os enfermos de qualquer enfermidade que olhavam para ela saravam logo. Andou o tempo, e acabaram os milagres e mais a serpente. Grandes milagres foram os da vara de Moisés: ela foi o instrumento com que se obraram todos os prodígios do Egito contra Faraó. Andou o tempo, e acabaram os milagres e mais a vara. Grandes foram os milagres da capa de Elias: em virtude dela sustentava Eliseu os vivos, sarava os enfermos e ressuscitava os mortos. Andou o tempo, e acabaram os milagres e mais a capa. Grandes milagres foram os da Arca do Testamento: diante dela tornavam atrás os rios, caíam os muros, despedaçavam-se os ídolos, e morriam subitamente os que se lhe atreviam. Andou o tempo, e acabaram os milagres e mais a Arca. Finalmente, foram grandes, e maiores que grandes, os milagres da primitiva Igreja, em que todos os que se batizavam falavam todas as línguas, curavam de todas as enfermidades, lançavam os demônios, domavam as serpentes, e bebiam sem lesão os venenos. Passou o tempo, cresceu a Igreja, e como já não eram necessários para fundar a Fé, cessaram aqueles milagres. De sorte que sobre todos os milagres teve jurisdição o tempo. E que só sobre os milagres de Penha de França não tenha jurisdição? Grande milagre! Os outros acabam com o tempo: os milagres de Penha de França crescem com o tempo. O maior encarecimento do tempo é que tem poder até sobre as penhas: o maior louvor daquela Penha é que tem poder até sobre o tempo. E se os livros são remédio contra o tempo, quem não é sujeito às leis do tempo, não há mister livros.

---

[i] Apud Theophilum Rayn.

IV

Estas são as razões que se me ofereceram de não haver livro da história e milagres de Nossa Senhora de Penha de França, e de não ser necessário que o houvesse, suposta a resposta que me deram de que o não havia. Mas, com licença vossa e de todos, eu não o suponho, nem o entendo assim, senão milito pelo contrário. Digo que não só há livro, senão livros da história e milagres desta casa. E qual é o livro, e quais são os livros? Agora o ouvireis: dai-me atenção. O primeiro livro de Penha de França é o Evangelho que ali se leu: *Liber generationis Jesu Christi, Filii Davi, Filii Abraham.*[i] Pois o livro da geração de Jesus Cristo, Filho de Davi e Filho de Abraão, é o livro da história e milagres de Penha de França? Sim. Todo este Evangelho de S. Mateus desde a primeira até à última palavra está cheio daquela variedade e multidão de nomes que ouvistes — Abraão, Isaac, Jacó, Jessé, Davi, Salomão etc. Comentando estes nomes, diz S. João Crisóstomo estas palavras: *Causa quidem, et ratione, providentiaque Dei, posita sunt haec nomina: qua autem causa, et ratione posita sint, vere ipsi scierunt qui posuerunt, et Deus cujus providentia ponebantur. Nos vero, quid intelligere possumus in nominibus ipsis, hoc loquimur*: Todos aqueles nomes foram escritos neste Evangelho com grande causa e grande mistério; mas qual seja a causa, e qual o mistério, só o sabem aqueles que os escreveram, e Deus por cuja providência foram mandados escrever. Nós os interpretamos conforme o que podemos entender. Isto diz S. João Crisóstomo, e o mesmo diz Santo Anselmo, e outros Padres. De maneira que cada nome deste Evangelho tem duas significações, uma historial, e outra mística. A significação historial significa pessoas: a significação mística significa coisas. As pessoas que se significam na significação historial são os progenitores da Virgem Maria: as coisas que se significam na significação mística são as graças da mesma Senhora. Os progenitores dizem o que a Senhora recebeu dos homens, que é o sangue e nobreza dos Patriarcas: as graças dizem o que os homens recebem da Senhora, que são os favores e benefícios com que enche todo o gênero humano. De sorte que ditou o Espírito Santo este primeiro capítulo de S. Mateus com tal mistério e artifício, que, lido por fora, quanto aos nomes, é livro de gerações de pais e avós: *Liber generationis*; construído por dentro, quanto às significações, é livro de graças, de favores, de benefícios, de remédios.

Admiravelmente o disse a mesma Senhora naquelas palavras do Eclesiástico, que a Igreja Lhe aplica: *In me est omnis gratia viae, et virtutis; transite ad*

---

[i] *Mat.*, I, 1.

me omnes, qui concupiscitis me, et a generationibus meis implemini:[i] Em mim há todas as graças e todas as virtudes; vinde a mim todos os que as desejais, e encher-vos-ei de minhas gerações. Notáveis palavras, e muito mais notável a consequência delas! Em mim há todas as graças; vinde a mim, e encher-vos-ei de minhas gerações! Que consequência é esta? Muito grande à vista deste livro. Diz que se encham de suas gerações todos os que desejam suas graças, porque as suas graças estão depositadas dentro das suas gerações. As gerações da Senhora são todos os seus progenitores, que se contam neste livro: *Liber generationis*.[ii] Abraão é uma geração: *Abraham genuit Isac*. Isaac é outra geração: *Isac genuit Jacob*. E assim dos mais. E como debaixo de cada geração destas, e de cada nome destes progenitores se contém uma particular graça, e uma particular virtude com que a mesma Senhora nos socorre e remedeia; por isso diz altissimamente, que todos os que desejam suas graças se venham encher de suas gerações: *In me est omnis gratia; venite ad me, et a generationibus meis implemini*. A Glossa interlineal explicou o modo como isto é, com uma comparação de grande propriedade: *Hic liber est apotheca gratiarum, in quo omnis anima, quidquid necesse habet, inveniet*: Sabeis como é este livro (diz a Glossa), é como uma botica de remédios sobrenaturais, onde todos os homens acham tudo o de que têm necessidade para seus males. A comparação pudera ser mais levantada, mas não pode ser mais própria. Que é o que tem uma botica por fora e por dentro? Por fora não aparecem mais que uns títulos de nomes gregos e arábicos; e por dentro debaixo deles estão os remédios com que se curam todas as enfermidades. O mesmo passa neste *Liber generationis* de S. Mateus. Por fora não se vê mais que estes nomes de patriarcas, uns hebraicos, outros siríacos; mas por dentro, debaixo deles, está a sua significação, que contém os remédios miraculosos com que a Senhora acode a todos os males do gênero humano. Ora ide comigo, e vereis toda a história e milagres de Penha de França, escritos neste livro.

Caístes enfermo em uma cama; experimentastes os remédios da arte sem proveito; socorrestes vós a Virgem de Penha de França: fizestes-Lhe um voto; e no mesmo ponto vos achastes com perfeita saúde? Que foi isto? Foi milagre daquela Senhora; lede-o no livro de seus milagres: *Genuit Josiam, Josias, id est, salus Domini*:[iii] Saúde dada por Deus. Foi a enfermidade que padecestes mortal: desconfiaram-vos os médicos; recebestes os últimos Sacramentos; não fizestes vós oração à Virgem de Penha de França, porque já não podíeis, mas fizeram-

---

[i] *Ecles.*, XXIV, 26.
[ii] *Mat.*, I, 2.
[iii] *Mat.*, I, 10.

-na os que vos assistiam, e vos sustentavam a candeia na mão: subitamente melhorastes, tornastes da morte à vida, e pendurastes ali a vossa mortalha. Que foi isto? Foi milagre daquela Senhora; lede-o escrito no livro dos seus milagres: *Genuit Eliacim, Eliacim, id est, resurrectio*:[i] Ressurreição obrada por Deus. Estáveis todo entrevado, com os membros tolhidos e entorpecidos; não vos podíeis mover, nem dar um passo: mandastes-vos trazer em ombros alheios a esta casa: pedistes com grande confiança à Virgem de Penha de França, que usasse convosco de suas misericórdias: no mesmo ponto tornastes para vossa casa por vossos pés, e pendurastes em memória as vossas muletas. Que foi isto? Foi milagre daquela Senhora; lede-o escrito no livro: *Genuit Ezechiam. Ezechias, id est, confortatio Domini*:[ii] Confortação do Senhor. Fez-vos Deus mercê de vos dar abundância de bens com que sustentar uma casa muito honrada; mas não vos deu filhos com que a perpetuar. Viestes a Nossa Senhora de Penha de França, fizestes uma novena, e acabados os nove dias de vossa devoção, não tardaram os nove meses que não tivésseis sucessor para vossa casa. Que foi isto? Foi milagre daquela Senhora; lede-o escrito no livro: *Filii Abraham: Abraham, id est, pater multarum gentium*:[iii] Pai de muita descendência. Havendo muitos anos que sendo casada, vivíeis como viúva, e vossos filhos como órfãos, porque o pai fez uma viagem para as conquistas, e nunca mais houve novas dele: tomastes por devoção vir os sábados a Penha de França, ou rezar o rosário em vossa casa (que às vezes é a devoção mais segura) e quando menos o esperáveis, vedes entrar o pai dos vossos órfãos pela porta dentro. Que foi isto? Milagre daquela Senhora; lede-o escrito no livro: *Genuit Abiam. Abias, id est, pater veniens hic*:[iv] este é o pai que veio. Caístes em pobreza, vistes-vos com trabalhos e misérias, e com a casa cheia de obrigações, e de bocas a que matar a fome: não houve diligência que não fizésseis: não houve indústria que não experimentásseis, todas sem proveito, Acolhestes-vos por última esperança à sombra desta casa, que cobre e sustenta a tantos pobres; e sem saber donde, nem por onde, achastes-vos com remédio, e com descanso. Que foi isto? Milagre daquela Senhora; lede-o escrito no livro: *Genuit Naasson, Naasson, id est, refectio et requies Domini*:[v] Refeição e descanso dado por Deus. Fostes tão desgraçado, que vos foi necessário pleitear para viver: quiseram-vos tirar a vossa fazenda, com demandas, com calúnias, com falsos testemunhos e violências: andastes

---

[i] Ibid., 15.
[ii] *Mat.*, I, 9.
[iii] Ibid., 1.
[iv] Ibid., 7.
[v] Ibid., 4.

tantos anos arrastado por tribunais, cada vez a vossa justiça mais escura, e vós mais desesperado: apelastes finalmente para o tribunal de Penha de França e fez-vos Deus a justiça que nos homens não acháveis. Que foi isto? Foi milagre daquela Senhora: lede-o escrito no livro: *Genuit Josaphat. Josaphat, id est, Deus judex*:[i] Deus feito juiz por vós. Éreis um moço louco e cego: andáveis enredado nos labirintos do amor profano, que vos prendiam o alvedrio, que vos destruíam a vida, e vos levavam ao Inferno. Vivíeis sem lembrança da morte, nem da honra, nem da salvação. Oh, valha-me Deus, quantos milagres eram necessários para vos arrancar daquele miserável estado? Era necessário apartar, porque a ocasião era próxima; era necessário esquecer, porque a lembrança era contínua; era necessário ver, porque os olhos estavam cegos; era necessário aborrecer, porque o apetite estava entregue; era necessário confessar, porque a consciência estava perdida; era necessário perseverar, por que a recaída não fosse mais arriscada. Todos estes milagres havíeis mister, que todos são necessários a quem vive em semelhante estado, e por isso saem dele tão poucos. Enfim, fizestes-vos devoto da Virgem de Penha de França, oferecestes-Lhe um coração todo de cera, e todo de mármore, que tal era o vosso: de mármore para com Deus, de cera para com o mundo. E quando vós mesmo cuidáveis que seria impossível haver nunca mudança em vós, achastes que o mármore se abrandou, que a cera se endureceu, e que o vosso coração se trocou totalmente. Que foi isto? Foram milagres daquela Senhora; lede-os todos no livro de seus milagres. Era necessário apartar? *Genuit Phares. Phares, id est, dividio*: Apartamento. Era necessário esquecer? *Genuit Manassen. Manasses, id est, oblivio*: Esquecimento. Era necessário ver? *Genuit Obed ex Ruth. Ruth, id est, videns*: O que vê. Era necessário aborrecer? *Genuit Zaram de Thamar. Thamar, id est, Amaritudo*: Aborrecimento. Era necessário confessar? *Genuit Judam. Judas, id est, confessio*: Confissão. Era necessário perseverar? *Genuit Achas. Achas, id est, firmamentum Domini*: Firmeza dada por Deus.

Finalmente, todos os milagres que a Senhora faz (que são todos os que pede a necessidade e o desejo), todos estão escritos naquele seu livro. Andáveis aflígido e angustiado: acudistes à Virgem de Penha de França, e achastes refrigério e alívio: *Jesse: Refrigerium*. Andáveis triste e desconsolado: pus estes o vosso coração nas mãos da Virgem de Penha de França, e tornastes com consolação e alegria? *Isac: Risus*. Andáveis confuso, sem vos saber resolver; recorrestes à Virgem de Penha de França; e livrou-vos da confusão? *Zorobabel: Alienus a confusione*. Andáveis em guerra e dissensões; tomastes por medianeira a Virgem de Penha de França, e pôs-vos em paz? *Salomon: Pacificus*. Tínheis

---

[i] *Mat.*, 8.

inimigos, e não sabíeis de quem vos havíeis de guardar: tomastes uma carta de seguro da devoção da Virgem de Penha de França, e prevenistes todos os perigos? *Hesron: Jaculum videns.* Sois tentado, chamastes pela Virgem de Penha de França em vossas tentações, e deu-vos fortaleza para lutar animosamente contra o Demônio? *Jacob: Luctator.* Sois soldado, pedistes socorro à Virgem de Penha de França no conflito; e deu-vos valor com que vencer ao inimigo? *Booz: Praevalens,* Sois conselheiro: recorrestes à Virgem de Penha de França, e deu-vos luz e prudência para acertar? *Salmon: Omnia discernens.* Sois mercador, encomendastes as vossas encomendas à Virgem de Penha de França, e recebestes o retorno com grandes aumentos? *Joseph: Augmentum.* Sois mareante, chamastes pela Virgem de Penha de França nas tempestades, e reconheceram as ondas a virtude daquele sagrado nome? *Maria: Domina maris.* Enfim, que o primeiro livro da história e milagres de Nossa Senhora de Penha de França é o nosso Evangelho: *Liber generationis.*

V

O segundo livro desta história e milagres, qual vos parece que será? Também o não havemos de ir buscar fora de casa. É o Santíssimo Sacramento do altar. Bem dizia eu logo, que os milagres desta casa não só têm livro, senão livros. Apareceu ao profeta Ezequiel um braço com um livro na mão, e disse-lhe uma voz: *Comede volumen istud*:[i] Ezequiel, come este livro. Abriu a boca Ezequiel, comeu o livro e sucedeu-lhe uma coisa notável. Porque quando o tomou na boca, sentiu um sabor, depois que o levou para baixo, experimentou outro. Admirável livro! Admirável manjar, que nem parece manjar, nem livro! Livro não; porque os livros não se comem, e este comia-se. Manjar não; porque o manjar tem um só sabor, e esse na boca: e este tinha dois sabores: um exterior, quando se tomou na boca; e outro interior, quando se passou ao peito. Pois manjar que tem dois sabores; manjar que se come com a boca, e com o coração; manjar que sabe de uma maneira aos sentidos, e de outra ao interior da alma; que manjar é, nem pode ser este, senão o Santíssimo Sacramento? Por isso o Profeta quando lhe disseram que o comesse, não o comeu, comungou-o: não o tomou primeiro com a mão, como se faz ao que se come; mas abriu a boca com grande reverência, e recebeu-o. A cerimônia, o modo, os efeitos, tudo é de Sacramento, não se pode negar. Mas a figura não o parece: *Comede volumen istud*. Que tem que ver o livro com o Sacramento? Agora o vereis. O livro é a

---

[i] *Ezequ.*, III, 1.

mais perfeita imagem de seu autor; tão perfeita que não se distingue dele, nem tem outro nome: o livro, visto por fora, não mostra nada; por dentro está cheio de mistérios: o livro, se se imprimem muitos volumes, tanto tem um, como todos, e não têm mais todos que um: o livro está juntamente em Roma, na Índia, e em Lisboa, e é o mesmo: o livro, sendo o mesmo para todos, uns percebem dele muito, outros pouco, outros nada; cada um conforme a sua capacidade: o livro é um mudo que fala; um surdo que responde; um cego que guia; um morto que vive; e não tendo ação em si mesmo, move os ânimos, e causa grandes efeitos. Quem há que não reconheça em todas estas propriedades o Santíssimo Sacramento do altar? Livro é, e livro com grande propriedade: *Comede volumen istud.*

Mas de que matéria trata este livro? Disse o profeta Davi bem claramente: *Memoriam fecit mirabilium suorum, misericors, et miserator Dominus; escam dedit timentibus se.*[i] Sabeis que livro é este soberano manjar, que Deus dá aos que O temem? É o livro das memórias dos milagres da misericórdia de Deus. E quais são os milagres da misericórdia de Deus, pergunto eu agora, senão os que se obram nesta casa? Que lugar há no mundo onde Deus se mostre mais misericordioso, e onde sua misericórdia seja mais milagrosa que neste? Ali estão os milagres e as misericórdias fechadas: aqui estão os milagres e as misericórdias patentes. Que cuidais que é a casa de Penha de França com as suas maravilhas? É o Sacramento com as cortinas corridas. Se Deus correra as cortinas àquele mistério, e nos abrira aquele livro divino, havíamos de ler ali o que aqui vemos. Ali estão os milagres de Penha de França encobertos; aqui estão os milagres do Sacramento desencerrados. Ali as paredes cobrem os milagres; aqui os milagres cobrem as paredes. Os milagres e inscrições de que estas paredes ordinariamente estão armadas, que imaginais que são? São as folhas daquele livro desencadernadas. Viu S. João no Apocalipse um livro, que não se achou nunca quem o pudesse abrir no mundo, até que o abriu Cristo.[ii] Assim esteve fechado tantos centos de anos aquele livro do Diviníssimo Sacramento, até que o abriu a Virgem de Penha de França. O que ali se lê, é o que aqui se vê: o que ali cremos, é o que aqui experimentamos. Nas outras igrejas é o Sacramento mistério da fé: aqui é desengano dos sentidos. Se os sentidos aqui veem tantos milagres; que muito é que a fé creia ali tantos milagres? Cante-se nas outras igrejas: *Praestet fides supplementum sensuum defectui.* Supra a fé o defeito dos sentidos. Em Penha de França cante-se ao contrário: *Praestet sensus supplementum Fidei defectui.* Supram os sentidos o defeito da fé, se porventura o houvesse. Se os sentidos veem os milagres; por que os há de duvidar a fé, e ainda a infidelidade?

---

[i] *Sal.*, CXVIII, 4 e 5.
[ii] *Apoc.*, V, 1.

O milagre em que mais tropeça e se embaraça a infidelidade no divino Sacramento é, sendo Cristo um, estar em tão diferentes lugares. E quantos olhos há no mundo, que podem testemunhar de vista este milagre na Senhora de Penha de França! Vedes entrar por aquela porta um homem carregado de grilhões e de cadeias, e levá-las ao pé daquele altar; e se lhe perguntais a causa, diz que estando nas masmorras de Argel, ou Tetuão, lhe apareceu aquela mesma Senhora de Penha de França, a que se encomendava, e que em sinal da liberdade que lhe deu, Lhe vem oferecer as mesmas cadeias. Vereis entrar por aquela porta o indiático, e oferecer ricos ornamentos a este templo, porque pelejando na Índia contra os Achéns, ou contra os Rumes, invocou a Virgem de Penha de França, que sendo vista diante do nosso exército pelos mesmos inimigos, as suas balas nos caíam aos pés, e as suas setas se convertiam contra eles. Vereis entrar por aquela porta uma procissão de homens descalços, com aspecto mais de ressuscitados, que de vivos, e dir-vos-ão, que se vêm prostrar por terra diante daquela Senhora, porque vendo-se comidos do mar, chamaram pela Virgem de Penha de França, e logo A viram no ar entre as suas antenas, e cessou num momento a tempestade. De maneira que a Senhora de Penha de França, como se debaixo dos acidentes deste glorioso nome se sacramentara também por amor de nós, sendo uma só, está em Lisboa, está em Argel, está na Índia, está em todas as partes do mar e da terra, onde A invocamos. Vem-me ao pensamento neste passo, que as palavras da invocação, ou têm, ou participam a mesma virtude das palavras da consagração. A virtude das palavras da consagração é tão poderosa, que em se pronunciando as palavras, logo Cristo ali está presente. Tal é a virtude das palavras da invocação. Ouvi a Isaías: *Invocabis, et Dominus exaudiet: clamabis, et dicet: Ecce adsum*:[i] Invocar-me-eis, e chamareis por mim, e no mesmo ponto serei presente. Assim o faz a Virgem piedosíssima a todos os que A invocam em todas as partes do Mundo. Cristo presente em toda a parte pelas palavras com que o sacerdote consagra a hóstia: Maria presente em toda a parte pelas palavras, com que o necessitado A invoca. S. Gregório Taumaturgo chamou a esta Senhora, *Omnium miraculorum officina:* Oficina de todos os milagres. E como estes dois livros de milagres foram impressos na mesma oficina, não é muito que sejam semelhantes nos mesmos caracteres. Só com esta diferença, por não dizer vantagem, que no Sacramento está a oficina e o livro cerrado; em Penha de França está a oficina e o livro aberto: excedendo nesta parte ao livro gerado o livro da geração: *Liber generationis.*

---

[i] *Isaías*, LVIII, 9.

VI

Ora, senhores, já que estamos na casa dos milagres, e no dia em que a Senhora de Penha de França deve estar mais liberal que nunca de seus favores e misericórdias, o que importa e o que Deus e a mesma Senhora quer, é que nenhum de nós hoje se vá desta igreja sem o seu milagre. Nenhum de nós há tão perfeitamente são, que não tenha alguma enfermidade, e muitas, de que sarar. Quantos estão hoje nesta igreja, mancos e aleijados? Quantos cegos, quantos surdos, quantos entrevados, e, o pior de tudo, quantos mortos? Quereis saber quem são os mancos? Ouvi a Elias: *Usquequo claudicatis in duas partes?*[i] Até quando, povo errado, hás de manquejar para duas partes, adorando juntamente Deus e mais a Baal? Quantos há debaixo do nome de cristãos, que dobram um joelho a Deus, e outro ao ídolo? Perguntai-o a vossas torpes adorações. Os que fazem isto são os mancos. Quereis saber quais são os cegos? Não são aqueles que não veem: são aqueles que vendo e tendo os olhos abertos, obram como se não viram: *Excaeca cor populi hujus* (diz Isaías) *ut videntes non videant.*[ii] Vemos que todo este mundo é vaidade; que a vida é um sonho; que tudo passa, que tudo acaba, e que nós havemos de acabar primeiro que tudo, e vivemos como se fôramos imortais, ou não houvera eternidade. Quereis saber quem são os surdos? São aqueles de quem disse Davi: *Aures habent, et non audient:*[iii] Terão ouvidos, e não ouvirão. Não ouvir por não ter ouvidos, não é grande miséria; mas ter ouvidos para não ouvir, é a maior enfermidade de todas. Nenhuma coisa me desconsola e está desconsolando tanto, como ver-me ouvir. O que vai ao entendimento, ouvi-lo com grande atenção e satisfação, e com maior aplauso do que merece: o que vai à vontade e mais importa, ou não lhe dais ouvidos, ou vos não soa bem neles. Quanto temo que é evidente sinal da reprovação! *Propterea vos non auditis, quia ex Deo non estis.*[iv] Estes são os surdos. Quereis finalmente saber quem são os mortos? São aqueles de quem disse S. João: *Nomen habes, quod vivus, et mortuus es:*[v] e aqueles de quem disse Cristo: *Sinite mortuos sepelire mortuos suos.*[vi] Os mortos são todos aqueles que estão em pecado mortal. Haverá algum morto, ou alguma morta nesta igreja? Ainda mal, porque tantos e tantas. Vede quanto pior morte é o pecado, que a mesma morte. Os homens temos três vidas: vida corporal, vida espiritual, vida eterna.

---

[i] *3.º Livro dos Reis*, XVIII, 21.
[ii] *Isaías*, VI, 10.
[iii] *Sal.*, CXIII, 6.
[iv] *João*, VIII, 47.
[v] *Apoc.*, III, 1.
[vi] *Mat.*, VIII, 22.

A morte tira somente a vida corporal: o pecado tira a vida espiritual, tira a vida eterna, e também tira a vida corporal, porque do pecado nasceu a morte: *Per peccatum mors.*[i] Todas as mortes quantas há, quantas houve, e quantas há de haver, foram causadas de um só pecado de Adão: e não bastando todas para o pagar, foi necessário que o mesmo Deus morresse para satisfazer por ele. A morte mata o corpo, que é mortal: o pecado mata a alma, que é imortal, e morte que mata o imortal vede que morte será! Os estragos que faz a morte no corpo, consome-os em poucos dias a terra: os estragos que faz o pecado na alma, não basta uma eternidade para os consumir o fogo. E sendo sobre todo o excesso de comparação, tanto mais para temer a morte da alma, que a morte do corpo, e tanto mais para amar e para estimar a vida espiritual e eterna, que a vida temporal, em que fé e em que juízo cabe, que pela vida e saúde do corpo se façam tão extraordinários extremos, e que da vida e saúde da alma se faça tão pouco caso?

Verdadeiramente, senhores, que quando considero no que aqui estamos vendo, não há coisa para mim no mundo tão temerosa, como o mesmo concurso e devoção desta casa, e ainda os mesmos milagres dela. Oh, se ouvíramos os brados que nos estão dando à consciência estas paredes! Queixam-se de nós com Deus, e queixam-se de nós conosco: e cada voto, cada milagre dos que aqui se veem pendurados, é um brado, é um pregão do Céu contra o nosso descuido. É possível (estão bradando estas paredes), é possível que faz tantos milagres Deus por nos dar a saúde e vida temporal, e que os homens não queiram fazer o que Deus lhes manda, sendo tão fácil, para alcançar a saúde espiritual e a vida eterna? É possível que esteja Deus empenhando toda a sua Onipotência em vos dar a vida do corpo, e que vós estejais empregando todas as vossas potências em perder a vida da alma? Dizei-me, em que empregais a vossa memória? Em que empregais o vosso entendimento? Em que empregais a vossa vontade, e todos os vossos sentidos, senão em coisas que vos apartam da salvação? É possível (tornam a bradar contra nós estas paredes, e a argumentar-nos a nós conosco mesmos), é possível que havemos de fazer tanto pela saúde e pela vida temporal, e que pela saúde da alma e pela vida eterna não queremos fazer coisa alguma? Se adoeceis, se estais em perigo, tanto acudir àqueles altares, tantos votos, tantas missas, tantas romarias, tantas novenas, tantas promessas, tantas ofertas: gaste-se o que se gastar, perca-se o que se perder, empenhe-se o que se empenhar; e pela saúde da alma, pela vida eterna, como se tal coisa não houvera, nem se crera? Vede o que diz Santo Agostinho: *Si tantum, ut aliquanto plus vivatur, quanto magis, ut semper vivatur?* Se tanto se faz para viver um pouco mais, quanto mais se deve fazer para viver sempre? Pois desenganai-vos, que por mais que não fa-

---

[i] *Rom.*, V, 12.

çais caso da outra vida, ela há de durar eternamente, e por mais que façais tanto caso desta vida, ela há de acabar, e em muito poucos dias. Uma vez escapareis da morte, e pendureis a mortalha em Penha de França, mas no final há de vir dia em que a morte vos não há de perdoar, e em que vós não pendureis a mortalha, mas ela vos leve à sepultura. Lázaro ressuscitou uma vez, valeu-lhe Maria, mas depois morreu enfim como os demais.

O que importa é tratar daquela vida que há de durar para sempre, e procurar sarar a alma, se está enferma, e sobretudo ressuscitá-la, se está morta. Cristo, para ressuscitar, escolheu uma sepultura aberta em uma penha: *In monumento, quod erat excisum in petra*:[i] e ressuscitou ao terceiro dia. Tudo aqui temos: a penha, os três dias, e o Ressuscitador: *Ego sum resurrectio, et vita*.[ii] Já que a alma está morta, sepulte-se naquela penha, para que ressuscite. Oh, alma infelizmente morta e felizmente sepultada: se ali sepultares de uma vez, e para sempre, tudo o que te mata, tu ressuscitarás, e ressuscitarás se quiseres neste mesmo momento. Que felicidade a nossa, e que glória daquela Senhora, e de seu sacramentado Filho, se todos os que hoje entraram em Penha de França mortos, saíssem ressuscitados! Não ama ao Filho, nem é verdadeiro devoto da Mãe, quem assim o não fizer. Não guardemos o ressuscitar para o terceiro dia, nem para o segundo, que não sabemos o dia, nem a hora. Cristo ressuscitou ao terceiro dia para provar a verdade da sua morte: os mortos que então ressuscitaram, ressuscitaram logo, e no primeiro dos três dias, para provar a eficácia da virtude de Cristo. Não é esta a matéria em que se hajam de perder momentos, porque pode ser que seja esta a última inspiração, e este aquele último momento de que pende a eternidade. Ouçam estas vozes do Céu, os que hoje aqui vieram surdos: abram os olhos, e vejam seu perigo, os que vieram cegos: tornem por outro caminho, e com outros passos, os que vieram mancos: e todos levem vivas e ressuscitadas as almas que trouxeram mortas, deixando em Penha de França por memória deste dia cada um a sua mortalha. Estes são os mais gloriosos troféus com que se podem ornar estas miraculosas paredes. É este o FINIS de maior louvor de Deus, e de sua Mãe, com que devemos cerrar um e outro livro, pois é o fim que só nos há de levar à vida sem fim.

---

[i] *Marc.*, XV, 46.
[ii] *João*, XI, 25.

SERMÃO NO SÁBADO QUARTO DA QUARESMA

Pregado em Lisboa no Ano de 1652

*Hoc autem dicebant tentantes eum,
ut possent accusare eum.*[i]

I

Outra vez (quem tal imaginaria?), outra vez temos tentado a Cristo. Não há que fiar em vitórias. A mais estabelecida paz é trégua. Quando cessam as baterias, então se fabricam as máquinas. A máquina da tentação que hoje temos, é admirável juntamente, e formidável; e não foi o maquinador, nem o tentador o Demônio: foram os homens. Destes tentadores, e destas tentações hei de tratar. Ouçamos primeiro o caso.

Tal dia ou tal noite, como a deste dia, diz S. João que foi Cristo orar ao monte Olivete. Sabia que havia de ser tentado; foi-se armar para a batalha com a oração. Em Cristo foi exemplo, em nós é necessidade. Não tem armas a fraqueza humana, se as não pede a Deus. Até aqui não houve perigo. Do monte, e muito de madrugada, veio o Senhor ao Templo a pregar, como costumava. E diz o Evangelista que concorreu todo o povo a ouvi-lo: *Et omnis populis venit ad eum.*[ii] Tanto concurso, pregador divino? Já temo que vos hão de tentar. Veio o povo todo àquela hora, porque os que não são povo, não madrugam tanto; põe-se-lhes o Sol à meia-noite, e amanhece-lhes ao meio-dia. Estava o Senhor ensinando (diz o Texto) quando chegaram os escribas e fariseus a perguntar um caso. Traziam uma pobre mulher atada, e disseram assim: *Magister, haec mulier modo deprehensa est in adulterio.*[iii] Esta mulher nesta mesma hora foi achada em adultério. Esta mulher? E o cúmplice? Foram dois os pecadores, e é uma só a culpada! Sempre a justiça é zelosa contra os que podem menos. Moisés (dizem) manda na Lei que os que cometeram adultério sejam apedrejados; e vós, Mestre, que dizeis? Os escribas e fariseus eram os doutores daquele tempo. Bem me parecia a mim, que quando os doutos e presumidos perguntam, não é para saber, senão para tentar. Assim o diz o Evangelista nas palavras que propus: *Hoc*

---

[i] *João*, VIII, 6.
[ii] *João*, VIII, 2.
[iii] Ibid., 4.

autem dicebant tentantes eum. Em que consistiu a tentação, e onde estava armado o laço, diremos depois. E que respondeu o Senhor? Levantou-se da cadeira sem falar palavra, e inclinando-se: *Inclinans se*: Alvíssaras, pecadora, enxuga as lágrimas. Cristo começa inclinando-se? Tu sairás perdoada, porque a sua inclinação não é de condenar. Deus nos livre de juízes inclinados, se não são Deus. Aonde vai a inclinação, lá vai a sentença. Não quis o Senhor responder por palavra; quiçá porque não as trocassem: respondeu por escrito: *Digito scribebat in terra.*[i] Escrevia com o dedo na terra. Não vos espanteis que no Templo lajeado de mármores houvesse terra: literalmente; porque era muito o concurso, e pouco o cuidado: moralmente; porque não há lugar tão santo e tão sagrado, ainda que seja a mesma igreja, em que não haja terra. O que Cristo escrevesse, não se sabe de certo. Entendem comumente os Padres que foram os pecados dos acusadores. Que acuse o homicida ao homicida, o ladrão ao ladrão, o adúltero ao adúltero? Homem, acusa-te a ti: que quando acusas os pecados alheios, te condenas nos próprios. Assim sucedeu. Depois que o Senhor escreveu o processo, não da acusada, senão dos acusadores, levantou-se, e não lhes disse mais que estas palavras: *Qui sine peccato est vestrum, primus in illam lapidem mittat.*[ii] Aquele de vós que se achar sem pecado seja o primeiro que atire as pedras. Aqui me lembram as de S. Jerônimo. As pedras que traziam aparelhadas contra a delinquente, converteu-as cada um contra o seu peito, e os que tinham entrado tão zelosos, começaram a se sair confusos. Saíram-se; porque entraram na própria consciência. E nota o Evangelista, que os que saíram primeiro foram os mais velhos: *Incipientes a senioribus.*[iii] Miserável condição da vida humana! Quantos mais anos, mais culpas. Todos se devem arrepender das suas, mas com mais razão, e mais depressa, os que estão mais perto da conta. Ficou só Cristo e a delinquente, isto é, a misericórdia e a miséria. Perguntou-lhe: Onde estão os que te acusavam? Condenou-te alguém? *Nemo, Domine.*[iv] Ninguém, Senhor. Pois se ninguém te condena, nem eu te condenarei: vai-te, e não peques mais. Este foi o fim da história, admirável na justiça, admirável na misericórdia, admirável na sabedoria, admirável na onipotência. A Lei ficou em pé, os acusadores confusos, a delinquente perdoada, e Cristo livre dos que O vieram tentar. Esta tentação, como dizia, será a matéria do nosso discurso. Peçamos a graça a quem a dá tão facilmente, até aos que a não merecem. *Ave Maria.*

---

[i] Ibid., 6.
[ii] *João*, VIII, 7.
[iii] Ibid., 9.
[iv] Ibid., 11.

II

Hoc autem dicebant tentantes eum. Que os homens sejam maiores inimigos que os Demônios, é verdade que eu tenho muito averiguada. Busque cada um os exemplos em si, e achá-los-á: por agora baste-nos a todos o de Cristo. Depois de trinta anos de retiro, houve Cristo de sair a tratar com os homens, ou a lidar com eles. E porque não basta ciência sem experiência, nem há vitória sem batalha, nem se peleja bem sem exercício; antes de entrar nesta tão perigosa campanha, quis-se exercitar primeiro com outros inimigos. Parte-se o Senhor depois de batizado ao deserto; e diz S. Marcos que estava e vivia ali com as feras: *Eratque cum bestiis.*[i] Passados assim quarenta dias, seguiram-se as tentações do Demônio: *Et accedens tentator,*[ii] tentado Cristo no mesmo deserto, tentado no Templo, tentado no monte. E depois destas duas experiências, então finalmente saiu, e apareceu no mundo, e começou a tratar com os homens: *Exinde coepit praedicare.*[iii] Não sei se reparastes na ordem destes ensaios. Parece que primeiro se havia de exercitar o Senhor com os homens, como racionais e humanos; depois com as feras, como irracionais e indômitas; e ultimamente com os Demônios, como tão desumanos, tão cruéis, e tão horrendos. Mas não foi assim, senão ao contrário. Primeiro com as feras, depois com o Demônio, e ultimamente com os homens. E por quê? Porque o exercício e o ensaio, há de ser do menor inimigo para o maior: e os homens não só são inimigos mais ferozes que as feras, senão mais diabólicos que os mesmos Demônios. Vede na experiência. Que aconteceu a Cristo com as feras, com o Demônio, e com os homens? As feras nem Lhe quiseram fazer mal, nem Lhe fizeram; o Demônio quis-Lhe fazer mal, mas não Lhe fez; os homens quiseram-Lhe fazer mal, e fizeram-Lhe. Olhai para aquela cruz. As feras não O comeram; o Demônio não O despenhou; os que Lhe tiraram a vida, foram os homens. Julgai se são piores inimigos que o Demônio? Do Demônio defendeis-vos com a cruz; os homens põem-vos nela.

De maneira que não há dúvida que os homens são piores inimigos que os Demônios. A minha dúvida hoje é se são piores tentadores. *Hoc autem dicebant tentantes eum?* Os Demônios tentam, os homens tentam; o Demônio tentou a Cristo, os homens tentaram a Cristo; quais são os maiores e piores tentadores, os homens ou os Demônios? A questão é muito alta e muito útil; e para que não gastemos o tempo em esperar pela conclusão, digo que comparada (como se deve comparar) astúcia com astúcia, pertinácia com pertinácia, e tentação com

---

[i] *Marc.*, I, 13.
[ii] *Mat.*, IV, 3.
[iii] Ibid., 17.

tentação; piores tentadores são os homens que os Demônios. Comecemos pelo Evangelho, com o qual também havemos de continuar e acabar.

III

Hoc autem dicebant tentantes eum. Vieram os escribas e fariseus (como dizíamos) ao Templo, que contra o ódio e inveja humana, não lhe vale sagrado à inocência. Apresentaram diante de Cristo a adúltera tomada em flagrante delito, e alegaram o Texto, que é do capítulo vinte do Levítico, em que a Lei mandava que fosse apedrejada. *Moyses mandavit nobis hujusmodi lapidare.*[i] Pois se a lei era expressa, e o delito notório; se no caso não havia dúvida de fato, nem de direito; por que não executam eles a lei? Se é delinquente, castiguem-na; se a pena é de morte, tirem-lhe a vida; se o gênero da pena são pedras, apedrejem-na; levem-na ao campo, e não ao Templo. E se aguardam a sentença, requeiram-na aos juízes, e não a Cristo. Isto era o que pedia a justiça, o zelo, e a razão. Mas não o fizeram assim, diz o Evangelista, porque o seu intento não era castigar a acusada, senão acusar a Cristo: *Ut possent accusare eum.* Traziam uma acusação para levar outra. Vede a maldade mais que infernal, e a astúcia mais que diabólica. O Demônio no juízo universal, e no particular há de me acusar a mim, para me condenar a mim, e há de vos acusar a vós, para vos condenar a vós; porém estes tentadores não só acusavam um, para condenar outro; mas acusavam a pecadora, para condenar o justo; acusavam a delinquente, para condenar o inocente.

Mas como havia isto de ser, ou como queriam que fosse? Como tinham urdido a trama? Onde estava armado o laço? Onde vinha escondida a tentação? Descobriu-a maravilhosamente Santo Agostinho: *Ut si diceret, non lapidetur adultera, injustus convinceretur: si diceret, lapidetur, mansuetus non videretur.* Ou Cristo havia de dizer que fosse apedrejada a adúltera, ou não; se dizia que não fosse apedrejada, convenciam-no de injusto; se dizia que a apedrejassem, parecia que não era misericordioso: e ou faltasse à justiça, ou à misericórdia, concluíam que não era o Messias. Cristo (como Deus e humanizado) era todo mansidão, todo benignidade, todo misericórdia; as suas entranhas e as suas ações, todas eram de fazer bem, de remediar, de consolar, e de perdoar, de livrar a todos; e por isso todos O amavam, todos O veneravam, todos O aclamavam, todos O seguiam, que era o que mais lhe doía aos escribas e fariseus. Acrescentava-se a isto o que o mesmo Senhor dizia de si, do seu espírito, e das causas que O trouxeram ao mundo. Aos discípulos, que queriam que descesse fogo do

---

[i] *Levit.*, XX,10; *Deut.*, XXII, 20, 21, 24; *Dan.*, 13, 62.

céu sobre os Samaritanos, disse: *Filius hominis non venit animas perdere, sed salvare.*[i] Que não tinha vindo a matar os homens, senão a salvá-los. Sobretudo naquele mesmo Templo, abrindo o Senhor a Escritura, ensinou publicamente que d'Ele se entendia o famoso lugar do capítulo sessenta e um de Isaías: *Ad annuntiandum mansuetis misit me, ut mederer contritis corde, et praedicarem captivis indulgentiam, ut consolarer omnes lugentes.*[ii] Quer dizer: Mandou-me Deus ao mundo para curar corações, para remediar aflitos, para consolar os que choram, e dar liberdade e perdão aos que estão presos. Parece que tinha o profeta diante dos olhos tudo o que concorria no estado e fortuna desta pobre mulher. Assim a apresentaram diante de Cristo, presa, afligida, angustiada, chorando irremediavelmente sua miséria; e aqui, e mais na lei vinha armada a tentação. Se diz que não seja apedrejada a adúltera, é transgressor da lei; se diz (o que não dirá) que a apedrejem, perde a opinião de misericordioso, e a estima do povo; e sobretudo, contradiz-se a si mesmo, e às Escrituras do Messias, que interpreta de si. Logo, ou diga que se execute a lei, ou que se não execute; ou que seja apedrejada a delinquente, ou que o não seja; sempre o temos colhido, porque não pode escapar de um laço sem cair no outro.

A este modo de arguir, que é fortíssimo e apertadíssimo, chamam os dialéticos dilema, ou argumento cornuto; porque vai nele uma contraditória com tal artifício, dividida em duas pontas, que se escapais de uma, necessariamente haveis de cair na outra. Assim investiram hoje a Cristo os escribas e fariseus com Moisés. De Moisés diz a Escritura: *Quod facie ejus esset cornuta:*[iii] e nesta forma o puseram no campo, como no corro contra Cristo. *Moyses mandabit nobis hujusmodi lapidare.* Moisés (dizem) mandou-nos apedrejar a quem cometesse este delito. E para que a lei se parecesse com a testa do legislador, ia disposta e dividida em duas pontas tão bem armadas, que ou Cristo dissesse sim, ou dissesse não, se escapasse de uma, levavam-No na outra. De maneira que as pedras de que vinham prevenidos os escribas e fariseus, não eram para apedrejar a adúltera, senão para que Cristo tropeçasse e caísse nelas; e no laço que ali Lhe tinham armado. Deste modo de laços armados em pedras, faz elegante menção Isaías no capítulo oitavo: *Et erit in lapidem offensionis, et in petram scandali, in laqueum, et in ruinam. Et offendent, et cadent, et conterentur, et irretientur, et capientur.*[iv] Alude o profeta ao uso dos caçadores daquele tempo, os quais armavam as suas redes, e laços cercados de pedras, para que tropeçando nelas, a caça

---

[i] *Luc.*, IX, 56.
[ii] *Isaías*, LXI, 1 e 2.
[iii] *Êxod.*, XXIV, 29.
[iv] *Isaías*, VIII, 14 e 15.

caísse incautamente, e ficasse enredada e presa. Tal era o laço que os escribas e fariseus traziam hoje armado debaixo das pedras da lei, ou da lei das pedras: *Moyses mandavit hujusmodi lapidare*; para que tropeçando Cristo nas pedras, caísse e O tomassem no laço.

Lembrados estareis que o Demônio no deserto, e no pináculo do Templo, também armou o laço a Cristo com pedras. No deserto: *Dic, ut lapides isti panes fiant.*[i] No pináculo do Templo: *Ne forte offendas ad lapidem pedem tuum.*[ii] Mas com os laços e as tentações parecerem tão semelhantes; vede quanto mais astutos tentadores foram os homens que o Demônio. Da primeira tentação do Diabo livrou-se Cristo facilmente com um *não*: *Non in solo pane vivit homo.*[iii] Da segunda tentação livrou-se com outro *não*: *Non tentabis Dominum Deum tuum.*[iv] Porém na tentação que hoje Lhe armaram os homens, não bastava dizer não, para se livrar; porque ou dissesse não, ou dissesse sim, sempre ficava no laço. Ou Cristo havia de dizer sim: apedrejai; ou havia de dizer não: não apedrejeis. Se dizia não, ia contra a justiça; se dizia sim, ia contra a piedade; se dizia não, ia contra a lei; se dizia sim, ia contra si mesmo; se dizia não, ofendia o magistrado; se dizia sim, ofendia o povo. De sorte que Lhe armaram os paus ou as pedras, em tal forma, que, ou quisesse observar a lei, ou não quisesse, sempre ficava réu. Se se mostra rigoroso, falta à piedade: se se mostra piedoso, falta à justiça: e se falta, ou à justiça, ou à piedade, não é Messias.

Outra tentação semelhante urdiram os mesmos escribas e fariseus contra Cristo sobre o tributo de César, quando o Senhor lhes disse: *Quid me tentatis?* Mandaram juntas duas escolas: a sua e a dos herodianos; e depois de uma longa prefação de louvores falsos, propuseram esta questão: *Licet censum dare Caesari, an non?*[v] Mestre, é lícito dar o tributo a César, ou não? Notai a apertura dos termos. O que pediam era um sim, ou um não: é lícito, ou não é lícito? E por que com tanta formalidade e com tanto aperto? O evangelista o disse: *Ut caperent eum in sermone.*[vi] Porque com qualquer destas duas respostas, ou Cristo dissesse sim, ou dissesse não, sempre ficava encravado. Se dizia não, era contra a regalia do imperador: se dizia sim, era contra a liberdade e imunidade da nação: se dizia não, crucificava-O o César: se dizia sim, apedrejava-O o povo. E de qualquer modo (diziam eles) Se perde, e O temos apanhado e destruído. Isto é o que se maquinou e resolveu naquele conselho injusto, ímpio e tirânico:

---

[i] *Mat.*, IV, 3.
[ii] Ibid., 6.
[iii] Ibid., 4.
[iv] Ibid., XXII, 28.
[v] *Mat.*, XXII, 17.
[vi] Ibid., 16.

Consilium inierunt, ut caperent eum in sermone. Houve algum dia Demônio que urdisse tal tentação, e metesse um homem em tais talas? Nem houve tal Demônio nunca nem o pode haver; porque não há, nem pode haver tentação nenhuma do Demônio, da qual vos não possais livrar facilmente ou com um sim, ou com um não. Ora vede.

O Demônio sempre arma os seus laços ao pé dos mandamentos: Ali só põe a tentação; porque só dali pode haver o pecado: *Virtus peccavi lex.*[i] Os mandamentos todos, ou são positivos, ou negativos; e se o Demônio me tenta nos mandamentos positivos, basta para me defender um sim; se me tenta nos mandamentos negativos, basta para me defender um não. Exemplo. Os mandamentos positivos (como sabeis) são: Amarás a Deus, guardarás as festas, honrarás os pais. Os negativos são: Não jurarás, não matarás, não furtarás, não levantarás falso testemunho, e os demais. Agora ao ponto. Se o Diabo me tenta nos mandamentos positivos, diz-me: Não ames a Deus, não guardes as festas, não honres a teu pai. E se eu digo *sim*, resolutamente; sim hei de amar, sim hei de guardar, sim hei de honrar, basta este *sim* para que a tentação fique desvanecida, e o Diabo frustrado. Do mesmo modo nos mandamentos negativos. Diz o Demônio que jure, que mate, que furte, que levante falso testemunho. E se eu digo *não*; não quero jurar, não quero matar, não quero furtar; basta este *não* para que o tentador e a tentação fiquem vencidos. De maneira que das tentações do Demônio basta um *sim*, ou um *não*, para ficar livre; mas das tentações dos homens (como estas) nem basta o *sim*, nem basta o *não* para me livrar; porque vão armadas com tal astúcia, e maquinadas com tal arte, e tecidas e tramadas com tal enredo, que ou digais *sim*, ou digais *não*, sempre ficais no laço. Se dizeis que se apedreje a adúltera e que se pague o tributo, incorreis no ódio do povo, e hão-vos de apedrejar a vós; se dizeis que não apedreje, nem se pague, incorreis no crime de lei e na indignação do César, e hão-vos de pôr em uma cruz. E ainda que o tentado seja Jesus Cristo, sempre os tentadores hão de ter um cabo por onde lhe possam pegar, e lha possam pegar: *Ut possent accusare eum.*

Vejo que me perguntais: E que remédio, padre, para escapar de tais tentadores e de tão terríveis tentações? *Rem difficilem postulasti.*[ii] Nenhum teólogo escolástico ou ascético lhe deu até agora remédio. Eu direi o que me ocorre. Digo que não há outro remédio senão buscar um *sim* que seja juntamente *sim* e *não*; ou um *não* que seja juntamente *não* e *sim*. Não tenho menos autor para a prova que o príncipe dos Apóstolos, S. Pedro. E notai que quando S. Pedro deu nesta sutileza ainda estava em Jerusalém, e na Judeia, para que não cuide alguém que

---

[i] *1.ª ad Cor.*, XV, 56.
[ii] *4.º Livro dos Reis*, II, 10.

a fineza desta política fosse romana. Vieram ter com S. Pedro os cobradores de certo tributo, imposto por Augusto, em que cada um por cabeça pagava duas dracmas, e fizeram-lhe esta pergunta: *Magister vester non solvit didrachma?*[i] O vosso Mestre não paga o tributo? Viu-se perplexo e atalhado S. Pedro, porque não sabia qual fosse a tenção de seu Mestre neste ponto de tanta consequência. E o que respondeu foi: *Etiam*: Sim. Agora pergunto eu: E este *etiam*: este *sim* de S. Pedro, que significava? Significava *sim*, e significava *não*. Construí-o com a pergunta, e vereis se tem correntemente ambos os sentidos? Vosso Mestre não paga o tributo? Sim: assim é, não paga. Vosso Mestre não paga o tributo? Sim: sim paga. De sorte que o mesmo *sim* era *sim* e *não*. Entendido de um modo, era *sim*; porque significava: sim paga; e entendido de outro modo, era *não*; porque significava, não paga. E com esta equivocação se escapou S. Pedro nos tributeiros, enquanto seu Mestre não resolvia; deixando a porta aberta e cerrada juntamente, e o *sim* aparelhado e indiferente, para ser *sim* ou ser *não*, conforme se resolvesse. Cristo tinha ensinado ao mesmo S. Pedro e a todos seus discípulos que o seu *sim* fosse *sim*, e o seu *não* fosse não: *Sit sermo vester est, est: non, non.*[ii] Mas chegado Pedro a perguntas, e metido na tentação, foi-lhe necessário fazer um *sim* que fosse *sim* e *não* juntamente, para poder escapar dos homens.

Isto é o que fez S. Pedro naquela ocasião. E Cristo que fez no nosso caso, que era muito mais apertado? Viu que os cordéis com que traziam presa a adúltera, eram laços com que O pretendiam atar: viu que as pedras da lei que alegavam, vinham cheias de fogo por dentro, e que ao toque de qualquer resposta sua, não só haviam de brotar faíscas, mas um incêndio de calúnias: viu que suposta a tenção e astúcia dos tentadores, tanto se condenava condenando, como absolvendo; e que um e outro perigo era inevitável: que conselho tomaria? Não dizer *sim* nem *não*, era forçoso; porque até a Sabedoria infinita, quando são tais as tentações dos homens, se não pode livrar delas respondendo em próprios termos. E como entre *não* e *sim*, não há meio, que meio tomaria Cristo para se livrar de uma tal tentação? Agora o veremos.

IV

Levantou-se o Divino Mestre da cadeira sem responder palavra. Não havia ali outro papel senão a terra: inclina-se, e começa a escrever nela: *Digito scribebat in terra.* Esta foi a única vez que sabemos da História Sagrada que Cristo

---

[i] *Mat.*, XVII, 23.
[ii] Ibid., V, 37.

escrevesse de seu punho. Mas enquanto Cristo escreve, e estes tentadores esperam, tornemos ao deserto e às tentações do Demônio. Tentou o Demônio a primeira vez a Cristo, e rebateu O Senhor a tentação com as palavras do capítulo oitavo do Deuteronômio: *Non in solo pane vivit homo*.[i] Tentou a segunda vez, e foi rebatido com as palavras do capítulo sexto do mesmo livro: *Non tentabis Dominum Deum tuum*.[ii] Instou a terceira vez, e terceira vez o lançou Cristo de Si com outras palavras do mesmo capítulo: *Dominum Deum tuum timebis, et illi soli servies*.[iii] Quem haverá que se não admire à vista destas três tentações, e da que temos presente? Estes homens eram letrados de profissão, eram lidos e versados nas Escrituras, e atualmente estavam alegando Textos da Lei de Moisés. Pois se Cristo se defendeu das tentações do Demônio com as Escrituras Sagradas, e com os Textos da mesma Lei; por que se não defende também destes tentadores com as mesmas Escrituras? Mais. Resistindo ao Demônio, defendeu-se Cristo de três tentações com um só livro da Escritura, e só com dois capítulos dele. Nas Escrituras que então havia, que são todas as do Testamento Velho, há trinta e nove livros com mais de mil capítulos. Pois se Cristo tinha tantas armas, tão fortes, tão diversas, e tão prevenidas; por que se não defende com elas desta tentação? Aqui vereis quanto mais terríveis tentadores são os homens que o Demônio. Para Cristo se defender de três tentações do Demônio, bastou-lhe um só livro da Escritura: para se defender de uma tentação dos homens, não lhe bastaram todas quantas Escrituras havia: foi-lhe necessário fazer Escrituras de novo: *Digito scribebat in terra*. As Escrituras Sagradas (como notou S. Gregório) são os armazéns de Deus. Desta disse Salomão, comparando-as à Torre de seu pai Davi: *Mille clypei pendent ex ea: omnis armatura fortium*.[iv] E são tais, tão novas, tão esquisitas, e nunca imaginadas pelo Demônio as astúcias e máquinas que os homens inventam para tentar, que em todos os armazéns de Deus se não acharam armas com que as resistir, e foi necessário que a Sabedoria Encarnada forjasse outras de novo, e se pusesse a compor e a escrever contra estes tentadores: *Digito scribebat in terra*.

Mas qual foi o efeito desta Escritura? Agora acabareis de entender quanto mais dura é a pertinácia dos homens, quando tentam, que a do Demônio. Escreveu, e escrevia a Mão Onipotente: e os tentadores com a Escritura diante dos olhos nem se rendem, nem desistem, nem fazem caso dela, nem da mão que a escreve: ainda instam e apertam que responda à pergunta: *Cum perseverarent*

---

[i] *Deut.*, VIII, 3.
[ii] Ibid., VI, 16.
[iii] Ibid., 13.
[iv] *Cânt.*, IV, 4.

interrogantes.[i] Oh, Escritura! Oh, Baltasar! Oh, Babilónia! Apareceram três dedos em uma parede, sem mão, sem braço, sem corpo: *Digiti quasi manus hominis scribentis*:[ii] e com três palavras que escreveram, sem saber o que significavam, começa Baltasar a tremer de pés e mãos, sem cor, sem coração, sem alento. Treme o mais poderoso rei do mundo, e quatro homens sem mais poder que a sua malícia não tremem. Viam os dedos, viam o braço que escrevia: sabiam e tinham obrigação de saber pelas maravilhas que obrava, e de que eles tanto se doíam, que era homem e Deus juntamente; e à vista de uma Escritura tão larga de sua mão, em que se viam processados a si mesmos, não tremem, nem se movem, antes perseveram obstinados a perguntar e tentar: *Cum perseverarent.* Digam agora os escribas e fariseus se é o gentio Baltasar, ou eles? Mas o meu intento não é comparar homens com homens, senão os homens com o Demônio. Três circunstâncias particulares notou o Evangelista nesta ação de Cristo. Notou que escrevia, e com que escrevia, e onde escrevia: *Digito scribebat in terra.* Escrevia Cristo, e escrevia com o dedo, e escrevia na terra. E em todas estas circunstâncias venceram os homens ao Demônio na pertinácia de tentadores.

Primeiramente: *Scribebat*: escrevia. E por que quis escrever? As mesmas coisas que Cristo escrevia podia dizer em voz, e mais facilmente. Pois por que as não quis dizer em voz, senão por escrito? Porque as mesmas palavras divinas têm mais eficácia, para vencer as tentações, escritas que ditas. Na morte de Cristo tentou o Demônio aos discípulos na fé da Ressurreição; e todos ou foram vencidos ou fraquearam na tentação, como o mesmo Senhor lhes tinha predito. E dando a causa desta fraqueza S. João, diz que foi porque ignoravam as Escrituras da Ressurreição: *Nondum sciebant scripturam, quia oportebat eum a mortuis resurgere.*[iii] Contra: Evangelista sagrado. Cristo tinha dito por muitas vezes que havia de ressuscitar, e particularmente o disse ao mesmo S. João, e a S. Pedro e Sant'Iago no monte Tabor: *Nemini dixeritis visionem, donec filius hominis a mortuis resurgat.*[iv] Por que escusa logo o Evangelista a fraqueza de não resistirem à tentação com a ignorância das Escrituras? Porque ainda que as palavras divinas, ou ditas ou escritas, tenham a mesma autoridade, escritas movem mais, e têm maior eficácia para resistir às tentações. Vede-o no modo com que Cristo resistiu ao Demônio em todas as suas. Em todas as três tentações se defendeu Cristo do Demônio com a palavra divina; mas não sei se tendes reparado que em todas e em cada uma advertiu que era palavra escrita. Na primeira tentação:

---

[i] *João*, VIII, 7.
[ii] *Dan.*, V, 5.
[iii] *João*, XX, 9.
[iv] *Mat.*, XVII, 9.

Scriptum est: Non in solo pane vivit homo. Na segunda: *Scriptum est: Non tentabis Dominum Deum tuum.* Na terceira: *Scriptum est: Dominum Deum tuum timebis.* Parece que para resistir à tentação e rebater ao Demônio, bastava referir as sentenças, e palavras sagradas; porque acrescenta logo o Senhor, e deita diante de cada uma delas a declaração de que eram escritas, repetindo uma, duas e três vezes: *Scriptum est: Scriptum est: Scriptum est?* Porque sendo palavras de Deus, e escritas, tinham não só a virtude e eficácia das palavras, senão também a das letras. Assim como o Demônio para encantar e render aos homens, põe a eficácia do encanto em certos caracteres diabólicos; assim Deus para o encantar e ligar a ele, tem posto maior eficácia não só nas palavras sagradas, senão também nos caracteres com que são escritas. Por isso Cristo neste caso vendo-se tão apertadamente tentado dos homens, não tratou de se defender deles, dizendo, senão escrevendo: *Scribebat*.

Mas se tanta é a força e eficácia de um *Scriptum est*; e Cristo hoje escrevia: *Scribebat*, e os seus tentadores O estavam vendo escrever, e viam e liam a Escritura; porque persistem ainda, e perseveram na tentação: *Cum perseverarent?* Não persiste o Demônio, e persistem os homens? Sim. Porque o Demônio é Demônio, e os homens são homens; e por isso mais teimosos, e mais pertinazes tentadores. Onde muito se deve advertir a diferença desta Escritura de Cristo às Escrituras com que resistiu ao Demônio. As Escrituras que o Senhor referiu ao Demônio, eram Escrituras gerais feitas a outro intento, e para outrem. As Escrituras que hoje escreveu eram particulares, e escritas somente para os que o estavam tentando, e dirigidas ao coração e à consciência de cada um. O Demônio podia responder que as Escrituras do Deuteronômio eram feitas para os homens, e não para os Demônios; mas bastou serem Escrituras de Deus, para o Demônio ou as reverenciar, ou as temer, posto que não falassem com ele. Os homens, pelo contrário, falando com todos, e com cada um deles a Escritura de Cristo, nem a reverência os refreia, nem a força os quebranta, nem a consciência os intimida, nem a certeza com que se veem feridos os rende: continuam, instam, e perseveram obstinados: *Cum perseverarent.* Que mais?

Digito. Escrevia Cristo com o dedo. As Escrituras com que o Senhor rebateu as tentações do Demônio, não eram escritas com o dedo de Deus. Deus só escreveu com o dedo as duas tábuas da Lei: *Tabulas scriptas digito Dei.*[i] Os outros Textos eram escritos por Moisés com mão humana. Mas bastou serem Escrituras sagradas e canônicas, para que o Demônio se não atrevesse a lhes resistir. Vede se se podia e devia esperar hoje que os tentadores de Cristo se rendessem às suas Escrituras, pois eram Escrituras não só de Deus, mas escritas

---

[i] *Deut.*, IX, 10.

com o seu dedo: *Digito scribebat*? Claro está que se haviam de render, se os tentadores fossem Demônios; mas não se renderam, porque eram homens. Quando os magos de Faraó viram o que obrava a vara de Moisés, disseram: *Digitus Dei est hic*.[i] Esta obra é do dedo de Deus; e logo se deram por vencidos. Mas como assim? A arte mágica não é arte diabólica? Os magos do Egito não eram ministros e instrumentos do Demônio? Pois como cedem tão prontamente, e não se atrevem a resistir ao dedo de Deus? Por isso mesmo. Se as suas artes foram humanas, e eles obraram como homens, haviam de teimar e persistir; mas como as artes eram diabólicas, e eles obravam como ministros do Demônio, nem eles nem o Demônio se atreveram a resistir à força do dedo de Deus. Hoje, porém, vê-se o dedo de Deus resistido, sendo dedo de Deus não invisível, e encoberto em uma vara; mas visível, vivo e animado, porque as artes com que os escribas e fariseus vieram tentar, e queriam derrubar a Cristo, não eram artes diabólicas, senão humanas, nem eles Demônios, mas homens. Dos Demônios dizia Cristo: *In digito Dei ejicio daemonia*. Mas esse mesmo dedo de Deus, que lançava dos corpos os Demônios, não lhe bastava agora para lançar de si os homens. Os Demônios ao menor impulso do dedo de Cristo fugiam; os homens contra tantos e tão repetidos impulsos do mesmo dedo, quantas eram as letras que escrevia, não faziam de si nenhum abalo. Os Demônios deixavam os homens, os homens não deixavam a Cristo: os Demônios não podiam parar, os homens persistiam firmes: os Demônios desistiam, os homens perseveravam: *Cum perseverarent*. Que mais?

In terra. Nota finalmente o Evangelista que escrevia Cristo na terra. E por que na terra? Para que os que esquecidos da própria fragilidade acusavam tão rigorosamente uma fraqueza no sexo mais fraco, considerassem e advertissem que ela era terra, e eles terra. É tão própria do caso, e tão natural esta consideração, que daqui veio a ter para si Cartusiano, que as palavras que Cristo escreveu foram estas: *Terra terram judicat*: A terra acusa a terra. Se os acusadores foram Céu, não era de estranhar que acusassem a terra; mas que a terra acuse a terra! Ainda faziam mais estes tentadores. A terra acusava a terra por condenar o Céu, porque acusava a adúltera para condenar a Cristo. Pois se a terra muda, e por si mesma estava dando brados contra estes acusadores formados da mesma terra agora, que já não é muda com as palavras e vozes de Cristo, que tem escritas e estampadas em si, por que os não confunde, porque os não convence, por que os não rende? Já me canso de dizer: por que eram homens. E senão, tornemos a comparar esta tentação com a do Demônio. Assim como o elemento do homem é a terra, assim o elemento do Demônio é o ar. Neste ar habitam os Demônios,

---

[i] *Êxod.*, VIII, 19.

neste ar andam, neste ar nos tentam; e por isso S. Paulo lhes chamou potestades do ar: *Secundum principem potestatis aeris hujus*.[i] As palavras com que Cristo se defendeu do Demônio, foram pronunciadas no ar, que é incapaz de Escritura; as com que se quis defender destes homens, foram escritas e impressas na terra. As palavras pronunciadas passam, as escritas permanecem: as pronunciadas entram pelos ouvidos, as escritas pelos olhos. E sendo aquelas só pronunciadas, e estas escritas, aquelas sucessivas, e estas permanentes; aquelas ouvidas, e estas vistas; aquelas breves e poucas, e estas muitas e continuadas, que isso quer dizer: *Scribebat*; aquelas formadas no ar bastaram para vencer as potestades do ar; e estas impressas na terra não bastaram para render os homens formados de terra: *Digito scribebat in terra*.

V

Assim resistido Cristo, e assim rebatida, por não dizer afrontada, a força de sua mão e da sua Escritura; que novo meio buscaria a Sabedoria Onipotente para se defender de tão pertinazes tentadores? Assim como eles perseveraram em tentar, assim Ele perseverou em escrever; porque a pertinácia da tentação só se vence com a constância da resistência. E quando os remédios são proporcionados, mudá-los é perdê-los. Torna Cristo a inclinar-se, e escrever outra vez: *Iterum inclinans se digito scribebat in terra*. E foi tal a eficácia desta segunda Escritura, que alfim se renderam a ela os que tinham resistido à primeira. Então se foram retirando uns após outros; mas se vencidos de Cristo na retirada, vencedores contudo do Demônio na arte e pertinácia da tentação. Ainda quando desistem, são piores tentadores os homens que o Demônio. O Demônio tentou a Cristo três vezes; mas notai que respondendo o Senhor a cada tentação com uma Escritura, nunca o Demônio esperou a segunda. Em o Demônio ouvindo uma Escritura, calava, desistia; não resistia nem replicava; mudava logo de tentação, e ainda de lugar. Vencido de Cristo ainda presumia e esperava vencer a Cristo: refutado com uma Escritura, nunca teve atrevimento para persistir nem esperar outra Escritura. E os homens? Olhai para eles. Os homens, porém, mais pertinazes, mais impudentes, mais duros, e mais ferozes tentadores, que o mesmo Demônio, veem uma vez escrever a Cristo e não se movem; veem e entendem o que escreve e não se rendem. É necessário que a Sabedoria Divina multiplique Escrituras sobre Escrituras, e que tendo escrito uma vez, torne ou-

---

[i] *Ad Ephes.*, II, 2.

tra vez a escrever; *Iterum scribebat*; não já para persuadir aos tentadores mas para se defender, e se livrar a si mesmo de suas tentações.

Na última e mais forte tentação que padeceram os discípulos de Cristo, que foi na véspera de sua morte, anunciou-lhes O Divino Mestre que era chegado o tempo em que tinham necessidade de armas. E respondendo eles que tinham duas espadas: *Ecce duo gladii hic*:[i] contentou-se o Senhor com a prevenção, e disse-lhes que essas bastavam: *Satis est*. Todos os padres e expositores entendem concordemente que falou Cristo neste passo alegórica e metaforicamente. E que as espadas com que os Apóstolos se haviam de defender eram as Escrituras Sagradas. O mesmo tinha declarado muito antes Davi, falando dos mesmos Apóstolos e das mesmas espadas: *Et gladii ancipites in manibus eorum: ad faciendam vindictam in natiobibus, increpationes in populis.*[ii] Sendo pois este o sentido e intento das palavras de Cristo, é muito para reparar que destas duas espadas naquele grande conflito se não desembainhasse mais que uma, que foi a de S. Pedro; e que querendo os outros discípulos usar da segunda quando disseram: *Si percutimus in gladio*:[iii] o Senhor lho não permitisse. Pois se as espadas eram duas, e ambas aceitadas e aprovadas por Cristo como necessárias; por que proibiu o Senhor a segunda, e não quis que se usasse mais que de uma nesta tentação? O mesmo Cristo o disse: *Haec est hora vestra et potestas tenebrarum.*[iv] Esta tentação como aquela em que se empenhou e empregou todo o poder do Inferno, era tentação do Demônio: ainda que para ela concorreram também os homens, como ministros e instrumentos do mesmo Demônio e do mesmo Inferno, e para as tentações do Demônio, por mais fortes e poderosas que sejam, basta uma só espada, isto é, uma só Escritura, não são necessárias duas. Assim bastou uma só Escritura contra a tentação do deserto, e uma só contra a tentação do Templo, e uma só contra a tentação do monte. E como então Lhe não foi necessário a Cristo lançar mão da segunda espada, por isso também neste conflito não permitiu aos apóstolos que usassem dela, porque ainda que a tentação era tão forte e tão apertada, era alfim tentação do Demônio: *Haec est hora vestra et potestas tenebrarum.*

Logo a segunda espada que o Senhor não permitiu se desembainhasse era escusada e inútil? Não, porque essa ficou reservada para as tentações dos homens. Assim o experimentou o mesmo Senhor na tentação de hoje, em que não lhe bastando uma só Escritura contra a pertinácia dos seus tentadores, foi

---

[i] *Luc.*, XXII, 38.
[ii] *Sal.*, CXLIX, 6 e 7.
[iii] *Luc.*, XXII, 49.
[iv] Ibid., 53.

forçado a se valer de segunda Escritura e escrever outra vez: *Iterum scribebat*. E porque esta segunda espada, assim como foi necessária, assim bastou para dar fim à batalha, por isso o Senhor com o mesmo mistério, quando os Discípulos Lhe disseram que tinham duas espadas, respondeu que essas bastavam: *Statis est*, porque ainda que contra os homens não bastasse uma só Escritura, como basta e bastou contra o Demônio; contudo bastariam duas, como finalmente bastaram. Ao passo que os segundos caracteres uns após outros se iam formando, os tentadores também uns após outros se iam saindo: *Unus post unum exibant*.[i] O que não venceu uma Escritura venceram duas Escrituras: *Iterum scribebat*.

Mas que direi eu neste passo tirando os olhos dos ministros da sinagoga, e pondo-os em muitos que se chamam cristãos? Já me não queixo dos escribas e fariseus, nem Cristo se podia queixar tanto; porque haviam de vir ao mundo tais homens, que com a sua pertinácia os haviam de fazer menos duros, e com as suas tentações, menos tentadores. Os escribas e fariseus não se renderam às primeiras Escrituras do dedo de Cristo; mas renderam-se às segundas e largaram as pedras. Os hereges com nome de cristãos, nem às primeiras, nem às segundas Escrituras se rendem, antes das mesmas Escrituras adulteradas (que também trazem consigo a adúltera) fazem pedras com que atirar, a Cristo. Santo Agostinho e Santo Ambrósio[ii] dizem que escreveu Cristo duas vezes para mostrar que ele era o autor e legislador de ambas as Escrituras: das Escrituras do Testamento Velho e das Escrituras do Novo; e que as primeiras Escrituras foram escritas em pedra, porque haviam de ser estéreis; as segundas escritas na terra, porque haviam de ser fecundas, e haviam de dar fruto como alfim deram hoje. Mas estou vendo, Senhor meu, que essa terra em que escreveis e escrevestes, arada duas vezes pela vossa mão, e semeada duas vezes com a vossa palavra, em lugar de dar fruto, há de produzir espinhos. Esta foi a maldição que lançastes a Adão, que não só se cumpriu e estendeu, mas cresceu e crescerá sempre em seus filhos. Os escribas e fariseus foram piores que o Demônio: virão homens que sejam piores que os escribas e fariseus. O Diabo rendeu-se a uma Escritura: os escribas e fariseus renderam-se a duas: virão homens que nem a duas Escrituras se rendam, e, pertinazes contra ambos os Testamentos, com ambos vos façam guerra. Dai-me licença para que vos repita a minha dor parte do que está antevendo vossa Sabedoria.

Escrevestes em ambos os Testamentos a verdade e fé de vossa Divindade, tão expressa no Testamento Novo, e tão convencida por Vós mesmo no Velho; e virá um Ébion, um Cerinto, um Paulo Samosateno, um Fotino, que impuden-

---

[i] *João*, VIII, 9.
[ii] *S. August.*, Tract. 33; In *João*; *S. Ambr.*, Ep. 76; *Ad Stud*.

temente neguem que fostes e sois Deus. Escrevestes em ambos os Testamentos (e não era necessário que se escrevesse) a verdade de vossa humanidade em tudo semelhante à nossa; e virá um Maniqueu, um Prisciliano, um Valentino, que contra a evidência dos olhos, e das mesmas mãos que a tocaram, digam que vossa carne não foi verdadeira, senão fantástica; celeste e não humana. Escrevestes em ambos os Testamentos a unidade de vossa Pessoa, uma em duas naturezas humana e divina; e virá um Nestório, que reconhecendo as duas naturezas, diga pertinazmente que também houve em vós duas Pessoas, e um Êutiques, e um Discuros, que confessando a vossa Humanidade, e a vossa Divindade, digam que de ambas se formou ou transformou uma só, convertendo-se uma na outra. Escrevestes em ambos os Testamentos a perfeição e inteireza de vosso ser humano composto de corpo e alma; e virá um Ario e um Apolinar, que digam que tivestes somente corpo de homem, e que a alma desse corpo era a Divindade. Escrevestes em ambos os Testamentos e demonstrastes contra os Saduceus a futura ressurreição nossa e de todos os mortais; e virá um Simão Mago, um Basilides, um Hemineu, um Fileto, que merecedores de morrer para sempre, como os brutos, neguem a esperança e a fé da ressurreição. Escrevestes em ambos os Testamentos (bastando só a experiência) a verdade e absoluto domínio do livre-arbítrio humano; e virá um Bardasanes, um Pedro Abelardo, e modernamente um Oeolampádio e um Melâncton, que dizendo uma liberdade tão inaudita, neguem que há liberdade. Escrevestes em ambos os Testamentos que sem graça não há mérito, e que do concurso de vossa graça e do nosso alvedrio procedem as obras dignas, e só elas dignas da vida eterna; e virá um Pelágio, um Celestino, um Juliano, que impotentemente concedam todo este poder ao alvedrio acrescentando as forças do primeiro benefício com que nos criastes, para Vos negarem ingratissimamente no maior e segundo com que nos justificais. Escrevestes em ambos os Testamentos a necessidade e merecimento das boas obras: e virá um Lutero que não só negue serem necessárias as boas obras para a salvação, mas se atreva a dizer que todas as boas obras são pecado (e pudera acrescentar), pecado em que nunca pecou Lutero. Assim o ensinaram ele e Calvino (aqueles dois monstros mais que infernais do nosso século) para tirar do mundo a oração, o jejum, a esmola, a castidade, a penitência, os sufrágios, os sacramentos; pregando contra o que Cristo pregou, e escrevendo contra o que duas vezes escreveu; e formando novas tentações contra o mesmo Cristo das mesmas Escrituras com que Ele se defendeu das tentações, para que se veja quanto se adiantaram os homens nas artes de tentar, e quanto atrás deixaram ao mesmo Demônio.

    O Demônio, vendo na primeira tentação que Cristo Se defendia com a Escritura, para O tentar pelos mesmos fios, alegou na segunda tentação outra

Escritura. Mas o que é muito para admirar e ainda para reverenciar, foi que nem contra o primeiro nem contra o segundo, nem contra o terceiro Texto alegado por Cristo arguisse nem instasse o Demônio uma só palavra. O Demônio é mais letrado, mais teólogo, mais filósofo, mais agudo, e mais sutil que todos os homens. Pois se os homens, e tantos homens, têm arguido tanto e por tantos modos contra umas e outras Escrituras de Cristo, antes se atreveram a Lhe fazer guerra com elas, voltando as mesmas Escrituras contra o mesmo Cristo, e interpretando-as não só em sentido falso, mas totalmente contrário; por que não fez também isto o Demônio? Porque era Demônio e não homem. Porque era Demônio tentou como sábio; porque não era homem, não tentou como néscio e impudente. Tentar, e arguir, e teimar contra a verdade conhecida das Escrituras não é insolência que se ache na maldade do Demônio, na do homem sim. Agora entendereis a energia com que na parábola da cizânia respondeu o Pai de famílias: *Inimicus homo hoc fecit*:[i] O trigo que ele tinha semeado é a doutrina pura e sã das Escrituras Sagradas; a cizânia que se semeou sobre o trigo são as falsas interpretações com que se perverte o verdadeiro sentido das mesmas Escrituras. E quem é ou foi o autor desta maldade e deste engano tão pernicioso à seara de Cristo? *Inimicus homo*: o inimigo homem. Notai. Parece que bastava dizer o inimigo; mas acrescentou e declarou que esse inimigo era homem, para distinguir o inimigo homem do inimigo Demônio. O Demônio é inimigo e grande inimigo; porém o inimigo Demônio nunca foi tão Demônio, nem tão inimigo, que se atrevesse a voltar contra Cristo as Escrituras que ele alegava por si, como se viu em todas as três tentações; mas isto que nunca fez o inimigo Demônio; isto é o que fizeram e fazem os inimigos homens: *Inimicus homo hoc fecit*. Bem sei que alguns santos por este *inimicus homo* entenderam o Demônio. E quando esta inteligência seja verdadeira, aí vereis quem são os homens! Assim como nós quando queremos encarecer a maldade de um homem, lhe chamamos Demônio; assim Deus quando quis encarecer a maldade do Demônio, chamou-lhe homem: *Inimicus homo*. Ao menos eu, se houvera de escolher tentador, antes havia de querer ser tentado pelo Demônio que pelos homens. Cristo guiado pelo Espírito Santo escolheu tentador: *Ductus est a Spiritu, ut tentaretur*.[ii] E que tentador escolheu? *Ut tentaretur a diabolo*, escolheu tentador diabo, e não tentador homem. O certo é que quando o Diabo tentou a Cristo, Cristo foi buscar o Diabo; mas quando os homens hoje tentaram a Cristo, os homens O buscaram a Ele: *Tentantes eum, ut possent accusare eum*.

---

[i] *Mat.*, XIII, 28.
[ii] *Mat.*, IV, 1.

VI

Suposto isto, senhores, suposto que os homens são maiores e piores tentadores que o Demônio: que havemos de fazer? Não é necessário gastar muito tempo em consultar a resolução, porque o mesmo Cristo a decidiu, e a deixou expressa, e mui recomendada, como tão importante: *Cavete ab hominibus.*[i] Guardai-vos dos homens. Se eu pregara no deserto a anacoretas dir-lhes-ia que se guardassem do Diabo; mas como prego no povoado e a cortesãos, digo-vos que vos guardeis uns dos outros. O Diabo já não tenta no povoado, nem é necessário, porque os homens lhe tomaram o ofício, e o fazem muito melhor que ele. Cristo (como pouco há dizíamos) quis ser tentado do Diabo, e foi-o buscar ao deserto. Senhor, se quereis ser tentado do Demônio, porque o não ides buscar à cidade, à corte? Porque nas cidades e nas cortes já não há Demônios. E não se saíram por força de exorcismos, senão porque o seu talento não tem exercício. Se à corte vêm alguns artífices estrangeiros mais insignes, e de obra mais prima, os oficiais da terra ficam à pá, vão-se fazer lavradores. Assim lhe aconteceu ao Demônio. Ele era o que tinha por ofício ser tentador; mas como sobrevieram os homens, mais industriosos, mais astutos, mais sutis, e mais primorosos na arte; ficou o Diabo ocioso: se tenta por si mesmo é lá a um ermitão solitário, onde não há homens; por isso se anda pelos desertos, onde Cristo o foi buscar. Não digo que vos não guardeis do Demônio, que alguma vez dará cá um salto; o que vos digo é que vos guardeis muito mais dos homens: e vede se tenho razão?

Depois que a inveja entrou na alma de Saul (indigna mancha de um rei) entrou-lhe também o Demônio no corpo. Fora causa de inveja a funda de Davi, e não havia outro remédio contra aquele Demônio, senão a sua harpa. Vinha Davi, tocava a harpa em presença de Saul, e deixava-o o Demônio. Fê-lo assim uma vez, e depois que o Demônio se saiu, deita mão Saul a uma lança, e fez tiro a Davi (diz o Texto) para o pregar com ela a uma parede. Que um rei cometesse tal excesso de ingratidão contra um vassalo, a quem devia a honra e a coroa, não me admira. Assim se pagam os serviços que são maiores que todo o prêmio. O que me admirou sempre, e o que pondera muito S. Basílio de Selêucia é que não tentasse Saul esta aleivosia enquanto tinha o Demônio no corpo, senão depois que se saiu dele. Quando Saul tem o Demônio no corpo, modera a inveja, o ódio, a fúria; e depois que o Demônio o deixa, agora comete uma traição e uma aleivosia tão enorme? Sim: agora. Pois agora está Saul em si, dantes estava o Demônio nele; dantes obrava como endemoninhado; agora obra como homem. Se Saul intentara esta infame ação enquanto estava possuído do Demô-

---

[i] Ibid., X, 17.

nio, havíamos de dizer que obrava o Demônio nele; mas quis a Providência do Céu que o não fizesse Saul senão depois que esteve livre, para que soubéssemos que obrava como homem, e nos guardássemos dos homens mais ainda que do Demônio. *O novum, injuriumque facinus* (exclama Basílio, *Daemon pellitur, et daemone liberatus arma capiebat. Daemon vincebatur, et hominis mores plus sumebant audatiae.* Era pior Saul livre do Demônio, que possuído dele; porque possuído, obrava pelos impulsos do Demônio; livre, obrava pelos seus, pelos de homem: *Et hominis mores plus sumebant audatiae.* Por isso o Demônio vendo tão feiamente inclinado a Saul, se saiu fora, envergonhando-se que pudesse o mundo cuidar que aquela tentação era sua. Oh, que bem lhe estivera ao mundo, que entrasse o Demônio em alguns homens, para que fossem menos maus e menos tentadores! Compadeço-me de Davi, honrado, valoroso, fiel, mas enganado com o seu amor, e com o seu príncipe. Se não sabes, ó Davi, a quem serves, vê ao teu rei no espelho da tua harpa; emudece-a, destempera-lhe as cordas, faze-a em pedaços. Enquanto Saul estiver endemoninhado, estarás seguro; se tornar em si, olha por ti. Não é Saul homem que queira junto a si tamanho homem.

Bem provado cuido que está com o horror deste exemplo, que nos devemos guardar e recatar dos homens, mais ainda que do Diabo. Mas vejo que me dizeis, que Saul era inimigo capitalíssimo de Davi, e que dos homens que são inimigos, bem é que nos guardemos com toda a cautela; porém dos amigos parece que não. São eles homens? Pois ainda que sejam amigos, guardai-vos deles, e crede-me, porque os amigos também tentam, e de mais perto; e se vos tentarem, hão de fazer e poder mais que o Diabo para vos derrubar. Nunca o Diabo teve mais ampla jurisdição para tentar com todas suas artes e com todo seu poder, que quando tentou a Jó. Tentou-o na fazenda, tirando-lha toda em um momento; tentou-o nos filhos, matando-lhes todos de um golpe; tentou-o na própria carne, cobrindo-o de lepra e câncer, e fazendo-o todo uma chaga viva. E que fez ou que disse Jó? *Dominus dedit, Dominus abstulit, sit nomen Domini benedictum.*[i] Paciência, humildade, resignação na vontade divina, graças, e mais graças a Deus; dando testemunho a mesma Escritura que em todas as tentações não lhe pôde tirar da boca o Demônio uma palavra que não fosse de um ânimo muito constante, muito reto, muito pio, muito timorato, muito santo: *In omnibus his non peccavit Job labiis suis, neque stultum quid loquutus est contra Deum.*[ii] Neste estado de tanta miséria e de tanta virtude, vieram os amigos de Jó a visitá-lo e consolá-lo. Eram estes amigos três, todos príncipes, todos sábios, e todos professavam estreita amizade com Jó. Ao princípio esti-

---

[i] *Jó*, I, 21.
[ii] Ibid., 22.

veram mudos por espaço de sete dias; depois falaram, e falaram muito. E que lhe sucedeu a Jó com estes amigos? O que não pôde o Diabo com todas as suas tentações. Fizeram-lhe perder a constância, fizeram-lhe perder a paciência, fizeram-lhe perder a conformidade, e até a consciência lhe fizeram perder. Porque se puseram a altercar contra ele, e o arguiram, e o caluniaram, e o apertaram de tal sorte, que deixou Jó de ser Jó. Não só amaldiçoou a sua vida e a sua fortuna, mas ainda em respeito da justiça, e da Providência Divina, disse coisas muito indignas da sabedoria, e muito alheias da piedade de um homem santo, pelas quais foi asperamente repreendido de Deus. O mesmo Jó as confessou depois, e se arrependeu e fez penitência delas, coberto de cinza: *Insipienter loquutus sum, idcirco ipse me reprehendo, et ago poenitentiam in favilla, et cinere.*[i] Eis aqui quão pouco lustroso saiu das mãos dos homens o espelho da paciência, tendo saído das tentações do Demônio vencedor, glorioso, triunfante. O Demônio era Demônio e inimigo; os homens eram amigos, mas homens; e bastou que fossem homens para que tentassem mais fortemente a Jó que o mesmo Demônio. As tentações do Demônio foram para ele coroa, e as consolações dos amigos, não só tentação, mas ruína. E se isto fazem amigos sábios, zelosos da honra de Deus, e da alma de seu amigo (como aqueles eram) quando o vêm consolar em seus trabalhos; que farão amigos perdidos e loucos, que só se buscam a si e não a vós, que estimam mais a vossa fortuna que a vossa alma, e que fazem dela tão pouco caso como da sua?

Há mais algum homem de quem nos devamos guardar? Sim. O maior tentador de todos. E quem é este? Cada um de si mesmo. O homem de que mais nos devemos guardar, é eu de mim, e vós de vós. *Unusquisque tentatur a concupiscentia sua abstractus, et illectus.*[ii] Sabeis (diz Sant'Iago Apóstolo) quem vos tenta? Sabeis quem vos faz cair? Vós a vós: cada um a si: *Unusquisque tentatur*. Nós como filhos de Eva, tudo é dizer: *Serpens decepit me*: Tentou-me o Diabo, enganou-me o Diabo; e vós sois o que vos tentais e vos enganais, porque quereis enganar-vos. O vosso Diabo sois vós; o vosso apetite, a vossa vaidade, a vossa ambição, o vosso esquecimento de Deus, do Inferno, do Céu, da alma. Guardai-vos de vós, se vos quereis guardado. Pôs Deus a Adão no Paraíso terrestre, e cuidamos que o pôs naquele lugar tão ameno e deleitoso só para que gozasse suas delícias, e todo se regalasse e banhasse nelas sem nenhum outro cuidado. Mas vede o que diz o Texto: *Posuit eum in Paradiso voluptatis, ut operaretur, et custodiret illum.*[iii] Pôs (diz) a Adão no Paraíso para

---

[i] Ibid., XLII, 3 e 6.
[ii] *Jacó*, I, 14.
[iii] *Gênes.*, II, 15.

que o cultivasse e guardasse. Nesta última palavra reparei sempre muito: *Ut custodiret illum*. De quem havia de guardar o Paraíso Adão? Dos animais? Não, porque todos lhe eram obedientes e sujeitos. Dos homens? Não, porque não havia homens. Pois se o não havia de guardar dos homens, nem dos animais; de quem o havia de guardar? De quem o não guardou: de si mesmo. Guarde-se Adão de Adão, e guardará o Paraíso. Sois homem? Guardai-vos desse homem, guardai-vos do seu entendimento, que vos há de enganar; guardai-vos da sua vontade, que vos há de trair; guardai-vos dos seus olhos e dos seus ouvidos, e de todos os seus sentidos, que vos hão de entregar. Guardou-se Davi de Saul, e caiu, porque se não guardou de Davi. Guardou-se Sansão dos Filisteus, e perdeu-se, porque se não guardou de Sansão. Guarde-se Davi de Davi; guarde-se Sansão de Sansão; guarde-se cada um de si mesmo. De todos os homens nos havemos de guardar, porque todos tentam; mas deste homem mais que de todos, porque é o maior tentador. Por isso dizia Santo Agostinho como santo, como douto, e como experimentado: *Liberei te Deus a te ipso*. Livre-te Deus de ti. Cristo livrou-Se hoje dos homens que O tentaram; mas eles não se livraram de si, porque quando vieram a tentar já vinham tentados; quando vieram a derrubar já vinham caídos. Para si e para Cristo homens; e por isso contra si e contra Cristo tentadores: *Tentantes eum*.

VII

Ninguém me pode negar que é muito verdadeira e muito certa esta doutrina; mas parece que eu também não posso negar que é muito triste e muito desconsolada. O homem é animal sociável, nisso nos distinguimos dos brutos; e parece coisa dura que havendo necessariamente um homem de tratar com os homens, se haja de guardar de todos os homens. Não haverá um homem com quem outro homem possa tratar sem temor, sem cautela, e sem se guardar dele? Sim, há. E que homem é este? Aquele Homem a quem hoje vieram tentar os homens; aquele Homem que juntamente é Deus e Homem; aquele Homem em quem só achou refúgio e remédio aquela miserável de quem não se compadeceram, e a quem acusavam os homens. Arguiu sutilissimamente Santo Agostinho que esta mulher, depois que se viu livre de seus acusadores, parece que devia fugir de Cristo. A razão é manifesta; porque Cristo tinha dito na sua sentença que quem não tivesse pecado lhe atirasse as pedras; logo só de Cristo se podia temer, porque só Cristo não tinha pecado. Mas porque só Ele não tinha pecado, por isso mesmo se não temeu de tal Homem; e por isso mesmo só daquele Homem e naquele Homem se devia fiar e confiar. Primeiramente Cristo na sua sentença já Se tinha excetuado a Si: *Qui sine peccato est vestrum*.[i] Quem de vós não tem pecado, esse atire as pedras. Não disse *quem*, absolutamente, senão *quem de vós*, para se excetuar a Si, que é a exceção de todos os homens. E o mesmo não haver em Cristo pecado, era a maior segurança da pecadora.

Duas condições concorriam em Cristo neste caso para Se compadecer e usar de misericórdia com aquela pobre mulher. A primeira e universal o ser isento de pecado, verificando-se só n'Ele o *Qui sine peccato est*. A segunda e particular o estar naquela ocasião tentado pelos homens: *Tentantes eum*. Como tentado não podia deixar de se compadecer: como isento de pecado não podia deixar de perdoar. A tentação O fazia compassivo, e a isenção do pecado, misericordioso. Tudo disse admiravelmente S. Paulo falando de Cristo: *Non enim habemus pontificem, qui non possit compati infirmitatibus nostris, tentatum per omnia pro similitudine absque peccato: adeamus ergo cum fiducia ad thronum gratiae, ut misericordiam consequamur*.[ii] Notai todas as palavras, e particularmente aquelas: *Tentatum*, e *Absque peccato*. Como tentado, *Tentatum*, não podia deixar de se compadecer: *Qui non possit compati*. Como isento de pecado, *Absque peccato*, não podia deixar de ser misericordioso: *Adeamus ergo cum fiducia, ut misericordiam consequamur*. Na verdade neste *ergo* de S. Paulo esteve toda a confiança da delinquente; e por isso não quis fugir, como se interpretara a sentença de Cristo e dissera: Se só me há de atirar as pedras quem não tem pecado, ninguém mas há de atirar. Os fariseus, que têm pecado, não; Cristo, que não tem pecado, também não; porque o não tem. Quem não tem pecado não atira pedras. Assim foi, e assim lhe disse Cristo. *Nemo te condemnavit, mulier? Neque ego te condemnabo*.[iii] Se ninguém te condenou, nem eu te condenarei. Eles não te condenaram, porque tinham pecado: eu não te condenarei, porque o não tenho. Eis aqui porque este Homem é tão diferente de todos os outros homens. Os homens que tinham pecado tentavam, acusavam, perseguiam: o Homem que não tinha pecado escusou, defendeu, compadeceu-se, perdoou, livrou; e de tal modo condenou o pecado, que absolveu a pecadora: *Vade, et noli amplius peccare*.

Senhores meus, conclusão. Pois que os homens são piores tentadores que o Demônio, guardemo-nos dos homens; e pois que entre todos os homens não há outro Homem de quem seguramente nos possamos fiar, senão este Homem, que juntamente é Deus; tratemos só deste Homem, e tratemos muito familiarmente com este Homem. Toda a fortuna daquela tão desgraçada criatura esteve

---

[i] *João*, VIII, 7.
[ii] *Ad Hebr.*, IV, 15 e 16.
[iii] *João*, VIII, 11.

em a trazerem diante de tal Homem; e a primeira mercê que lhe fez foi livrá-la dos outros homens. Por que cuidais que se fez Deus homem? Não só para remir aos homens, senão para que os homens tivessem um Homem de quem se pudessem fiar, a quem pudessem acudir, e com quem pudessem tratar sem receio, sem cautela, com segurança. Só neste Homem se acha a verdadeira amizade, só neste Homem se acha o verdadeiro remédio: e nós a buscar homens, a comprar homens, a pôr a confiança em homens! *Maledictus homo, qui confidit in homine.*[i] Maldito o homem que confia em homem; e bendito o homem que confia neste Homem, e só neste Homem, e muito só por só com este Homem, trata do que lhe convém. Levai este ponto para casa, e não quero outro fruto do sermão.

Depois que se apartaram aqueles maus homens (que bastava serem homens, ainda que não fossem tão maus) diz o Evangelista que ficou só Cristo, e diante d'Ele a venturosa pecadora: *Remansit Jesus solus, et mulier in medio stans.*[ii] Esta foi a maior ventura daquela alma, e esta a melhor hora daquele dia; aquele breve tempo em que esteve só por só com Cristo. Neste breve tempo remediou o passado mais o futuro: o passado: *Neque ego te condemnabo*; o futuro: *Noli amplius peccare.* Já que os homens nos levam tanta parte do dia, tomemos todos os dias sequer um breve espaço em que a nossa alma se recolha com Deus e consigo, e esteja só por só com Cristo, com este Homem. Oh, se o fizéramos assim, quão verdadeiramente nos convertêramos a Ele!

Chegado Cristo à fonte de Sicar, mandou todos os apóstolos que fossem à cidade buscar de comer, porque era (diz o Evangelista) a hora do meio-dia.[iii] Veio neste tempo a Samaritana; converte-a o Senhor: e tornando os apóstolos, e pondo-lhe diante o que traziam, não quis comer. Duas grandes dúvidas tem este lugar. Primeira, por que mandou Cristo à cidade os apóstolos todos, sendo que para trazer de comer bastava um ou dois? Segunda, se os mandou buscar de comer e o traziam, e Lhe ofereceram, e era meio-dia, por que não comeu? Primeiramente não comeu porque já tinha comido. Assim o suspeitaram os Discípulos, dizendo entre si: *Nunquid aliquis attulit ei manducare?* Mas não entenderam que quem Lhe tinha trazido de comer era a mesma Samaritana. Aquela alma convertida foi para Cristo não só a mais regalada iguaria, mas o melhor e o mais esplêndido banquete que Lhe podia dar o Céu, quanto mais a Terra. Tal foi o que também hoje Lhe deu na conversão desta pecadora. Notai. Quando Cristo venceu no deserto as tentações do Demônio, banqueteou o Céu a Cristo vencedor com iguarias da Terra; porém hoje como as tentações foram

---

[i] *Jerem.*, VII, 5.
[ii] *João*, VIII, 9.
[iii] Ibid., IV, 7.

maiores, e maiores os tentadores, e a vitória maior, foi também maior e melhor o banquete. Lá a Cristo vencedor das tentações do Demônio, serviram-No os anjos com manjares do corpo: *Et ecce angeli ministrabant ei*:[i] e a Cristo vencedor das tentações dos homens, banqueteou-O a convertida com a sua alma, que é para Cristo o prato mais regalado, e aquele que só Lhe podem dar os homens e não os anjos. Esta foi a razão por que o Senhor disse que tinha comido.

E a razão por que mandou ir à cidade, não parte dos apóstolos, senão todos, foi porque havia de converter ali a Samaritana; e para uma alma se converter verdadeiramente a Cristo, é necessário que estejam muito a sós; Cristo só por só com a alma, a alma só por só com Cristo: *Remansit Jesus solus, et mulier in medio stans.* Jesus e a alma sós. Esta é a solidão que Deus quer para falar às almas e ao coração? *Ducam eam in solitudinem, et loquar ad cor ejus.*[ii] Não é a solidão dos ermos e dos desertos, é a solidão em que a alma está só por só com Jesus. Nesta solidão só por só Lhe fala; nesta solidão só por só O ouve; nesta solidão só por só Lhe representa as suas misérias, e Lhe pede e alcança o remédio delas; e ainda sem o pedir o alcança só com o silêncio e conhecimento humilde de suas culpas, como aconteceu a esta solitária pecadora. Façamo-lo assim, cristãos, por amor de Cristo, que tanto o deseja, e por amor das nossas almas, que tão arriscadas andam, e tão esquecidas de si. Não digo que deixeis o mundo, e que vos vades meter em um deserto; só digo que façais o deserto dentro do mesmo mundo, e dentro de vós mesmos, tomando cada dia algum espaço de solidão só por só com Cristo, e vereis quanto vos aproveita. Ali se lembra um homem de Deus e de si; ali se faz resenha dos pecados, e da vida passada; ali se delibera e se compõe a futura; ali se contam os anos que não hão de tornar; ali se mede a eternidade que há de durar para sempre; ali diz Cristo à alma eficazmente, e a alma a si mesma um *nunca mais* muito firme e muito resoluto: *Noli amplius peccare*; ali, enfim, se segura aquela tão duvidosa sentença do último Juiz: *Neque ego te condemnabo*: Nem eu te condenarei. Esta é a absolvição das absolvições; esta é a indulgência das indulgências; e esta a graça das graças, sem a qual é infalível o Inferno, e com a qual é certa a Glória.

---

[i] *Mat.*, IV, 11.
[ii] *Oseias*, II, 14.

SERMÃO DE SANTO ANTÔNIO AOS PEIXES

PREGADO NA CIDADE DE SÃO LUIS DO MARANHÃO, NO ANO DE 1654

Vos estis sal terrae.[i]

I

Vós, diz Cristo Senhor nosso, falando com os pregadores, sois o sal da terra: e chama-lhe sal da terra, porque quer que façam na terra o que faz o sal. O efeito do sal é impedir a corrupção, mas quando a terra se vê tão corrupta como está a nossa, havendo tantos nela que têm ofício de sal, qual será, ou qual pode ser a causa desta corrupção? Ou é porque o sal não salga, ou porque a terra se não deixa salgar. Ou é porque o sal não salga, e os pregadores não pregam a verdadeira doutrina; ou porque a terra se não deixa salgar, e os ouvintes, sendo verdadeira a doutrina que lhes dão, a não querem receber. Ou é porque o sal não salga, e os pregadores dizem uma coisa e fazem outra; ou porque a terra se não deixa salgar, e os ouvintes querem antes imitar o que eles fazem, que fazer o que dizem; ou é porque o sal não salga, e os pregadores se pregam a si, e não a Cristo; ou porque a terra se não deixa salgar, e os ouvintes em vez de servir a Cristo, servem os seus apetites. Não é tudo isto verdade? Ainda mal.

Suposto, pois, que, ou o sal não salgue, ou a terra se não deixe salgar; que se há de fazer a este sal, e que se há de fazer a esta terra? O que se há de fazer ao sal, que não salga, Cristo o disse logo: *Quod si sal evanuerit, in quo salietur? Ad nihilum valet ultra, nisi ut mittatur foras, et conculcetur ab hominibus.*[ii] Se o sal perder a substância e a virtude, e o pregador faltar à doutrina, e ao exemplo; o que se lhe há de fazer, é lançá-lo fora como inútil, para que seja pisado de todos. Quem se atrevera a dizer tal coisa, se o mesmo Cristo a não pronunciara? Assim como não há quem seja mais digno de reverência, e de ser posto sobre a cabeça, que o pregador, que ensina e faz o que deve; assim é merecedor de todo o desprezo, e de ser metido debaixo dos pés, o que com a palavra ou com a vida prega o contrário.

---

[i] *Mat.*, V, 13.
[ii] Ibid., V, 13.

Isto é o que se deve fazer ao sal, que não salga. E à terra, que se não deixa salgar, que se lhe há de fazer? Este ponto não resolveu Cristo Senhor nosso no Evangelho; mas temos sobre ele a resolução do nosso grande português Santo Antônio, que hoje celebramos, e a mais galharda e gloriosa resolução que nenhum santo tomou. Pregava Santo Antônio, em Itália na cidade de Arímino, contra os hereges, que nela eram muitos; e como erros de entendimento são dificultosos de arrancar, não só não fazia fruto o Santo, mas chegou o povo a se levantar contra ele, e faltou pouco para que lhe não tirassem a vida. Que faria neste caso o ânimo generoso do grande Antônio? Sacudiria o pó dos sapatos como Cristo aconselha em outro lugar? Mas Antônio com os pés descalços não podia fazer esta protestação; e uns pés, a que se não pegou nada de terra, não tinham que sacudir. Que faria logo? Retirar-se-ia? Calar-se-ia? Dissimularia? Daria tempo ao tempo? Isso ensinaria porventura a prudência, ou a covardia humana; mas o zelo da glória divina, que ardia naquele peito, não se rendeu a semelhantes partidos. Pois que fez? Mudou somente o púlpito e o auditório, mas não desistiu da doutrina. Deixa as praças, vai-se às praias; deixa a terra, vai-se ao mar, e começa a dizer a altas vozes: Já que me não querem ouvir os homens, ouçam-me os peixes. Oh, maravilhas do Altíssimo! Oh, poderes d'O que criou o mar, e a terra! Começam a ferver as ondas, começam a concorrer os peixes, os grandes, os maiores, os pequenos, e postos todos por sua ordem com as cabeças de fora da água, Antônio pregava, e eles ouviam.

Se a Igreja quer que preguemos de Santo Antônio sobre o Evangelho, dê-nos outro. *Vos estis sal terrae*: É muito bom texto para os outros Santos Doutores; mas para Santo Antônio vem-lhe muito curto. Os outros Santos Doutores da Igreja foram sal da terra, Santo Antônio foi sal da terra e foi sal do mar. Este é o assunto que eu tinha para tomar hoje. Mas há muitos dias que tenho metido no pensamento que nas festas dos santos é melhor pregar com eles, que pregar deles. Quanto mais que o sal da minha doutrina, qualquer que ele seja, tem tido nesta terra uma fortuna tão parecida à de Santo Antônio em Arímino, que é força segui-la em tudo. Muitas vezes vos tenho pregado nesta igreja e noutras, de manhã e de tarde, de dia e de noite, sempre com doutrina muito clara, muito sólida, muito verdadeira, e a que mais necessária e importante é a esta terra, para emenda e reforma dos vícios, que a corrompem. O fruto que tenho colhido desta doutrina, e se a terra tem tomado o sal, ou se tem tomado dele, vós o sabeis, e eu por vós o sinto.

Isto suposto, quero hoje, à imitação de Santo Antônio, voltar-me da terra ao mar, e já que os homens se não aproveitam, pregar aos peixes. O mar está tão perto que bem me ouvirão. Os demais podem deixar o sermão, pois não é para eles. Maria, quer dizer, *Domina maris*: Senhora do mar: e posto que o assunto seja tão desusado, espero que me não falte a costumada graça. *Ave Maria.*

II

Enfim, que havemos de pregar hoje aos peixes? Nunca pior auditório. Ao menos têm os peixes duas boas qualidades de ouvintes: ouvem e não falam. Uma só coisa pudera desconsolar ao pregador, que é serem gente os peixes, que se não há de converter. Mas esta dor é tão ordinária, que já pelo costume quase se não sente. Por esta causa não falarei hoje em Céu nem Inferno: e assim será menos triste este sermão, do que os meus parecem aos homens, pelos encaminhar sempre a lembrança destes dois fins.

Vos estis sal terrae. Haveis de saber, irmãos peixes, que o sal, filho do mar como vós, tem duas propriedades, as quais em vós mesmos se experimentam: conservar o são, e preservá-lo para que se não corrompa. Estas mesmas propriedades tinham as pregações do vosso pregador Santo Antônio, como também as devem ter as de todos os pregadores. Uma é louvar o bem, outra repreender o mal: louvar o bem para o conservar, e repreender o mal para preservar dele. Nem cuideis que isto pertence só aos homens, porque também nos peixes tem seu lugar. Assim o diz o grande Doutor da Igreja S. Basílio: *Non carpere solum, reprehendereque possumus pisces, sed sunt in illis, et quae prosequenda sunt imitatione.* Não só há que notar, diz o Santo, e que repreender nos peixes, senão também que imitar e louvar. Quando Cristo comparou a sua Igreja à rede de pescar: *Sagenae missae in mare,*[i] diz que os pescadores recolheram os peixes bons, e lançaram fora os maus: *Collegerunt bonos in vasa, malos aurem foras miserunt.*[ii] E onde há bons e maus, há que louvar e que repreender. Suposto isto, para que procedamos com clareza, dividirei, peixes, o vosso sermão em dois pontos: no primeiro louvar-vos-ei as vossas virtudes, no segundo repreender-vos-ei os vossos vícios. E desta maneira satisfaremos às obrigações do sal, que melhor vos está ouvi-las vivos, que experimentá-las depois de mortos.

Começando, pois, pelos vossos louvores, irmãos peixes, bem vos pudera eu dizer, que entre todas as criaturas viventes e sensitivas, vós fostes as primeiras que Deus criou. A vós criou primeiro que às aves do ar, a vós primeiro que aos animais da terra, e a vós primeiro que ao mesmo homem. Ao homem deu Deus a monarquia e domínio de todos os animais dos três elementos, e nas provisões,

---

[i] *Mat.*, XIII, 47.
[ii] Ibid., XIII, 48.

em que o honrou com estes poderes, os primeiros nomeados foram os peixes: *Ut praesit piscibus maris, et volatibus Coeli, et bestiis universaeque terrae.*[i] Entre todos os animais do mundo, os peixes são os mais, e os peixes os maiores. Que comparação tem em número as espécies das aves, e dos animais terrestres com a dos peixes? Que comparação na grandeza o elefante com a baleia? Por isso Moisés, cronista da Criação, calando os nomes de todos os animais, só a ela nomeou pelo seu: *Creavit Deus cete grandia.*[ii] E os três músicos da fornalha de Babilônia o cantaram também como singular entre todos: *Benedicite, cete, et omnia quae moventur in aquis, Domino.*[iii] Estes e outros louvores, estas e outras excelências de vossa geração e grandeza vos pudera dizer, ó peixes; mas isto é lá para os homens, que se deixam levar destas vaidades, e é também para os lugares em que tem lugar a adulação, e não para o púlpito.

Vindo pois, irmãos, às vossas virtudes, que são as que só podem dar o verdadeiro louvor, a primeira que se me oferece aos olhos hoje é aquela obediência, com que chamados acudistes todos pela honra de vosso Criador e Senhor, e aquela ordem, quietação e atenção com que ouvistes a palavra de Deus da boca de seu servo Antônio. Oh, grande louvor verdadeiramente para os peixes, e grande afronta e confusão para os homens! Os homens perseguindo a Antônio, querendo-o lançar da terra, e ainda do mundo, se pudessem, porque lhes repreendia seus vícios, porque lhes não queria falar à vontade, e condescender com seus erros, e no mesmo tempo os peixes em inumerável concurso acudindo à sua voz, atentos, e suspensos às suas palavras, escutando com silêncio, e com sinais de admiração e assenso (como se tiveram entendimento) o que não entendiam. Quem olhasse neste passo para o mar e para a terra, e visse na terra os homens tão furiosos e obstinados, e no mar os peixes tão quietos e tão devotos, que havia de dizer? Poderia cuidar que os peixes irracionais se tinham convertido em homens, e os homens, não em peixes, mas em feras. Aos homens deu Deus uso de razão, e não aos peixes; mas neste caso os homens tinham a razão sem o uso, e os peixes o uso sem a razão. Muito louvor mereceis, peixes, por este respeito e devoção que tivestes aos pregadores da palavra de Deus, e tanto mais quanto não foi só esta a vez em que assim o fizestes. Ia Jonas, pregador do mesmo Deus, embarcado em um navio, quando se levantou aquela grande tempestade; e como o trataram os homens, como o trataram os peixes? Os homens lançaram-no ao mar a ser comido pelos peixes, e o peixe que o comeu, levou-o às praias de Nínive, para que lá pregasse, e salvasse aqueles homens. É possível

---

[i] *Gênes.*, I, 26.
[ii] Ibid., I, 21.
[iii] *Dan.*, III, 79.

que os peixes ajudam à salvação dos homens, e os homens lançam ao mar os ministros da salvação? Vede, peixes, e não vos venha vanglória, quanto melhores sois que os homens. Os homens tiveram entranhas para deitar Jonas ao mar, e o peixe recolheu nas entranhas a Jonas, para levá-lo vivo à terra.

Mas porque nestas duas ações teve maior parte a onipotência que a natureza (como também em todas as milagrosas, que obram os homens) passo às virtudes naturais, e próprias vossas. Falando dos peixes, Aristóteles diz que só eles, entre todos os animais, não se domam nem domesticam. Dos animais terrestres o cão é tão doméstico, o cavalo tão sujeito, o boi tão serviçal, o bugio tão amigo, ou tão lisonjeiro, e até os leões e os tigres com arte e benefícios se amansam. Dos animais do ar, afora aquelas aves que se criam e vivem conosco, o papagaio nos fala, o rouxinol nos canta, o açor nos ajuda e nos recreia; e até as grandes aves de rapina encolhendo as unhas, reconhecem a mão de quem recebem o sustento. Os peixes pelo contrário lá se vivem nos seus mares e rios, lá se mergulham nos seus pegos, lá se escondem nas suas grutas, e não há nenhum tão grande, que se fie do homem, nem tão pequeno, que não fuja dele. Os autores comumente condenam esta condição dos peixes, e a deitam à pouca docilidade, ou demasiada bruteza; mas eu sou de mui diferente opinião. Não condeno, antes louvo muito aos peixes este seu retiro, e me parece que se não fora natureza, era grande prudência. Peixes! Quanto mais longe dos homens tanto melhor: trato e familiaridade com eles, Deus vos livre. Se os animais da terra e do ar querem ser seus familiares, façam-no, muito embora, que com suas pensões o fazem. Cante-lhes aos homens o rouxinol, mas na sua gaiola: diga-lhe ditos o papagaio, mas na sua cadeia: vá com eles à caça o açor, mas nas suas pioses: faça-lhe bufonerias o bugio, mas no seu cepo: contente-se o cão de lhes roer um osso, mas levado aonde não quer pela trela: preze-se o boi de lhe chamarem formoso ou fidalgo, mas com o jugo sobre a cerviz, puxando pelo arado e pelo carro: glorie-se o cavalo de mastigar freios dourados, mas debaixo da vara e da espora: e se os tigres e os leões lhe comem a ração de carne, que não caçaram no bosque, sejam presos e encerrados com grades de ferro. E entretanto vós, peixes, longe dos homens, e fora dessas cortesanias, vivereis só convosco, sim, mas como peixe na água. De casa e das portas adentro tendes o exemplo de toda esta verdade, o qual vos quero lembrar porque há filósofos que dizem que não tendes memória.

No tempo de Noé sucedeu o dilúvio, que cobriu e alagou o mundo, e de todos os animais quais se livraram melhor? Dos leões escaparam dois, leão e leoa, e assim dos outros animais da terra: das águias escaparam duas, fêmea e macho, e assim das outras aves. E dos peixes? Todos escaparam, antes não só escaparam todos mas ficaram muito mais largos que dantes, porque a terra e mar tudo era mar. Pois se morreram naquele universal castigo todos os animais da terra e todas as aves, por que não morreram também os peixes? Sabeis por quê? Diz Santo Ambrósio, porque os outros animais, como mais domésticos ou mais vizinhos, tinham mais comunicação com os homens; os peixes viviam longe e retirados deles. Facilmente pudera Deus fazer que as águas fossem venenosas e matassem todos os peixes, assim como afogaram todos os outros animais. Bem o experimentais na força daquelas ervas com que infeccionados os poços e lagos a mesma água vos mata; mas como o dilúvio era um castigo universal que Deus dava aos homens por seus pecados, e ao mundo pelos pecados dos homens, foi altíssima providência da Divina Justiça que nele houvesse esta diversidade ou distinção, para que o mesmo mundo visse que da companhia dos homens lhe viera todo o mal; e que por isso os animais que viviam perto deles foram também castigados e os que andavam longe ficaram livres. Vede, peixes, quão grande bem é estar longe dos homens. Perguntado um grande filósofo, qual era a melhor terra do mundo, respondeu que a mais deserta, porque tinha os homens mais longe. Se isto vos pregou também Santo Antônio, e foi este um dos benefícios de que vos exortou a dar graças ao Criador, bem vos pudera alegar consigo que quanto mais buscava a Deus, tanto mais fugia dos homens. Para fugir dos homens deixou a casa de seus pais e se recolheu ou acolheu a uma religião, onde professasse perpétua clausura. E porque nem aqui o deixavam os que ele tinha deixado, primeiro deixou Lisboa, depois Coimbra, e finalmente Portugal. Para fugir e se esconder dos homens, mudou de hábito, mudou de nome, e até a si mesmo se mudou, ocultando sua grande sabedoria debaixo da opinião de idiota, com que não fosse conhecido nem buscado, antes deixado de todos, como lhe sucedeu com seus próprios irmãos no capítulo geral de Assis. Dali se retirou a fazer vida solitária em um ermo, do qual nunca saíra se Deus como por força o não manifestara, e por fim acabou a vida em outro deserto tanto mais unido com Deus, quanto mais apartado dos homens.

III

Este é, peixes, em comum o natural que em todos vós louvo, e a felicidade de que vos dou o parabém, não sem inveja. Descendo ao particular, infinita matéria fora se houvera de discorrer pelas virtudes de que o Autor da natureza a dotou e fez admirável em cada um de vós. De alguns somente farei menção. E o que tem o primeiro lugar entre todos, como tão celebrado na Escritura, é aquele santo peixe de Tobias, a quem o texto sagrado não dá outro nome, que de grande, como verdadeiramente o foi nas virtudes interiores, em que só consiste a verdadeira grandeza. Ia Tobias caminhando com o anjo S. Rafael, que o acompanhava, e descendo a lavar os pés do pó do caminho nas margens de um rio, eis que o investe um grande peixe com a boca aberta em ação de que o queria tragar. Gritou Tobias assombrado, mas o anjo lhe disse que pegasse no peixe pela barbatana e o arrastasse para terra; que o abrisse e lhe tirasse as entranhas e as guardasse, porque lhe haviam de servir muito. Fê-lo assim Tobias, e perguntando que virtude tinham as entranhas daquele peixe que lhe mandara guardar, respondeu o anjo que o fel era bom para sarar da cegueira, e o coração para lançar fora os Demônios: *Cordis ejus particulam, si super carbones penas, fumus ejus extricat omne genus Daemoniorum et fel valet ad ungendos oculos, in quibus fuerit albugo, et sanabuntur.*[i] Assim o disse o anjo, e assim o mostrou logo a experiência, porque sendo o pai de Tobias cego, aplicando-lhe o filho aos olhos um pequeno do fel, cobrou inteiramente a vista: e tendo um Demônio, chamado Asmodeu, morto sete maridos a Sara, casou com ela o mesmo Tobias; e queimando na casa parte do coração, fugiu dali o Demônio e nunca mais tornou. De sorte que o fel daquele peixe tirou a cegueira a Tobias, o Velho, e lançou os Demônios de casa a Tobias, o Moço. Um peixe de tão bom coração e de tão proveitoso fel quem o não louvará muito? Certo que se a este peixe o vestiram de burel e o ataram com uma corda, parecia um retrato marítimo de Santo Antônio. Abria Santo Antônio a boca contra os hereges, e enviava-se a eles levado do fervor e zelo da fé e glória divina. E eles que faziam? Gritavam como Tobias, e assombravam-se com aquele homem, e cuidavam que os queria comer. Ah homens, se houvesse um anjo que vos revelasse, qual é o coração desse homem, e esse fel que tanto vos amarga, quão proveitoso e quão necessário vos é! Se vós lhe abrísseis esse peito e lhe vísseis as entranhas; como é certo que havíeis de achar e conhecer claramente nelas que só duas coisas pretende de vós e convosco: uma é alumiar e curar vossas cegueiras, e outra lançar-vos os Demônios fora de casa. Pois a quem vos quer tirar as cegueiras, a quem vos quer livrar dos Demônios persegueis vós? Só uma diferença havia entre Santo Antônio e aquele peixe: que o peixe abria a boca contra quem se lava, e Santo Antônio abria a sua contra os que se não queriam lavar. Ah moradores do Maranhão, quanto eu vos pudera agora dizer neste caso! Abri, abri estas entranhas; vede, vede este coração. Mas ah sim, que me não lembrava! Eu não vos prego a vós, prego aos peixes.

    Passando dos da Escritura aos da história natural, quem haverá que não louve e admire muito a virtude tão celebrada da rêmora? No dia de um santo menor, os peixes menores devem preferir a outros. Quem haverá, digo, que não

---

[i] *Tob.*, VI, 8.

admire a virtude daquele peixezinho tão pequeno no corpo, e tão grande na força e no poder, que não sendo maior de um palmo, se se pega ao leme de uma nau da Índia, apesar das velas, e dos ventos e de seu próprio peso e grandeza, a prende e amarra mais que as mesmas âncoras, sem se poder mover, nem ir por diante? Oh, se houvera uma rêmora na terra, que tivesse tanta força como a do mar, que menos perigo haveria na vida, e que menos naufrágios no mundo! Se alguma rêmora houve na terra, foi a língua de Santo Antônio, na qual como na rêmora se verifica o verso de S. Gregório Nazianzeno: *Lingua quidem parva est, sed viribus omnia vincit.* O apóstolo Sant'Iago, naquela sua eloquentíssima Epístola, compara a língua ao leme da nau, e ao freio do cavalo. Uma e outra comparação juntas declaram maravilhosamente a virtude da rêmora, a qual, pegada ao leme da nau, é freio da nau e leme do leme. E tal foi a virtude e força da língua de Santo Antônio. O leme da natureza humana é o alvedrio, o piloto é a razão: mas quão poucas vezes obedecem à razão os ímpetos precipitados do alvedrio? Neste leme, porém, tão desobediente e rebelde, mostrou a língua de Antônio quanta força tinha, como rêmora, para domar e parar a fúria das paixões humanas. Quantos correndo fortuna na nau Soberba, com as velas inchadas do vento, e da mesma soberba (que também é vento) se iam desfazer nos baixos, que já rebentavam por proa, se a língua de Antônio, como rêmora, não tivesse mão no leme, até que as velas se amainassem, como mandava a razão, e cessasse a tempestade de fora e a de dentro? Quantos, embarcados na nau Vingança, com a artilharia abocada, e os bota-fogos acesos, corriam infundados a dar-se batalha, onde se queimariam, ou deitariam a pique, se a rêmora da língua de Antônio lhe não detivesse a fúria, até que composta a ira, e ódio, com bandeiras de paz se salvassem amigavelmente? Quantos, navegando na nau Cobiça, sobrecarregada até às gáveas, e aberta com o peso por todas as costuras, incapaz de fugir, nem se defender, dariam nas mãos dos corsários com perda do que levavam, e do que iam buscar, se a língua de Antônio os não fizesse parar, como rêmora, até que, aliviados da carga injusta, escapassem do perigo e tomassem porto? Quantos, na nau Sensualidade, que sempre navega com cerração, sem sol de dia, nem estrelas de noite, enganados no canto das sereias, e deixando-se levar da corrente, se iriam perder cegamente, ou em Cila, ou em Caríbdis, onde não aparecesse navio nem navegante, se a rêmora da língua de Antônio os não contivesse, até que esclarecesse a luz, e se pusessem em via? Esta é a língua, peixes, do vosso grande pregador, que também foi rêmora vossa, enquanto o ouvistes; e porque agora está muda (posto que ainda se conserva inteira) se veem, e choram na terra tantos naufrágios.

  Mas para que da admiração de uma tão grande virtude vossa passemos ao louvor ou inveja de outra não menor, admirável é igualmente a qualidade daquele outro peixezinho, a que os latinos chamaram torpedo. Ambos estes peixes conhecemos cá mais de fama que de vista: mas isto tem as virtudes grandes, que quanto são maiores, mais se escondem. Está o pescador com a cana na mão, o anzol no fundo, e a boia sobre a água e, em lhe picando na isca o torpedo, começa a lhe tremer o braço. Pode haver maior, mais breve e mais admirável efeito? De maneira que num momento passa a virtude do peixezinho, da boca ao anzol, do anzol à linha, da linha à cana, e da cana ao braço do pescador. Com muita razão disse que este vosso louvor o havia de referir com inveja. Quem dera aos pescadores do nosso elemento, ou quem lhes pusera esta qualidade tremente, em tudo o que pescam na terra! Muito pescam, mas não me espanto do muito: o que me espanta é que pesquem tanto, e que tremam tão pouco. Tanto pescar e tão pouco tremer! Pudera-se fazer problema, onde há mais pescadores e mais modos e traças de pescar, se no mar, ou na terra? E é certo que na terra. Não quero discorrer por eles, ainda que fora grande consolação para os peixes: baste fazer a comparação com a cana, pois é o instrumento do nosso caso. No mar pescam as canas, na terra pescam as varas (e tanta sorte das varas), pescam as ginetas, pescam as bengalas, pescam os bastões e até os cetros pescam, e pescam mais que todos, porque pescam cidades e reinos inteiros. Pois é possível que pescando os homens coisas de tanto peso, lhes não trema a mão e o braço? Se eu pregara aos homens e tivera a língua de Santo Antônio, eu os fizera tremer. Vinte e dois pescadores destes se acharam acaso a um sermão de Santo Antônio, e as palavras do Santo os fizeram tremer a todos, de sorte que todos tremendo se lançaram a seus pés, todos tremendo confessaram seus furtos, todos tremendo restituíram o que podiam (que isto é o que faz tremer mais neste pecado que nos outros), todos enfim mudaram de vida e de ofício, e se emendaram.

 Quero acabar este discurso dos louvores e virtudes dos peixes com um, que não sei se foi ouvinte de Santo Antônio, e aprendeu dele a pregar. A verdade é que me pregou a mim, e se eu fora outro também me convertera. Navegando daqui para o Pará (que é bem não fiquem de fora os peixes da nossa costa) vi correr pela tona da água de quando em quando, a saltos, um cardume de peixinhos que não conhecia: e como me dissessem que os portugueses lhes chamavam quatro olhos, quis averiguar ocularmente a razão deste nome, e achei que verdadeiramente têm quatro olhos, em tudo cabais e perfeitos. Dá graças a Deus, lhe disse, e louva a liberalidade de sua divina Providência para contigo; pois às águias, que são os linces do ar, deu somente dois olhos, e aos linces, que são as águias da terra, também dois; e a ti, peixezinho, quatro. Mais me admirei ainda considerando nesta maravilha a circunstância do lugar. Tantos instrumentos de vista a um bichinho do mar, nas praias daquelas mesmas terras vastíssimas, onde permite Deus que estejam vivendo em cegueira tantos milhares de gentes há tantos séculos? Oh, quão altas e incompreensíveis são as razões de Deus, e quão profundo o abismo de seus juízos!

Filosofando, pois, sobre a causa natural desta Providência, notei que aqueles quatro olhos estão lançados um pouco fora do lugar ordinário, e cada par deles unidos como dois vidros de um relógio de areia, em tal forma que os da parte superior olham direitamente para cima, e os da parte inferior direitamente para baixo. E a razão desta nova arquitetura é porque estes peixezinhos, que sempre andam na superfície da água, não são só perseguidos dos outros peixes maiores do mar, senão também de grande quantidade de aves marítimas, que vivem naquelas praias: e como têm inimigos no mar, e inimigos no ar, dobrou-lhes a natureza as sentinelas e deu-lhes dois olhos, que direitamente olhassem para cima, para se vigiarem das aves, e outros dois que direitamente olhassem para baixo, para se vigiarem dos peixes. Oh, que bem informara estes quatro olhos uma alma racional, e que bem empregada fora neles, melhor que em muitos homens! Esta é a pregação que me fez aquele peixezinho, ensinando-me que, se tenho fé e uso de razão, só devo olhar direitamente para cima, e só direitamente para baixo: para cima considerando que há Céu, e para baixo considerando que há Inferno. Não me alegou para isso passo da Escritura; mas então me ensinou o que quis dizer Davi em um, que eu não entendia: *Averte oculos meos ne videant vanitatem.*[i] Voltai-me, Senhor, os olhos para que não vejam a vaidade. Pois Davi não podia voltar os seus olhos para onde quisesse? Do modo que ele queria, não. Ele queria voltados os seus olhos de modo que não vissem a vaidade, e isto o não podia fazer neste mundo, para qualquer parte que voltasse os olhos, porque neste mundo tudo é vaidade: *Vanitas vanitatum, et omnia vanitas.*[ii] Logo, para não verem os olhos de Davi a vaidade, havia-lhos de voltar Deus de modo que só vissem e olhassem para o outro mundo em ambos seus hemisférios; ou para o de cima, olhando direitamente só para o Céu, ou para o de baixo, olhando direitamente só para o Inferno. E esta é a mercê que pedia a Deus aquele grande profeta, e esta a doutrina que me pregou aquele peixezinho tão pequeno.

Mas ainda que o Céu e o Inferno se não fez para vós, irmãos peixes, acabo, e dou fim a vossos louvores, com vos dar as graças do muito que ajudais a ir ao Céu e não ao Inferno, os que se sustentam de vós. Vós sois os que sustentais as Cartuxas e os Buçacos, e todas as santas famílias, que professam mais rigorosa austeridade; vós os que a todos os verdadeiros cristãos ajudais a levar a penitência das Quaresmas; vós aqueles com que o mesmo Cristo festejou a sua Páscoa,

---

[i] *Sal.*, XI, 37.
[ii] *Ecles.*, I, 2.

as duas vezes que comeu com seus Discípulos depois de ressuscitado. Prezem-
-se as aves e os animais terrestres de fazer esplêndidos e custosos os banquetes
dos ricos, e vós gloriai-vos de ser companheiros do jejum e da abstinência dos
justos. Tendes todos quantos sois tanto parentesco, e simpatia com a virtude,
que proibindo Deus no jejum a pior e mais grosseira carne, concede o melhor e
mais delicado peixe. E posto que na semana só dois se chamam vossos, nenhum
dia vos é vedado. Um só lugar vos deram os astrólogos entre os signos celestes,
mas os que só de vós se mantêm na Terra, são os que têm mais seguros os lugares
do Céu. Enfim sois criaturas daquele elemento, cuja fecundidade entre todas é
própria do Espírito Santo: *Spiritus Domini foecundabat aquas.*[i]

Deitou-vos Deus a bênção, que crescêsseis e multiplicásseis; e para que
o Senhor vos confirme essa bênção, lembrai-vos de não faltar aos pobres com
o seu remédio. Entendei que no sustento dos pobres tendes seguros os vossos
aumentos. Tomai o exemplo nas irmãs sardinhas. Por que cuidais que as mul-
tiplica o Criador em número tão inumerável? Porque são sustento de pobres.
Os solhos e os salmões são muito contados, porque servem à mesa dos reis e
dos poderosos: mas o peixe que sustenta a fome dos pobres de Cristo, o mesmo
Cristo o multiplica e aumenta. Aqueles dois peixes companheiros dos cinco
pães do deserto, multiplicaram tanto, que deram de comer a cinco mil homens.
Pois se peixes mortos, que sustentam a pobres, multiplicam tanto, quanto mais
e melhor o farão os vivos! Crescei, peixes, crescei e multiplicai, e Deus vos con-
firme a sua bênção.

IV

Antes porém que vos vades, assim como ouvistes os vossos louvores, ouvi
também agora as vossas repreensões. Servir-vos-ão de confusão, já que não seja
de emenda. A primeira coisa que me desedifica, peixes, de vós, é que vos comeis
uns aos outros. Grande escândalo é este, mas a circunstância o faz ainda maior.
Não só vos comeis uns aos outros, senão que os grandes comem os pequenos. Se
fora pelo contrário era menos mal. Se os pequenos comeram os grandes, bastara
um grande para muitos pequenos; mas como os grandes comem os pequenos,
não bastam cem pequenos, nem mil, para um só grande. Olhai como estranha
isto Santo Agostinho: *Homines pravis, praeversisque cupiditatibus facti sunt veluti
pisces inuicem se devorantes.* Os homens, com suas más e perversas cobiças, vêm
a ser como os peixes que se comem uns aos outros. Tão alheia coisa é não só da

---

[i] *Gênes.*, I, 5.

razão, mas da mesma natureza, que sendo todos criados no mesmo elemento, todos cidadãos da mesma pátria e todos finalmente irmãos, vivais de vos comer. Santo Agostinho, que pregava aos homens, para encarecer a fealdade deste escândalo, mostrou-lhes nos peixes; e eu, que prego aos peixes, para que vejais quão feio e abominável é, quero que o vejais nos homens. Olhai, peixes, lá do mar para a terra. Não, não: não é isso o que vos digo. Vós virais os olhos para os matos e para o sertão? Para cá, para cá; para a cidade é que haveis de olhar. Cuidais que só os Tapuias se comem uns aos outros, muito maior açougue é o de cá, muito mais se comem os brancos. Vedes vós todo aquele bulir, vedes todo aquele andar, vedes aquele concorrer às praças e cruzar as ruas: vedes aquele subir e descer as calçadas, vedes aquele entrar e sair sem quietação nem sossego? Pois tudo aquilo é andarem buscando os homens como hão de comer, e como se hão de comer.

Morreu algum deles, vereis logo tantos sobre o miserável a despedaçá-lo e comê-lo. Comem-no os herdeiros, comem-no os testamenteiros, comem-no os legatários, comem-no os credores: comem-no os oficiais dos órfãos, e os dos defuntos e ausentes: come-o o médico, que o curou ou ajudou a morrer, come-o o sangrador que lhe tirou o sangue, come-o a mesma mulher, que de má vontade lhe dá para mortalha o lençol mais velho da casa, come-o o que lhe abre a cova, o que lhe tange os sinos, e os que cantando o levam a enterrar: enfim, ainda o pobre defunto o não comeu a terra, e já o tem comido toda a terra. Já se os homens se comeram somente depois de mortos, parece que era menos horror e menos matéria de sentimento. Mas para que conheçais a que chega a vossa crueldade, considerai, peixes, que também os homens se comem vivos assim como vós. Vivo estava Jó, quando dizia: *Quare persequimini me, et carnibus meis saturamini?*[i] Por que me persequis tão desumanamente, vós que me estais comendo vivo e fartando-vos da minha carne? Quereis ver um Jó destes? Vede um homem desses que andam perseguidos de pleitos ou acusados de crimes, e olhai quantos o estão comendo. Come-o o meirinho, come-o o carcereiro, come-o o escrivão, come-o o solicitador, come-o o advogado, come-o o inquiridor, come-o a testemunha, come-o o julgador, e ainda não está sentenciado, já está comido. São piores os homens que os corvos. O triste que foi à forca, não o comem os corvos senão depois de executado e morto; e o que anda em juízo, ainda não está executado nem sentenciado, e já está comido.

E para que vejais como estes comidos na terra são os pequenos, e pelos mesmos modos com que vós vos comeis no mar; ouvi a Deus queixando-se deste pecado: *Nonne cognoscent omnes, qui operantur iniquitatem, qui devorant*

---

[i] *Jó*, XIX, 22.

plebem meam, ut cibum panis?[i] Cuidais, diz Deus, que não há de vir tempo em que conheçam e paguem o seu merecido aqueles que cometem a maldade? E que maldade é esta, à qual Deus singularmente chama a maldade, como se não houvera outra no mundo? E quem são aqueles que a cometem? A maldade é comerem-se os homens uns aos outros, e os que a cometem são os maiores que comem os pequenos: *Qui devorant plebem meam; ut cibum panis*. Nestas palavras, pelo que vos toca, importa, peixes, que advirtais muito outras tantas coisas, quantas são as mesmas palavras. Diz Deus que comem os homens não só o seu povo, senão declaradamente a sua plebe: *Plebem meam*, porque a plebe e os plebeus, que são os mais pequenos, os que menos podem, e os que menos avultam na república, estes são os comidos. E não só diz que os comem de qualquer modo, senão que os engolem e os devoram: *Qui devorant*. Porque os grandes que têm o mando das cidades e das províncias, não se contenta a sua fome de comer os pequenos um por um, poucos a poucos, senão que devoram e engolem os povos inteiros: *Qui devorant plebem meam*. E de que modo se devoram e comem? *Ut cibum panis*: não como os outros comeres, senão como pão. A diferença que há entre pão e os outros comeres é que para a carne, há dias de carne, e para o peixe, dias de peixe, e para as frutas, diferentes meses no ano; porém o pão é comer de todos os dias, que sempre e continuadamente se come: e isto é o que padecem os pequenos. São o pão cotidiano dos grandes: e assim como pão se come com tudo, assim com tudo e em tudo são comidos os miseráveis pequenos, não tendo nem fazendo ofício em que os não carreguem, em que os não multem, em que os não defraudem, em que os não comam, traguem e devorem: *Qui devorant plebem meam, ut cibum panis*. Parece-vos bem isto, peixes? Representa-se-me que com o movimento das cabeças estais todos dizendo que não, e com olhardes uns para os outros, vos estais admirando e pasmando de que entre os homens haja tal injustiça e maldade! Pois isto mesmo é o que vós fazeis. Os maiores comeis os pequenos: e os muito grandes não só os comem um por um, senão os cardumes inteiros, e isto continuadamente sem diferença de tempos, não só de dia, senão também de noite, às claras e às escuras, como também fazem os homens.

Se cuidais, porventura que estas injustiças entre vós se toleram e passam sem castigo, enganais-vos. Assim como Deus as castiga nos homens, assim também por seu modo as castiga em vós. Os mais velhos, que me ouvis e estais presentes, bem vistes neste estado, e quando menos ouviríeis murmurar aos passageiros nas canoas, e muito mais lamentar aos miseráveis remeiros delas, que os maiores que cá foram mandados, em vez de governar e aumentar o mes-

---

[i] *Sal.*, XIII, 4.

mo estado, o destruíram; porque toda a fome que de lá traziam, a fartavam em comer e devorar os pequenos. Assim foi: mas se entre vós se acham acaso alguns dos que seguindo a esteira dos navios, vão com eles a Portugal e tornam para os mares pátrios; bem ouviriam estes lá no Tejo, que esses mesmos maiores, que cá comiam os pequenos, quando lá chegam acham outros maiores que os comam também a eles. Este é o estilo da Divina Justiça, tão antigo e manifesto, que até os Gentios o conheceram e celebraram.

> *Vos quibus rector maris, atque terrae*
> *Jus dedit magnum necis, atque vitae;*
> *Ponite inflatos, tumidosque vultus;*
> *Quidquid a vobis minor extimescit,*
> *Major hoc vobis Dominus minatur.*

Notai, peixes, aquela definição de Deus: *Rector maris, atque terrae*. Governador do mar e da terra: para que não duvideis que o meu estilo, que Deus guarda com os homens na terra, observa também convosco no mar. Necessário é logo que olheis por vós e que não façais pouco caso da doutrina que vos deu o grande doutor da Igreja Santo Ambrósio, quando, falando convosco, disse: *Cave nedun alium insequeris, incidas in validiorem.* Guarde-se o peixe que persegue o mais fraco para o comer, não se ache na boca do mais forte, que o engula a ele? Nós o vemos aqui cada dia. Vai o xaréu correndo atrás do bagre, como o cão após a lebre, e não vê o cego que lhe vem nas costas o tubarão com quatro ordens de dentes, que o há de engolir de um bocado. É o que com maior elegância vos disse também Santo Agostinho: *Praedo minoris fit praeda majoris*. Mas não bastam, peixes, estes exemplos para que acabe de se persuadir a vossa gula, que a mesma crueldade que usais com os pequenos tem já aparelhada o castigo na voracidade dos grandes.

Já que assim o experimentais com tanto dano vosso, importa que daqui por diante sejais mais repúblicos, e zelosos do bem comum, e que este prevaleça contra o apetite particular de cada um, para que não suceda, que assim como hoje vemos a muitos de vós tão diminuídos, vos venhais a consumir de todo. Não vos bastam tantos inimigos de fora, e tantos perseguidores tão astutos e pertinazes, quantos são os pescadores, que nem de dia nem de noite deixam de vos pôr em cerco e fazer guerra por tantos modos? Não vedes que contra vós se emalham e entralham as redes; contra vós se tecem as nassas, contra vós se torcem as linhas, contra vós se dobram e farpam os anzóis, contra vós as fisgas e os arpões? Não vedes que contra vós até as canas são lanças e as cortiças armas ofensivas? Não vos basta, pois, que tenhais tantos e tão armados inimigos de fora, senão também vós de vossas portas adentro haveis de ser mais cruéis, perseguindo-vos com uma guerra mais que civil, e comendo-vos uns aos outros? Cesse, cesse já, irmãos peixes, e tenha fim algum dia esta tão perniciosa discórdia: e pois vos chamei e sois irmãos, lembrai-vos das obrigações deste nome. Não estáveis vós muito quietos, muito pacíficos e muito amigos todos, grandes e pequenos, quando vos pregava Santo Antônio? Pois continuai assim e sereis felizes.

Dir-me-eis (como também dizem os homens) que não tendes outro modo de vos sustentar. E de que se sustentam entre vós muitos, que não comem os outros? O mar é muito largo, muito fértil, muito abundante, e só com o que bota às praias pode sustentar grande parte dos que vivem dentro nele. Comerem-se uns animais aos outros é voracidade e sevícia, e não estatuto da natureza. Os da terra e do ar, que hoje se comem, no princípio do mundo não se comiam, sendo assim conveniente e necessário para que as espécies de todos se multiplicassem. O mesmo foi (ainda mais claramente) depois do dilúvio, porque tendo escapado somente dois de cada espécie, mal se podiam conservar, se se comessem. E finalmente no tempo do mesmo dilúvio, em que todos estiveram juntos dentro na Arca, o lobo estava vendo o cordeiro; o gavião, a perdiz; o leão, o gamo, e cada um aqueles em que se costuma cevar; e se acaso lá tiveram essa tentação, todos lhe resistiram e se acomodaram com a ração do paiol comum, que Noé lhes repartia. Pois se os animais dos outros elementos mais cálidos foram capazes desta temperança, por que o não serão os da água? Enfim, se eles em tantas ocasiões, pelo desejo natural da própria conservação e aumento, fizeram da necessidade virtude, fazei-o vós também: ou fazei a virtude sem necessidade e será maior virtude.

Outra coisa muito geral, que não tanto me desedifica, quanto me lastima, em muitos de vós, é aquela tão notável ignorância e cegueira que em todas as viagens experimentam os que navegam para estas partes. Toma um homem do mar um anzol, ata-lhe um pedaço de pano cortado e aberto em duas ou três pontas, lança-o por um cabo delgado até tocar na água, e em o vendo o peixe, arremete cego a ele e fica preso, e boqueando até que assim suspenso no ar, ou lançado no convés, acaba de morrer. Pode haver maior ignorância e mais rematada cegueira que esta? Enganados por um retalho de pano, perder a vida? Dir-me-eis que o mesmo fazem os homens. Não vo-lo nego. Dá um exército batalha contra outro exército, metem-se os homens pelas pontas dos piques, dos chuços e das espadas, e por quê? Porque houve quem os engodou, e lhes fez isca com dois retalhos de pano. A vaidade entre os vícios é o pescador mais astuto, e que mais facilmente engana os homens. E que faz a vaidade? Põe por isca nas pontas desses piques, desses chuços, e dessas espadas dois retalhos de pano, ou branco, que se chama hábito de Malta, ou verde, que se chama de Avis, ou vermelho, que se chama de Cristo e de Sant'Iago; e os homens por chegarem a passar esse retalho de pano ao peito, não reparam em tragar e engolir o ferro. E depois disso que sucede? O mesmo que a vós. O que engoliu o ferro, ou ali, ou noutra ocasião ficou morto: e os mesmos retalhos de pano tornaram outra vez ao anzol para pescar outros. Por este exemplo vos concedo, peixes, que os homens fazem o mesmo que vós, posto que me parece que não foi este o fundamento da vossa resposta ou escusa, porque cá no Maranhão ainda que se derrame tanto sangue, não há exércitos, nem esta ambição de hábitos.

Mas nem por isso vos negarei, que também cá se deixam pescar os homens pelo mesmo engano, menos honrada e mais ignorantemente. Quem pesca as vidas a todos os homens do Maranhão, e com quê? Um homem do mar com os retalhos de pano. Vem um mestre de navio de Portugal com quatro varreduras das lojas, com quatro panos e quatro sedas, que já se lhes passou a era e não têm gasto: e que faz? Isca com aqueles trapos aos moradores da nossa terra: dá-lhes uma sacadela e dá-lhes outra, com que cada vez lhes sobe mais o preço; e os bonitos, ou os que o querem parecer, todos esfaimados aos trapos, e ali ficam engasgados e presos, com dívidas de um ano para outro ano, e de uma safra para outra safra, e lá vai a vida. Isto não é encarecimento. Todos a trabalhar toda a vida, ou na roça, ou na cana, ou no engenho, ou no tabacal: e este trabalho de toda a vida, quem o leva? Não o levam os coches, nem as liteiras, nem os cavalos, nem os escudeiros, nem os pajens, nem os lacaios, nem as tapeçarias, nem as pinturas, nem as baixelas, nem as joias; pois em que se vai e despende toda a vida? No triste farrapo com que saem à rua, e para isso se matam todo o ano.

Não é isto, meus peixes, grande loucura dos homens com que vos escusais? Claro está que sim: nem vós o podeis negar. Pois se é grande loucura esperdiçar a vida por dois retalhos de pano quem tem obrigação de se vestir; vós a quem Deus vestiu do pé até à cabeça, ou de peles de tão vistosas e apropriadas cores, ou de escamas prateadas e douradas, vestidos que nunca se rompem, nem gastam com o tempo, nem se variam, ou podem variar com as modas; não é maior ignorância e maior cegueira deixares-vos enganar, ou deixares-vos tomar pelo beiço com duas tirinhas de pano? Vede o vosso Santo Antônio, que pouco o pôde enganar o mundo com essas vaidades. Sendo moço e nobre, deixou as galas de que aquela idade tanto se preza, trocou-as por uma loba de sarja e uma correia de cônego regrante; e depois que se viu assim vestido, parecendo-lhe que ainda era muito custosa aquela mortalha, trocou a sarja pelo burel e a correia pela corda. Com aquela corda e com aquele pano, pescou ele muitos, e só estes se não enganaram e foram sisudos.

V

Descendo ao particular, direi agora, peixes, o que tenho contra alguns de vós. E começando aqui pela nossa costa, no mesmo dia em que cheguei a ela, ouvindo os roncadores e vendo o seu tamanho, tanto me moveram a riso como a ira. É possível que sendo vós uns peixinhos tão pequenos, haveis de ser as roncas do mar? Se com uma linha de coser e um alfinete torcido, vos pode pescar um aleijado, por que haveis de roncar tanto? Mas por isso mesmo roncais. Dizei-me: o espadarte por que não ronca? Porque, ordinariamente, quem tem muita espada, tem pouca língua. Isto não é regra geral; mas é regra geral que Deus não quer roncadores, e que tem particular cuidado de abater e humilhar aos que muito roncam. S. Pedro, a quem muito bem conheceram vossos antepassados, tinha tão boa espada, que ele só avançou contra um exército inteiro de soldados romanos; e se Cristo lha não mandara meter na bainha, eu vos prometo que havia de cortar mais orelhas que a de Malco. Contudo, que lhe sucedeu naquela mesma noite? Tinha roncado e barbateado Pedro, que se todos fraqueassem, só ele havia de ser constante até morrer, se fosse necessário: e foi tanto pelo contrário, que só ele fraquejou mais que todos, e bastou a voz de uma mulherzinha para o fazer temer e negar. Antes disso tinha já fraqueado na mesma hora em que prometeu tanto de si. Disse-lhe Cristo, no Horto, que o vigiasse, e vindo daí a pouco a ver se o fazia, achou-o dormindo com tal descuido, que não só o acordou do sono, senão também do que tinha blasonado: *Sic non potuisti una hora vigilare mecum?*[i] Vós, Pedro, sois o valente que havíeis de morrer por mim, e não pudestes uma hora vigiar comigo? Pouco há tanto roncar, e agora tanto dormir? Mas assim sucedeu. O muito roncar antes da ocasião, é sinal de dormir nela. Pois que vos parece, irmãos roncadores? Se isto sucedeu ao maior pescador, que pode acontecer ao menor peixe? Medi-vos e logo vereis quão pouco fundamento tendes de blasonar, nem roncar.

Se as baleias roncaram, tinha mais desculpa a sua arrogância na sua grandeza. Mas ainda nas mesmas baleias não seria essa arrogância segura. O que é a baleia entre os peixes, era o gigante Golias entre os homens. Se o rio Jordão e o mar de Tiberíade têm comunicação com o Oceano, como devem ter, pois dele manam todos; bem deveis de saber que este gigante era o ronco dos Filisteus. Quarenta dias contínuos esteve armado no campo, desafiando a todos os arraiais de Israel, sem haver quem se lhe atrevesse: e no cabo que fim teve toda aquela arrogância? Bastou um pastorzinho com um cajado e uma funda, para dar com ele em terra. Os arrogantes, e soberbos tomam-se com Deus; e quem

---

[i] *Marc.*, XIV, 37.

se toma com Deus, sempre fica debaixo. Assim que, amigos roncadores, o verdadeiro conselho é calar, e imitar a Santo Antônio. Duas coisas há nos homens, que os costumam fazer roncadores, porque ambas incham: o saber e o poder. Caifás roncava de saber: *Vos nescitis quidquam.*[i] Pilatos roncava de poder: *Nescis quia potestatem habeo?*[ii] E ambos contra Cristo. Mas o fiel servo de Cristo, Antônio, tendo tanto saber, como já vos disse, e tanto poder, como vós mesmos experimentastes, ninguém houve jamais que o ouvisse falar em saber, ou poder, quanto mais blasonar disso. E porque tanto calou, por isso deu tamanho brado.

Nesta viagem, de que fiz menção, e em todas as que passei a Linha Equinocial, vi debaixo dela o que muitas vezes tinha visto e notado dos homens, e me admirou que se houvesse estendido esta ronha, e pegado também aos peixes. Pegadores se chamam estes de que agora falo, e com grande propriedade, porque sendo pequenos, não só se chegam a outros maiores: mas de tal sorte se lhes pegam aos costados, que jamais os desaferram. De alguns animais de menos força e indústria se conta que vão seguindo de longe aos leões na caça, para se sustentarem do que a eles sobeja. O mesmo fazem estes pegadores, tão seguros ao perto, como aqueles ao longe; porque o peixe grande não pode dobrar a cabeça, nem voltar a boca sobre os que traz às costas, e assim lhes sustenta o peso, e mais a fome. Este modo de vida, mais astuto que generoso, se acaso se passou, e pegou de um elemento a outro, sem dúvida que o aprenderam os peixes do alto depois que os nossos portugueses o navegaram; porque não parte vice-rei, ou governador para as Conquistas, que não vá rodeado de pegadores, os quais se arrimam a eles, para que cá lhes matem a fome, de que lá não tinham remédio. Os menos ignorantes, desenganados da experiência, despegam-se, e buscam a vida por outra via; mas os que se deixam estar pegados à mercê e fortuna dos maiores, vem-lhes a suceder no fim o que aos pegadores do mar.

Rodeia a nau o tubarão nas calmarias da Linha com os seus pegadores às costas, tão cerzidos com a pele, que mais parecem remendos, ou manchas naturais, que hóspedes ou companheiros. Lançam-lhe um anzol de cadeia com a ração de quatro soldados, arremessa-se furiosamente à presa, engole tudo de um bocado, e fica preso. Corre meia companha a alá-lo acima, bate fortemente o convés com os últimos arrancos; enfim, morre o tubarão, e morrem com ele os pegadores. Parece-me que estou ouvindo a S. Mateus, sem ser apóstolo pescador, descrevendo isto mesmo na terra. Morto Herodes, diz o evangelista, apareceu o anjo a José no Egito e disse-lhe que já se podia tornar para a pátria; porque eram mortos todos aqueles que queriam tirar a vida ao Menino:

---

[i] *João*, XI, 49.
[ii] Ibid., XIX, 10.

Defuncti sunt enim qui quaerebant animam Pueri.[i] Os que queriam tirar a vida a Cristo Menino eram Herodes e todos os seus, toda a sua família, todos os seus aderentes, todos os que seguiam e pendiam da sua fortuna. Pois é possível que todos esses morressem juntamente com Herodes? Sim: porque em morrendo o tubarão, morrem também com ele os pegadores: *Defuncto Herode, defuncti sunt qui quaerebant animam Pueri*. Eis aqui, peixinhos ignorantes e miseráveis, quão errado e enganoso é este modo de vida que escolhestes. Tomai exemplo nos homens, pois eles o não tomam em vós, nem seguem, como deveram, o de Santo Antônio.

Deus também tem os seus pegadores. Um destes era Davi, que dizia: *Mihi autem adhaerere Deo bonum est.*[ii] Peguem-se outros aos grandes da terra, que eu só me quero pegar a Deus. Assim o fez também Santo Antônio, e senão, olhai para o mesmo Santo, e vede como está pegado com Cristo, e Cristo com ele. Verdadeiramente se pode duvidar, qual dos dois é ali o pegador; e parece que é Cristo, porque o menor é sempre o que se pega ao maior, e o Senhor fez-se tão pequenino, para se pegar a Antônio. Mas Antônio também se fez menor, para se pegar mais a Deus. Daqui se segue que todos os que se pegam a Deus, que é imortal, seguros estão de morrer como os outros pegadores. E tão seguros, que ainda no caso em que Deus se fez homem, e morreu, só morreu para que não morressem todos os que se pegassem a ele. Bem se viu nos que estavam já pegados, quando disse: *Si ergo me quaeritis, sinite hos abire*:[iii] Se me buscais a mim, deixai ir a estes. E posto que deste modo só se podem pegar os homens, e vós, meus peixezinhos, não; ao menos devereis imitar aos outros animais do ar e da terra, que quando se chegam aos grandes, e se amparam do seu poder, não se pegam de tal sorte, que morram juntamente com eles. Lá diz a Escritura, daquela famosa árvore, em que era significado o grande Nabucodonosor, que todas as aves do céu descansavam sobre seus ramos, e todos os animais da terra se recolhiam à sua sombra, e uns e outros se sustentavam de seus frutos: mas também diz que tanto que foi cortada esta árvore, as aves voaram e os outros animais fugiram. Chegai-vos embora aos grandes; mas não de tal maneira pegados, que vos mateis por eles, nem morrais com eles.

Considerai, pegadores vivos, como morreram os outros que se pegaram àquele peixe grande, e por quê. O tubarão morreu porque comeu, e eles morreram pelo que não comeram. Pode haver maior ignorância que morrer pela fome e boca alheia? Que morra o tubarão porque comeu, matou-o a sua gula;

---

[i] *Mat.*, II, 20.
[ii] *Sal.*, LXXII, 2.
[iii] *João*, XVIII, 8.

mas que morra o pegador pelo que não comeu é a maior desgraça que se pode imaginar! Não cuidei que também nos peixes havia pecado original! Nós, os homens, fomos tão desgraçados, que outrem comeu e nós o pagamos. Toda a nossa morte teve princípio na gulodice de Adão e Eva; e que hajamos de morrer pelo que outrem comeu, grande desgraça! Mas nós lavamo-nos desta desgraça com uma pouca de água, e vós não vos podeis lavar da vossa ignorância com quanta água tem o mar.

Com os voadores tenho também uma palavra, e não é pequena a queixa. Dizei-me, voadores, não vos fez Deus para peixes; pois por que vos meteis a ser aves? O mar fê-lo Deus para vós, e o ar para elas. Contentai-vos com o mar e com nadar, e não queirais voar, pois sois peixes. Se acaso vos não conheceis, olhai para as vossas espinhas e para as vossas escamas, e conhecereis que não sois ave, senão peixe, e ainda entre os peixes não dos melhores. Dir-me-eis, voador, que vos deu Deus maiores barbatanas que aos outros de vosso tamanho. Pois porque tivestes maiores barbatanas, por isso haveis de fazer das barbatanas asas? Mas ainda mal porque tantas vezes vos desengana o vosso castigo. Quisestes ser melhor que os outros peixes, e por isso sois mais mofino que todos. Aos outros peixes do alto mata-os o anzol ou a fisga, a vós, sem fisga nem anzol, mata-vos a vossa presunção e o vosso capricho. Vai o navio navegando e o marinheiro dormindo, e o voador toca na vela ou na corda, e cai palpitando. Aos outros peixes mata-os a fome e engana-os a isca, ao voador mata-o a vaidade de voar, e a sua isca é o vento. Quanto melhor lhe fora mergulhar por baixo da quilha e viver, que voar por cima das antenas e cair morto. Grande ambição é, que sendo o mar tão imenso, lhe não basta a um peixe tão pequeno todo o mar, e queira outro elemento mais largo. Mas vede, peixes, o castigo da ambição. O voador fê-lo Deus peixe, e ele quis ser ave, e permite o mesmo Deus que tenha os perigos de ave e mais os de peixe. Todas as velas para ele são redes, como peixe, e todas as cordas laços, como ave. Vê, voador, como correu pela posta o teu castigo. Pouco há nadavas vivo no mar com as barbatanas, e agora jazes em um convés amortalhado nas asas. Não contente com ser peixe, quisestes ser ave, e já não és ave nem peixe; nem voar poderás já, nem nadar. A natureza deu-te a água, tu não quisestes senão o ar, e eu já te vejo posto ao fogo. Peixes, contente-se cada um com o seu elemento. Se o voador não quisera passar do segundo ao terceiro, não viera a parar no quarto. Bem seguro estava ele do fogo, quando nadava na água, mas porque quis ser borboleta das ondas, vieram-lhe a queimar as asas.

À vista deste exemplo, peixes, tomai todos na memória esta sentença: Quem quer mais do que lhe convém, perde o que quer e o que tem. Quem pode nadar e quer voar, tempo virá em que não voe, nem nade. Ouvi o caso de um voador da terra. Simão Mago, a quem a arte mágica, na qual era famosíssimo, deu o sobrenome, fingindo-se que ele era o verdadeiro filho de Deus, sinalou o dia em que nos olhos de toda Roma havia de subir ao Céu, e com efeito começou a voar muito alto; porém a oração de S. Pedro, que se achava presente, voou mais depressa que ele, e caindo lá de cima o Mago, não quis Deus que morresse logo senão que nos olhos também de todos quebrasse, como quebrou os pés. Não quero que repareis no castigo, senão no gênero dele. Que caia Simão, está muito bem caído: que morra, também estaria muito bem morto, que o seu atrevimento e a sua arte diabólica o merecia. Mas que de uma queda tão alta não rebente, nem quebre a cabeça ou os braços, senão os pés? Sim, diz S. Máximo, porque quem tem pés para andar e quer asas para voar, justo é que perca as asas e mais os pés. Elegantemente o Santo Padre: *Ut qui paulo ante volare tentaverat, subito ambulare non posset: et qui pennas assumpserat, plantas amittieret.* E Simão tem pés e quer asas, pode andar e quer voar; pois quebrem-se-lhe as asas para que não voe, e também os pés para que não ande. Eis aqui, voadores do mar, o que sucede aos da terra, para que cada um se contente com o seu elemento. Se o mar tomara exemplo nos rios, depois que Ícaro se afogou no Danúbio, não haveria tantos Ícaros no Oceano.

    Oh, alma de Antônio, que vós tivestes asas e voastes sem perigo, porque soubestes voar para baixo e não para cima! Já S. João viu no Apocalipse aquela mulher, cujo ornato gastou todas as suas luzes ao firmamento, e diz que lhe foram dadas duas grandes asas de águia: *Datae sunt muliere alae duae aquilae magnae:*[i] E para quê? *Ut volaret in desertum.* Para voar ao deserto. Notável coisa, que não debalde lhe chamou o mesmo profeta, grande maravilha. Esta mulher estava no Céu: *Signum magnum apparuit in Coelo, mulier amicta sole.* Pois se a mulher estava no Céu e o deserto na Terra, como lhe dão asas para voar ao deserto? Porque há asas para subir e asas para descer. As asas para subir são muito perigosas, as asas para descer muito seguras: e tais foram as de Santo Antônio. Deram-se à alma de Santo Antônio duas asas de águia, que foi aquela duplicada, sabedoria natural, e sobrenatural tão sublime, como sabemos. E ele que fez? Não estendeu as asas para subir, encolheu-as para descer; e tão encolhidas, que sendo a Arca do Testamento, era reputado, como já vos disse, por leigo e sem ciência. Voadores do mar (não falo com os da terra), imitai o vosso Santo Pregador. Se vos parece que as vossas barbatanas vos podem servir de asas, não as estendais para subir, porque vos não suceda encontrar com alguma vela ou algum costado: encolhei-as para descer, ide-vos meter no fundo em alguma cova: e se aí estiverdes mais escondidos, estareis mais seguros.

---

[i] *Apoc.*, II, 14.

Mas já que estamos nas covas do mar, antes que saiamos delas, temos lá o irmão polvo, contra o qual tem suas queixas, e grandes, não menos que S. Basílio e Santo Ambrósio. O polvo, com aquele seu capelo, parece um monge; com aqueles seus raios estendidos, parece uma estrela: com aquele não ter osso nem espinha, parece a mesma brandura, a mesma mansidão. E debaixo desta aparência tão modesta, ou desta hipocrisia tão santa, testemunham constantemente os dois grandes Doutores da Igreja latina e grega, que o dito polvo é o maior traidor do mal. Consiste esta traição do polvo primeiramente em se vestir, ou pintar das mesmas cores de todas aquelas cores, a que está pegado. As cores, que no camaleão são gala, no polvo são malícia: as figuras que em Proteu são fábula, no polvo são verdade e artifício. Se está nos limos, faz-se verde; se está na areia, faz-se branco; se está no lodo, faz-se pardo; e se está em alguma pedra, como mais ordinariamente costuma estar, faz-se da cor da mesma pedra. E daqui que sucede? Sucede que o outro peixe inocente da traição vai passando desacautelado, e o salteador, que está de emboscada dentro do seu próprio engano, lança-lhe os braços de repente, e fá-lo prisioneiro. Fizera mais Judas? Não fizera mais; porque nem fez tanto. Judas abraçou a Cristo, mas outros O prenderam: o polvo é o que abraça, e mais o que prende. Judas com os braços faz o sinal, e o polvo dos próprios braços faz as cordas. Judas é verdade que foi traidor, mas com lanternas diante: traçou a traição às escuras, mas executou-a muito às claras. O polvo, escurecendo-se a si, tira a vista aos outros, e a primeira traição, e roubo, que faz, é a luz, para que não distinga as cores. Vê, peixe aleivoso e vil, qual é a tua maldade, pois Judas em tua comparação já é menos traidor.

Oh, que excesso tão afrontoso e tão indigno de um elemento tão puro, tão claro, e tão cristalino como o da água, espelho natural não só da terra, senão do mesmo céu. Lá disse o profeta por encarecimento, que nas nuvens do ar até a água é escura: *Tenebrosa aqua in nubibus aeris.*[i] E disse nomeadamente nas nuvens do ar, para atribuir a escuridade ao outro elemento, e não à água; a qual em seu próprio elemento sempre é clara, diáfana, e transparente, em que nada se pode ocultar, encobrir, nem dissimular. E que neste mesmo elemento se crie, se conserve, e se exercite com tanto dano do bem público um monstro tão dissimulado, tão fingido, tão astuto, tão enganoso, e tão conhecidamente traidor! Vejo, peixes, que pelo conhecimento que tendes nas terras em que batem os vossos mares, me estais respondendo, e convindo, que também nelas há falsidades, enganos, fingimentos, embustes, ciladas, e muito maiores e mais perniciosas traições. E sobre o mesmo sujeito que defendeis, também podereis

---

[i] *Sal.*, XVII, 12.

aplicar aos semelhantes outra propriedade muito própria; mas pois vós a calais, eu também a calo. Com grande confusão, porém, vos confesso tudo, e muito mais do que dizeis, pois o não posso negar. Mas ponde os olhos em Antônio vosso pregador, e vereis nele o mais puro exemplar da candura, da sinceridade e da verdade, onde nunca houve dolo, fingimento, ou engano. E sabei também que, para haver tudo isto em cada um de nós, bastava antigamente ser português, não era necessário ser santo.

Tenho acabado, irmãos peixes, os vossos louvores e represensões, e satisfeito, como vos prometi, às duas obrigações de sal posto que do mar, e não da terra: *Vos estis sal terrae*. Só resta fazer-vos uma advertência muito necessária, para os que viveis nestes mares. Como eles são tão esparcelados, e cheios de baixios, bem sabeis que se perdem e dão à costa muitos navios, com que se enriquece o mar, e a terra se empobrece. Importa, pois, que advirtais, que nesta mesma riqueza tendes um grande perigo, porque todos os que se aproveitam dos bens dos naufragantes ficam excomungados e malditos. Esta pena de excomunhão, que é gravíssima, não se pôs a vós, senão aos homens, mas tem mostrado Deus por muitas vezes, que quando os animais cometem materialmente o que é proibido por esta lei, também eles incorrem, por seu modo, nas penas dela, e no mesmo ponto começam a definhar, até que acabam miseravelmente. Mandou Cristo a S. Pedro que fosse pescar, e que na boca do primeiro peixe que tomasse, acharia uma moeda, com que pagar certo tributo. Se Pedro havia de tomar mais peixe que este, suposto que ele era o primeiro, do preço dele, e dos outros podia fazer o dinheiro, com que pagar aquele tributo, que era de uma só moeda de prata, e de pouco peso. Com que mistério manda logo o Senhor que se tire da boca deste peixe, e que seja ele o que morra primeiro que os demais? Ora, estai atentos. Os peixes não batem moeda no fundo do mar, nem têm contratos com os homens, donde lhes possa vir dinheiro: logo a moeda que este peixe tinha engolido era de algum navio que fizera naufrágio naqueles mares. E quis mostrar o Senhor que as penas que S. Pedro, ou seus sucessores fulminam contra os homens, que tomam os bens dos naufragantes, também os peixes por seu modo as incorrem, morrendo primeiro que os outros, e com o mesmo dinheiro que engoliram atravessado na garganta. Oh, que boa doutrina era esta para a terra, se eu não pregara para o mar! Para os homens não há mais miserável morte que morrer com o alheio atravessado na garganta; porque é pecado de que o mesmo S. Pedro, e o mesmo sumo pontífice, não pode absolver. E posto que os homens incorrem a morte eterna, de que não são capazes os peixes, eles contudo apressam a sua temporal, como neste caso, se materialmente, como tenho dito, se não abstêm dos bens dos naufragantes.

VI

Com esta última advertência vos despido, ou me despido de vós, meus peixes. E para que vades consolados do sermão, que não sei quando ouvireis outro, quero-vos aliviar de uma desconsolação mui antiga, com que todos ficastes desde o tempo em que se publicou o Levítico. Na Lei eclesiástica, ou ritual do Levítico, escolheu Deus certos animais, que lhe haviam de ser sacrificados; mas todos eles, ou animais terrestres, ou aves, ficando os peixes totalmente excluídos dos sacrifícios. E quem duvida, que exclusão tão universal era digna de grande desconsolação e sentimento para todos os habitadores de um elemento tão nobre, que mereceu dar a matéria ao primeiro Sacramento? O motivo principal de serem excluídos os peixes foi porque os outros animais podiam ir vivos ao sacrifício, e os peixes geralmente não, senão mortos; e coisa morta não quer Deus que se lhe ofereça, nem chegue aos seus altares. Também este ponto era mui importante e necessário aos homens, se eu lhes pregara a eles. Oh, quantas almas chegam àquele altar mortas, porque chegam e não têm horror de chegar, estando em pecado mortal! Peixes, dai muitas graças a Deus de vos livrar deste perigo, porque melhor é não chegar ao sacrifício que chegar morto. Os outros animais ofereçam a Deus o ser sacrificados; vós oferecei-Lhe o não chegar ao sacrifício: os outros sacrifiquem a Deus o sangue e a vida; vós sacrificai-Lhe o respeito e a reverência.

Ah peixes, quantas invejas vos tenho a essa natural irregularidade! Quanto melhor me fora não tomar a Deus nas mãos, que tomá-Lo tão indignamente! Em tudo o que vos excedo, peixes, vos reconheço muitas vantagens. A vossa bruteza é melhor que a minha razão, e o vosso instinto melhor que o meu alvedrio. Eu falo, mas vós não ofendeis a Deus com as palavras: eu lembro-me, mas vós não ofendeis a Deus com a memória: eu discorro, mas vós não ofendeis a Deus com o entendimento; eu quero, mas vós não ofendeis a Deus com a vontade. Vós fostes criados por Deus, para servir ao homem, e conseguis o fim para que fostes criados: a mim criou-me para O servir a Ele, e eu não consigo o fim para que me criou. Vós não haveis de ver a Deus, e podereis aparecer diante d'Ele muito confiadamente, porque O não ofendestes: eu espero que O hei de ver; mas com que rosto hei de aparecer diante do seu divino acatamento, se não cesso de O ofender? Ah que quase estou por dizer, que me fora melhor ser como vós, pois de um homem que tinha as minhas mesmas obrigações, disse a Suma Verdade que melhor fora não nascer homem: *Si natus non fuisset homo ille*. E pois os que nascemos homens, respondemos tão mal às obrigações de nosso nascimento, contentai-vos, peixes, e dai muitas graças a Deus pelo vosso.

Benedicite, cete, et omnia quae moventur in aquis, Domino. Louvai, peixes, a Deus, os grandes e os pequenos, e repartidos em dois coros tão inumeráveis, louvai-O todos uniformemente. Louvai a Deus, porque vos criou em tanto número. Louvai a Deus, que vos distinguiu em tantas espécies: louvai a Deus, que vos vestiu de tanta variedade e formosura: louvai a Deus, que vos habilitou de todos os instrumentos necessários para a vida: louvai a Deus, que vos deu um elemento tão largo e tão puro: louvai a Deus, que vindo a este mundo, viveu entre vós, e chamou para si aqueles que convosco e de vós viviam: louvai a Deus, que vos sustenta: louvai a Deus, que vos conserva: louvai a Deus, que vos multiplica: louvai a Deus, enfim, servindo, e sustentando ao homem, que é o fim para que vos criou; e assim como no princípio vos deu a sua bênção, vo-la dê também agora. Amém. Como não sois capazes de glória, nem graça, não acaba o vosso sermão em graça e glória.

SERMÃO DA SEXAGÉSIMA

PREGADO NA CAPELA REAL, NO ANO DE 1655

Semen est Verbum Dei.[i]

I

E se quisesse Deus que este tão ilustre e tão numeroso auditório saísse hoje tão desenganado da pregação, como vem enganado com o pregador! Ouçamos o Evangelho, e ouçamo-lo todo, que todo é do caso que me levou e trouxe de tão longe.

Ecce exiit qui seminat, seminare.[ii] Diz Cristo que saiu o pregador evangélico a semear a palavra divina. Bem parece este texto dos livros de Deus. Não só faz menção do semear, mas faz também caso do sair: *Exiit*, porque no dia da colheita hão-nos de medir a semeadura, e hão-nos de contar os passos. O mundo; aos que lavrais com ele, nem vos satisfaz o que despendeis, nem vos paga o que andais. Deus não é assim. Para quem lavra com Deus até o sair é semear, porque também das passadas colhe fruto. Entre os semeadores do Evangelho há uns que saem a semear, há outros que semeiam sem sair. Os que saem a semear são os que vão pregar à Índia, à China, ao Japão: os que semeiam sem sair são os que se contentam com pregar na pátria. Todos terão sua razão, mas tudo tem sua conta. Aos que têm a seara em casa, pagar-lhes-ão a semeadura: aos que vão buscar a seara tão longe, hão-lhes de medir a semeadura, e hão-lhes de contar os passos. Ah, Dia do Juízo! Ah, pregadores! Os de cá, achar-vos-eis com mais paço; os de lá, com mais passos: *Exiit seminare.*

Mas daqui mesmo vejo que notais (e me notais) que diz Cristo que o semeador do Evangelho saiu, porém não diz que tornou; porque os pregadores evangélicos, os homens que professam pregar e propagar a Fé, é bem que saiam, mas não é bem que tornem. Aqueles animais de Ezequiel,[iii] que tiravam pelo carro triunfal da glória de Deus, e significavam os pregadores do Evangelho,

---

[i] *Luc.*, VIII.
[ii] *Mat.*, XIII, 3.
[iii] *Ezequ.*, I, 12.

que propriedades tinham? *Nec revertebantur, cum ambularent*:[i] Uma vez que iam não tornavam. As rédeas por que se governavam era o ímpeto do espírito, como diz o mesmo Texto; mas esse espírito tinha impulsos para os levar, não tinha regresso para os trazer; porque sair para tornar, melhor é não sair. Assim arguis com muita razão, e eu também assim o digo. Mas pergunto: E se esse semeador evangélico, quando saiu, achasse o campo tomado; se se armassem contra ele os espinhos; se se levantassem contra ele as pedras, e se lhe fechassem os caminhos, que havia de fazer?

Todos estes contrários que digo, e todas estas contradições experimentou o semeador do nosso Evangelho. Começou ele a semear (diz Cristo) mas com pouca ventura. Uma parte do trigo caiu entre espinhos, e afogaram-no os espinhos: *Aliud cecidit inter spinas, et simul exortae spinae suffocaverunt illud*. Outra parte caiu sobre pedras, e secou-se nas pedras por falta de umidade: *Aliud cecidit super petram, et natum aruit, quia non habebat humorem*. Outra parte caiu no caminho, e pisaram-no os homens e comeram-no as aves: *Aliud cecidit secus viam, et conculcatum est, et volucres coeli comederunt illud*. Ora vede como todas as criaturas do mundo se armaram contra esta sementeira. Todas as criaturas quantas há no mundo se reduzem a quatro gêneros: criaturas racionais, como os homens; criaturas sensitivas, como os animais; criaturas vegetativas, como as plantas; criaturas insensíveis, como as pedras; e não há mais. Faltou alguma destas que se não armasse contra o semeador? Nenhuma. A natureza insensível o perseguiu nas pedras; a vegetativa nos espinhos; a sensitiva nas aves; a racional nos homens. E notai a desgraça do trigo, que onde só podia esperar razão, ali achou maior agravo. As pedras secaram-no, os espinhos afogaram-no, as aves comeram-no, e os homens? Pisaram-no: *Conculcatum est. Ab hominibus* (diz a Glosa). Quando Cristo mandou pregar os Apóstolos pelo mundo, disse-lhes desta maneira: *Euntes in mundum universum, praedicate omni creaturae*:[ii] Ide, e pregai a toda a criatura. Como assim, Senhor? Os animais não são criaturas? As árvores não são criaturas? As pedras não são criaturas? Pois hão os Apóstolos de pregar às pedras? Hão de pregar aos troncos? Hão de pregar aos animais? Sim: diz S. Gregório, depois de Santo Agostinho. Porque como os Apóstolos iam pregar a todas as nações do mundo, muitas delas bárbaras e incultas, haviam de achar os homens degenerados em todas as espécies de criaturas: haviam de achar homens homens, haviam de achar homens brutos, haviam de achar homens troncos, haviam de achar homens pedras. E quando

---

[i] S. Greg., in *Ezequiel*.
[ii] *Marc.*, XVI, 15.

os pregadores evangélicos vão pregar a toda a criatura, que se armem contra eles todas as criaturas? Grande desgraça!

Mas ainda a do semeador do nosso Evangelho não foi a maior. A maior é a que se tem experimentado na seara aonde eu fui, e para onde venho. Tudo o que aqui padeceu o trigo, padeceram lá os semeadores. Se bem advertirdes, houve aqui trigo mirrado, trigo afogado, trigo comido, e trigo pisado. Trigo mirrado: *Natum aruit, quia non habebat humorem*; trigo afogado: *Exortae spinae suffocaverunt illud*; trigo comido: *Volucres coeli comederunt illud*; trigo pisado: *Conculcatum est*. Tudo isto padeceram os semeadores evangélicos da missão do Maranhão de doze anos a esta parte. Houve missionários afogados, porque uns se afogaram na boca do grande rio das Amazonas; houve missionários comidos, porque a outros comeram os bárbaros na ilha dos Arnás; houve missionários mirrados, porque tais tornaram os da jornada dos Tocantins, mirrados da fome e da doença, onde tal houve, que andando vinte e dois dias perdido nas brenhas, matou somente a sede com o orvalho que lambia das folhas. Vede se lhe quadra bem o *Natum aruit; quia non habebat humorem*? E que sobre mirrados, sobre afogados, sobre comidos, ainda se vejam pisados e perseguidos dos homens: *Conculcatum est*? Não me queixo, nem o digo, Senhor, pelos semeadores; só pela seara o digo, só pela seara o sinto. Para os semeadores, isto são glórias: mirrados sim, mas por amor de Vós mirrados; afogados sim, mas por amor de Vós afogados; comidos sim, mas por amor de Vós comidos; pisados e perseguidos sim, mas por amor de Vós perseguidos e pisados.

Agora torna a minha pergunta. E que faria neste caso, ou que devia fazer o semeador evangélico vendo tão mal logrados seus primeiros trabalhos? Deixaria a lavoura? Desistiria da sementeira? Ficar-se-ia ocioso no campo, só porque tinha lá ido? Parece que não. Mas se tornasse muito depressa à casa a buscar alguns instrumentos com que limpar a terra das pedras e dos espinhos, seria isto desistir? Seria isto tornar atrás? Não por certo. No mesmo Texto de Ezequiel, com que arguistes, temos a prova. Já vimos, como dizia o Texto, que aqueles animais da carroça de Deus, quando iam não tornavam: *Nec revertebantur, cum ambularent*.[i] Lede agora dois versos mais abaixo, e vereis que diz, o mesmo Texto, que aqueles animais tornavam, à semelhança de um raio ou corisco: *Ibant, et revertebantur in similitudinem fulguris coruscantis*.[ii] Pois se os animais iam e tornavam, à semelhança de um raio, como diz o Texto que quando iam não tornavam? Porque quem vai, e volta como um raio, não torna. Ir, e voltar como raio não é tornar, é ir por diante. Assim o fez o semeador do nosso Evan-

---

[i] *Ezequ.*, I, 12.
[ii] *Ezequ.*, I, 14.

gelho. Não o desanimou nem a primeira, nem a segunda, nem a terceira perda; continuou por diante no semear, e foi com tanta felicidade que nesta quarta e última parte do trigo se restauraram com vantagem as perdas do demais: nasceu, cresceu, espigou, amadureceu, colheu-se, mediu-se, achou-se que por um grão multiplicara cento: *Et fecit fructum centuplum.*

Oh, que grandes esperanças me dá esta sementeira! Oh, que grande exemplo me dá este semeador! Dá-me grandes esperanças a sementeira, porque ainda que se tenham perdido os primeiros trabalhos, lograr-se-ão os últimos. Dá-me grande exemplo o semeador, porque depois de perder a primeira, a segunda e a terceira parte do trigo, aproveitou a quarta e última, e colheu dela muito fruto. Já que se perderam as três partes da vida, já que uma parte da idade a levaram os espinhos, já que outra parte a levaram as pedras, já que outra parte a levaram os caminhos, e tantos caminhos, esta quarta e última parte, este último quartel da vida, por que se perderá também? Por que não dará fruto? Por que não terão também os anos o que tem o ano? O ano tem tempo para as flores, e tempo para os frutos. Por que não terá também o seu outono a vida? As flores, umas caem, outras secam, outras murcham, outras leva o vento; aquelas poucas que se pegam ao tronco e se convertem em fruto, só essas são as venturosas, só essas são as discretas, só essas são as que duram, só essas são as que aproveitam, só essas são as que sustentam o mundo. Será bem que o mundo morra à fome? Será bem que os últimos dias se passem em flores? Não será bem, nem Deus quer que seja, nem há de ser. Eis aqui porque eu dizia, ao princípio, que vindes enganados com o pregador. Mas para que possais ir desenganados com o sermão, tratarei nele uma matéria de grande peso e importância. Servirá como de prólogo aos sermões que vos hei de pregar, e aos mais que ouvirdes esta Quaresma.

II

Semen est Verbum Dei.

O trigo que semeou o pregador evangélico, diz Cristo que é a palavra de Deus. Os espinhos, as pedras, o caminho, e a terra boa, em que o trigo caiu, são os diversos corações dos homens. Os espinhos são os corações embaraçados com cuidados, com riquezas, com delícias; e nestes sufoca-se a palavra de Deus. As pedras são os corações duros e obstinados; e nestes seca-se a palavra de Deus, e se nasce, não cria raízes. Os caminhos são os corações inquietos e perturbados com a passagem e tropel das coisas do mundo, umas que vão, outras que vêm, outras que atravessam, e todas passam; e nestes é pisada a palavra de Deus, porque ou a desatendem, ou a desprezam. Finalmente, a terra boa são os corações bons, ou os homens de bom coração; e nestes prende e frutifica a palavra divina com tanta fecundidade e abundância, que se colhe cento por um: *Et fructum fecit centuplum.*

Este grande frutificar da palavra de Deus é o em que reparo hoje; e é uma dúvida ou admiração que me traz suspenso e confuso depois que subo ao púlpito. Se a palavra de Deus é tão eficaz e tão poderosa, como vemos tão pouco fruto da palavra de Deus? Diz Cristo que a palavra de Deus frutifica cento por um, e já eu me contentara com que frutificasse um por cento. Se com cada cem sermões se convertera e emendara um homem, já o mundo fora santo. Este argumento de fé, fundado na autoridade de Cristo, se aperta ainda mais na experiência, comparando os tempos passados com os presentes. Lede as histórias eclesiásticas, e achá-las-eis todas cheias dos admiráveis efeitos da pregação da palavra de Deus. Tantos pecadores convertidos, tanta mudança de vida, tanta reformação de costumes; os grandes desprezando as riquezas e vaidades do mundo; os reis renunciando os cetros e as coroas; as mocidades e as gentilezas metendo-se pelos desertos e pelas covas; e hoje? Nada disto. Nunca na Igreja de Deus houve tantas pregações, nem tantos pregadores como hoje. Pois se tanto se semeia a palavra de Deus, como é tão pouco o fruto? Não há um homem que em um sermão entre em si e se resolva; não há um moço que se arrependa; não há um velho que se desengane; que é isto? Assim como Deus não é hoje menos onipotente, assim a sua palavra não é hoje menos poderosa do que dantes era. Pois se a palavra de Deus é tão poderosa, se a palavra de Deus tem hoje tantos pregadores, por que não vemos hoje nenhum fruto da palavra de Deus? Esta tão grande e tão importante dúvida será a matéria do sermão. Quero começar pregando-me a mim. A mim será, e também a vós: a mim para aprender a pregar: a vós para que aprendais a ouvir.

III

Fazer pouco fruto a palavra de Deus no mundo pode proceder de um de três princípios: ou da parte do pregador, ou da parte do ouvinte, ou da parte de Deus. Para uma alma se converter por meio de um sermão há de haver três concursos: há de concorrer o pregador com a doutrina, persuadindo; há de concorrer o ouvinte com o entendimento, percebendo; há de concorrer Deus com a graça, alumiando. Para um homem se ver a si mesmo são necessárias três coisas: olhos, espelho e luz. Se tem espelho e é cego, não se pode ver por falta de olhos; se tem espelho e olhos, e é de noite, não se pode ver por falta de luz. Logo há mister luz, há mister espelho, e há mister olhos. Que coisa é a conversão de uma alma senão entrar um homem dentro em si, e ver-se a si mesmo? Para esta vista são necessários olhos, é necessária luz, e é necessário espelho. O pregador concorre com o espelho, que é a doutrina. Deus concorre com a luz, que é a graça; o homem concorre com os olhos, que é o conhecimento. Ora suposto que a conversão das almas por meio da pregação depende destes três concursos: de Deus, do pregador, e do ouvinte; por qual deles havemos de entender que falta? Por parte do ouvinte, ou por parte do pregador, ou por parte de Deus?

Primeiramente por parte de Deus não falta, nem pode faltar. Esta proposição é de fé, definida no Concílio Tridentino, e no nosso Evangelho a temos. Do trigo que deitou à terra o semeador, uma parte se logrou, e três se perderam. E por que se perderam estas três? A primeira perdeu-se porque a afogaram os espinhos; a segunda porque a secaram as pedras; a terceira porque a pisaram os homens, e a comeram as aves. Isto é o que diz Cristo; mas notai o que não diz. Não diz que parte alguma daquele trigo se perdesse por causa do sol ou da chuva. A causa por que ordinariamente se perdem as sementeiras é pela desigualdade e pela intemperança dos tempos, ou porque falta ou sobeja a chuva, ou porque falta ou sobeja o sol. Pois por que não introduz Cristo na parábola do Evangelho algum trigo que se perdesse por causa do sol ou da chuva? Porque o sol e a chuva são as influências da parte do céu, e deixar de frutificar a semente da palavra de Deus nunca é por falta do Céu, sempre é por culpa nossa. Deixará de frutificar a sementeira, ou pelo embaraço dos espinhos, ou pela dureza das pedras, ou pelos descaminhos dos caminhos; mas por falta das influências do Céu, isso nunca é, nem pode ser. Sempre Deus está pronto de sua parte, com o sol para aquecer, e com a chuva para regar; com o sol para alumiar, e com a chuva para amolecer, se os nossos corações quiserem: *Qui solem suum oriri facit super bonos, et malos, et pluit super justos, et injustos.*[i] Se Deus dá o seu sol e a sua chuva aos bons e aos maus; aos maus que se quiserem fazer bons, como a negará? Este ponto é tão claro que não há para que nos determos em mais prova. *Quid debui facere vineae meae, et non feci?*[ii] Disse o mesmo Deus por Isaías.

Sendo pois certo que a palavra divina não deixa de frutificar por parte de Deus; segue-se que ou é por falta do pregador, ou por falta dos ouvintes. Por qual será? Os pregadores deitam a culpa aos ouvintes, mas não é assim. Se fora por parte dos ouvintes, não fizera a palavra de Deus muito grande fruto, mas não fazer nenhum fruto, e nenhum efeito, não é por parte dos ouvintes. Provo. Os ouvintes, ou são maus ou são bons: se são bons, faz neles grande fruto

---

[i] *Mat.*, V, 45.
[ii] *Isaías*, V, 4.

a palavra de Deus; se são maus, ainda que não faça neles fruto, faz efeito. No Evangelho o temos. O trigo que caiu nos espinhos nasceu, mas afogaram-no: *Simul exortae spinae suffocaverunt illud*. O trigo que caiu nas pedras nasceu também, mas secou-se: *Et natum aruit*. O trigo que caiu na terra boa nasceu e frutificou com grande multiplicação: *Et natum fecit fructum centuplum*. De maneira que o trigo que caiu na boa terra nasceu e frutificou; o trigo que caiu na má terra não frutificou, mas nasceu; porque a palavra de Deus é tão fecunda que nos bons faz muito fruto, e é tão eficaz que nos maus, ainda que não faça fruto, faz efeito; lançada nos espinhos, não frutificou, mas nasceu até nos espinhos; lançada nas pedras, não frutificou, mas nasceu até nas pedras. Os piores ouvintes que há na Igreja de Deus são as pedras e os espinhos. E por quê? Os espinhos por agudos, as pedras por duras. Ouvintes de entendimentos agudos, e ouvintes de vontades endurecidas, são os piores que há. Os ouvintes de entendimentos agudos são maus ouvintes porque vêm só a ouvir sutilezas, a esperar galantarias, a avaliar pensamentos, e às vezes também a picar a quem os não pica. *Aliud cecidit inter spinas*: O trigo não picou os espinhos, antes os espinhos o picaram a ele: o mesmo sucede cá. Cuidais que o sermão vos picou a vós, e não é assim; vós sois o que picais o sermão. Por isto são maus ouvintes os de entendimentos agudos. Mas os de vontades endurecidas ainda são piores, porque um entendimento agudo pode-se ferir pelos mesmos fios, e vencer-se uma agudeza com outra maior; mas contra vontades endurecidas nenhuma coisa aproveita a agudeza, antes dana mais, porque quanto as setas são mais agudas, tanto mais facilmente se despontam na pedra. Oh! Deus nos livre de vontades endurecidas, que ainda são piores que as pedras. A vara de Moisés abrandou as pedras, e não pôde abrandar uma vontade endurecida: *Percutiens virga bis silicem, et egressae sunt aquae largissimae*.[i] *Induratum est cor Pharaonis*.[ii] E quanto aos ouvintes de entendimentos agudos e os ouvintes de vontades endurecidas serem os mais rebeldes, é tanta a força da divina palavra, que, apesar da agudeza nasce nos espinhos, e apesar da dureza, nasce nas pedras. Pudéramos arguir ao lavrador do Evangelho, de não cortar os espinhos e de não arrancar as pedras antes de semear, mas de indústria deixou no campo as pedras e os espinhos, para que se visse a força do que semeava. É tanta a força da divina palavra, que sem cortar nem despontar espinhos, nasce entre espinhos. É tanta a força da divina palavra, que sem arrancar nem abrandar pedras, nasce nas pedras. Corações embaraçados como espinhos, corações secos e duros como pedras, ouvi a palavra de Deus e tende confiança; tomai exemplo nessas mesmas pedras e nesses

---

[i] *Êxod.*, VII, 13.
[ii] *Núm.*, XX, 11.

espinhos. Esses espinhos e essas pedras agora resistem ao Semeador do Céu; mas virá tempo em que essas mesmas pedras O aclamem, e esses mesmos espinhos O coroem.[i] Quando o Semeador do Céu deixou o campo, saindo deste mundo, as pedras se quebraram para Lhe fazerem aclamações, e os espinhos se teceram para Lhe fazerem coroa. E se a palavra de Deus até dos espinhos e das pedras triunfa; se a palavra de Deus até nas pedras, até nos espinhos nasce; não triunfar dos alvedrios hoje a palavra de Deus, nem nascer nos corações, não é por culpa nem por indisposição dos ouvintes.

Supostas estas duas demonstrações, suposto que o fruto e efeitos da palavra de Deus não fica, nem por parte de Deus, nem por parte dos ouvintes, segue-se por consequência clara que fica por parte do pregador. E assim é. Sabeis, cristãos, por que não faz fruto a palavra de Deus? Por culpa dos pregadores. Sabeis, pregadores, por que não faz fruto a palavra de Deus? Por culpa nossa.

IV

Mas como em um pregador há tantas qualidades, e em uma pregação tantas leis, e os pregadores podem ser culpados em todas, em qual consistirá esta culpa? No pregador podem-se considerar cinco circunstâncias: a pessoa, a ciência, a matéria, o estilo, a voz. A pessoa que é, a ciência que tem, a matéria que trata, o estilo que segue, a voz com que fala. Todas estas circunstâncias temos no Evangelho. Vamo-las examinando uma por uma, e buscando esta causa.

Será porventura o não fazer fruto hoje a palavra de Deus, pela circunstância da pessoa? Será porque antigamente os pregadores eram santos, eram varões apostólicos e exemplares, e hoje os pregadores são eu e outros como eu? Boa razão é esta. A definição do pregador é a vida e o exemplo. Por isso Cristo no Evangelho não o comparou ao semeador, senão ao que semeia. Reparai. Não diz Cristo: Saiu a semear o semeador, senão saiu a semear o que semeia: *Ecce exiit qui seminat, seminare*. Entre o semeador e o que semeia há muita diferença: Uma coisa é o soldado, e outra coisa o que peleja; uma coisa é o governador, e outra o que governa. Da mesma maneira, uma coisa é o semeador, e outra o que semeia; uma coisa é o pregador, e outra o que prega. O semeador e o pregador é nome; o que semeia e o que prega é ação; e as ações são as que dão o ser ao pregador. Ter nome de pregador, ou ser pregador de nome não importa nada; as ações, a vida, o exemplo, as obras, são as que convertem o mundo. O melhor

---

[i] *Et petrae scissae sunt* (Mat., XXVII, 51), *Coronam de spinis posuerunt super caput ejus* (Ibid., 29).

conceito que o pregador leva ao púlpito, qual cuidais que é? É o conceito que de sua vida têm os ouvintes. Antigamente convertia-se o mundo, hoje por que se não converte ninguém? Porque hoje pregam-se palavras e pensamentos, antigamente pregavam-se palavras e obras. Palavras sem obras são tiro sem bala; atroam, mas não ferem. A funda de Davi derrubou ao gigante, mas não o derrubou com o estalo, senão com a pedra: *Infixus est lapis in fronte ejus.*[i] As vozes da harpa de Davi expulsaram os demônios do corpo de Saul, mas não eram vozes pronunciadas com a boca, eram vozes formadas com a mão: *Davi tollebat citharam, et percutiebat manu sua.*[ii] Por isso Cristo comparou o pregador ao semeador. O pregar, que é falar, faz-se com a boca; o pregar, que é semear, faz-se com a mão. Para falar ao vento, bastam palavras; para falar ao coração, são necessárias obras. Diz o Evangelho que a palavra de Deus frutificou cento por um. Que quer isto dizer? Quer dizer que de uma palavra nasceram cem palavras? Não. Quer dizer que de poucas palavras nasceram muitas obras. Pois palavras que frutificam obras, vede se podem ser só palavras! Quis Deus converter o mundo, e que fez? Mandou ao mundo seu Filho feito homem. Notai. O Filho de Deus enquanto Deus é palavra de Deus, não é obra de Deus: *Genitum, non factum.* O Filho de Deus enquanto Deus e Homem é palavra de Deus e obra de Deus juntamente: *Verbum caro factum est.*[iii] De maneira que até de sua palavra desacompanhada de obras não fiou Deus a conversão dos homens. Na união da palavra de Deus com a maior obra de Deus consistiu a eficácia da salvação do mundo. Verbo divino é palavra divina; mas importa pouco que as nossas palavras sejam divinas, se forem desacompanhadas de obras. A razão disto é porque as palavras ouvem-se, as obras veem-se; as palavras entram pelos ouvidos, as obras entram pelos olhos, e a nossa alma rende-se muito mais pelos olhos que pelos ouvidos. No Céu ninguém há que não ame a Deus, nem possa deixar de O amar. Na Terra há tão poucos que O amem, todos O ofendem. Deus não é o mesmo, e tão digno de ser amado no Céu como na Terra? Pois como no Céu obriga e necessita a todos a O amarem, e na Terra não? A razão é porque Deus no Céu é Deus visto; Deus na Terra é Deus ouvido. No Céu entra o conhecimento de Deus à alma pelos olhos: *Videbimus e um sicut est;*[iv] na Terra entra-lhe o conhecimento de Deus pelos ouvidos: *Fides ex auditu;*[v] e o que entra pelos

---

[i] *1.º Livro dos Reis*, XVII, 49.
[ii] Ibid., XVI, 23.
[iii] *João*, I, 14.
[iv] *João*, III, 2.
[v] *Rom.*, X, 16.

ouvidos crê-se, o que entra pelos olhos necessita. Vissem os ouvintes em nós o que nos ouvem a nós, e o abalo e os efeitos do sermão seriam muito outros.

Vai um pregador pregando a Paixão, chega ao pretório de Pilatos, conta como a Cristo O fizeram rei de zombaria, diz que tomaram uma púrpura e Lha puseram aos ombros, ouve aquilo o auditório muito atento. Diz que teceram uma coroa de espinhos e que Lha pregaram na cabeça, ouvem todos com a mesma atenção. Diz mais que Lhe ataram as mãos e Lhe meteram nelas uma cana por cetro, continua o mesmo silêncio e a mesma suspensão nos ouvintes. Corre-se neste passo uma cortina, aparece a imagem do *Ecce Homo,* eis todos prostrados por terra, eis todos a bater no peito, eis as lágrimas, eis os gritos, eis os alaridos, eis as bofetadas, que é isto? Que apareceu de novo nesta igreja? Tudo o que descobriu aquela cortina, tinha já dito o pregador. Já tinha dito daquela púrpura, já tinha dito daquela coroa e daqueles espinhos, já tinha dito daquele cetro e daquela cana. Pois se isto então não fez abalo nenhum, como faz agora tanto? Porque então era *Ecce Homo* ouvido, e agora é *Ecce Homo* visto: a relação do pregador entrava pelos ouvidos, a representação daquela figura entra pelos olhos. Sabem, padres pregadores, por que fazem pouco abalo os nossos sermões? Porque não pregamos aos olhos, pregamos só aos ouvidos. Por que convertia o Batista tantos pecadores? Porque assim como as suas palavras pregavam aos ouvidos, o seu exemplo pregava aos olhos. As palavras do Batista pregavam penitência: *Agite poenitentiam*:[i] Homens, fazei penitência; e o exemplo clamava: *Ecce Homo*: eis aqui está o homem que é o retrato da penitência e da aspereza. As palavras do Batista pregavam jejum, e repreendiam os regalos e as demasias da gula: e o exemplo clamava: *Ecce Homo*: eis aqui está o homem que se sustenta de gafanhotos e mel silvestre. As palavras do Batista pregavam composição e modéstia, e condenavam a soberba e a vaidade das galas; e o exemplo clamava: *Ecce Homo*: eis aqui está o homem vestido de peles de camelo, com as cerdas e cilício à raiz da carne. As palavras do Batista pregavam desapegos e retiros do mundo, e fugir das ocasiões e dos homens; e o exemplo clamava: *Ecce Homo*: eis aqui o homem que deixou as cortes e as cidades, e vive num deserto e numa cova. Se os ouvintes ouvem uma coisa e veem outra, como se hão de converter? Jacó punha as varas manchadas diante das ovelhas quando concebiam, e daqui procedia que os cordeiros nasciam manchados.[ii] Se quando os ouvintes percebem os nossos conceitos, têm diante dos olhos as nossas manchas, como hão de conceber virtudes? Se a minha vida é apologia contra a minha doutrina,

---

[i] *Mat.*, III, 2.

[ii] *Factumque est ut oves intuerentur virgas er parerent maculosa* (*Gênes.*, XXX, 39).

se as minhas palavras vão já refutadas nas minhas obras, se uma coisa é o semeador, e outra o que semeia, como se há de fazer fruto?

Muito boa e muito forte razão era esta de não fazer fruto a palavra de Deus; mas tem contra si o exemplo e experiência de Jonas.[i] Jonas fugitivo de Deus, desobediente, contumaz, e, ainda depois de engolido e vomitado, iracundo, impaciente, pouco caritativo, pouco misericordioso, e mais zeloso e amigo da própria estimação que da honra de Deus e salvação das almas, desejoso de ver subvertida a Nínive, e de a ver subverter com seus olhos, havendo nela tantos mil inocentes: contudo, este mesmo homem com um sermão converteu o maior rei, a maior corte, e o maior reino do mundo, e não de homens fiéis, senão de gentios idólatras. Outra é logo a causa que buscamos. Qual será?

V

Será porventura o estilo que hoje se usa nos púlpitos? Um estilo tão empeçado, um estilo tão dificultoso, um estilo tão afetado, um estilo tão encontrado a toda a arte e a toda a natureza? Boa razão é também esta. O estilo há de ser muito fácil e muito natural. Por isso Cristo comparou o pregar ao semear: *Exiit qui seminat, seminare.* Compara Cristo o pregar ao semear, porque o semear é uma arte que tem mais de natureza que de arte. Nas outras artes tudo é arte; na música tudo se faz por compasso, na arquitetura tudo se faz por regra, na aritmética tudo se faz por conta, na geometria tudo se faz por medida. O semear não é assim. É uma arte sem arte; caia onde cair. Vede como semeava o nosso lavrador do Evangelho. Caía o trigo nos espinhos e nascia: *Aliud cecidit inter spinas, et simul exortae spinae.* Caía o trigo nas pedras e nascia: *Aliud cecidit super petram, et ortum.* Caía o trigo na terra boa e nascia: *Aliud cecidit in terram bonam, et natum.* Ia o trigo caindo e ia nascendo.

Assim há de ser o pregar. Hão de cair as coisas e hão de nascer; tão naturais que vão caindo, tão próprias que venham nascendo. Que diferente é o estilo violento e tirânico que hoje se usa? Ver vir os tristes passos da Escritura como quem vem ao martírio; uns vêm acarretados, outros vêm arrastados, outros vêm estirados, outros vêm torcidos, outros vêm despedaçados, só atados não vêm! Há tal tirania? Então no meio disto, que bem levantado está aquilo! Não está a coisa no levantar, está no cair: *Cecidit.* Notai uma alegria própria da nossa língua. O trigo do semeador, ainda que tenha caído quatro vezes, só de três nasceu; para o sermão vir nascendo, há de ter três modos de cair. Há de cair com queda,

---

[i] *Jonas*, 1, 2, 3 e 4.

há de cair com cadência, há de cair com caso. A queda é para as coisas, a cadência para as palavras, o caso para a disposição. A queda é para as coisas, porque hão de vir bem trazidas e em seu lugar; hão de ter queda: a cadência é para as palavras, porque não Hão de ser escabrosas, nem dissonantes, Hão de ter cadência: o caso é para a disposição, porque há de ser tão natural e tão desafetada que pareça caso e não estudo: *Cecidit, cecidit, cecidit.*

Já que falo contra os estilos modernos, quero alegar por mim o estilo do mais antigo pregador que houve no mundo. E qual foi ele? O mais antigo pregador que houve no mundo foi o Céu. *Coeli enarrant gloriam Dei, et opera manuum ejus annuntiat firmamentum*, diz Davi.[i] Suposto que o Céu é pregador, deve de ter sermões e deve ter palavras. Sim tem, diz o mesmo Davi, tem palavras e tem sermões, e mais muito bem ouvidos. *Non sunt loquellae, nec sermones, quorum non audiantur voces eorum.*[ii] E quais são estes sermões e estas palavras do Céu? As palavras são as estrelas, os sermões são a composição, a ordem, a harmonia e o curso delas. Vede como diz o estilo de pregar do Céu com o estilo que Cristo ensinou na Terra? Um e outro é semear; a terra semeada de trigo, o céu semeado de estrelas. O pregar há de ser como quem semeia, e não como quem ladrilha, ou azuleja. Ordenado, mas como as estrelas: *Stellae manentes in ordine suo.*[iii] Todas as estrelas estão por sua ordem; mas é ordem que faz influência, não é ordem que faça lavor. Não fez Deus o céu em xadrez de estrelas, como os pregadores fazem o sermão em xadrez de palavras. Se de uma parte está branco, da outra há de estar negro; se de uma parte está dia, da outra há de estar noite; se de uma parte dizem luz, da outra hão de dizer sombra; se de uma parte dizem *desceu*, da outra hão de dizer *subiu*. Basta que não havemos de ver num sermão duas palavras em paz? Todas hão de estar sempre em fronteira com o seu contrário? Aprendamos do Céu o estilo da disposição, e também o das palavras. Como hão de ser as palavras? Como as estrelas. As estrelas são muito distintas e muito claras. Assim há de ser o estilo da pregação, muito distinto e muito claro. E nem por isso temais que pareça o estilo baixo; as estrelas são muito distintas, e muito claras e altíssimas. O estilo pode ser muito claro e muito alto; tão claro que o entendam os que não sabem, e tão alto que tenham muito que entender nele os que sabem. O rústico acha documentos nas estrelas para a sua lavoura, e o navegante para a sua navegação, e o matemático para as suas observações e para os seus juízos. De maneira que o rústico e o navegante, que não sabem ler nem escrever, entendem as estrelas, e o matemático que tem

---

[i] *Sal.*, XVIII, 1.
[ii] Ibid., 4.
[iii] *Juízes*, V, 20.

lido quantos escreveram não alcança a entender quanto nelas há. Tal pode ser o sermão: estrelas, que todos as veem, e muito poucos as medem.

Sim, Padre; porém esse estilo de pregar não é pregar culto. Mas fosse! Este desventurado estilo que hoje se usa, os que o querem honrar chamam-lhe culto, os que o condenam chamam-lhe escuro, mas ainda lhe fazem muita honra. O estilo culto não é escuro, é negro, e negro boçal e muito cerrado. É possível que sejamos portugueses, e havemos de ouvir um pregador em português, e não havemos de entender o que diz? Assim como há léxico para o grego, e calepino para o latim, assim é necessário haver um vocabulário do púlpito. Eu ao menos o tomara para os nomes próprios, porque os cultos têm desbatizados os santos, e cada autor que alegam é um enigma. Assim o disse o Cetro Penitente, assim o disse o Evangelista Apeles, assim o disse a Águia de África, o Favo de Claraval, a Púrpura de Belém, a Boca de Ouro. Há tal modo de alegar! O Cetro Penitente dizem que é Davi, como se todos os cetros não fossem penitência; o Evangelista Apeles, que é S. Lucas; o Favo de Claraval, S. Bernardo; a Águia de África, Santo Agostinho; a Púrpura de Belém, S. Jerônimo; a Boca de Ouro, S. Crisóstomo. E quem quitaria ao outro cuidar que a Púrpura de Belém é Herodes, que a Águia de África é Cipião, e que a Boca de Ouro é Midas? Se houvesse um advogado que alegasse assim a Bártolo e Baldo, havíeis de fiar dele o vosso pleito? Se houvesse um homem que assim falasse na conversação, não o havíeis de ter por néscio? Pois o que na conversação seria necedade como há de ser discrição no púlpito?

Boa me parecia também esta razão; mas como os cultos pelo polido e estudado se defendem com o grande Nazianzeno, com Ambrósio, com Crisólogo, com Leão; e pelo escuro e duro, com Clemente Alexandrino, com Tertuliano, com Basílio de Selêucia, com Zeno Veronense, e outros, não podemos negar a reverência a tamanhos autores, posto que desejáramos, nos que se prezam de beber destes rios, a sua profundidade. Qual será logo a causa de nossa queixa?

VI

Será pela matéria ou matérias que tomam os pregadores? Usa-se hoje o modo que chamam de apostilar o Evangelho, em que tomam muitas matérias, levantam muitos assuntos, e quem levanta muita caça e não segue nenhuma, não é muito que se recolha com as mãos vazias. Boa razão é também esta. O sermão há de ter um só assunto e uma só matéria. Por isso Cristo disse que o lavrador do Evangelho não semeara muitos gêneros de sementes, senão uma só: *Exiit, qui seminat, seminare semen.* Semeou uma só semente, e não muitas, porque o sermão há de ter uma só matéria, e não muitas matérias. Se o lavrador semeara primeiro trigo, e sobre o trigo semeara centeio, e sobre o centeio semeara milho grosso e miúdo, e sobre o milho semeara cevada, que havia de nascer? Uma mata brava, uma confusão verde. Eis aqui o que acontece aos sermões deste gênero. Como semeiam tanta variedade, não podem colher coisa certa. Quem semeia misturas, mal pode colher trigo. Se uma nau fizesse um bordo para o norte, outro para o sul, outro para leste, outro para oeste, como poderia fazer viagem? Por isso nos púlpitos se trabalha tanto e se navega tão pouco. Um assunto vai para um vento, outro assunto vai para outro vento, que se há de colher senão vento? O Batista convertia muitos em Judeia, mas quantas matérias tomava? Uma só matéria: *Parate viam Domini*;[i] a preparação para o reino de Cristo. Jonas converteu os Ninivitas, mas quantos assuntos tomou? Um só assunto: *Adhuc quadraginta dies, ei Ninive sobvertetur*:[ii] a subversão da cidade. De maneira que Jonas em quarenta dias pregou um só assunto, e nós queremos pregar quarenta assuntos em uma hora? Por isso não pregamos nenhum. O sermão há de ser de uma só cor, há de ter um só objeto, um só assunto, uma só matéria.

Há de tomar o pregador uma só matéria, há de defini-la para que se conheça, há de dividi-la para que se distinga, há de prová-la com a Escritura, há de declará-la com a razão, há de confirmá-la com o exemplo, há de amplificá-la com as causas, com os efeitos, com as circunstâncias, com as conveniências que se hão de seguir, com os inconvenientes que se devem evitar, há de responder às dúvidas, há de satisfazer às dificuldades, há de impugnar e refutar com toda a força da eloquência os argumentos contrários, e depois disto há de colher, há de apertar, há de concluir, há de persuadir, há de acabar. Isto é sermão, isto é pregar, e o que não é isto, é falar de mais alto. Não nego nem quero dizer que o sermão não haja de ter variedade de discursos, mas esses hão de nascer todos da mesma matéria, e continuar e acabar nela. Quereis ver tudo isto com os olhos?

Ora vede. Uma árvore tem raízes, tem tronco, tem ramos, tem folhas, tem varas, tem flores, tem frutos. Assim há de ser o sermão: há de ter raízes fortes e sólidas, porque há de ser fundado no Evangelho; há de ter um tronco, porque há de ter um só assunto e tratar uma só matéria. Deste tronco hão de nascer diversos ramos, que são diversos discursos, mas nascidos da mesma matéria, e continuados nela. Estes ramos não hão de ser secos, senão cobertos de folhas, porque os discursos hão de ser vestidos e ornados de palavras. Há de ter esta árvore varas, que são a repreensão dos vícios, há de ter flores, que são as sentenças, e por remate de tudo há de ter frutos, que é o fruto e o fim a que se há de

---

[i] *Mat.*, III, 3.
[ii] *Jonas*, 111, 4.

ordenar o sermão. De maneira que há de haver frutos, há de haver flores, há de haver varas, há de haver folhas, há de haver ramos, mas tudo nascido e fundado em um só tronco, que é uma só matéria. Se tudo são troncos, não é sermão, é madeira. Se tudo são ramos, não é sermão, são folhas secas. Se tudo são folhas, não é sermão, são verças. Se tudo são varas, não é sermão, é feixe. Se tudo são flores, não é sermão, é ramalhete. Serem tudo frutos, não pode ser; porque não há frutos sem árvore. Assim que nesta árvore, a que podemos chamar árvore da vida, há de haver o proveitoso do fruto, o formoso das flores, o rigoroso das varas, o vestido das folhas, o estendido dos ramos, mas tudo isto nascido e formado de um só tronco, e esse não levantado no ar, senão fundado nas raízes do Evangelho: *Seminare semen*. Eis aqui como hão de ser os sermões; eis aqui como não são. E assim não é muito que se não faça fruto com eles.

Tudo o que tenho dito pudera demonstrar largamente, não só com os preceitos dos Aristóteles, dos Túlios, dos Quintilianos, mas com a prática observada do príncipe dos oradores evangélicos S. João Crisóstomo, de S. Basílio Magno, S. Bernardo, S. Cipriano, e com as famosíssimas orações de S. Gregório Nazianzeno, mestre de ambas as Igrejas. E posto que nestes mesmos padres, como em Santo Agostinho, S. Gregório e muitos outros, se acham os Evangelhos apostilados com nomes de sermões e homilias, uma coisa é expor e outra pregar, uma ensinar e outra persuadir. E desta última é que eu falo, com a qual tanto fruto fizeram no mundo Santo Antônio de Pádua e S. Vicente Ferrer. Mas nem por isso entendo que seja, ainda, esta a verdadeira causa que busco.

VII

Será, porventura, a falta de ciência que há em muitos pregadores? Muitos pregadores há que vivem do que não colheram, e semeiam o que não trabalharam. Depois da sentença de Adão, a terra não costuma dar fruto, senão a quem come o seu pão com o suor do seu rosto. Boa razão parece também esta. O pregador há de pregar o seu e não o alheio. Por isso diz Cristo que semeou o lavrador do Evangelho o trigo seu: *Semen suum*. Semeou o seu e não o alheio, porque o alheio e o furtado não é bom para semear, ainda que furto seja de ciência. Comeu Eva o pomo da ciência, e queixava-me eu antigamente desta nossa mãe, já que comeu o pomo, por que lhe não guardou as pevides. Não seria bem que chegasse a nós a árvore, já que nos chegaram os encargos dela? Pois por que o não fez assim Eva? Porque o pomo era furtado, e o alheio é bom para comer, mas não é bom para semear; é bom para comer, porque dizem que é saboroso; não é bom para semear, porque não nasce. Alguém terá experimentado que o alheio lhe nasce em casa, mas esteja certo, que se nasce, não há de deitar raízes, e o que não tem raízes não pode dar fruto. Eis aqui porque muitos pregadores não fazem fruto, porque pregam o alheio, e não o seu: *semen suum*. O pregar é entrar em batalha com os vícios; e armas alheias, ainda que sejam as de Aquiles, a ninguém deram vitória.[i] Quando Davi saiu a campo com o gigante, ofereceu-lhe Saul as suas armas, mas ele não as quis aceitar. Com armas alheias ninguém pode vencer, ainda que seja Davi. As armas de Saul só servem a Saul, e as de Davi a Davi, e mais aproveita um cajado e uma funda própria, que a espada e a lança alheia. Pregador que peleja com as armas alheias, não hajais medo que derrube gigante.

Fez Cristo aos Apóstolos pescadores de homens,[ii] que foi ordená-los de pregadores; e que faziam os Apóstolos? Diz o texto que estavam: *Reficientes retia sua*; refazendo as redes suas; eram as redes dos Apóstolos, e não eram alheias. Notai: *Retia sua*: não diz que eram suas porque as compraram, senão que eram suas porque as faziam, não eram suas porque lhes custaram o seu dinheiro, senão porque lhes custavam o seu trabalho. Desta maneira eram as redes suas, e porque desta maneira eram suas, por isso eram redes de pescadores que haviam de pescar homens. Com redes alheias ou feitas por mão alheia podem-se pescar peixes, homens não se podem pescar. A razão disto é porque nesta pesca de entendimentos, só quem sabe fazer a rede, sabe fazer o lanço. Como se faz uma rede? Do fio e do nó se compõe a malha; quem não enfia nem ata, como há de fazer rede? E quem não sabe enfiar nem sabe atar, como há de pescar homens? A rede tem chumbada que vai ao fundo, e tem cortiça que nada em cima da água. A pregação tem umas coisas de mais peso e de mais fundo, e tem outras mais superficiais e mais leves, e governar o leve e o pesado, só o sabe fazer quem faz a rede. Na boca de quem não faz a pregação, até o chumbo é cortiça. As razões não hão de ser enxertadas, hão de ser nascidas. O pregar não é recitar. As razões próprias nascem do entendimento, as alheias vão pegadas à memória, e os homens não se convencem pela memória, senão pelo entendimento.

Veio o Espírito Santo sobre os Apóstolos, e quando as línguas desciam do Céu, cuidava eu que se lhes haviam de pôr na boca; mas elas foram-se pôr na cabeça. Pois por que na cabeça e não na boca, que é o lugar da língua? Porque o que há de dizer o pregador, não lhe há de sair só da boca; há-lhe de sair pela boca, mas da cabeça. O que sai só da boca para nos ouvidos; o que nasce do juízo penetra e convence o entendimento. Ainda têm mais mistério estas línguas do Espírito Santo. Diz o Texto que não se puseram todas as línguas sobre

---

[i] Pátroclo com as armas de Aquiles foi vencido e morto.
[ii] *Faciam vos fieri piscatores hominum* (*Mat.*, IV, 21).

todos os Apóstolos, senão cada uma sobre cada um: *Apparuerunt dispertitae linguae tanquam ignis, seditque supra singulos eorum.*[i] E por que cada uma sobre cada um, e não todas sobre todos? Porque não servem todas as línguas a todos, senão a cada um a sua. Uma língua só sobre Pedro, porque a língua de Pedro não serve a André; outra língua só sobre André, porque a língua de André não serve a Filipe; outra língua só sobre Filipe, porque a língua de Filipe não serve a Bartolomeu, e assim dos mais. E senão vede-o no estilo de cada um dos Apóstolos sobre que desceu o Espírito Santo. Só de cinco temos Escrituras; mas a diferença com que escreveram, como sabem os doutos, é admirável. As penas todas eram tiradas das asas daquela pomba divina; mas o estilo tão diverso, tão particular e tão próprio de cada um, que bem mostra que era seu. Mateus fácil, João misterioso, Pedro grave, Jacó forte, Tadeu sublime, e todos com tal valentia no dizer, que cada palavra era um trovão, cada cláusula um raio, e cada razão um triunfo. Ajuntai a estes cinco S. Lucas e S. Marcos, que também ali estavam, e achareis o número daqueles sete trovões que ouviu S. João no Apocalipse: *Locuta sunt septem tonitrua voces suas.*[ii] Eram trovões que falavam e articulavam as vozes, mas essas vozes eram suas: *Voces suas*; suas e não alheias, como notou Ansberto: *Non alienas, sed suas.* Enfim pregar o alheio é pregar o alheio, e com o alheio nunca se fez coisa boa.

Contudo, eu não me firmo de todo nesta razão, porque do grande Batista sabemos que pregou o que tinha pregado Isaías, como notou S. Lucas, e não com outro nome senão de sermões: *Praedicans baptismum poenitentiae in remissionem peccatorum, sicut scriptum est in libro sermonum Isaiae prophetae.*[iii] Deixo o que tomou S. Ambrósio de S. Basílio, S. Próspero e Beda de Santo Agostinho, Teofilato e Eutímio de S. João Crisóstomo.

VIII

Será finalmente a causa, que há tanto buscamos, a voz com que hoje falam os pregadores? Antigamente pregavam bradando, hoje pregam conversando. Antigamente a primeira parte do pregador era boa voz e bom peito. E verdadeiramente, como o mundo se governa tanto pelos sentidos, podem às vezes mais os brados que a razão. Boa era também esta, mas não a podemos provar com o semeador, porque já dissemos que não era ofício de boca. Porém

---

[i] *At.*, II, 3.
[ii] *Apoc.*, X, 3.
[iii] *Luc.*, III, 3.

o que nos negou o Evangelho no semeador metafórico, nos deu no semeador verdadeiro, que é Cristo. Tanto que Cristo acabou a parábola, diz o Evangelho que começou o Senhor a bradar: *Haec dicens clamabat*.[i] Bradou o Senhor, e não arrazoou sobre a parábola, porque era tal o auditório, que fiou mais dos brados que da razão.

Perguntaram ao Batista quem era? Respondeu ele: *Ego vox clamantis in deserto*.[ii] Eu sou uma voz que anda bradando neste deserto. Desta maneira se definiu o Batista. A definição do pregador cuidava eu que era: voz que arrazoa, e não voz que brada. Pois por que se definiu o Batista pelo bradar, e não pelo arrazoar: não pela razão, senão pelos brados? Porque há muita gente neste mundo com quem podem mais os brados que a razão, e tais eram aqueles a quem o Batista pregava. Vede-o claramente em Cristo. Depois que Pilatos examinou as acusações que contra ele se davam, lavou as mãos e disse: *Ego nullam causam invenio in homine isto*:[iii] eu nenhuma causa acho neste homem. Neste tempo todo o povo e os escribas bradavam de fora que fosse crucificado: *At illi magis clamabamt, crucifigatur.*[iv] De maneira que Cristo tinha por si a razão, e tinha contra si os brados. E qual pôde mais? Puderam mais os brados que a razão. A razão não valeu para O livrar, os brados bastaram para O pôr na cruz. E como os brados no mundo podem tanto, bem é que bradem alguma vez os pregadores, bem é que gritem. Por isso Isaías chamou aos pregadores nuvens: *Qui sunt isti, qui ut nubes volant?*[v] A nuvem tem relâmpago, tem trovão e tem raio; relâmpago para os olhos, trovão para os ouvidos, raio para o coração; com o relâmpago ilumina, com o trovão assombra, com o raio mata. Mas o raio fere a um, o relâmpago a muitos, o trovão a todos. Assim há de ser a voz do pregador — um trovão do céu, que assombre e faça tremer o mundo.

Mas que diremos à oração de Moisés: *Concrescat ut pluvia doctrina mea: fluat ui ros eloquium meum?*[vi] Desça minha doutrina como chuva do céu, e a minha voz e minhas palavras como orvalho que se destila brandamente e sem ruído? Que diremos ao exemplo ordinário de Cristo, tão celebrado por Isaías: *Non clamabit neque audietur vox eius foris?*[vii] Não clamará, não bradará, mas falará com uma voz tão moderada que se não possa ouvir fora. E não há dúvida que o praticar familiarmente, e o falar mais ao ouvido que aos ouvidos, não só

---

[i] *Luc.*, VIII, 8.
[ii] *João*, I, 23.
[iii] *Luc.*, XXIII, 14.
[iv] *Mat.*, XXVII, 23.
[v] *Isaías*, LX, 8.
[vi] *Deut.*, XXXII, 2.
[vii] *Isaías*, XLII, 2.

concilia maior atenção, mas naturalmente e sem força se insinua, entra, penetra e se mete na alma.

Em conclusão que a causa de não fazerem hoje fruto os pregadores com a palavra de Deus, nem é a circunstância da pessoa; *Qui seminat*; nem a do estilo; *seminare*; nem a da matéria; *semen*; nem a da ciência: *suum;* nem a da voz; *Clamabat.* Moisés tinha fraca voz;[i] Amós tinha grosseiro estilo;[ii] Salomão multiplicava e variava os assuntos;[iii] Balaão não tinha exemplo de vida;[iv] o seu animal não tinha ciência, e, contudo, todos estes falando, persuadiam e convenciam. Pois se nenhuma destas razões que discorremos, nem todas elas juntas são a causa principal nem bastante do pouco fruto que hoje faz a palavra de Deus, qual diremos, finalmente, que é a verdadeira causa?

IX

As palavras que tomei por tema o dizem: *Semen est Verbum Dei.* Sabeis (cristãos) a causa por que se faz, hoje, tão pouco fruto com tantas pregações? É porque as palavras dos pregadores são palavras, mas não são palavras de Deus. Falo do que ordinariamente se ouve. A palavra de Deus (como dizia) é tão poderosa e tão eficaz, que não só na boa terra faz fruto, mas até nas pedras e nos espinhos nasce. Mas se as palavras dos pregadores não são palavras de Deus, que muito que não tenham a eficácia e os efeitos da palavra de Deus? *Ventum seminabant, et turbinem colligent,*[v] diz o Espírito Santo: quem semeia ventos, colhe tempestades. Se os pregadores semeiam vento, se o que se prega é vaidade, se não se prega a palavra de Deus, como não há a Igreja de Deus de correr tormenta em vez de colher fruto?

Mas dir-me-eis: Padre, os pregadores de hoje não pregam do Evangelho, não pregam das Sagradas Escrituras? Pois como não pregam a palavra de Deus? Esse é o mal. Pregam palavras de Deus, mas não pregam a palavra de Deus: *Qui habet sermonem meum, loquatur sermonem meum vere,*[vi] disse Deus por Jeremias. As palavras de Deus pregadas no sentido em que Deus as disse são palavra de Deus; mas pregadas no sentido que nós queremos não são palavra de Deus, antes podem ser palavra do Demônio. Tentou o Demônio a Cristo a que fizesse

---

[i] *Êxod.*, IV, 10 (*Voce gracili*, segundo os Setenta).
[ii] *Amós*, I, 1.
[iii] *Núm.*, XXII e XXIII.
[iv] *Ecles.*, I.
[v] *Oseias.*, VIII, 7.
[vi] *Jerem.*, XXIII, 28.

das pedras pão. Respondeu-lhe o Senhor: *Non in solo pane vivit homo, sed in omni verbo, quod procedit de ore Dei.*[i] Esta sentença era tirada do capítulo oitavo do Deuteronômio. Vendo o Demônio que o Senhor se defendia da tentação com a Escritura, leva-o ao Templo, e alegando o lugar do Salmo noventa, diz-lhe desta maneira: *Mitte te deorsum; scriptum est enim, quia angelis suis Deus mandavit de te, ut custodiant te in omnibus viis tuis.*[ii] Deita-te daí abaixo, porque prometido está nas Sagradas Escrituras, que os anjos te tomarão nos braços para que te não faças mal. De sorte que Cristo defendeu-se do Diabo com a Escritura, e o Diabo tentou a Cristo com a Escritura. Todas as Escrituras são palavra de Deus; pois se Cristo toma a Escritura para se defender do Diabo, como toma o Diabo a Escritura para tentar a Cristo? A razão é porque Cristo tomava as palavras da Escritura em seu verdadeiro sentido, e o Diabo tomava as palavras da Escritura em sentido alheio e torcido: e as mesmas palavras, que tomadas em verdadeiro sentido são palavras de Deus, tomadas em sentido alheio são armas do Diabo. As mesmas palavras que tomadas no sentido em que Deus as disse são defesa, tomadas no sentido em que Deus as não disse são tentação. Eis aqui a tentação com que então quis o Diabo derrubar a Cristo, e com que hoje Lhe faz a mesma guerra do pináculo do Templo. O pináculo do Templo é o púlpito, porque é o lugar mais alto dele. O Diabo tentou a Cristo no deserto, tentou-O no monte, tentou-O no Templo: no deserto tentou-O com a gula, no monte tentou-O com a ambição, no Templo tentou-O com as Escrituras mal interpretadas, e essa é a tentação de que mais padece hoje a Igreja, e que em muitas partes tem derrubado dela, senão a Cristo, a sua fé.

Dizei-me, pregadores (aqueles com quem eu falo indignos verdadeiramente de tão sagrado nome), dizei-me: esses assuntos inúteis que tantas vezes levantais, essas empresas ao vosso parecer agudas que prosseguis, achaste-las alguma vez nos profetas do Testamento Velho, ou nos apóstolos e evangelistas do Testamento Novo, ou no autor de ambos os Testamentos, Cristo?[iii] É certo que não, porque desde a primeira palavra do Gênese até à última do Apocalipse, não há tal coisa em todas as Escrituras. Pois se nas Escrituras não há o que dizeis e o que pregais, como cuidas que pregais a palavra de Deus? Mais. Nesses lugares, nesses textos que alegais para prova do que dizeis, é esse o sentido em

---

[i] *Mat.*, IV, 4.
[ii] *Sal.*, XC, 11.
[iii] *D. Hieronymus in Prologo Galeato*: *Sola scripturarum ars est quam sibi passim omnes venditant, et cum aures populi sermone composite mulserint, hoc legem Dei putant; nec scire dignantur, quid Prophetae, quid Apostoli senserint; sed ad sensum suum incongrua aptant testimonia; quasi grande sit, et non vitiosissimum dicendi genus, depravare sententias, et ad votuntatem suam scripturam trahere repugnantem.*

que Deus os disse? É esse o sentido em que os entendem os Padres da Igreja? É esse o sentido da mesma gramática das palavras? Não, por certo; porque muitas vezes as tomais pelo que toam, e não pelo que significam, e talvez nem pelo que toam. Pois se não é esse o sentido das palavras de Deus, segue-se que não são palavras de Deus. E se não são palavras de Deus, que nos queixamos de que não façam fruto as pregações? Basta que havemos de trazer as palavras de Deus a que digam o que nós queremos, e não havemos de querer dizer o que elas dizem! E então ver cabecear o auditório a estas coisas, quando devíamos dar com a cabeça pelas paredes por ouvir! Verdadeiramente não sei de que mais me espante, se dos nossos conceitos, se dos vossos aplausos! Oh, que bem levantou o pregador! Assim é; mas que levantou? Um falso testemunho ao Texto, outro falso testemunho ao santo, outro ao entendimento e ao sentido de ambos. Então que se converta o mundo com falsos testemunhos da palavra de Deus? Se a alguém parecer demasiada a censura, ouça-me.

Estava Cristo acusado diante de Caifás, e diz o evangelista S. Mateus que por fim vieram duas testemunhas falsas: *Novissime venerunt duo falsi testes.*[i] Estas testemunhas referiram ter ouvido Cristo dizer que se os Judeus destruíssem o Templo, Ele o tornaria a reedificar em três dias. Se lermos o evangelista S. João, acharemos que Cristo verdadeiramente tinha dito as palavras referidas. Pois se Cristo tinha dito que havia de reedificar o Templo dentro em três dias, e isto mesmo é o que referiram as testemunhas, como lhes chama o Evangelista testemunhas falsas: *Duo talsi testes?* O mesmo S. João deu a razão: *Loquebatur de templo corporis sui.*[ii] Quando Cristo disse que em três dias reedificaria o Templo, falava o Senhor do templo místico de seu corpo, o qual os Judeus destruíram pela morte, e o Senhor o reedificou pela ressurreição; e como Cristo falava do templo místico, e as testemunhas o referiram ao Templo material de Jerusalém, ainda que as palavras eram verdadeiras, as testemunhas eram falsas. Eram falsas porque Cristo as dissera em um sentido, e eles as referiram em outro; e referir as palavras de Deus em diferente sentido do que foram ditas é levantar falso testemunho a Deus, é levantar falso testemunho às Escrituras. Ah, Senhor, quantos falsos testemunhos vos levantam! Quantas vezes ouço dizer que dizeis o que nunca dissestes! Quantas vezes ouço dizer que são palavras vossas o que são imaginações minhas, que me não quero excluir deste número! Que muito logo que as nossas imaginações e as nossas vaidades e as nossas fábulas não tenham a eficácia de palavra de Deus!

---

[i] *Mat.*, XXVI, 60.
[ii] *João*, II, 21.

Miseráveis de nós, e miseráveis dos nossos tempos, pois neles se veio a cumprir a profecia de S. Paulo: *Erit tempus, cum sanam doctrinam non sustinebunt.*[i] Virá tempo, diz S. Paulo, em que os homens não sofrerão a doutrina sã: *Sed ad sua desideria coacervabunt sibi magistros prurientes auribus*; mas para seu apetite terão grande número de pregadores feitos a montão, e sem escolha, os quais não façam mais que adular-lhes as orelhas: *A veritate quidem auditum avertent, ad fabulas autem convertentur.* Fecharão os ouvidos à verdade, e abri-los-ão às fábulas. Fábula tem duas significações: quer dizer fingimento, e quer dizer comédia; e tudo são muitas pregações deste tempo. São fingimento, porque são sutilezas e pensamentos aéreos sem fundamento de verdade; são comédia, porque os ouvintes vêm à pregação como à comédia; e há pregadores que vêm ao púlpito como comediantes. Uma das felicidades que se contava entre as do tempo presente era acabarem-se as comédias em Portugal; mas não foi assim. Não se acabaram, mudaram-se; passaram-se do teatro ao púlpito. Não cuideis que encareço em chamar comédia a muitas pregações das que hoje se usam. Tomara ter aqui as comédias de Plauto, de Terêncio, de Sêneca, e veríeis se não acháveis nelas muitos desenganos da vida e vaidade do mundo, muitos pontos de doutrina moral, muito mais verdadeiros e muito mais sólidos do que hoje se ouvem nos púlpitos. Grande miséria por certo, que se achem maiores documentos para a vida nos versos de um poeta profano e gentio que nas pregações de um orador cristão, e muitas vezes, sobre cristão, religioso!

Pouco disse S. Paulo em lhes chamar comédia, porque muitos sermões há que não são comédia, são farsa. Sobe talvez ao púlpito um pregador dos que professam ser mortos ao mundo, vestido ou amortalhado em um hábito de penitência (que todos, mais ou menos ásperos, são de penitência; e todos, desde o dia que os professamos, mortalhas); a vista é de horror, o nome de reverência, a matéria de compunção, a dignidade de oráculo, o lugar e a expectação de silêncio; e quando este se rompeu, que é o que se ouve? Se neste auditório estivesse um estrangeiro que nos não conhecesse, e visse entrar este homem a falar em público naqueles trajos, e em tal lugar, cuidaria que havia de ouvir uma trombeta do Céu; que cada palavra sua havia de ser um raio para os corações, que havia de pregar com o zelo e com o fervor de um Elias, que com a voz, com o gesto, e com as ações havia de fazer em pó e em cinza os vícios. Isto havia de cuidar o estrangeiro. E nós, que é o que vemos? Vemos sair da boca daquele homem, assim naqueles trajos, uma voz muito afetada e muito polida, e logo começar com muito desgarro, a quê? A motivar desvelos, a acreditar empenhos, a requintar finezas, a lisonjear precipícios, a brilhar auroras, a derreter cristais, a

---

[i] *2.ª ad Timót.*, IV, 3.

desmaiar jasmins, a preparar primaveras, e outras mil indignidades destas. Não é isto farsa a mais digna de riso, se não fora tanto para chorar? Na comédia o rei veste como rei e fala como rei, o lacaio veste como lacaio e fala como lacaio; o rústico veste como rústico e fala como rústico; mas um pregador vestir como religioso e falar como... não o quero dizer por reverência do lugar. Já que o púlpito é teatro, e o sermão comédia, sequer faremos bem a figura? Não dirão as palavras com o vestido e com o ofício? Assim pregava S. Paulo, assim pregavam aqueles patriarcas que se vestiram e nos vestiram destes hábitos? Não louvamos e não admiramos o seu pregar; não nos prezamos de seus filhos? Pois por que os não imitamos? Por que não pregamos como eles pregavam? Neste mesmo púlpito pregou S. Francisco Xavier, neste mesmo púlpito pregou S. Francisco de Borja, e eu, que tenho o mesmo hábito, por que não pregarei a sua doutrina, já que me falta o seu espírito?

X

Dir-me-eis o que a mim me dizem, e o que já tenho experimentado, que se pregamos assim, zombam de nós os ouvintes, e não gostam de ouvir. Oh, boa razão para um servo de Jesus Cristo! Zombem, e não gostem embora, e façamos nós nosso ofício. A doutrina de que eles zombam, a doutrina que eles desestimam, essa é a que lhes devemos pregar, e por isso mesmo, porque é a mais proveitosa e a que mais hão mister. O trigo que caiu no caminho, comeram-no as aves. Estas aves, como explicou o mesmo Cristo, são os demônios, que tiram a palavra de Deus dos corações dos homens: *Venit diabolus, et tollit verbum de corde eorum.* Pois por que não comeu o Diabo o trigo que caiu entre os espinhos? Ou o trigo que caiu nas pedras, senão o trigo que caiu no caminho? Porque o trigo que caiu no caminho; *Conculcatum est ab hominibus*; pisaram-no os homens: e a doutrina que os homens pisam, a doutrina que os homens desprezam, essa é a de que o Diabo se teme. Desses outros conceitos, desses outros pensamentos, dessas outras sutilezas que os homens estimam e prezam, dessas não se teme, nem se acautela o Diabo, porque sabe que não são essas as pregações que lhe hão de tirar as almas das unhas. Mas daquela doutrina que cai: *Secus viam*; daquela doutrina que parece comum: *Secus viam*; daquela doutrina que parece trilhada: *Secus viam*; daquela doutrina que nos põe em caminho, e em via da nossa salvação (que é a que os homens pisam, e a que os homens desprezam), essa é a de que o Demônio se receia e se acautela, essa é a que procura comer e tirar do mundo; e por isso mesmo essa é a que deviam pregar os pregadores, e a que deviam buscar os ouvintes. Mas se eles não o fizerem assim, e zombarem de nós, zombemos nós tanto de suas zombarias como dos seus aplausos. *Per infamiam, et bonam famam,*[i] diz S. Paulo. O pregador há de saber pregar com fama e sem fama. Mais diz o apóstolo. Há de pregar com fama e com infâmia. Pregar o pregador para ser afamado, isso é mundo; mas infamado, e pregar o que convém, ainda que seja com descrédito de sua fama, isso é ser pregador de Jesus Cristo.

Pois o gostarem ou não gostarem os ouvintes! Oh, que advertência tão digna! Que médico há que repare no gesto do enfermo, quando trata de lhe dar saúde? Sarem, e não gostem: salvem-se, e amargue-lhes, que para isso somos médicos das almas. Quais vos parece que são as pedras sobre que caiu parte do trigo do Evangelho? Explicando Cristo a parábola diz que as pedras são aqueles que ouvem a pregação com gosto: *Hi sunt, qui cum gaudio suscipiunt verbum.* Pois será bem que os ouvintes gostem, e que no cabo fiquem pedras? Não gostem, e abrandem-se; não gostem, e quebrem-se; não gostem, e frutifiquem. Este é o modo com que frutificou o trigo que caiu na boa terra: *Et fructum afferunt in patientia*, conclui Cristo. De maneira que o frutificar não se junta com o gostar, senão com o padecer; frutifiquemos nós, e tenham eles paciência. A pregação que frutifica, a pregação que aproveita, não é aquela que dá gosto ao ouvinte, é aquela que lhe dá pena. Quando o ouvinte a cada palavra do pregador treme; quando cada palavra do pregador é um torcedor para o coração do ouvinte; quando o ouvinte vai do sermão para casa confuso e atônito, sem saber parte de si, então é a pregação qual convém, então se pode esperar que faça fruto: *Et fructum afferunt in patientia.*

Enfim, para que os pregadores saibam como hão de pregar; e os ouvintes, a quem hão de ouvir, acabo com um exemplo do nosso reino, e quase dos nossos tempos. Pregavam em Coimbra dois famosos pregadores, ambos bem conhecidos por seus escritos: não os nomeio, porque os hei de desigualar. Altercou-se entre alguns doutores da Universidade qual dos dois fosse maior pregador, e como não há juízo sem inclinação, uns diziam este; outros, aquele. Mas um lente, que entre os demais tinha maior autoridade, concluiu desta maneira: "entre dois sujeitos tão grandes não me atrevo a interpor juízo; só direi uma diferença, que sempre experimento. Quando ouço um, saio do sermão muito contente do pregador; quando ouço outro, saio muito descontente de mim". Com isto tenho acabado. Algum dia vos enganastes tanto comigo, que saíeis do sermão muito contentes do pregador; agora quisera eu desenganar-vos tanto, que saireis muito descontentes de vós. Semeadores do Evangelho, eis aqui o que devemos pretender nos nossos sermões, não que os homens saiam contentes de nós, se-

---

[i] *2.ª ad Corint.*, XIV, 27.

não que saiam muito descontentes de si; não que lhes pareçam bem os nossos conceitos, mas que lhes pareçam mal os seus costumes, as suas vidas, os seus passatempos, as suas ambições, e enfim, todos os seus pecados. Contanto que se descontentem de si, descontentem-se embora de nós. *Si hominibus placerem, Christi servus non essem,*[i] dizia o maior de todos os pregadores, S. Paulo. Se eu contentara aos homens, não seria servo de Deus. Oh, contentemos a Deus, e acabemos de não fazer caso dos homens! Advirtamos que nesta mesma igreja há tribunas mais altas que as que vemos: *Spectaculum facti sumus Deo, angelis, et hominibus.*[ii] Acima das tribunas dos reis estão as tribunas dos anjos, está a tribuna e o tribunal de Deus, que nos ouve, e nos há de julgar. Que conta há de dar a Deus um pregador no Dia de Juízo? O ouvinte dirá: não mo disseram; mas o pregador? *Vae mihi, quia tacui.*[iii] Ai de mim que não disse o que convinha! Não seja mais assim por amor de Deus, e de nós. Estamos às portas da Quaresma, que é o tempo em que principalmente se semeia a palavra de Deus na Igreja, e em que ela se arma contra os vícios. Preguemos, e armemo-nos todos contra os pecados, contra as soberbas, contra os ódios, contra as ambições, contra as invejas, contra as cobiças, contra as sensualidades. Veja o Céu que ainda tem na Terra quem se põe da sua parte. Saiba o Inferno que ainda há na Terra quem lhe faça guerra com a palavra de Deus; e saiba a mesma Terra, que ainda está em estado de reverdecer, e dar muito fruto: *Et fecit fructum centuplum.*

---

[i] *Gálat.*, I, 10.
[ii] *1ª ad Corint.*, IV, 9. (No texto lê-se *mundo* e não *Deo*.)
[iii] *Isaías*, VI, 5.

SERMÃO DA PRIMEIRA DOMINGA DA QUARESMA

Pregado em Lisboa, na Capela Real, no Ano de 1655

> *Ostendit ei omnia regna mundi,*
> *et gloriam eorum, et dixit ei:*
> *haec omnia tibi dabo, si cadens adoraveris me.*[i]

I

Se o Demônio é tão astuto, que até dos nossos remédios faz tentações; por que não seremos nós tão prudentes, que até das suas tentações façamos remédios? Esta é a conclusão que tiro hoje de toda a história do Evangelho. Quarenta dias havia, e quarenta noites, que jejuava Cristo em um deserto: sucedeu ao jejum naturalmente a fome, e sobre a fome veio logo a tentação: *Si Filius Dei es, dic ut lapides isti panes fiant*.[ii] Se és Filho de Deus (diz o Demônio), manda a estas pedras que se convertam em pães. Vede se infiro bem, que dos nossos remédios faz o Demônio tentação! Com as pedras se defendia das suas tentações S. Jerônimo: os desertos e solidões são as fortalezas dos eremitas: o jejum de quarenta dias foi uma penitência prodigiosa; procurar de comer aos que têm fome é obra de misericórdia; converter pedras em pão com uma palavra é onipotência; ser Filho de Deus é divindade. Quem cuidara que de tais ingredientes como estes se havia de compor uma tentação? De pedras, de deserto, de jejum, de obra de misericórdia, de onipotência, de divindade? De pedras, *Lapides isti*;[iii] de deserto, *ductus est Jesus in desertum*; de jejum, *cum jejunasset*; de obra de misericórdia, *panes fiant*; de onipotência, *dic*; de divindade, *si Filius Dei es*. Se o Demônio tenta com as pedras, que fará com condições menos duras? Se tenta com o deserto, que será com o povoado e com a corte? Se tenta com o jejum, que será com a satisfação? Se tenta com a obra de misericórdia, que será com a injustiça? Se tenta com a onipotência, que será com a fraqueza? E se até com a divindade tenta, com a humanidade e com a desumanidade que será?

---

[i] *Mat.*, 4.
[ii] Ibid. IV, 3.
[iii] *Mat.*, IV, 1.

Vencido o Demônio nesta primeira tentação, diz o Texto que levou a Cristo à cidade santa de Jerusalém, e pondo-O sobre o mais alto do Templo, Lhe disse desta maneira: *Mitte te deorsum, scriptum est enim, quia angelis suis Deus mandavit de te, ut custodiant te in omnibus viis tuis*: lança-te daqui abaixo, porque prometido está, na Sagrada Escritura, que mandará Deus aos seus anjos te guardem em todos teus caminhos. Vede outra vez como tornam os remédios a ser tentações: e nesta segunda tentação, ainda com circunstâncias mais notáveis. E quais foram? A Cidade Santa, o Templo de Jerusalém, as Sagradas Escrituras, os Mandamentos de Deus, os anjos da Guarda, e também o descer. Podia haver coisas menos ocasionadas para tentações? Pois disto fez o Demônio uma tentação. Da Cidade Santa: *Assumpsit eum in sanctam civitatem*; do Templo de Jerusalém: *Et statuit eum super pinaculum Templi*; da Sagrada Escritura: *Scriptum est enim*; dos Mandamentos de Deus: *Deus mandavit de te*; dos Anjos da Guarda: *Angelis suis, ut custodiant*; do descer para baixo, *mitte te deorsum*. Se o Demônio tenta com a Cidade Santa, que será com a cidade escandalosa? Se tenta com o Templo de Deus, que será com as casas dos ídolos? Se tenta com as Sagradas Escrituras, que será com os livros profanos? Se tenta com os Mandamentos de Deus, que será com as leis do mundo? Se tenta com os Anjos da Guarda, que será com os anjos da perdição? Se tenta finalmente com o descer, que será com o subir?

Eis aqui como o Demônio dos remédios faz tentações. Mas como será possível que nós das tentações façamos remédios? O Demônio na primeira tentação pediu a Cristo que fizesse das pedras, pão; e, na segunda, que fizesse dos precipícios, caminhos. Que coisa são as tentações, senão pedras e precipícios? Pedras, em que tropeçamos, e precipícios, dos quais caímos. Pois como é possível que das pedras em que tropeçamos se faça pão com que nos sustentemos, e dos precipícios de onde caímos se façam caminhos por onde subamos? Isto havemos de ver hoje, e hei de ser tão liberal com o Demônio, que lhe hei de conceder tudo o que Cristo lhe negou. Que queres, Demônio? Que te faça das pedras pão? Sou contente. Que queres mais? Que dos precipícios faça caminhos? Também farei isso hoje. O Demônio, do pão fez pedras, e dos caminhos fez precipícios, porque dos remédios fez tentações. Eu às avessas: das pedras hei de fazer pão, e dos precipícios caminhos; porque das tentações hei de fazer remédios.

Para reduzir todo este ponto, tão grande e tão importante, a uma só máxima universal, tomei por fundamento a terceira tentação que propus, que é a maior que o Demônio fez hoje a Cristo, e a maior que nunca se fez, nem há de fazer nem pode fazer no mundo. Vencido primeira e segunda vez o Demônio, não desesperou da vitória, porque lhe faltava ainda por correr a terceira lança, em que mais confiava. Levou a Cristo ao cume de um monte altíssimo, e mostrando-Lhe dali todos os reinos e monarquias do mundo, com todas suas glórias e grandezas, com todas suas riquezas e delícias, com todas suas pompas e majestades, apontando em roda para todo este mapa universal, tão grande, tão formoso, tão diverso, disse assim: *Haec omnia tibi dabo, si cadens adoraveris me*: tudo isto que vês te darei, se com o joelho em terra me adorares. Esta foi a última tentação do Diabo, e esta foi a terceira vitória de Cristo. As armas com que o Senhor se defendeu, e o remédio que tomou nesta tentação como nas outras, foram as palavras da Escritura Sagrada: *Dominum Deum tuum adorabis, et illi soli servies*.[i] É a Escritura Sagrada um armazém divino onde se acham todas as armas; é uma oficina medicinal, onde se acham todos os remédios; esta é aquela torre de Davi da qual disse Salomão: *Mille clypei pendent ex ea, omnis armatura fortium*:[ii] porque, como comenta S. Gregório: *Universa nostra munitio in sacro eloquio continetur*. Esta é aquela botica universal da qual diz S. Basílio: *Ab Scriptura unusquisque tanquam ab officina medicinae appositum suae infirmatati medicamentum invenire poterit*. E muito antes o tinha dito a Sabedoria: *Neque herba, neque malagma sanavit, sed tuus Domine sermo, qui sanat omnia*. Poderosíssimas armas e eficacíssimos remédios contra as tentações do Demônio são as divinas Escrituras. Mas como eu prego para todos, e nem todos podem menear estas armas, nem usar destes remédios; é o meu intento hoje indicar-vos outras armas mais rápidas e outros remédios mais fáceis com que todos possais resistir a todas as tentações. Na boca da víbora pôs a natureza a peçonha, e juntamente o antídoto. Se quando a serpente tentou aos primeiros homens, soubessem eles usar bem das suas mesmas palavras, não haviam mister outras armas para resistir, nem outro remédio para se conservar no Paraíso. O mais rápido e mais fácil remédio contra qualquer tentação do Demônio é a mesma tentação. A mesma coisa oferecida pelo Demônio é tentação: bem considerada por nós, é remédio. Isto hei de pregar hoje.

II

Na primeira e na segunda tentação tentou o Demônio a Cristo como a Filho de Deus; na terceira, como a puro homem. Por isso na terceira tentação não disse: *Se Filius Dei es*, como tinha dito na primeira e na segunda. Tentou a Cristo como se tentara a qualquer homem: esta é a razão e a diferença por que

---

[i] *Mat.*, IV, 10.
[ii] *Cânt.*, IV, 4.

só esta última tentação nos pertence propriamente a nós. Mas como poderá um homem, como poderá um filho de Adão resistir a uma tentação tão poderosa e tão imensa como esta que o Demônio fez a Cristo? A Adão fez-lhe tiro o Demônio com uma maçã, derrubou-o; a Cristo fez-lhe tiro com o mundo todo: *Ostendit ei omnia regna mundi.* Mas sendo esta bala atirada a Cristo como a homem, e dando em um peito de carne, foi tão fortemente rebatida que voltou com maior força contra o mesmo tentador: *Vade retro.* Um dos casos mais notáveis que sucederam em nossos dias, no famoso cerco de Ostende, foi este:[i] Estava carregada uma peça no exército católico: entra pela boca da mesma peça uma bala do inimigo, concebe fogo a pólvora, sai outra vez a bala com dobrada fúria; e como veio e voltou pelos mesmos pontos, foi-se empregar no mesmo que a tinha atirado. Oh, que bizarro e venturoso sucesso! *Vade retro!* Assim havemos de fazer aos tiros do Demônio. Volte outra vez a bala contra o inimigo, e vençamos ao tentador com a sua própria tentação. Não cortou Davi a cabeça ao gigante com a sua própria espada? Judite, sendo mulher, não degolou a Holofernes com a sua? Pois assim o havemos nós de fazer; nem necessitamos de outras armas mais, que as mesmas com que o Demônio nos tenta.

Mostrou o Demônio a Cristo todos os reinos do mundo e suas glórias: disse-lhe que tudo aquilo lhe daria de uma vez, se lhe dobrasse o joelho. Parece que faz estremecer a grandeza desta tentação! Mas o Demônio é o que havia de tremer dela. Desarmou-se a si, e armou-nos a nós. Tu, Demônio, ofereces-me de um lance todo o mundo, para que caia, para que peque, para que te dê a minha alma, logo a minha alma, por confissão tua, vale mais que todo o mundo. A minha alma vale mais que todo o mundo? Pois não te quero dar o que vale mais pelo que vale menos: *Vade retro.* Pode-nos o Demônio dar ou prometer alguma coisa que não seja o menos que o mundo? Claro está que não. Pois aqui se desarmou para sempre: nesta tentação perdeu todas, se nós não temos perdido o juízo. Ouvi a Salviano: *Quis ergo furor est viles a nobis animas nostras haberi, suas etiam Diabolus putat esse pretiosas.* Homens loucos, homens furiosos, homens sem entendimento, nem juízo; é possível que sendo as nossas almas na estimação do mesmo Demônio tão preciosas, no vosso conceito e no vosso desprezo hão de ser tão vis?! O Demônio quando me quer roubar, quando me quer perder, quando me quer enganar não pode deixar de confessar que a minha alma vale mais que todo o mundo; e eu, sendo essa alma minha, não há de haver no mundo coisa tão baixa, tão vã e tão vil pela qual a não dê sem nenhum reparo? *Quis furor est?* Que loucura, que demência, que furor é este nosso? Muito mais obrigada está a nossa alma ao Demônio, muito mais lhe deve que a nós. Ele

---

[i] Londin in *Hist. Flandr.*

a honra, nós a afrontamos. Envergonhou-se o Demônio no primeiro lance de oferecer menos por uma alma que o mundo todo.

Caio César, como refere Sêneca, mandou de presente a Demétrio duzentos talentos de prata, que fazem hoje da nossa moeda mais de duzentos mil cruzados. Não creio que haveria na nossa Corte quem não beijasse a mão real e aceitasse com ambas as mãos a mercê. Era porém Demétrio filósofo estoico, como se disséssemos, cristão daquele tempo: e que respondeu? *Si tentare me constituerat, toto illi fui experiundus imperio*: Andai, levai os seus talentos ao imperador, e dizei-lhe que se me queria tentar, que havia de ser com todo o seu império: é, e chama-se senhor de todo o mundo? Com todo o mundo me havia de tentar. Não no fez assim o César, porque não conhecia a Demétrio, mas fê-lo assim o Demônio, *princeps hujus mundi,* porque sabe o que vale uma alma. Se vos tentar o Demônio com menos que todo o mundo, dai-vos por afrontado; e se vos tentar com todo o mundo, fique vencido. *Quid prodest homini, si universum mundum lucretur, animae vero suae detrimentum patiatur?*[i] Que aproveita ao homem ganhar todo o mundo, adquirir todo o mundo, senhorear e dominar todo o mundo, se há de perder a sua alma? *Aut quam dabit homo commutationem pro anima sua?* Ou que coisa pode haver de tanto peso e de tanto preço, pela qual se haja de vender a alma, ou se haja de trocar? Este é o caso e a suposição em que estamos, nem mais nem menos. Oferece-nos o Demônio o mundo, e pede-nos a alma. Considere e pese bem cada um se lhe está bem este contrato, se lhe está bem esta venda, se lhe está bem esta troca. Mas nós trocamos e vendemos, porque não pesamos.

Chegou Esaú do campo, cansado e com fome de todo o dia, e chegou a desastrada hora, porque estava no mesmo tempo seu irmão Jacó cozinhando, diz o Texto, umas lentilhas. Estes eram os grandes homens, e estes os grandes regalos daquele tempo. Pediu Esaú a seu irmão um pouco daquela refeição, mas ele, aproveitando-se da ocasião e da necessidade, respondeu, que dar não, mas vender sim: que se Esaú lhe vendesse o seu morgado, começaria desde logo a lhe dar aqueles alimentos. Deus nos livre de se juntar ao mesmo tempo, a fome e a tentação. O sucesso foi que Esaú aceitou o contrato, deu o morgado. Pois, valha-me Deus, o morgado de Isaac, a herança de Abraão, a bênção dos patriarcas, que foi a maior coisa que desde Adão houve no mundo, por uma escudela de lentilhas? Este homem era cego? Era louco? Era vil? Nada disto era; mas era um homem (diz a Escritura) que vendeu e não pesou o que vendia: *Abiit parvi pendens, quod primogenita vendidisset:*[ii] E homem que vende sem pesar o

---

[i] *Mat.,* XVI, 26.
[ii] *Gênes.,* XXV, 34.

vende, não é muito que por uma escudela de grosserias desse o maior morgado do mundo. Se Esaú, antes de vender, tomara a balança na mão, e pusera de uma parte o morgado e da outra a escudela, parece-vos que venderia? Pois eis aí por que há tantas almas corruptíveis. Esta história de Esaú e Jacó aconteceu uma só vez antigamente; mas cada dia se representa no mundo: o papel de Jacó fá-lo o Demônio, o de Esaú fazemo-lo nós. O Demônio oferece-nos um gosto ou um interesse vil, e pede-nos o morgado que nos ganhou Cristo; e nós, porque contratamos sem a balança na mão, e não pesamos a vileza do que recebemos com a grandeza do que damos, consentimos no contrato, e ficamos sem bênção. Quando Esaú vendeu o morgado, não o sentiu nem fez caso disso; mas depois quando viu que Jacó levava a bênção, e ele ficava sem ela, diz o Texto, que *irrugiit clamore magno, et consternatus est*:[i] que tudo era encher o Céu de clamores e gemidos, e despedaçar-se a si mesmo e desfazer-se com dor. Ah, mal aconselhados Esaús! Agora vendemos a alma e o morgado do Céu pela vileza de um gosto, pelo engano de um apetite, pela grosseria de um manjar de brutos, e disto não fazemos caso. Mas quando vier aquele dia em que Cristo dê a bênção aos que estiverem à sua mão direita, e nós virmos que ficamos sem ela por umas coisas tão vis: oh, que dor! Oh, que desesperação! Oh, que circunstância de Inferno será esta tão grande para nós!

Pois que havemos de fazer para não cometer um erro tão grande e tão sem remédio? Fazer remédio da mesma tentação. Tomar na mão a balança que faltou a Esaú, e pesar o que o Demônio nos promete e o que nos pede. O que nos promete não é todo o mundo: o que nos pede e o que lhe havemos de dar, é a alma. Ponhamos de uma parte da balança o mundo todo, e de outra parte uma alma, e vejamos qual pesa mais. Oh, se Deus me ajudasse a vos mostrar com evidência a diferença destes dois pesos! Vamos ponderando uma por uma as mesmas palavras da tentação.

III

Ostendit ei omnia regna mundi, et gloriam eorum. Desde aquele monte alto, onde o Demônio subiu a Cristo, Lhe mostrou todos os reinos do mundo, e sua glória. Isto que tão facilmente se diz não é tão fácil de entender. De um monte, por alto que seja, não se podem descobrir todos os reinos do mundo. O Sol está levantado na quarta esfera; e contudo descobre um só hemisfério, e nem vê, nem pode ver os antípodas. Pois como foi possível que o Demônio

---

[i] Ibid., XXVII, 34.

desde aquele monte mostrasse todo o mundo a Cristo? A sentença mais certa e mais seguida é que o mundo que o Demônio mostrou a Cristo não foi este mundo verdadeiro, senão um mundo fantástico e aparente, uma aparência e representação do mundo. Assim como os anjos, quando aparecem aos homens, se vestem de corpos fantásticos, que parecem corpos formosíssimos, e não são corpos, assim o Demônio, que no poder natural é igual aos Anjos, em todo o ar que se estendia daquele monte até os horizontes, com cores, com sombras, com aparências, pintou e levantou em um momento montes, vales, campos, serras, cidades, castelos, reinos, enfim, um mundo. De maneira que todo aquele mundo, todo aquele mapa de reinos e de grandezas, bem apertado, vinha a ser um pouco de vento. E com ser assim esta representação (notai agora), com ser o que o Demônio mostrava uma só representação fantástica, uma aparência; contudo, diz o Evangelista que o Demônio mostrou a Cristo todos os reinos do mundo e suas glórias; porque todas as glórias e todas as grandezas do mundo, bem consideradas, são o que estas eram: ar, vento, sombras, cores aparentes. Antes digo que mais verdadeiro e mais próprio mundo era este mundo aparente, que o mundo verdadeiro; porque o mundo aparente eram aparências verdadeiras; e o mundo verdadeiro são as aparências falsas. E senão, dizei-me: de todos aqueles reinos, de todas aquelas majestades e grandezas que havia no tempo de Cristo, quando sucedeu esta tentação, há hoje alguma coisa no mundo? Nenhuma. Pois que é feito de tantos reinos, que é feito de tantas monarquias, que é feito de tantas grandezas? Eram vento, passaram; eram sombra, sumiram-se; eram aparências, desapareceram. Ainda agora são o que antes eram: eram nada, são nada. Até dos mármores daquele tempo não há mais que pó e cinza, e os homens, como bem notou Filo Hebreu, vendo isto com os nossos olhos, somos tão cegos que fazemos mais caso deste pó e desta cinza, que da própria alma: *Qui cinerem, et pulverem pluris facitis, quam animam.*

Isto são hoje os reinos daquele tempo: e os reinos de hoje que são? São porventura outra coisa? Diga-o o rei do reino mais próspero e o mais sábio de todos os reis: *Verba Ecclesiastae, filii Davi regis Hierusalem: vanitas vanitatum, et omnia vanitas:*[i] Eu fui rei e filho de rei (diz Salomão); experimentei tudo o que era e tudo o que podia dar de si o poder, a grandeza, o senhorio do mundo, e achei que tudo o que parece que há nele é vão, e nada sólido; e que, bem pesado e apertado, não vem a ser mais que uma vaidade composta de muitas vaidades: *Vanitas vanitatum, et omnia vanitas.* Vaidade os cetros, vaidade as coroas, vaidade os reinos e monarquias, e o mesmo mundo que delas se compõe, vaidade de vaidades: *Vanitas vanitatum.* Esta é a verdade que não sabemos ver, por es-

---

[i] *Ecles.*, I, 1.

tar escondida, e andar enfeitada debaixo das aparências que vemos: e este é o conhecimento e desengano com que devemos rebater e desprezar o tudo ou o nada com que nos tenta o mundo. Oh, como ficariam desvanecidas as maiores tentações, se soubéssemos responder ao *omnia* do Demônio com o *omnia* de Salomão: *Omnia regna mundi? Omnia vanitas: omnia tibi dabo? Omnia vanitas.*

Mas se todo este mundo e tudo o que nele mais avulta é vão, antes a mesma vaidade; como é possível que tenha tanto valor e tanto peso com os homens, que pese para com eles mais que o Céu, mais que a alma, e mais que o mesmo Deus? Tão falsas são as balanças do juízo humano! Não são elas as falsas, somos nós: *Mendaces filii hominum in stateris, ut decipiant de vanitate in idipsum*:[i] São tais os homens (diz Davi) que com a balança na mão trocam o peso às coisas. Não diz que as balanças são falsas; senão que os homens são falsos nelas: *Mendaces filii hominum in stateris*. E a razão desta falsidade, ou desta falsificação, é porque os mesmos homens se querem enganar a si mesmos com a vaidade: *Ut decipiant de vanitate in idipsum*. Não é o nosso juízo o que nos engana, é o nosso afeto, o qual, pendendo e inclinando para a parte da vaidade, leva após si o fiel do juízo. Nestas balanças (que são como as de S. Miguel, em que se pesam as almas) de uma parte está a alma, da outra parte o mundo; de uma parte está o temporal, da outra o eterno; de uma parte está a verdade, da outra a vaidade. E porque nós colocamos o nosso afeto e o nosso coração na parte do mundo e da vaidade, esse afeto e esse coração são o que dão à vaidade do mundo o peso que ela não tem nem pode ter. A vaidade não amada não tem peso, porque é vaidade; mas essa mesma vaidade amada pesa mais que tudo, porque o nosso amor e o nosso afeto são o que falsamente lhe dão o peso. De maneira que o peso não está nas coisas, está no coração, com que as amava.

O mesmo Davi o disse admiravelmente: *Filii hominum usquequo gravi corde? Ut quid diligitis vanitatem?*[ii] Filhos dos homens: até quando haveis de ter os corações pesados? Até quando haveis de amar a vaidade? Notai a consequência. Queixa-se de amarem os homens a vaidade: *Ut quid diligitis vanitatem?* E acusa-os de terem os corações pesados: *Usquequo gravi corde?* Porque o peso que achamos na vaidade não está na mesma vaidade, senão no coração com que a amamos. Amamos e estimamos a vaidade, e por isso a balança inclina a ela e com ela, e nos mostra falsamente o peso onde o não há. Oh, se pesássemos bem e fielmente, com o coração livre de todo o afeto, como veríamos logo que a inclinação e movimento da balança pendia todo para a parte da alma, e que todo o mundo, contrapesado a ela, não pesa um átomo!

---

[i] *Sal.*, LXI, 10.
[ii] Ibid., IV, 3.

Agora entendereis a astúcia da tentação do Demônio, no modo com que hoje mostrou a Cristo todos os reinos do mundo. Diz S. Lucas que lhos mostrou em um instante: *Ostendit et omnia regna orbis Terrae in momento.*[i] E por que razão em um instante? Por que não deu mais espaço de tempo a quem tentava com uma tão grande ostentação? Seria, porventura, por que ainda o Demônio, quando engana, não pode encobrir a brevidade momentânea com que passa e se muda esta cena das coisas do mundo, aparecendo e desaparecendo todas em um instante? Assim o diz Santo Ambrósio: *Non tam conspectus celeritas indicatur, quam caduca fragilitas potestatis exprimitur: in momento enim cuncta illa praetereunt.* Mostrou o Demônio todos os reinos e grandezas do mundo em um instante; porque as mostrou assim como elas são: e tudo o que há neste mundo não tem mais ser que um instante. O que foi já não é: o que há de ser ainda não é: e o que é não é mais que no instante em que passa: *In momento cuncta illa praetereunt.* Boa razão, e verdadeira, como de tal autor. Mas ainda debaixo dela se encobria outra astúcia do tentador, o qual não quis dar tempo ao tentado para pesar o que lhe oferecia. O peso das coisas vê-se pela inclinação e movimento da balança: e como em um instante não pode haver movimento, por isso lhe mostrou tudo em um instante. Veja o tentado o mundo que lhe ofereço, mas veja-o em um instante somente, e não em tempo, para que não possa averiguar o pouco que pesa: *In momento omnia regna mundi.*

Juntamente com os reinos do mundo, mostrou também o Demônio a Cristo todas suas glórias: *Et gloriam eorum.* Mas ainda que autorizadas com tão ilusório nome, nenhum pendor fazem à balança: porque são tão vãs como o mesmo mundo, e ainda mais, se pode ser. E se não discorrei por elas com qualquer átomo de consideração. O que mais pesa, e o que mais luz no mundo, são as riquezas. E que coisa são as riquezas, senão um trabalho para antes, um cuidado para logo, e um sentimento para depois? As riquezas, diz S. Bernardo, adquirem-se com trabalho, conservam-se com cuidado e perdem-se com dor. Que coisa é o ouro e a prata, senão uma terra de melhor cor? E o que são as pérolas e os diamantes, senão uns vidros mais duros? O que são as galas, senão um engano de muitas cores? Cabelos de Absalão, que pareciam madeixas, e eram laços. Que coisa é a formosura, senão uma caveira com um volante por cima? Tirou a morte aquele véu, e fugis hoje do que ontem adoráveis. O que são os gostos, senão as vésperas dos pesares? Quem mais as canta, esse as vem a chorar mais. Que coisa são as delícias, senão o mel da lança de Jônatas? Juntamente vai à boca o favo e o ferro. Que coisa são todos os passatempos da mocidade, senão arrependimentos depositados para a velhice? E o melhor bem que podem ter é

---

[i] *Luc.*, IV, 5.

chegar a ser arrependimentos. Que coisa são as honras e as dignidades, senão fumo? Fumo que sempre cega e muitas vezes faz chorar. Que coisa é a privança, senão um vapor de pouca dura? Um raio do Sol o levanta, e outro raio o desfaz. Que coisa são as provisões e os despachos grandes, senão umas cartas de Urias? Todas parecem carta de favor; e quantas foram sentença de morte! Que coisa é a fama, senão uma inveja comprada? Uma funda de Davi que derruba o gigante com a pedra, e ao mesmo Davi com o estalo. Que coisa é toda a prosperidade humana, senão um vento que corre todos os rumos? Se diminui, não é bonança; se cresce, é tempestade. Finalmente, que coisa é a mesma vida, senão uma alâmpada acesa, vidro e fogo? Vidro, que com um assopro se faz fogo, que com um assopro se apaga. Estas são as glórias do vosso mundo, e dos vossos reinos: *Omnia regna mundi, et gloriam eorum.* E por essas glórias falsas, vãs e momentâneas, damos aquela alma imortal que Deus criou para a glória verdadeira e eterna.

Certo que andou o Demônio muito néscio em mostrar o mundo e suas glórias a quem queria tentar com elas. Havia de encobrir a mercadoria, se queria que lha comprassem. O mundo prometido, forte tentação parece; mas visto, não é tentação. Quereis que vos não tente o mundo, ou que vos não vença, se vos tentar? Olhai bem para ele. Mordiam as serpentes no deserto venenosamente aos filhos de Israel: e que fez Moisés? Mandou levantar em lugar alto uma daquelas serpentes feita de bronze: olhavam para ela os mordidos, e saravam. Todos nesta vida andais mordidos do valimento, outros mordidos da ambição, outros mordidos da honra, outros mordidos da inveja, outros mordidos do interesse, outros mordidos da afeição; enfim todos mordidos. Pois que remédio para sarar destas mordeduras do mundo? Pôr o mesmo mundo diante dos olhos, e olhar bem para ele. Quem haverá que olhe para o mundo com os olhos bem abertos, que veja como todo é nada, como todo é mentira, como todo é inconstância, como hoje não são os que ontem foram, como amanhã não hão de ser os que hoje são, como tudo acabou, e tudo acaba, como todos havemos de acabar, e todos imos acabando; enfim, que veja ao mundo bem como é em si, que se não desengane com ele, e se não desengane dele? A serpente de Moisés era de bronze; o mundo também é serpente, mas de barro, mas de vidro, mas de fumo, que ainda são melhores metais para o desengano.

IV

Mas demos já uma volta à balança. Vimos quanto pesa o mundo: vejamos agora quanto pesa uma alma. Neste peso entramos todos. O peso do mundo não pertence a todos, porque muitos têm pouco mundo: o peso da alma, ninguém há a quem não pertença: o rei, o vassalo, o grande, o pequeno, o rico, o pobre, todos têm alma. Ora vejamos quanto pesa e quanto vale isto que todos trazemos e temos dentro em nós.

Onde, porém, acharemos nós uma balança tal, que se possa pesar nela uma alma? Quatro mil anos durou o mundo sem haver em todo ele esta balança. E porventura essa foi a ocasião de se perderem naquele tempo tantas almas. Chegou, finalmente, o dia da Redenção, pôs-se o Filho de Deus em uma cruz: e ela foi a verdadeira e fiel balança que a Divina Justiça levantou no Monte Calvário, para que o homem conhecesse quão imenso era o peso e preço da alma que tinha perdido. Assim o canta, e no-lo ensina a Igreja:

Beata cujus brachiis
Pretium pependit saeculi,
Statera facta corporis,
Tulitque praedam Tartari.

Vês, homem, aquela cruz em que está pendente e morto o Filho de Deus? Pois sabe que ela é a balança justa em que Deus pesou o preço da tua alma, para que tu a não desprezes. O braço direito desceu tanto o peso, que não só trouxe a Deus do Céu à Terra; mas do Céu até o Inferno: e o braço esquerdo subiu tanto, que estando a alma no Inferno pelo pecado, não só a levantou do Inferno, mas a pôs no Céu. De maneira que quem fielmente quiser pesar uma alma, não há de pôr em uma parte da balança a alma, e na outra o mundo, senão em uma parte a alma, e na outra a Deus. O mundo custou a Deus uma palavra; a alma custou a Deus o sangue, custou a Deus a vida, custou a Deus o mesmo Deus: *Qui dedit semetipsum redemptionem pro omnibus*.[i] Ouvi agora a Eusébio Emisseno: *Tam copioso munere ipsa redemptio agitur, at homo Deum valere videatur*. É tal o preço que Deus deu pelas almas, que posta de uma parte a alma, e de outra o preço, parece que vale tanto a alma como Deus. Parece, diz, porque Deus verdadeiramente vale e pesa mais que toda a alma. Mas a Divina Justiça não pôs em balança com a alma outro peso, nem aceitou por ela outro preço que o do mesmo Deus; porque de peso a peso, só Deus se pode contrapesar com a alma; e de preço a preço, só Deus se pode avaliar com ela: *Ut Deum valere videatur*. Sendo pois esta a verdadeira balança, e sendo este o peso e o preço da alma, que tão cara comprou Deus, e nós tão barata vendemos ao Demônio; não vos quero persuadir que a não vendais: só vos peço, e vos aconselho, que o não façais sem a pôr primeiro em leilão. O Demônio no primeiro lance ofereceu por ela o

---

[i] *1ª Epist. ad Timoth.*, II, 6.

mundo: Deus no segundo lance deu por ela a si mesmo: se achardes quem vos dê mais pela vossa alma, dai-a embora.

Toda a desgraça da pobre alma, tão falsamente avaliada, e tão vilmente trocada e vendida, é porque a não vemos como vemos o mundo. O Demônio mostrou todos os reinos do mundo: *Ostendit ei omnia regna mundi*: se eu também vos pudera mostrar uma alma, estavam acabadas todas as tentações, e não eram necessários mais discursos. O Demônio dá todo o mundo por uma alma, porque a vê e a conhece; é espírito, vê as almas: nós, como somos corpo, vemos o mundo, e não vemos a alma; e porque a não conhecemos, por isso a desestimamos. Oh, se Deus nos mostrasse uma alma, que assombro, que estima seria a nossa, e que desprezo de quanto há no mundo e na vida! Mostrou Deus uma alma a Santa Madalena de Pazzi, e oito dias ficou fora de si, arrebatada de assombro, de pasmo, de estranheza, só na memória, na admiração, na novidade do que vira. Isto é uma alma? Isto é. A Santa Catarina de Sena, mostrou-lhe Deus também uma alma, e dizia (como refere Santo Antonino) que nenhum homem haveria, se tivesse visto uma alma, que não desse por ela a vida cem vezes cada dia; e não pela própria, senão pela alheia. De sorte que toda a diferença e toda a desgraça está em que o mundo, com que o Demônio nos engana, é visível, e a alma invisível. Mas por isso mesmo havíamos nós de estimar muito mais a alma se tivéramos juízo. O mundo é visível, a alma é invisível: o mundo vê-se, a alma não se vê? Logo muito mais preciosa é a alma, muito mais vale que todo o mundo. Ouvi a S. Paulo: *Non contemplantibus nobis quae videntur, sed quae non videntur: quae enim videntur, temporalia sunt, quae non videntur, aeterna*:[i] Não havemos de admirar nem estimar o que se vê, senão o que se não vê, diz S. Paulo; porque o visível, o que se vê, é temporal: o invisível, o que se não vê, é eterno. O mundo que o Demônio me mostra é visível, porque é temporal como o corpo; a alma, que o Demônio me não pode mostrar (nem me havia de mostrar se pudera), é invisível, porque é eterna como Deus; e assim como os olhos não podem ver a Deus por sua soberania, assim não podem ver a nossa alma. Não é a nossa alma tão baixa que a houvessem de ver os olhos. Veem o mundo, veem o céu, veem as estrelas, veem o Sol; a alma não a podem ver, porque não chega lá a sua esfera.

Mas já que somos tão corporais, e damos tanto crédito aos olhos; os mesmos olhos quero que nos digam e que confessem o que é a alma. Quereis ver o que é uma alma? Olhai (diz Santo Agostinho) para um corpo sem alma. Se aquele corpo era de um sábio, onde estão as ciências? Foram-se com a alma, porque eram suas. A retórica, a poesia, a filosofia, as matemáticas,

---

[i] *2ª ad Cor.*, IV, 18.

a teologia, a jurisprudência, aquelas razões tão fortes, aqueles discursos tão deduzidos, aquelas sentenças tão vivas, aqueles pensamentos tão sublimes, aqueles escritos humanos e divinos que admiramos, e excedem a admiração: tudo isto era a alma. Se o corpo é de um artesão, quem fazia viver as tábuas e os mármores? Quem amolecia o ferro, quem derretia os bronzes, quem dava nova forma e novo ser à mesma natureza? Quem ensinou naquele corpo regras ao fogo, fecundidade à terra, caminhos ao mar, obediência aos ventos, e a unir as distâncias do universo, e meter todo o mundo que se pode vender em uma praça? A alma. Se o corpo morto é de um soldado, a ordem dos exércitos, a disposição dos arraiais, a fábrica dos muros, os engenhos e máquinas bélicas, o valor, a bizarria, a audácia, a constância, a honra, a vitória, o levar na lâmina de uma espada a vida própria, e a morte alheia: quem fazia tudo isto? A alma. Se o corpo é de um príncipe, a majestade, o domínio, a soberania, a, moderação no próspero, a serenidade no adverso, a vigilância, a prudência, a justiça, todas as outras virtudes políticas com que o mundo se governa; de quem eram governadas, e de quem eram? Da alma. Se o corpo é de um santo, a humildade, a paciência, a temperança, a caridade, o zelo, a contemplação altíssima das coisas divinas; os êxtases, os raptos, subindo o mesmo peso do corpo, e suspendido no ar: que maravilha! Mas isto é a alma. Finalmente, os mesmos vícios nossos nos dizem o que ela é. Uma cobiça que nunca se farta; uma soberba que sempre sobe; uma ambição que sempre aspira; um desejo que nunca aquieta; uma capacidade que todo o mundo a não enche, como a de Alexandre; uma altiveza como a de Adão, que não se contenta menos que com ser Deus; tudo isto que vemos com nossos olhos é aquele espírito sublime, ardente, grande, imenso — a alma. Até a mesma formosura, que parece dote próprio do corpo, e tanto arrebata e cativa os sentidos humanos, aquela graça, aquela proporção, aquela suavidade de cor, aquele ar, aquele brio, aquela vida; que é tudo, senão alma? E senão, vede o corpo sem ela, insta Agostinho: *Non facit corpus unde ametur, nisi animus?* Aquilo que amáveis e admiráveis não era o corpo, era a alma: *Recessit, quod non videtur, remansit, quod cum dolore videatur*: apartou-se o que se não via, ficou o que se não pode ver. A alma levou tudo o que havia de beleza, como de ciência, de arte, de valor, de majestade, de virtude; porque tudo, ainda que a alma se não via, era a alma. Viu S. Francisco de Borja o corpo defunto e disforme da nossa imperatriz Dona Isabel; e que lhe sucedeu? Pela diferença do corpo morto, viu naquele espelho o que era a alma; e como viu o que era a alma, deixou o mundo. Não nos enganara o Demônio com o mundo, se nós víramos e conhecêramos bem o que é a alma. Mas já que a não podemos ver em si, vejamo-la em nós: no que o corpo há de ser, vejamos o que ela é.

V

Então que nos diga o Demônio com a boca muito cheia e muito inchada: *Haec omnia tibi dabo!* Mente o Diabo, e troque as balanças: o *omnia* não há de estar na balança do mundo, senão na balança da alma. O tudo deste mundo e do outro é a alma, não é o mundo. No Capítulo doze de S. João diz Cristo: *Et ego cum exaltatus fuero a terra, omnia traham ad me ipsum*:[i] E eu, quando for levantado na cruz, hei de trazer a mim tudo: *omnia*. Digam-me agora os doutos, que *tudo* é este que Cristo havia de trazer a si? Cristo desde o instante da Encarnação foi Senhor universal de tudo, pela união hipostática, pelo direito hereditário da filiação, como Filho natural de Deus, e por outros muitos títulos. S. Paulo: *Quem constituit haeredem universorum.*[ii] S. João: *Sciens quia omnia dedit ei Pater in manus.*[iii] E o mesmo Cristo: *Omnia mihi tradita sunt a Patre meo.*[iv] Pois se Cristo era e sempre foi Senhor de tudo; que *tudo* era este, que diz que há de adquirir e trazer a si na cruz? Era o tudo que só é tudo — as almas. Assim o resolve S. Crisóstomo, S. Cirilo, Teofilato, Beda, Leôncio e todos. Desde o instante da Encarnação foi Cristo absoluto Senhor de todas as criaturas, quanto ao domínio, e quanto à sujeição: só das almas, ainda que fosse Senhor quanto ao domínio, quanto à sujeição não o era, porque estavam cativas e escravas do Demônio e do pecado. E como Cristo na cruz havia de remir, adquirir, sujeitar, e trazer a si as almas; este é o tudo a que absolutamente chama tudo: *Omnia traham ad me ipsum.*

E se me perguntardes, por que na cruz não trouxe a si atualmente mais que uma só alma, a do Bom Ladrão? Foi por que entendêssemos que o tudo de que falava não eram só todas as almas coletivamente, senão qualquer e cada uma delas. Assim o declarou admiravelmente a versão Siríaca: *Unumquemque traham ad me ipsum*. Todas tudo, cada uma tudo. A vossa alma é tudo, a minha tudo, a de Dimas, e de qualquer homem, tudo: *omnia: unumquemque*. Mas para que são versões nem exposições se temos o mesmo autor do Texto: *Simile est regnum Coelorum homini negotiatori quærenti bonas margaritas, inventa una pretiosa margarita, dedit omnia sua, et comparavit eam.*[v] Um mercador (diz Cristo) que negociava e tratava em pérolas, achando uma, deu tudo quanto tinha, e comprou-a. Quem é o mercador, qual é a pérola, e que é o tudo que deu por

---

[i] *João*, XII, 32.
[ii] *Ad Hebr.*, I, 2.
[iii] *João*, XIII, 3.
[iv] *Mat.*, XI, 21.
[v] *Mat.*, XIII, 45 e 46.

ela? O mercador (diz Haimo) é Cristo, a pedra preciosa é a alma, o tudo que deu por ela é tudo o que Deus tinha, e tudo o que era. De maneira que não por todas, nem por muitas, senão por uma só alma: *Una pretiosa margarita*, deu Deus tudo o que tinha, e tudo o que era: e não uma só vez, nem por um só modo, senão por tantos. *Se nascens dedit socium, convescens in edulium, se moriens in pretium, se regnans dat in praemium.* Deu-se na Encarnação, deu-se no Sacramento, deu-se na Cruz, dá-se na Glória. E aquilo por que Deus tantas vezes e por tantos modos deu tudo, vede se é tudo: *Omnia traham ad me ipsum.* A alma, a alma, tentador, é o verdadeiro tudo, e não o mundo a que tu falsamente dás esse nome: *Haec omnia tibi dabo.*

Que bem o entendeu assim o mesmo Demônio, que para tudo nos dá armas! Terceira vez vencido o tentador, diz S. Lucas que se retirou por então, não para desistir totalmente de tentar a Cristo; mas reservando a tentação para outro tempo: *Et consummata omni tentatione Diabolus recessit ab illo usque ad tempus.*[i] Contudo, nem S. Lucas nem algum dos outros Evangelistas dizem expressamente quando o Diabo tornasse a tentar a Cristo. Que tempo foi logo este, e que tentação? Santo Atanásio, e comumente os Padres e Expositores, resolvem que o tempo foi no último dia e hora da morte de Cristo (que é a ocasião em que o Demônio faz o último esforço para tentar aos homens), e que a tentação foi por boca dos Judeus, quando disseram: *Si Filus Dei est, descendat de cruce, et credimus ei*:[ii] Se é Filho de Deus, desça da cruz, e creremos nele. E verdadeiramente a frase e modo da tentação bem mostra ser do mesmo artífice que tinha tentado a Cristo no deserto e no Templo, onde sempre começou dizendo: *Si Filius Dei es.* Vede agora a astúcia e consequência do Demônio, em que fundou toda a sua esperança. Como na última tentação em que se retirou vencido, tinha oferecido a Cristo todos os reinos do mundo, fez este discurso: Este homem, ofereci-lhe todo o mundo, e não o pude render; necessário é logo acrescentar e reforçar a tentação, e oferecer-lhe coisa que pese e valha mais que todo o mundo: coisa de maior preço e de maior valor que todo o mundo, não a há senão a alma: hei-o de tentar com almas; e assim o fez: *Descendat de cruce, et credimus ei.* De sorte que só com o oferecimento daquelas almas que o Demônio tanto possuía, lhe pareceu que podia render a quem não tinha rendido com o oferecimento de todo o mundo.

Esta foi a tentação que o Demônio reservou para a última batalha. Mas ainda que nesta ocasião tenha feito o tiro a Cristo com muitas almas, já antes dela o tinha feito com uma só, não oferecendo-lha mas querendo-lha roubar.

---

[i] *Luc.*, IV, 13.
[ii] *Mat.*, XXVII, 42.

Para o Demônio roubar a Cristo a alma de Judas, persuadiu-lhe a traição. E que fez o Bom Pastor para tirar dos dentes do lobo aquela ovelha? Lançou-se aos pés do mesmo Judas para lavá-los. *Cum jam Diabolus misiset in cor, ut traderet eum Judas, caepit lavare pedes Discipulorum:*[i] Senhor meu, vós aos pés de Judas, persuadido pelo Demônio a vos entregar? Vós aos pés de Judas, a quem chamastes Demônio: *Ex vobis unus Diabolus est?* Ainda é maior e mais fundada a minha admiração. Diz expressamente S. Lucas que antes deste ato e deste dia já o Demônio tinha entrado em Judas: *Intravit Satanas in Judam, et quaerebat opportunitatem, ut traderet illum: venit autem dies Azimorum in quo opportebat occidi Pascha.*[ii] Pois se Judas não só é Demônio por maldade, mas em Judas está por realidade o mesmo Demônio; como se ajoelha Cristo diante de Judas? A figura em que o Demônio tentou a Cristo quando disse: *Si cadens adoraveris me*, era de homem e não de Demônio: Judas, em quem agora está o Demônio, também é homem: como pois se ajoelha Cristo a um homem que é Demônio, e dentro do qual está o Demônio? Aqui vereis quanto vale uma alma; e quanto vale mais que o mundo todo. Por todo o mundo não dobrou Cristo o joelho, nem o podia dobrar a um Demônio transfigurado em homem; e por uma alma lançou-se de joelhos aos pés de um homem, que era o Demônio, e tinha dentro de si o Demônio. Por todo o mundo não conseguiu o Demônio que Cristo se ajoelhasse a ele: por uma alma, se não conseguiu que se ajoelhasse a ele, conseguiu que se ajoelhasse diante dele.

Ah, idólatras do mundo, que tantas vezes dais a alma e dobrais o joelho ao Demônio, não pelo mundo todo, senão por umas partes tão pequenas dele, que nem migalhas do mundo se podem chamar! Quantos príncipes dão a alma, e tantas almas ao Demônio por uma cidade, por uma fortaleza? Quantos títulos por uma vila? Quantos nobres por uma quinta, por uma vinha, por uma casa? Que palmo de terra há no mundo que não tenha levado muitas almas ao Inferno, pela demanda, pelo testemunho falso, pela escritura suposta, pela sentença injusta, pelos ódios, pelos homicídios, e por infinitas maldades? Se o mundo todo não pesa uma alma, como pesam tanto estes pedacinhos do mundo? Barro alfim. Lançai ao mar um vaso de barro inteiro, boia por cima da água: quebrai esse mesmo vaso, fazei-o pedaços, e todos, até o mais pequeno, se vão ao fundo. Se o mundo todo inteiro pesa tão pouco, como pesam tanto estes pedacinhos do mundo, que todos se vão ao fundo, e nos levam a alma após si? Quisera acabar aqui, e já há muito que devera, mas como estamos em um ponto de tanta importância, que é a maior e a única, e toca igualmente a todos e a cada um,

---

[i] *João*, XIII, 2 e 5.
[ii] *Luc.*, XXII, 3, 6 e 7.

dai-me licença com que acabe de desarmar ao Demônio, dando-lhe muito mais armas do que ele tem, e concedendo-lhe tudo o que hoje prometeu, e tudo o que se não atreveu a prometer. Se alguma hora me destes atenção seja neste último argumento que desejo fixar de maneira que não haja coração tão duro nem entendimento tão rebelde que não dê as mãos e fique convencido.

VI

Quando o Demônio ofereceu o mundo a Cristo, disse-lhe juntamente (como refere S. Lucas) que ele tinha poderes de Deus para dar o que oferecia: *Tibi dabo potestatem hanc universam, et gloriam eorum, quia mihi tradita sunt, et cui volo, do illa.*[i] Estes poderes que o Demônio alegava eram tão falsos como as mesmas promessas. Mas para apertarmos este ponto suponhamos que os poderes eram verdadeiros, e que eram ainda maiores. Suponhamos que tinha o Demônio poderes de Deus para verdadeiramente dar este mundo a um homem, e além destes poderes, que tinha também delegação da Onipotência para prometer, cumprir e executar tudo o que quisesse. Neste caso, se o Demônio nos propusesse o mesmo contrato que hoje propôs a Cristo: se nos oferecesse todos os reinos e grandezas do mundo e nos mostrasse procurações de Deus para tudo; aceitá-lo-íamos? Eu entendo que, neste caso, qualquer homem bem entendido podia pôr três réplicas ou três instâncias a este oferecimento. A primeira na brevidade da vida; a segunda, na inconstância dos reinos; a terceira, na limitação da natureza humana. Ora discorrei comigo, e falemos com o Demônio. Tu, Demônio, me ofereces todos os reinos do mundo. Grande oferecimento é; mas bem sabes tu que Alexandre Magno não durou mais que seis anos no império, e outros imperadores duraram muito menos, e algum houve que durou só três dias. Pois por seis anos, ou por vinte anos, ou por quarenta anos, que posso viver, e esses incertos, hei eu de entregar a minha alma? Não é bom partido. Não seja essa a dúvida (diz o Demônio), eu te garanto, com os poderes que tenho, cem mil anos de vida, e esses sem dor, sem velhice, sem enfermidade: há mais outra dúvida? Sim, há. Ainda que eu haja de ter cem mil anos de vida, quem me assegurou a mim a duração e permanência desses reinos e dessa monarquia? Não há coisa mais inconstante no mundo que os reinos, nem menos durável que sua glória e felicidade. Sem recorrer aos exemplos passados, digam-no as mudanças que vimos nestes nossos dias, em que tão pouco segura tiveram os reis a obediência dos vassalos, e a coroa, e ainda a mesma cabeça sobre que

---

[i] *Luc.*, IV, 6.

assentam as coroas.[i] Pois se os vassalos mesmos se me houvessem de rebelar, ou os estranhos me houvessem de conquistar os reinos, que me importaria a mim ter o nome e o domínio deles? Não seja essa também a dificuldade (diz o Demônio), eu te asseguro a duração e perpetuidade da monarquia, e todos os reinos que te mostrei, por espaço de cem mil anos; e te prometo que os possuirás sempre quietos e pacíficos. Há mais ainda alguma causa em que reparar? Ainda há uma. Sendo eu rei de todo o mundo, não me posso gozar de todo ele no mesmo tempo. Quando tiver a Corte em Lisboa, não a posso ter em Paris; quando a tiver em Roma, não a posso ter em Constantinopla; se lograr as terras da Europa, não posso lograr as da América; se lograr as delícias da Itália, não posso gozar as da Índia. Pois se eu não hei de ter mais capacidade para os gostos da vida do que tem qualquer outro homem, que me importa ter tanto poder e tanta matéria para elas? Também isso tem remédio (diz o Demônio). Assim como Cristo no Sacramento está em todos os lugares do mundo, sendo um só e o mesmo, assim farei eu pela onipotência delegada que tu, sendo um só, estejas ao mesmo tempo em todos os lugares do mundo, para que em todos possas gozar tudo o que quiseres.

 Eis aqui as condições com que suponho que nos oferece o Demônio o seu contrato. Parece-vos que são boas condições estas, e dignas de se aceitarem? Um homem com cem mil anos de vida seguros, sem dor, nem enfermidade; um homem monarca universal de todos os reinos do mundo, com certeza de não se mudarem; um homem multiplicado em todas as partes do mundo para poder gozar ao mesmo tempo as delícias de todo ele. Parece que a imaginação não pode inventar mais, nem querer mais o desejo. Dizei-me agora: se este contrato vo-lo oferecesse o Demônio, assinado por Deus, aceitaríeis esta vida, esta majestade, estas delícias de cem mil anos, com condição de, ao fim deles, perder a alma e ir ao Inferno? É certo que nenhum de nós aceitaria tal contrato. Ao menos, eu não. Pois se não aceitaríamos do Demônio um tal contrato, como aceitamos tentações tão diferentes? Dizei-me: quando o Demônio vos tenta, promete-vos larga vida? Antes são muitas vezes tais as tentações, que sabeis decerto, que caindo nelas, no mínimo haveis de encurtar a vida e perder a saúde. Mais. Quando o Demônio vos tenta, promete-vos reinos e monarquias universais do mundo? Não: um governo, um favorecimento, um título, um morgado, uma herança e outros interesses menores. Mais. Quando o Demônio vos tenta, multiplica-vos a capacidade dos sentidos, para que possais gozar com maior largueza, e sem limite, os gostos e delícias do mundo? Nada disto. Pois se fora loucura, e completa loucura, entregar um homem a sua alma por aquele

---

[i] Neste tempo foi degolado el-rei de Inglaterra.

contrato, que será entregarmo-la cada dia e cada hora por tentações de tanto menos porte? Por uma vaidade, por um desejo, por uma representação, por um pensamento, por um apetite, que no instante de antes o desejais, e no instante de depois o aborreceis? Tomara que me respondêsseis a esta evidência, para ver que razão me dais.

Só uma voz pode ocorrer que tenha alguma aparência, e é o que nos engana a todos. Padre, entre aquele contrato e as tentações ordinárias do Demônio, há uma diferença grande. Consentindo naquele contrato, ficava eu perdendo a minha alma decerto; consentindo nas outras tentações, somente ponho a minha alma em dúvida, porque depois de aceitar a tentação e lograr o que o Diabo ou o apetite me promete, posso arrepender-me e salvar-me. Primeiramente, essa mesma conta fizeram todos os cristãos que estão no Inferno. Mas sem chegar a esta suposição; tão leve negócio é pôr a alma e a salvação em dúvida? Aprendamo-lo do mesmo Demônio, e torne a tentação a ser remédio. Quando o Diabo tentou a Cristo, bem via que aquele homem, quem quer que fosse, depois de aceitar o partido; e se ficar com os reinos do mundo, assim como se houvesse posto de joelhos diante do Demônio para o adorar, assim se podia pôr de joelhos diante de Deus, para pedir perdão e se restituir à sua graça e salvar-se. Pois se isto era assim, por que lhe oferecia o Demônio todo o mundo, só por aquela adoração, só por aquele pecado? Porque aquele pecado em um homem, ainda que lhe não tirasse a salvação, com certeza punha-lhe a salvação em dúvida; e só por pôr em dúvida a salvação de uma alma, dará, e dá o Demônio todo o mundo. Pois se o Demônio, que não é interessado como eu, dá um mundo só por pôr a minha salvação em dúvida, eu por que porei em dúvida a minha alma e a minha salvação, ainda que seja por todo o mundo?

Cristãos, Deus nos livre de pôr a salvação de nossa alma em dúvida, ainda que seja pelo preço de todo o mundo e de mil mundos. O que se põe em dúvida pode ser e pode não ser: e se for? Se a dúvida inclinar para a pior parte, se eu me não salvar e me condenar, como se condenaram tantos que lhe fizeram essa mesma conta, será bom que fique a alma nessas contingências? Oh, tristes almas as nossas, que não sei que nos têm feito, que tanto mal lhe queremos! Por certo que não nos havemos nós assim nas temporalidades. O negócio em que vos vai a vida, ou a fazenda, ou a honra, ou o governo, contentais-vos com o deixar nessas dúvidas? Não buscais sempre o mais seguro? Pois só a Deus, e à ventura, hão de ser para a triste alma? Vede como se queixava Cristo desta sem-razão: *Diviserunt sibi vestimenta mea, et super vestem meam miserunt sortem*:[i] As minhas vestimentas exteriores dividiram-nas para si, e a minha túnica interior lançaram-na

---

[i] *Mat.*, XXVII, 35.

a sortes. Os vestidos exteriores de Cristo dividiram-nos entre si os soldados em partes iguais: a túnica interior jogaram-na, a ver quem a levava inteira. Que é esta túnica interior, e que vestiduras exteriores são estas que os homens receberam de Deus? As vestimentas exteriores são os bens temporais; a túnica interior é a alma. Vede agora com quanta razão se queixa Cristo: *Diviserunt sibi vestimenta mea*: as vestiduras exteriores, os bens temporais, estimam-nos os homens tanto, que os não querem pôr na dúvida de uma sorte; dividem-nos com grande tento, reparando em um fio, e cada um segura a sua parte: *Et super vestem meam miserunt sortem*: porém a túnica interior, a alma, fazem tão pouco caso dela os homens que a lançam a sortes e à ventura, ao tombo de um dado. Atrevemo-nos a estar eternamente no Inferno? Para quando guardamos os nossos juízos? Para quando guardamos os nossos entendimentos? Por que cuidais que foram prudentes as cinco Virgens do Evangelho? Por que eram muito entendidas? Por que falavam com grande discrição? Não. Porque quando as companheiras lhes pediram do óleo para acompanhar o Esposo às bodas, elas responderam: *Ne forte non sufficiat nobis, et vobis*:[i] não, amigas, porque não sabemos se nos bastará o que temos. Pôr em dúvida a entrada no Céu, pôr em dúvida a salvação da alma, nem por amor das amigas, nem por amor das bodas, nem por amor do Esposo.

VII

Não digo eu pôr a salvação da alma em dúvida. Ainda que algum de nós soubera decerto, e tivera revelação que a sua alma se não havia de salvar, só por ser alma não havia de dar por nenhum preço do mundo. Ouvi uma ponderação que me faz tremer. É de fé que o Filho de Deus morreu por todos os homens. Assim o definiu Inocêncio Décimo em nossos dias, contra o erro dos Jansenistas, e assim o diz expressamente S. Paulo em dois lugares de suas Epístolas: na segunda (*ad Corinth*, Capítulo v): *Christus pro omnibus mortuus est*. E na primeira (*ad Timoth*, Capítulo II): *Qui dedit redemptionem semetipsum pro omnibus*. Todos os homens quantos há, e houve, e há de haver no mundo, ou são predestinados que se hão de salvar, ou são precitos que se hão de perder. Que Cristo morresse pelas almas dos predestinados, bem está, são almas que se hão de salvar, e que hão de ver e gozar e amar a Deus por toda a eternidade; mas morrer Cristo, e dar o preço infinito de seu sangue também pelas almas dos precitos? Sim. Morreu pelas almas dos predestinados, porque são almas que se

---

[i] *Mat.*, XXIV, 9.

hão de salvar: e morreu também pelas almas dos precitos, porque, ainda que se não hão de salvar, são almas. Nos predestinados, morreu Cristo pela salvação das almas: nos precitos, morreu pelas almas sem salvação; porque é tão grande o valor das almas por si mesmas, ainda sem o respeito de se haverem de salvar, que deu Deus por bem empregado, ou por bem perdido nelas o preço infinito de seu sangue. Grande exemplo em uma alma particular.

Fez Cristo por Judas os extremos que todos sabem; mas nem todos os ponderam como merecem. Se Cristo tivera certeza de que Judas se havia de salvar, bem empregadas estavam todas aquelas despesas de trabalho e de amor. E se, quando menos, a salvação de Judas estivera duvidosa, também era bem aventurar todas aquelas diligências na contingência dessa dúvida. Mas Cristo sabia decerto que Judas era precito, e se havia de condenar. Pois, Senhor, como empregais e despendeis tantas vezes o preço infinito de vossas palavras, de vossas ações, e de vossas lágrimas com esse infeliz homem? Não sabeis que se há de perder a sua alma? Sim, sei; mas ainda que se haja de perder, é alma. A certeza da sua perdição não lhe tirou o ser, antes acrescenta a dor de tamanha perda. E que haja ainda almas que se queiram perder certamente?! Que haja ainda tantos Judas que deem entrada ao Demônio em suas almas, não por todo o mundo, nem por trinta dinheiros, mas por outros preços mais vis e mais vergonhosos?

Ora, cristãos, se uma alma, ainda sem o respeito da salvação vale tanto, as nossas almas, que pela misericórdia de Deus ainda estão em estado de salvação, por que as estimamos tão pouco? Que nos fizeram as nossas almas para lhes querermos tanto mal, para as desprezarmos tanto? Cristo estima infinitamente a minha alma mais que todo o mundo: mesmo o Demônio estima também mais a minha alma que todo o mundo; e só eu hei de estimar todas as coisas do mundo mais que a minha alma? Que coisa há neste mundo tão vil, ou seja da vida, ou seja da honra, ou seja do interesse, ou seja do gosto, que a não estimemos mais que a alma, e que não vendamos a alma por ela? Ponhamos os olhos em um Cristo crucificado; e aprendamos, naquela balança, a pesar e estimar nossa alma. Como está Cristo na cruz? Despido, afrontado, atormentado, morto: despido pela minha alma, para que eu estime mais a minha alma que o interesse; afrontado pela minha alma, para que eu estime mais a minha alma que a honra: atormentado pela minha alma, para que eu estime mais a minha alma que os gostos; morto pela minha alma, para que eu estime mais a minha alma que a vida. Oh, pesemos, e pesemos bem o que é, e o que há de ser o mundo; o que é, e o que há de ser a nossa alma. Seja esta a principal devoção desta Quaresma, e seja também a principal penitência. Não vos peço que nesta Quaresma acrescenteis as devoções nem as penitências; só uma comutação delas vos peço, e é que tomeis na mão aquela balança. Tomemos sequer meia hora cada dia para nos fecharmos conosco e com a nossa alma, e para tratarmos dela, e com ela. Diz S. João no Apocalipse: *Factum est silentium in Coelo quasi media hora*:[i] que se fez silêncio no Céu por espaço de meia hora, enquanto se tratava das petições da Terra. Se no Céu, onde tudo é segurança e felicidade, se toma meia hora para tratar da Terra, na Terra, onde nada é seguro, e tudo é miséria, por que se não tomará meia hora para tratar do Céu? De vinte e quatro horas do dia, não lhe bastarão ao corpo vinte e três e meia, e a pobre alma não terá sequer meia hora? E que seja necessário que isto se vos esteja rogando e pedindo, e que não baste? Ora, fiéis cristãos, façamo-lo assim todos nesta Quaresma, para que também a Quaresma seja cristã. Consideremos que a nossa alma é uma só; que esta alma é imortal e eterna; que a união que tem esta alma com o corpo (a que chamamos vida) pode desatar-se hoje; que todas as coisas deste mundo cá hão de ficar, e só a nossa alma há de ir conosco; que a esta alma a esperam uma de duas eternidades: se formos bons, eternidade de glória; se formos maus, eternidade de pena. É isto verdade ou mentira? Cremos que temos alma, ou não o cremos? São estas almas nossas, ou são alheias? Pois que fazemos?

Também das alheias nos devemos lastimar muito. Todo o mundo que o Demônio hoje ofereceu a Cristo, foi por uma alma alheia. Se dá todo o mundo o Demônio por perder uma alma; por que não daremos nós, e por que não faremos alguma coisa por tantas almas que se perdem? Neste mesmo instante se estão perdendo infinitas almas na África, infinitas almas na Ásia, infinitas almas na América (cujo remédio venho buscar), tudo por culpa e por negligência nossa. Verdadeiramente não há reino mais pio que Portugal; mas não sei entender a nossa piedade, nem a nossa fé, nem a nossa devoção. Para as almas que estão no Purgatório, há tantas Irmandades, tantas Confrarias, tantas despesas, tantos procuradores, tantos que as encomendem de noite e de dia: só aquelas pobres almas que estão indo ao inferno não têm nada disto! As almas do Purgatório, ainda que padeçam, têm o Céu seguro: as que vivem e morrem na gentilidade, não só têm o Céu duvidoso, mas o Inferno e a condenação certa, sem haver quem lhes acuda. Não é maior obra de misericórdia esta? Pois por que não haverá também uma Irmandade; por que não haverá também uma Congregação; por que não haverá também uma Junta; por que não haverá também um procurador daquelas pobres almas? Senhor, estas almas não são todas remidas com o vosso sangue?[ii] Senhor, estas almas não são todas remidas com o sangue de Cristo? Senhor, a conversão destas almas não a entregastes aos reis e reino de Portugal? Senhor, estas almas não estão encarregadas por Deus a Vossa Ma-

---

[i] *Apoc.*, VIII, 1.
[ii] Fala alternadamente com Deus e com o rei.

jestade com o reino? Senhor, será bom que estas almas se percam, e se vão ao Inferno, contra o vosso desejo? Senhor, será bom que aquelas almas se percam, e se vão ao Inferno por nossa culpa? Não o espero eu assim da Vossa Majestade Divina, nem da humana. Já que há tantos expedientes para os negócios do mundo, haja também um expediente para os negócios das almas, pois valem mais que o mundo. Desenganemo-nos: quanto mais se adiantar o negócio da salvação das almas, tanto os do mundo irão mais por diante. O Demônio ofereceu todos os reinos do mundo a Cristo, pela perdição de uma alma; e Cristo, porque tratou da salvação das almas, está hoje Senhor de todos os reinos do mundo. Assim nos sucederá a nós também, e assim o prometo em nome do mesmo Deus. Deixai-me santificar as palavras do Demônio, e pô-las na boca de Cristo: *Ostendit ei omnia regna mundi*: está-nos Deus mostrando todos os reinos desse novo mundo, que por sua liberalidade nos deu, e por nossa culpa nos tem tirado em tanta parte. E apontando para a África, para a Ásia, para a América, nos está dizendo: *Haec omnia tibi dabo, si cadens adoraveris me*: reino de Portugal, eu te prometo a restituição de todos os reinos que te pagavam tributo, e a conquista de outros muitos, e muito opulentos desse Novo Mundo, se tu, pois te escolhi para isso, fizeres que ele creia em mim, e me adore: *Si cadens adoraveris me*. Assim o prometo da bondade de Deus, assim o espero do grande zelo e piedade de Sua Majestade, assim o confio da muita cristandade de todos os ministros; e se tratarmos das almas alheias, este meio de que tanto se serve Deus será o mais eficaz de conseguirmos a salvação das próprias, nesta vida com grandes aumentos da Graça, e na outra com o prêmio da Glória.

SERMÃO DA TERCEIRA DOMINGA DA QUARESMA

Pregado na Capela Real, no Ano de 1655

Cum ejecisset daemonium, locutus est mutus: et admiratae sunt turbae.[i]

I

Quando ou as cortes eram mais cristãs ou os pregadores menos de corte: quando se fazia menos caso da graça dos ouvintes, para que eles só fizessem caso da graça de Deus: quando a doutrina que se tirava do Evangelho eram verdades sólidas e evangélicas, e não discursos vãos e inúteis: quando finalmente as vozes dos precursores de Cristo chamavam os pecadores ao Jordão e os levavam às fontes dos Sacramentos; o argumento comum deste Evangelho, e a matéria utilíssima deste dia, era a da Confissão. Esta antiguidade determino desenterrar hoje: esta velhice determino pregar, e só me pesa que há de ser (ainda que eu não queira) com grande novidade.

O pior estado desta vida e o mais infeliz de todos é o do pecado. Mas se neste extremo de mal pode haver ainda outro mal maior, é o de pecado e mudo. O mais desventurado homem (de que Cristo nos quis deixar um temeroso exemplo) foi aquele da parábola das bodas, a quem o rei, atado de pés e mãos, mandou lançar para sempre no cárcere das trevas. O rei era Deus, o cárcere o Inferno, e o homem foi o mais desventurado de todos os homens, porque no dia e no lugar em que todos se salvaram, só ele se condenou. E em que esteve a sua desgraça? Só em pecar? Não, porque muitos depois de pecar se salvaram. Pois em que esteve? Em emudecer depois de pecar. Estranhou-lhe o rei o descomedimento de se assentar à sua mesa e em tal dia, com vestido indecente; e ele em vez de solicitar o perdão da sua culpa, confessando-a, confirmou a sua condenação emudecendo: *At ille obmutuit.*[ii] E ele (diz o evangelista) emudeceu. Aqui esteve o remate da desgraça. Mais mofino em emudecer que em pecar, porque cometido o pecado, tinha ainda o remédio da confissão;

---

[i] *Luc.*, II.
[ii] *Mat.*, XXII, 12.

mas emudecida a confissão, nenhum remédio lhe ficava ao pecado. Pecar é enfermar mortalmente; pecar e emudecer é cair na enfermidade, e renunciar o remédio. Pecar é fazer naufrágio o navegante; pecar e emudecer, é ir-se com o peso ao fundo, e não lançar mão da tábua em que se pode salvar. Pecar é apagarem-se as lâmpadas às virgens néscias; pecar e emudecer é apagar-se-lhes as lâmpadas, e fechar-se-lhes a porta. O pecado tem muitas portas para entrar, e uma só para sair, que é a confissão. Pecar é abrir as portas ao Demônio, para que entre à alma; pecar e emudecer, é abrir-lhe as portas para que entre, e cerrar-lhe a porta para que não possa sair. Isto é o que em alegoria comum temos hoje no Evangelho. Um homem endemoninhado e mudo. Endemoninhado, porque abriu o homem as portas ao pecado; mudo, porque fechou o Demônio a porta à confissão.

E que fez Cristo neste caso? Maior caso ainda! *Erat ejiciens daemonium.*[i] Não diz o evangelista que lançou Cristo o Demônio fora, senão que o estava lançando. Achava Cristo repugnância, achava força, achava resistência; porque não há coisa que resista a Deus neste mundo, senão um pecador mudo. Tantas vozes de Deus aos ouvidos, e o pecador mudo? Tantos raios e tantas luzes aos olhos, e o pecador mudo? Tantas razões ao entendimento, tantos motivos à vontade, tantos exemplos, e tão desastrados, e tão repetidos à memória, e o pecador mudo? Que fez alfim Cristo? Aplicou a virtude de seu poder eficaz: bateu à porta; por que não bastou bater à porta, insistiu, apertou, venceu, saiu rendido o Demônio, e falou o mudo: *Cum ejecisset daemonium, locutus est mutus.* Este foi o fim da batalha, glorioso para Cristo, venturoso para o homem, afrontoso para o Demônio, maravilhoso para os circunstantes, e só para o nosso intento, parece que menos próprio, e menos airoso. Diz que primeiro saiu o Demônio, e depois falou o mudo: *Cum ejecisset daemonium, locutus est mutus.* E nesta circunstância, parece que se encontra a ordem do milagre com a essência do mistério. Na confissão primeiro fala o mudo, e depois sai o Demônio; primeiro se confessa o pecador, e depois se absolve o pecado. Logo (se neste milagre se representa o mistério da confissão) primeiro havia de falar o mudo, e depois havia de sair o Demônio. Antes não, e por isso mesmo; porque aqui não só se representa a confissão, senão a confissão perfeita; e a confissão perfeita não é aquela em que primeiro se confessa o pecado, e depois se perdoa, senão aquela em que primeiro se perdoa, e depois se confessa.

Resolveu-se o Pródigo a tornar para casa do pai, e confessar sua culpa; e como bom penitente, dispôs e ordenou primeiro a sua confissão: *Ibo ad*

---

[i] *Luc.*, XI, 14.

patrem meum, et dicam ei: Pater, peccavi in coelum, et coram te.[i] Feita esta primeira diligência, pôs-se a caminho; e estando ainda muito longe: *Cum adhuc longe esset*, eis que subitamente se acha entre os braços do pai, apertando-o estreitamente neles, e chegando-o ao rosto com as maiores carícias: *Accurrens cecidit super collum ejus, et osculatus est eum.* Então se lançou o Pródigo a seus pés, e fez a sua confissão como a trazia prevenida: *Et dixit ei filius: pater peccavi in coelum, et coram te.* Pois agora, filho pródigo? Não era isso o que vos tínheis ensaiado. Enfim, temos a comédia turbada. O pai saiu cedo, o filho falou tarde, perderam as figuras as deixas, erraram a história, trocaram o mistério. Esta história do Pródigo não é a comédia, ou o ato sacramental da confissão? Sim. Logo primeiro havia o Pródigo de lançar-se aos pés do pai, e fazer o papel da sua confissão (como a trazia estudada) e depois havia o pai de lançar-lhe os braços, e restituí-lo à sua graça. Pois por que se troca toda a ordem, e primeiro lhe lança os braços o pai, e depois se confessa o filho? Porque representavam ambos não só o ato sacramental da confissão, senão da confissão perfeitíssima. Na confissão menos perfeita primeiro se confessa o pecado, e depois se recebe a graça: na confissão perfeitíssima primeiro se recebe a graça, e depois se confessa o pecado. A confissão menos perfeita começa pelos pés de Deus, e acaba pelos braços: a confissão perfeitíssima começa pelos braços, e acaba pelos pés, como aconteceu ao Pródigo. A razão é clara; porque a confissão perfeitíssima é aquela em que o pecador vai aos pés de Deus verdadeiramente contrito e arrependido de seus pecados. Vai verdadeiramente contrito e arrependido? Logo já vai em graça, já vai perdoado, já vai absolto. E esta é a confissão que hoje temos no milagre do Evangelho. Confissão em que primeiro se recebe a graça, e depois se confessa o pecado. Confissão em que primeiro sai o Demônio, e depois fala o mudo: *Cum ejecisset daemonium, locutus est mutus.*

Se não houvera no mundo mais modos de confissões que estes dois que tenho dito, não me ficava a mim para fazer hoje mais que seguir (como dizia) as pisadas dos nossos pregadores antepassados, e exortar à frequência deste sacramento, e à confissão e arrependimento dos pecados. Mas se me não engano, ainda há outro modo de confissão, e mui própria da corte. Deve ser como os trajes, confissão *a la* moda. Dissemos que havia confissão, em que primeiro sai o Demônio, e depois fala o mudo: e confissão em que primeiro fala o mudo, e depois sai o Demônio. Ainda há mais confissão. E qual é? Confissão em que o mudo fala, e o Demônio não sai; confissão em que o mudo fala, e o Demônio fica. Judas quer dizer: *Confessio.* Confissão. E assim

---

[i] *Luc.*, XV, 18.

como no Apostolado de Cristo houve um Judas traidor, e outro Judas santo; assim há hoje na Igreja confissões santas, e confissões traidoras. Judas, o traidor, não foi traidor mudo; antes a boca e a língua foi o principal instrumento de sua traição: *Ave Rabbi, et osculatus est eum.*[i] Desta sorte são muitas das confissões que hoje vemos no mundo; e por isso eu há muito que me temo muito mais das confissões que dos pecados. É de fé que toda a verdadeira confissão causa graça na alma; nunca houve tanta frequência de confissões como hoje; contudo, vemos muito poucos efeitos da graça. Qual será a causa disto? Tanta confissão e tão pouca graça? Eu não sei a causa que é, mas sei a causa que só pode ser. A causa que só pode ser, é que são confissões em que falam os mudos, mas não saem os demônios. A confissão bem-feita é sacramento; a mal feita é sacrilégio: a confissão bem feita tira todos os pecados; a mal feita acrescenta mais um pecado: a confissão bem feita lança o Demônio fora; a mal feita mete-o mais dentro. E se cada dia vos vemos mais entrados e mais penetrados do Demônio, que fé quereis que tenhamos nas vossas confissões? Ora eu hoje hei de tratar da confissão como prometi. Mas porque o remédio se deve aplicar conforme a chaga, não hei de tratar da confissão dos pecados, senão da confissão das confissões. Eis aqui a velhice e a novidade do assunto que trago hoje. Não vos hei de exortar a que confesseis os pecados, senão a que confesseis as confissões. Os escrúpulos que a isto me movem irei discorrendo em um exame particular. Eu farei o exame, para que vós façais a confissão; eu serei o escrupuloso, para que vós sejais os confessados.

Mas como a matéria é tanto das portas adentro da alma, e poderia parecer temeridade querê-la julgar de fora, direi primeiro qual é a minha tenção em tudo o que disser. Este milagre do Diabo mudo fez diferentes efeitos nos ânimos dos presentes. Houve quem louvou, houve quem condenou, e houve quem admirou. Uma mulher devota louvou: *Beatus venter, qui te portavi.*[ii] Os escribas e fariseus condenaram: *In Beelzebub, Principe daemoniorum, efficit daemonia.* As turbas, a gente do povo admirou: *Et admiratae sunt turbae.* A estes últimos me hei de acostar hoje. Não hei de ser dos que louvam, nem hei de ser dos que condenam; só hei de ser dos que admiram. As vossas confissões vistas a uma luz parece que têm que louvar: vistas a outra luz parece que têm que condenar; eu nem as louvarei, nem as condenarei, somente me admirarei delas. Estas minhas admirações são as que haveis de ouvir. Não será o sermão admirável, mas será admirativo: *Et admiratae sunt turbae.*

---

[i] *Mat.*, XXVI, 49.
[ii] *Luc.*, XI, 27.

II

Cum ejecisset daemonium, locutus est mutus, et admiratae sunt turbae. Hão-
-se de confessar as confissões (como dizíamos) e as confissões que se hão de
confessar são aquelas em que o mudo fala e o Demônio fica. Mas como pode
ser (falando em termos de confissão) que o Demônio fique, se o mudo fala?
No material das palavras temos a resposta. *Locutus est mutus*: Falou o mudo.
Se ele falou como lhe chamam mudo? Porque na confissão há homens que
ainda depois de falar são mudos. Falam pelo que dizem, e são mudos pelo que
calam: falam pelo que declaram, e são mudos pelo que dissimulam: falam pelo
que confessam, e são mudos pelo que negam. Fez o Batista aquela sua famosa
confissão (posto que confissão em outro gênero) e diz o evangelista: *Confessus
est, et non negavit, et confessus est.*[i] Confessou, e não negou, e confessou. Notá-
vel duplicação de termos! Se tinha dito que confessou, porque acrescenta que
não negou: *Confessus est, et non negavit?* E depois de dizer que confessou e não
negou, por que torna a repetir que confessou: *Confessus est, et non negavit, et
confessus est?* Não bastava dizer que confessou? Não, porque nem todo o confes-
sar é confessar. Quem confessa e nega, não confessa; só confessa quem confessa
sem negar. E porque João confessou e não negou, por isso diz o evangelista que
confessou: *Confessus est, et non negavit: et confessus est.* Ah, quantas confissões
negadas! Ah, quantas confissões não confessadas se absolvem sem absolução
neste sacramento! Virá o Dia do Juízo, virá o dia daquele grande cadafalso do
mundo: quantos se verão ali confessos e negativos? Confessos e diminutos?
Confessos e não confessos, e por isso condenados?

Admirável coisa é ver muitos pecados como se fazem, e ouvir como se con-
fessam! Vistos fora da confissão e em si mesmos, são pecados e graves pecados:
ouvidos na confissão, e com as cores de que ali se revestem, ou não parecem pe-
cados, ou parecem virtudes. Seja exemplo (para que nos acomodemos ao lugar)
o pecado e a confissão de um grande ministro.

Trataram os Hebreus de ter um deus, ou um ídolo, que em lugar de
Moisés os guiasse pelo deserto. Vão-se ter com Aarão, e dizem-lhe: *Fac nobis
deos, qui nos praecedant.*[ii] Aarão, fazei-nos um deus ou uns deuses que vão diante
de nós. Aarão deste tempo era supremo ministro eclesiástico e secular: porque
em ausência de Moisés ficara com o governo do povo; e como cabeça espiritual
e temporal, tinha dobrada obrigação de não consentir com os intentos ímpios
dos idólatras, e de os repreender e castigar, como um atrevimento tão sacrílego

---

[i] *João*, I, 20.
[ii] *Êxod.*, XXXII, 1.

merecia, e de defender e sustentar a fé, a religião, o culto divino, e quando mais não pudesse, dar a vida e mil vidas em sua defesa. Isto é o que Aarão tinha obrigação em consciência de fazer. Mas que é o que fez? Ide advertindo as palavras e ações todas, porque todas importam muito para o caso. Respondeu Aarão em consequência da proposta daquela gente, que fossem a suas casas, que tirassem as arrecadas das orelhas a suas mulheres, a suas filhas e a seus filhos (conforme o uso da Ásia) e que lhas trouxessem todas: *Tollite in aures aureas de uxorum, filiorumque, et filiarum vestrarum auribus, et afferte ad me.* Trazidas as arrecadas, tomou-as Aarão, derreteu o ouro, e feitas suas formas segundo a arte, fundiu e fez um bezerro: *Quas cum ille accepisset formavit opere fusorio, fecitque ex: eis vitulum conflatilem.* Tanto que apareceu acabada a nova imagem, aclamaram logo todos em presença de Aarão que aquele era o deus que os tinha livrado do cativeiro do Egito. E por se não mostrar menos religioso o Sacerdote Supremo: *Aedificavit altare coram eo, et praeconis voce clamavit, dicens: Cras solemnitas Domini est:* Edificou Aarão um altar, pôs sobre ele o ídolo, e mandou lançar pregão por todos os arraiais, que no dia seguinte se celebrava a festa do Senhor, chamando Senhor ao bezerro. Há ainda mais blasfêmias e mais indignidades? Ainda. *Surgentesque mane obtulerunt holocausta, et hostias pacificas; et sedit populus manducare, et surrexerunt ludere.* Amanheceu o dia soleníssimo, fizeram os sacerdotes muitos sacrifícios, seguiram-se aos sacrifícios banquetes, e aos banquetes festas e danças, tudo em honra e louvor do novo deus. Até aqui ao pé da letra a primeira parte da história.

    Pergunto agora: E se Aarão houvesse de confessar este pecado parece-vos que tinha bem que confessar? Pois assim aconteceu. Houve de confessar o seu pecado Aarão, confessou-o, mas vede como o confessou, que é muito para ver e para aprender. Desceu Moisés do monte no mesmo ponto em que se estavam fazendo as festas; vê o ídolo, acende-se em zelo, abomina o caso, argúi a Aarão de tudo o sucedido: *Quid tibi fecit hic populus, ut induceres super eum peccatum maximum?* Que te fez este pobre povo para o fazeres réu diante de Deus do maior de todos os crimes? Confessou Aarão a sua culpa e confessou-a por estes termos: *Tu nosti populum istum, quod pronus sit ad malum*: Vós, Senhor, bem sabeis que este povo é inclinado ao mal: *Dixerunt mihi: Fac nobis Deos, qui praecedant nos*: Disseram-me que lhes fizesse deuses a quem seguissem. Agora vai a confissão. Ide-vos lembrando de tudo o que temos dito. *Quibus ego dixi: Quis vestrum habet aurum? Tulerunt, et dederunt mihi, et projeci illud in ignem egressusque est hic vitulus.* Perguntei: Quem tinha ouro? Foram-no buscar e trouxeram-no, e eu lancei-o no fogo, e saiu este bezerro. Há tal confissão? Há tal verdade? Há tal caso no mundo? Vinde cá, Aarão, estai a contas comigo diante de Deus. Vós não mandastes a todos estes homens (mandado lhe chama o Texto: *Fecit populus, quae jusserat*). Vós não mandastes a todos estes homens que fossem buscar as arrecadas de ouro de suas mulheres, de suas filhas e de seus filhos, e que lhas tirassem das orelhas, e vo-las trouxessem? Pois como agora na confissão dizeis que perguntas somente: Quem tinha ouro: *Dixi illis: Quis vestrum habet aurum?* Mais. Vós não tomastes o ouro, não o derretestes, não o fundistes, não formastes e fizestes o bezerro: *Formavit opere fusorio, fecitque vitulum conflatilem?* Pois como dizeis agora na confissão que lançastes o ouro no fogo, e que o ídolo se fez a si mesmo, e não vós a ele: *Projeci illud in ignem egressusque est hic vitulus*? Mais ainda. Vós não fabricastes o altar? Não pusestes nele o ídolo? Não lhe dedicastes dia santo? Não lhe chamastes senhor? Não lhe fizestes ou mandastes fazer sacrifícios, holocaustos, banquetes, jogos, festas? Pois como na confissão agora calais tudo isto, e não se vos ouve nem uma só palavra em matérias de tanto peso? Eis aqui como dizem os pecados com as confissões e as confissões com os pecados! E assim confessou os seus o maior ministro eclesiástico e secular do povo de Deus.

Falou Aarão no que disse, e foi mudo no que calou: *Locutus est mutus*. Mas notai que se fez grande injúria à pureza da confissão no que calou, muito maior injúria lhe fez no que disse pelo modo com que o disse: porque no que calou, calou pecados, no que disse fez de pecados virtudes. Que é o que calou Aarão? Calou o altar que levantara ao ídolo, a adoração que lhe dera o nome do Senhor com que o'honrara, os pregões, o dia solene, as ofertas, os sacrifícios, as festas, e sobretudo abrir a primeira porta, e dar princípio às idolatrias do povo de Israel que duraram com infinitos castigos por mais de dois mil anos. São boas venialidades estas para se calarem na confissão? Pois isto é o que calou Aarão. E que é o que confessou, ou como o confessou? O que confessou foi o seu pecado, mas o modo como o confessou foi tão diverso, que sendo o maior pecado parecia a maior virtude. De maneira que se Deus não tivera revelado a Moisés o que se passava, pudera Moisés por esta confissão de Aarão pô-lo no mesmo altar que ele tinha edificado. O que Aarão disse a Moisés foram estas palavras formais: *Dixi illis: Quis vestrum habet aurum; et tulerunt mihi, et projeci illud in ignem*. Pediram-me que lhes fizesse um ídolo, perguntei-lhes se tinham ouro. Trouxeram-mo e eu arremessei-o no fogo. Olhai como referiu a história! Olhai como despintou a ação! Olhai como enfeitou o pecado! Pedir o ouro para fazer o ídolo e derretê-lo, e fundi-lo, e formá-lo, e expô-lo para ser adorado, isso não era só concorrer para a idolatria, mas ser autor e dogmatista dela. E isto é o que fez Aarão. Pelo contrário pedir o ouro de que o povo cego queria se formasse o ídolo, e arremessá-lo no fogo, era pôr o fogo à idolatria, era abrasá-la, era queimá-la, era fazê-la em pó e em cinza. E isto Aarão confessou que fizera. Julgai agora se têm muito que confessar semelhantes confissões? E se são boas para lançar o Demônio fora da alma, ou para o meter mais dentro. Falo da confissão de Aarão: cada um examine as suas. Se as vossas confissões são como a de Aarão, têm muito que condenar, se são como as do Batista, têm muito que louvar. Mas eu nem louvo com Marcela, nem condeno com os fariseus, admiro-me somente com as turbas: *Et admiratae sunt turbae.*

III

Suposto pois que há confissões que merecem ser confessadas, bem será que desçamos com a nossa admiração a fazer um exame particular delas, para que cada um conheça melhor os defeitos das suas. E para que o exame se acomode ao auditório, não será das consciências de todos os estados, senão só dos que têm o Estado à sua conta. Será um confessionário geral de um ministro cristão. Os teólogos morais reduzem ordinariamente este modo de exame a sete títulos: *Quis, Quid, Ubi, Quibus auxiliis, Cur, Quomodo, Quando?* A mesma ordem seguiremos: eu para maior clareza do discurso: vós para maior firmeza da memória. Deus nos ajude.

Quis? Quem sou eu? Isto se deve perguntar a si mesmo um ministro, ou seja Aarão secular, ou seja Aarão eclesiástico. Eu sou um desembargador da casa de suplicação, dos agravos, do paço. Sou um procurador da coroa. Sou um chanceler-mor. Sou um regedor da justiça. Sou um conselheiro de Estado, de guerra, de ultramar, dos três estados. Sou um vedor da fazenda. Sou um presidente da câmara do paço, da mesa da consciência. Sou um secretário de Estado, das mercês, do expediente. Sou um inquisidor. Sou um deputado. Sou um bispo. Sou um governador de bispado, etc. Bem está, já temos o ofício: mas o meu escrúpulo, ou a minha admiração, não está no ofício, senão no *um*. Tendes um só desses ofícios, ou tendes muitos? Há sujeitos na nossa corte que têm lugar em três e quatro, que têm seis, que têm oito, que têm dez ofícios. Este ministro universal, não pergunto como vive, nem quando vive. Não pergunto como acode a suas obrigações, nem quando acode a elas. Só pergunto, como se confessa? Quando Deus deu forma ao governo do mundo, pôs no céu aqueles dois grandes planetas, o Sol e a Lua, e deu a cada um deles uma presidência: ao Sol a presidência do dia: *Luminare majus, ut praeesset diei;*[i] e à Lua a presidência da noite: *Luminare minus, ut praeesset nocti.* E por que fez Deus essa repartição? Porventura por que se não queixasse a Lua e as estrelas? Não, porque com o Sol ninguém tinha competência, nem podia ter justa queixa. Pois

---

[i] *Gênes.*, I, 16.

se o Sol tão conhecidamente excedia a tudo quanto havia no Céu; por que não proveu Deus nele ambas as presidências? Por que lhe não deu ambos os ofícios? Porque ninguém pode fazer bem dois ofícios, ainda que seja o mesmo Sol. O mesmo Sol quando alumia um hemisfério, deixa o outro às escuras. E que haja de haver homem com dez hemisférios! E que cuide, ou se cuide, que em todos pode alumiar! Não vos admito a capacidade do talento, a da consciência sim.

Dir-me-eis (como doutos que deveis ser) que no mesmo tempo em que Deus deu uma só presidência e um só hemisfério ao Sol, deu três presidências e três hemisférios a Adão. Uma presidência no mar, para que governasse os peixes; outra presidência no ar, para que governasse as aves; outra presidência na terra, para que governasse os outros animais: *Et praesit piscibus maris, et volatilibus coeli, et bestiis, universaeque terrae.*[i] E o mesmo é governar a animais que governar a homens? E o mesmo é o estado da inocência (em que então estava Adão) e o estado da natureza corrupta e corruptíssima em que estamos hoje? Mas quando tudo fora igual, o exemplo nem faz por vós, nem contra mim. Por vós não; porque naquele tempo não havia mais que um homem no mundo, e era força que ele tivesse muitos ofícios. Contra mim não, antes muito por mim; porque Adão com esses ofícios, bem se vê a boa conta que deles deu.[ii] Não eram passadas vinte e quatro horas em que Adão servia os três ofícios, quando já tinha perdido os ofícios, e perdido o mundo, e perdido a si, e perdidos a nós.[iii] Se isto aconteceu a um homem que saía flamante das mãos de Deus com justiça original, e com ciência infusa; que será aos que não são tão justos, nem tão cientes, e aos que têm outros originais, e outras infusões? Não era cristão Platão, e mandava na sua República, que nenhum oficial pudesse aprender duas artes. E a razão que dava era porque nenhum homem pode fazer bem dois ofícios. Se a capacidade humana é tão limitada que para fazer este barrete são necessários oito homens das artes e ofícios diferentes; um que crie a lã, outro que a tosquie, outro que a carde, outro que a fie, outro que a teça, outro que a tinja, outro que a tose, e outro que a corte e a cosa; se nas cidades bem ordenadas, o oficial que molda o ouro, não pode lavrar a prata; se o que lavra a prata, não pode bater o ferro; se o que bate o ferro, não pode fundir o cobre; se o que funde o cobre, não pode moldar o chumbo, nem tornear o estanho; no governo dos homens, que são metais com uso de razão, no governo dos homens, que é a arte das artes, como se hão de ajuntar em um só homem, ou se hão de confundir nele tantos ofícios? Se um mestre com carta de examinação dá má conta de um

---

[i] *Gênes.*, I, 26.
[ii] Ibid., III, 23.
[iii] *Irenaeus, Cyrillus, Epiphanius, Efrem, et communiter Patres.*

ofício mecânico, um homem (que muitas vezes não chegou a ser obreiro) como há de dar boa conta de tantos ofícios políticos? E que não faça disto consciência este homem! Que se confesse pela Quaresma, e que continue, a servir os mesmos ofícios, ou servir-se deles depois da Páscoa! Isto me admira!

Em semelhantes obrigações se viu metida uma hora a alma santa; mas vede como ela confessou a sua insuficiência, e depôs o seu escrúpulo: *Posuerunt me custodem in vineis; vineam meam non custodivi.*[i] Puseram-me por guarda das vinhas, e eu não guardei a minha vinha. Pois ao menos, alma santa, a vossa vinha por vossa, por que a não guardastes? Porque a quem entregam muitas vinhas não pode guardar nenhuma. Assim o confessa uma alma que se quer salvar. Confessou a sua insuficiência, e confessa a sua culpa. Se alguém parece que pudera ter desculpa em tal caso, era esta alma, pelo que ela mesma diz: *Posuerunt me.* Puseram-me. Ainda quando vos pusessem nesses ofícios, tínheis obrigação de depor os ofícios e confessar os erros. E que será quando vós sois o que vos pusestes neles, o que os pretendestes, o que os buscastes, o que os subornastes, e o que, porventura, os tirastes a outrem para os pôr em vós? Moisés (aquele grão ministro de Deus e da sua república) metendo-lhe o mesmo Deus na mão a vara, e mandando-o que fosse libertar o povo respondeu: *Quis ego sum, ut vadam ad Pharaonem?*[ii] E quem sou eu, Senhor, ou que capacidade há em mim para essa comissão? *Mitte quem missurus es.*[iii] Mandai a quem vos possa servir como convém. Oh, ministro verdadeiramente de Deus! Antes de aceitar o cargo representou a insuficiência; e para que se visse que esta representação era consciência, e não cortesia, repugnou uma e outra vez, e não aceitou senão depois que Deus lhe deu a Aarão por adjunto. Tinha já Moisés muitos anos de governo do povo, muitas cãs, e muita experiência; tornou a fazer outra proposta a Deus (e quero referir os termos do memorial, para que se veja quão apertados foram). *Non possum solus sustinere omnem hunc populum.*[iv] Eu, Senhor, não posso só com o peso do governo deste povo: *Sin aliter tibi videtur, obsecro, ut interficias me et inveniam gratiam in oculis tuis.* E quando vossa Divina Majestade não for servido de me aliviar, peço e protesto a vossa Divina Majestade me tire a vida, e receberei nisso muito grande mercê. Não pediu o ofício para toda a vida, nem para muitas vidas, senão que lhe tirasse a vida, só para não ter o ofício; e com muita razão, porque melhor é perder o ofício e a vida, que reter o ofício e perder a consciência. E que fez Deus neste

---

[i] *Cânt.*, I, 6.
[ii] *Êxod.*, III, 11.
[iii] Ibid., IV, 14
[iv] *Núm.*, XI, 14.

caso? Mandou a Moisés que escolhesse setenta anciãos dos mais prudentes e autorizados do povo; e diz o Texto que tirou Deus do espírito de Moisés, e repartiu dele por todos os setenta: *Auferens de spiritu, qui erat in Moyse, et dans septuaginta viris*.[i] Eis aqui quem era aquele homem que se escusou do ofício. De maneira que um homem que vale por setenta homens não se atreve a servir um só ofício! E vós, que vos fará Deus muita mercê que sejais um homem, atreveis-vos a servir setenta ofícios! Não louvo, nem condeno; admiro-me com as turbas: *Et admiratae sunt turbae*.

IV

Quid? Quê? Depois de o ministro examinar, que ministro ou que ministros é; segue-se ver o que faz. Um Dia de Juízo inteiro era necessário para este exame. *Quid?* Que sentenças? Que despachos? Que votos? Que consultas? Que eleições? Mas paremos nesta última palavra, que é a de maiores escrúpulos, e a que envolve comumente todo o *Quid*.

Não me atrevo a falar nesta matéria, senão por uma parábola, e ainda essa não há de ser minha, senão do profeta Isaías. Foi um homem ao mato, diz Isaías (ou fosse escultor de ofício, ou imaginário de devoção). Levava o seu machado, ou a sua acha às costas; e o seu intento era ir buscar uma madeira para fazer um ídolo. Olhou para os cedros, para as faias, para os pinhos, para os ciprestes; cortou donde lhe pareceu um tronco, e trouxe-o para casa. Partido o tronco em duas partes, ou em dois cepos, a um destes cepos meteu-lhe o machado e a cunha, fendeu-o em achas, fez fogo com elas, e aquentou-se, e cozinhou o que havia de comer. O outro cepo pôs-lhe a regra, lançou-lhe as linhas, desbastou-o, e tomando já o maço e o escopro, já a goiva e o buril, foi-o afeiçoando em forma humana. Alisou-lhe uma testa, rasgou-lhe uns olhos, afilou-lhe um nariz, abriu-lhe uma boca, ondeou-lhe uns cabelos ao rosto, foi-lhe seguindo os ombros, os braços, as mãos, o peito, e o resto do corpo até os pés. E feito em tudo uma figura de homem, pô-lo sobre o altar e adorou-o. Pasma Isaías da cegueira deste escultor; e eu também me admiro dos que fazem o que ele fez. Um cepo, conhecido por cepo, feito homem, e posto em lugar onde há de ser adorado: *Medietatem ejus combussi igni, et de reliquo ejus idolum faciam?*[ii] Duas metades do mesmo tronco, uma ao fogo, outra ao altar! Se são dois cepos, por que os não haveis de tratar ambos como cepos? Mas que um cepo haja de ter a

---

[i] Ibid., II, 25.
[ii] *Isaías*, XLIV, 19.

fortuna de cepo, e vá em achas ao fogo; e que outro cepo tão madeira, tão tronco, tão informe, e tão cepo como o outro, o haveis de fazer à força homem, e lhe haveis de dar autoridade, respeito, adoração, divindade? Dir-me-eis que este segundo cepo, que está muito feito, e que tem partes. Sim, tem; mas as que vós fizestes nele. Tem boca, porque vós lhe fizestes boca; tem olhos, porque vós lhe fizestes olhos; tem mãos e pés, porque vós lhe fizestes pés e mãos. E senão dizei-lhe que ande com esses pés, ou que obre com essas mãos, ou que fale com essa boca, ou que veja com esses olhos. Pois se tão cepo é agora como era dantes; por que não vai também este para o fogo? Ou por que não vai também o outro para o altar? Há quem leve à confissão estas desigualdades? Há quem se confesse dos que fez e dos que desfez? A um queimastes, a outro fizestes; e de ambos deveis restituição igualmente. Ao que queimastes deveis restituição do mal que lhe fizestes; ao que fizestes deveis restituição dos males que ele fizer. Fizestes-lhes olhos, não sendo capaz de ver; restituireis os danos das suas cegueiras. Fizestes-lhe boca, não sendo capaz de falar; restituireis os danos de suas palavras. Fizestes-lhe mãos, não sendo capaz de obrar; restituireis os danos das suas omissões. Fizestes-lhe cabeça, não sendo capaz de juízo; restituireis os danos de seus desgovernos. Eis aqui o encargo de ter feituras. Então prezai-vos de poder fazer e desfazer homens? Quanto melhor fora fazer consciência dos que fizestes, e dos que desfizestes! Deus tem duas ações que reservou só para Si; criar e predestinar. A ação de criar já os poderosos a têm tomado a Deus, fazendo criaturas de nada: a de predestinar também Lha vejo tomada neste caso. Um para o fogo, e outro para o altar. Basta que também haveis de ter precitos, e predestinados! Se fostes precito (não sei de quem), fostes mofino, haveis de arder; se fostes seu predestinado, fostes ditoso, haveis de reinar.

 E haverá algum destes onipotentes que se tenha acusado alguma hora deste pecado de predestinação? Acusado não, escusado sim. E por galante modo. Saiu fulano com tal despacho; saiu fulano com tal mercê. E o que fez a mercê, e o que fez o despacho, e o que fez o fulano, é o mesmo que isto diz. Se vós o fizestes, para que dizeis que saiu? O nosso Aarão ao pé da letra. Que fez Aarão, e que disse no caso do outro ídolo? O que Aarão fez foi que fundiu e forjou, e formou o bezerro: *Formavit, fecitque vitulum conflatilem*.[i] E o que o mesmo Aarão disse foi que o bezerro saíra: *Egressusque est hic vitulus*. Saiu. Pois se vós o fizestes, e se vós o fundistes, e se vós o forjastes, e vós o limastes; se é certo que vós pedistes o ouro das arrecadas, ou arrecadastes o ouro que não pedistes; por que dizeis que saiu? *Egressus est*? Porque assim dizem os que fazem bezerros. São tais as vossas feituras, que vos afrontais de dizer que vós as fizes-

---

[i] *Êxod.*, XXXII, 4.

tes. Mas já que as negais aos olhos dos homens, por que as não confessareis aos pés de Deus? Pois crede-me que o bezerro de ouro tem muito mais que confessar que ouro e bezerro. E que tem mais que confessar? Os danos particulares e públicos que dali se seguiram. Seguiu-se deste pecado quebrar Moisés as Tábuas da Lei escrita pela mão de Deus: *Projecit de manu tabulas, et confregit eas.*[i] Seguiu-se ficar o povo pobre e despojado das suas joias que eram o preço de quatrocentos anos de serviço seu e de seus antepassados no Egito: *Spoliaverat enim eum Aaron, et nudum constituerat.*[ii] Seguiu-se morrerem naquele dia à espada, a mãos de Moisés, e dos Levitas, vinte e três mil homens: *Cecideruntque in die illa quasi viginti tria milia hominum.*[iii] Seguiu-se deixar Deus o povo, e não o querer acompanhar, nem assistir com sua presença, como até ali fizera: *Non ascendam tecum, quia populus durae cervicis es.*[iv] Seguiu-se querer Deus acabar para sempre o mesmo povo, como sem dúvida fizera se as orações de Moisés não aplacaram sua justa ira: *Dimitte me, ut irascatur furor meus, et deleam eos.*[v] Seguiu-se finalmente, e seguiram-se todos os outros castigos que Deus então lhes ameaçou, e reservou para seu tempo, de que em muitas centenas de anos, e de horrendas calamidades, se não viram livres os Hebreus: *Ego autem in die ultionis visitabo et hoc peccatum eorum.* Que vos parecem as consequências daquele pecado? Cuidais que não há mais que fazer um bezerro? Cuidais que não há mais que entronizar um bruto; ou seja cepo de pau, ou cepo de ouro? As mesmas consequências se seguem dos indignos que vós fazeis, e pondes nos lugares supremos. E senão olhai para elas. As leis divinas e humanas quebradas; os povos despojados e empobrecidos; as mortes de homens a milhares, uns na guerra por falta de governo, outros na paz por falta de justiça, outros nos hospitais por falta de cuidado; sobretudo a ira de Deus provocada; a assistência de sua proteção desmerecida; as províncias, o reino, e a mesma nação inteira arriscada a uma extrema ruína, que se não fora pelas orações de alguns justos, já estivera acabada; mas não estão ainda acabados os castigos. E sobre quem carrega o peso de todas estas consequências? Sobre aqueles que fazem e que sustentam os autores e causadores delas: *Ego feci, Ego feram.*[vi] Vós o fizestes, vós o pagareis. E que com esta carga às costas andem tão leves, como andam! Que lhes não pese este peso na consciência! Que os não morda este escrúpulo na alma! Que os não inquiete, que os não assombre, que

---

[i] Ibid., 19.
[ii] Ibid., XXXII, V, 25.
[iii] Ibid., XXXIII, 3.
[iv] Ibid.
[v] Ibid., XXXII, 9.
[vi] *Isaías*, XLVI, 4.

os não traga fora de si esta conta que hão de dar a Deus! E que sejam cristãos! E que se confessem! Mas não condeno nem louvo; admiro-me com as turbas: *Et admiratae sun turbae.*

V

Ubi? Onde? Esta circunstância, *onde*, tem muito que reparar em toda a parte; mas no reino de Portugal muito mais, porque ainda que os seus *Ubis*, ou os seus *ondes*, dentro em si podem compreender-se facilmente, os que tem fora de si, são os mais diversos, os mais distantes e os mais dilatados de todas as monarquias do mundo. Tantos reinos, tantas nações, tantas províncias, tantas cidades, tantas fortalezas, tantas igrejas catedrais, tantas particulares na África, na Ásia, na América, onde põe Portugal vice-reis, onde põe governadores, onde põe generais, onde põe capitães, onde põe justiças, onde põe bispos e arcebispos, onde põe todos os outros ministros da fé, da doutrina, das almas. E quanto juízo, quanta verdade, quanta inteireza, quanta consciência é necessária para considerar e distribuir bem estes *ondes*; e para ver onde se põe cada um? Se pondes o cobiçoso onde há ocasião de roubar, e o fraco onde há ocasião de defender, e o infiel onde há ocasião de renegar, e o pobre onde há ocasião de desempobrecer; que há de ser das conquistas, e dos que com tanto e tão honrado sangue as ganharam? Oh, que os sujeitos que se põem nestes lugares são pessoas de grande qualidade e de grande autoridade: fidalgos, senhores, títulos! Por isso mais. Os mesmos ecos de uns nomes tão grandes em Portugal, parece que estão dizendo onde se hão de pôr. Um conde? Onde? Onde obre proezas dignas de seus antepassados; onde despenda liberalmente o seu com os soldados e beneméritos, onde peleje, onde defenda, onde vença, onde conquiste, onde faça justiça, onde adiante a fé e a cristandade; onde se honre a si, e à pátria, e ao príncipe que fez eleição de sua pessoa. E não onde se aproveite e nos arruíne; onde se enriqueça a si, e deixe pobre o Estado; onde perca as vitórias e venha carregado dos despojos. Este há de ser o *Onde: Ubi.*

E quanto este *Onde* for mais longe, tanto hão de ser os sujeitos de maior confiança e de maiores virtudes. Quem há de governar e mandar três, e quatro mil léguas longe do rei, onde em três anos não pode haver recurso de seus procedimentos, nem ainda notícias; que verdade, que justiça, que fé, que zelo deve ser o seu? Na Parábola dos Talentos diz Cristo que os repartiu o rei: *Unicuique secundum propriam virtutem.*[i] A cada um conforme a sua virtude, e que se

---

[i] *Mat.*, XXV, 15.

partiu para outra região dali muito longe a tomar posse de um reino: *Abiit in regionem longinquam accipere sibi regnum*.[i] Se isto fora história, pudera ter sucedido assim: mas se não era história, senão parábola; por que não introduz Cristo ao rei, e aos criados dos talentos na mesma terra, senão ao rei em uma região muito longe, e aos criados dos talentos em outra? Porque os criados dos talentos ao longe do rei é que melhor se experimentam; e ao longe do rei é que são mais necessários. Nos Brasis, nas Angolas, nas Goas, nas Malacas, nos Macaus, onde o rei se conhece só por fama, e se obedece só por nome; aí são necessários os criados de maior fé, e os talentos de maiores virtudes. Se em Portugal, se em Lisboa, onde os olhos do rei se veem e os brados do rei se ouvem, faltam à sua obrigação homens de grandes obrigações, que será *in regionem longinquam*? Que será naquelas regiões remotíssimas, onde o rei, onde as leis, onde a justiça, onde a verdade, onde a razão, e onde até o mesmo Deus parece que está longe?

Este é o escrúpulo dos que assinalam o *Onde*; e qual será o dos que o aceitam? Que me mandem onde não convém, culpa será (ou desgraça) de quem me manda; mas que eu não repare onde vou! Ou eu sei onde vou, ou o não sei. Se o não sei, como vou onde não sei? E se o sei, como vou onde não posso fazer o que devo? Tudo temos em um profeta, não em profecia, senão em história. Ia o profeta Habacuc com uma cesta de pão no braço, em que levava de comer para os seus segadores, quando lhe sai ao caminho um anjo, e diz-lhe que leve aquele comer a Babilônia, e que o dê a Daniel, que estava no lago dos leões. Que vos parece que responderia o profeta neste caso? *Domine, Babylonem non vidi, et lacum nescio*.[ii] Senhor, se eu nunca vi Babilônia, nem sei onde está tal lago, como hei de levar de comer a Daniel ao lago de Babilônia? Eu digo que o profeta respondeu prudente; vós direis que não respondeu bizarro: e segundo os vossos brios assim é. Se os segadores andaram aqui nas lezírias, e o recado se vos dera a vós, como havíeis de aceitar sem réplica? Como vos havíeis de arrojar ao lago, à Babilônia, e aos leões? Avisam-vos para a armada, para capitão de mar e guerra, para almirante, para general; e sendo o lagozinho o mar Oceano, na costa onde ele é mais soberbo, e mais indômito, ver como vos arrojais ao lago! Acenam-vos com o governo do Brasil, de Angola, da Índia; com a embaixada de Roma, de Paris, de Inglaterra, de Holanda: e sendo estas as Babilônias das quatro partes do Mundo, ver como vos arrojais à Babilônia! Há de se prover a gineta, a bengala, o bastão para as fronteiras mais empenhadas do Reino; e sendo a guerra contra os leões de Espanha, tanto valor, tanta

---

[i] *Luc.*, XIX, 12.
[ii] *Dan.*, XIV, 35.

ciência, tanto exercício; ver como vos arremessais aos leões! Se vós não vistes o mar mais que no Tejo; se não vistes o Mundo mais que no mapa; se não vistes a guerra mais que nos panos de Tunes; como vos arrojais ao governo da guerra, do mar, do Mundo?

Mas não é ainda este o mais escandaloso reparo. Habacuc levava no braço a sua cesta de pão; mas ele não reparou no pão, nem na cesta, reparou somente na Babilônia e no lago: vós às avessas; na Babilônia e no lago, nenhum reparo; no pão e na cesta, aí está toda a dúvida, toda a dificuldade, toda a demanda. Babilônia, Daniel, lago, leões, tudo isso é mui conforme ao meu espírito, ao meu talento, ao meu valor. Eu irei a Babilônia, eu libertarei a Daniel, eu desqueixarei os leões se for necessário: não é essa a dificuldade; mas há de ser com as conveniências de minha casa. Não está a dúvida na Babilônia, está a dúvida e a Babilônia na cesta. O pão desta cesta é para os meus segadores: ir e vir a Babilônia, e sustentar a Daniel à custa do meu pão, não é possível nem justo. Os meus segadores estão no campo, a minha casa fica sem mim. Babilônia está daqui tantos centos de léguas, tudo isto se há de compor primeiro; hão de me dar pão para os segadores, e pão para a minha casa, e pão para a ida, e pão para a volta, e para se acaso lá me comer um leão (que só neste caso se supõe o caso) e por se acaso eu morrer na jornada, esse pão há de me ficar de juro, e quando menos em três ou quatro vidas. Não é isto assim? O ponto está em encher a cesta, e segurar o pão, e o demais? Suceda o que suceder; confunda-se Babilônia, pereça Daniel, fartem-se os leões, e leve o pecado tudo. Por isso leva tudo o pecado. E quantos pecados vos parece que vão envoltos nesta envolta, de que nem vós nem outros fazem escrúpulo? Mas dir-me-eis (se acaso vos quereis salvar): Pois, padre, como me hei de haver neste caso? Como se houve o profeta. Primeiro escusar, como se ele escusou; e se não valer a escusa, ir como ele foi. E como foi Habacuc? Tomou-o o anjo pelos cabelos, e pô-lo em Babilônia. Se vos não aproveitar uma e outra escusa, ide, mas com anjo, e pelos cabelos; com anjo que vos guie, que vos encaminhe, que vos alumie, que vos guarde, que vos ensine, que vos tenha mão, e ainda assim muito contra vossa vontade; pelos cabelos. Mas que seria se em vez de ir pelos cabelos, fôsseis por muito gosto, por muito desejo, e por muita negociação? E em vez de vos levar da mão um anjo, vos levassem da mão dois diabos, um da ambição, outro da cobiça? Se estes dois espíritos infernais são os que vos levam a toda a parte onde ides, como não quereis que vos levem ao Inferno? E que nestes mesmos caminhos seja uma das alfaias deles o confessor! E que vos confesseis quando ides assim, e quando estais assim, e quando tornais assim! Não quero condenar nem louvar, porque o prometi; mas não posso deixar de me admirar com as turbas: *Et admiratae sunt turbae.*

VI

Quibus auxiliis? E com que meios se fazem, e se conseguem todas estas coisas que temos dito? Com um papel, e com muitos papéis: com certidões, com informações, com decretos, com consultas, com despachos, com portarias, com provisões. Não há coisa mais escrupulosa no mundo que papel e pena. Três dedos com uma pena na mão é o ofício mais arriscado que tem o governo humano. Aquela Escritura fatal que apareceu a el-rei Baltasar na parede, diz o Texto que a formavam uns dedos como de mão de homem: *Apparuerunt digiti, manus hominis.*[i] E estes dedos quem os movia? Dizem todos os intérpretes com S. Jerônimo, que os movia um anjo. De maneira que quem escrevia era um anjo, e não tinha de homem mais que três dedos. Tão puro como isto há de ser quem escreve. Três dedos com uma pena podem ter muita razão; por isso não hão de ser mais que dedos. Com estes dedos não há de haver mão, não há de haver braço, não há de haver ouvidos, não há de haver boca, não há de haver olhos, não há de haver coração, não há de haver homem: *Quasi manus hominis.* Não há de haver mão para a dádiva, nem braço para o poder, nem ouvidos para a lisonja, nem olhos para o respeito, nem boca para a promessa, nem coração para o afeto, nem finalmente há de haver homem; porque não há de haver carne nem sangue. A razão disto é porque se os dedos não forem muito seguros, com qualquer jeito da pena podem fazer grandes danos.

Quis Faraó destruir e acabar os filhos de Israel no Egito: e que meio tomou para isso? Mandou chamar as parteiras egípcias, e encomendou-lhes que quando assistissem ao parto das hebreias, se fosse homem o que nascesse, lhe torcessem o pescoço, e o matassem, sem que ninguém o entendesse. Eis aqui quão ocasionado ofício é o daqueles em cujas mãos nascem os negócios. O parto dos negócios são as resoluções; e aqueles em cujas mãos nascem estes partos (ou seja escrevendo ao tribunal, ou seja escrevendo ao príncipe) são ministros de pena. E é tal o poder, a ocasião, e a sutileza deste ofício, que com um jeito de mão, e com um torcer de pena podem dar vida, e tirar vida. Com um jeito podem-vos dar com que vivais, e com outro jeito podem-vos tirar o com que viveis. Vede se é necessário que tenham muito escrupulosas consciências estas egípcias, quando tanto depende delas a *buena-dicha* dos homens, e não pelas riscas da vossa mão, senão pelos riscos das suas! *Si dormiatis inter medios cleros (hoc est inter medias sortes) pennae columbae deargentatae.*[ii] Se estais duvidoso da vossa sorte, penas prateadas, diz Davi. O sentido deste Texto ainda se não sabe ao certo; mas to-

---

[i] *Dan.*, V, 5.
[ii] *Sal.*, LXVII, 14.

mado pelo que soa, terrível coisa é que a boa ou má sorte de uns dependa das penas de outros! E muito mais terrível ainda, se essas penas por algum reflexo se puderem pratear ou dourar: *Pennae columbae deargentatae, et posteriora dorsi ejus in pallore auri.* Estas penas são as que escrevem as sortes, estas as que tiram e as que as dão, e talvez a boa aos maus, e a má aos bons. Quantos delitos se enfeitam com uma penada? Quantos merecimentos se apagam com uma risca? Quantas famas se escurecem com um borrão? Para que vejam os que escrevem, de quantos danos podem ser causa se a mão não for muito certa, se a pena não for muito aparada, se a tinta não for muito fina, se a regra não for muito direita, se o papel não for muito limpo!

Eu não sei como não treme a mão a todos os ministros de pena, e muito mais àqueles que sobre um joelho aos pés do rei recebem os seus oráculos, e os interpretam, e estendem. Eles são os que com um advérbio podem limitar ou ampliar as fortunas; eles os que com uma cifra podem adiantar direitos, e atrasar preferências; eles os que com uma palavra podem dar ou tirar peso à balança da justiça; eles os que com uma cláusula equívoca ou menos clara podem deixar duvidoso, e em questão, o que havia de ser certo e efetivo; eles os que com meter ou não meter um papel podem chegar a introduzir a quem quiserem, e desviar e excluir a quem não quiserem; eles, finalmente, os que dão a última forma às resoluções soberanas, de que depende o ser ou não ser de tudo. Todas as penas, como as ervas, têm a sua virtude; mas as que estão mais chegadas à fonte do poder são as que prevalecem sempre a todas as outras. São por ofício, ou artifício, como as penas da águia, das quais dizem os naturais, que postas entre as penas das outras aves, a todas comem e desfazem. Ouçam estas penas pelo que têm de reais, o que delas diz o Espírito Santo: *In manu Dei potestas terrae, et utilem rectorem suscitabit in tempus super illam. In manu Dei prosperitas hominis, et super faciem Scribe ponet honorem suum.*[i] Escriba[ii] neste lugar (como notam os expositores) significa o ofício daqueles que junto à pessoa do rei escrevem e distribuem os seus decretos. Assim se chama na Escritura Saraías, escriba de el-rei Davi, e Sobna, escriba del-rei Ezequias. Diz pois o Espírito Santo: O poder e império dos reis está na mão de Deus; porém a honra de Deus pô-la o mesmo Deus na mão dos que escrevem aos reis: *Et super faciem Scribae imponet honorem suum.* Pode haver ofício mais para gloriar por uma parte, e mais para tremer por todas? Grande crédito, e grande confiança argúi, que nestas mãos e nestas penas, ponham os reis a sua honra; mas muito maior crédito e muito maior

---

[i] *Ecles.*, X, 4 e 5.
[ii] *Cornelius, hic Scribue vocabantur qui erant proximi a rege, quorum erat nomine regis decreta concipere, scribere, promulgare, conservare.*

confiança é que diga o mesmo Deus que põe nelas a sua. Quantas empresas de grande honra de Deus puderam estar muito adiantadas, se estas penas (sem as quais se não pode dar passo) as zelaram e assistiram como era justo! E quantas pelo contrário se perdem e se sepultam, ou porque falta o zelo e diligência, ou porque sobeja o esquecimento e o descuido, quando não seja talvez a oposição!

Do rei, que logo direi, falava o profeta Malaquias debaixo do nome de Sol de justiça, quando disse que nas suas penas estava a saúde do mundo: *Orietur nobis sol justitiae, et sanitas in pennis ejus.*[i] Chama penas aos raios do Sol: porque assim como o Sol por meio de seus raios alumia, aquenta, e vivifica a todas as partes da Terra; assim o rei (que não pode sair do seu zodíaco) por meio das penas que tem junto a si, dá luz, dá calor, e dá vida a todas as partes da monarquia, ainda que ela se estenda fora de ambos os trópicos, como a do Sol, e a nossa: *Et sanitas in pennis ejus.* Se as suas penas forem sãs, e tão puras como os raios do Sol, delas nascerá todo o bem e felicidade pública. Mas se em vez de serem sãs, forem corruptas, e não como raios do Sol, senão como raios; elas serão a causa de todas as ruínas, e de todas as calamidades. Se perguntardes aos gramáticos, donde se deriva este nome calamidade: *calamitas?* Responder-vos--ão que de *calamo.* E que quer dizer *calamo?* Quer dizer cana e pena; porque as penas antigamente faziam-se de certas canas delgadas. Por sinal que diz Plínio que as melhores do mundo eram as da nossa Lusitânia. Esta derivação ainda é mais certa na política que na gramática. Se as penas de que se serve o rei não forem sãs, destes cálamos se derivarão todas as calamidades públicas, e serão o veneno, e enfermidade mortal da monarquia, em vez de serem a saúde dela: *Sanitas in pennis ejus.*

O rei, de que fala neste lugar Malaquias, é o Rei dos reis, Cristo. E as penas com que Ele deu saúde ao mundo, todos sabemos que são as dos quatro evangelistas; e essas assistidas do Espírito Santo. Para que advirtam os evangelistas dos príncipes a verdade, a pureza, a inteireza, que devem imitar as suas penas; e como em tudo se hão de mover pelo impulso soberano, e em nada por afeto próprio. Se as suas Escrituras as pomos sobre a cabeça como sagradas, seja cada uma delas um Evangelho humano.

Porém se sucedesse alguma vez não ser assim (ou por desatenção das penas maiores, ou por corrupção das inferiores, de que elas se ajudam) julguem as consciências, sobre que carregam estes escrúpulos, se têm muito que examinar, e muito que confessar, e muito que restituir em negócios e matérias tantas, e de tanto peso! Que possa isto suceder, e que tenha já sucedido o profeta Jeremias

---

[i] *Malaqu.*, IV, 2.

o afirma: *Vere mendacium operatus est stylus mandax Sacribarum.*[i] Ou como lê o Caldaico: *Fecit scriba calamum mendacii ad falsandas scripturas.* E suposto que isto não só é possível, mas já foi praticado e visto naquele tempo; bem é que saiba o nosso, quanto bastará para falsificar uma Escritura. Bastará mudar um nome? Bastará mudar uma palavra? Bastará mudar uma cifra? Digo que muito menos basta. Não é necessário para falsificar uma Escritura mudar nomes, nem palavras, nem cifras, nem ainda letras; basta mudar um ponto ou uma vírgula.

Perguntaram os controversistas, se assim como na Sagrada Escritura são de fé as palavras, serão também de fé os pontos e vírgulas? E respondem que sim; porque os pontos e vírgulas determinam o sentido das palavras; e variados os pontos e vírgulas também o sentido se varia. Por isso antigamente havia um conselho chamado dos Massoretas, cujo ofício era conservar incorruptamente em sua pureza a pontuação da Escritura. Esta é a galantaria misteriosa daquele Texto dos Cânticos: *Murenulas aureas faciemus tibi, vermiculatas argento.*[ii] Diz o Esposo Divino que fará a sua Esposa umas arrecadas de ouro, esmaltadas de prata: e o esmalte (segundo se tira da raiz hebreia) era de pontos e vírgulas; porque em lugar de *Vermiculatas*: leem outros: *Punctatas; virgulatas argento.* Mas se as arrecadas eram de ouro por que eram os esmaltes de prata, e formados de pontos e vírgulas? Porque as arrecadas são ornamentos das orelhas onde está o sentido da fé: *Fides ex auditu:*[iii] e nas palavras de fé, ainda que os pontos e vírgulas pareçam de menos consideração (assim como a prata é de menos preço que o ouro) também pertencem à fé tanto como as mesmas palavras. As palavras, porque formam a significação: os pontos e vírgulas, porque distinguem e determinam o sentido. Exemplo. *Surrexit: non est hic.*[iv] Ressuscitou; não está aqui. Com estas palavras diz o evangelista que Cristo ressuscitou: e com as mesmas (se se mudar a pontuação) pode dizer um herege que Cristo não ressuscitou. *Surrexit? Non; est hic.* Ressuscitou? Não; está aqui. De maneira que só com trocar pontos e vírgulas, com as mesmas palavras se diz que Cristo ressuscitou; e é fé: e com as mesmas se diz que Cristo não ressuscitou; e é heresia. Vede quão arriscado ofício é o de uma pena na mão. Ofício que, com mudar um ponto, ou uma vírgula, da heresia pode fazer fé, e da fé pode fazer heresia. Oh, que escrupuloso ofício!

E se a mudança de um ponto e de uma vírgula pode fazer tantos erros e tantos danos, que seria se se mudassem palavras? Que seria se se diminuíssem

---

[i] *Jerem.*, VIII, 8.
[ii] *Cânt.*, I, 11.
[iii] *Ad Rom.*, X, 17.
[iv] *Marc.*, XVI, 6.

palavras? Que seria se se acrescentassem palavras? Torno a dizer. Se a mudança de um ponto e de uma vírgula pode ser causa de tantos danos; que seria se se calassem regras? Que seria se se saltassem capítulos? Que seria se se sepultassem papéis e informações inteiras? E que seria se (em vez de se apresentarem a quem havia de pôr o remédio) se entregassem a quem havia de executar a vingança? Tudo isto pode caber em uma pena; e eu não sei, como não pode caber em uma confissão. Pois é certo que se confessam e muitas vezes os que isto fazem; e que não falta quem absolva estas confissões, ou quem se queira condenar pelas absolver. Mas eu nem absolvo os confessados, nem condeno os confessores; porque só me admiro com as turbas: *Et admiratae sun turbae.*

VII

Cur? Por quê? Esta matéria dos *porquês* era bem larga; mas vai-nos faltando o tempo, ou vou eu sobejando a ele: e assim neste ponto e nos seguintes usarei mais cortesmente da paciência, com que ouvis: mas não há confissão sem penitência. *Cur?* Por quê? De todas estas sem-razões que temos referido ou admirado, quais são as causas? Quais são os motivos? Quais são os *porquês*? Não há coisa no mundo, por que um homem deva ir ao Inferno: contudo ninguém vai ao Inferno sem seu *porquê*. Que *porquês* são logo estes, que tanto podem, que tanto cegam, que tanto arrastam, que tanto precipitam aos maiores homens do mundo? Já vejo que a primeira coisa que ocorre a todos é o dinheiro. *Cur?* Por quê? Por dinheiro que tudo pode; por dinheiro que tudo vence; por dinheiro que tudo acaba. Não nego ao dinheiro os seus poderes, nem quero tirar ao dinheiro os seus escrúpulos: mas o meu não é tão vulgar, nem tão grosseiro como este. Não me temo tanto do que se furta, como do que se não furta. Muitos ministros há no mundo, e em Portugal mais que muitos, que por nenhum caso os peitareis com dinheiro. Mas estes mesmos deixam-se peitar da amizade, deixam-se peitar da recomendação, deixam-se peitar da dependência, deixam-se peitar do respeito. E não sendo nada disto ouro nem prata, são os *porquês* de toda a injustiça do mundo. A maior injustiça que se cometeu no mundo foi a que fez Pilatos a Cristo, condenando à morte a mesma Inocência. E qual foi o *porquê* desta grande injustiça? Peitaram-no? Deram-lhe grandes somas de dinheiro os príncipes dos sacerdotes? Não. Um respeito, uma dependência foi a que condenou a Cristo. *Si hunc dimittis, non es amicus Caesaris:*[i] Se não condenais a este não sois amigo de César. E por não arriscar a amizade e graça do Cé-

---

[i] *João*, XIX, 12.

sar perdeu a graça e a amizade de Deus, não reparando em lhe tirar a vida. Isto fez por este respeito Pilatos; e no mesmo tempo: *Aqua lavit manus suas*:[i] pediu água, lavou as mãos. Que importa que as mãos de Pilatos estejam lavadas, se a consciência não está limpa? Que importa que o ministro seja limpo de mãos, se não é limpo de respeitos? A maior peita de todas é o respeito.

Se se puser em questão qual tem perdido mais consciências e condenado mais almas, se o respeito, se o dinheiro? Eu sempre dissera; que o respeito: por duas razões. Primeira, porque as tentações do respeito são mais e maiores que as do dinheiro. São mais, porque o dinheiro é pouco, e os respeitos muitos. São maiores, porque em ânimos generosos mais fácil é desprezar muito dinheiro, que cortar por um pequeno respeito. Segunda, e principal, porque o que se fez por respeito tem muito mais dificultosa restituição, que o que se fez por dinheiro. Na injustiça que se fez, ou se vendeu por dinheiro (como o dinheiro é coisa que se vê e que se apalpa), o mesmo dinheiro chama pelo escrúpulo: o mesmo dinheiro intercede pela restituição. A luz do diamante dá-vos nos olhos; a cadeia tira por vós; o contador lembra-vos a conta; a lâmina e o quadro peregrino (ainda que seja com figuras mudas) dá brados à consciência: mas no que se fez por respeito, por amizade, por dependência (como estas apreensões são coisas que se não veem; como são coisas que vos não armam a casa, nem se penduram nas paredes) não tem o escrúpulo tantos despertadores que façam lembrança à alma. Sobretudo se eu vendi a justiça por dinheiro, quando quero restituir (se quero) dou o que me deram, pago o que recebi, desembolso o que embolsei, que não é tão dificultoso. Mas se eu vendi a justiça, ou a dei de graça pelo respeito, haver de restituir sem ter adquirido, haver de pagar sem ter recebido, haver de desembolsar sem ter embolsado, oh, que dificuldade tão terrível! Quem restitui o dinheiro paga com o alheio; quem restitui o respeito há de pagar com o próprio: e para o tirar de minha casa, para o arrancar de meus filhos, para o sangrar de minhas veias, oh, quanto valor, oh, quanta resolução, oh, quanto poder da graça divina é necessário! Os juízes de Samaria[ii] por respeito de Jezabel condenaram inocente a Naboth, e foi-lhe confiscada a vinha para Acab que a desejava. Assim Acab, como os juízes, deviam restituição da vinha; porque assim ele, como eles, a tinham roubado. E a quem era mais fácil esta restituição? A Acab era mais fácil, e aos juízes muito dificultosa, porque Acab restituía a vinha, tendo recebido a vinha: e os juízes haviam de restituir a vinha, não a tendo recebido. Acab restituía tanto por tanto, porque pagava a vinha pela vinha: os juízes restituíam tudo por nada, porque haviam de pagar a vinha por

---

[i] *Mat.*, XXVII, 24.
[ii] *1.º Livro dos Reis*, XXI, 11.

um respeito. Quase estou para vos dizer que se houverdes de vender a alma, seja antes por dinheiro, que por respeitos; porque ainda que o dinheiro se restitui poucas vezes, os respeitos nunca se restituem. Torne Pilatos.

Entregou Pilatos a Cristo: e Judas também O entregou. Pilatos: *Tradidit eum voluntati eorum*.[i] Judas: *Quid vultis mihi dare, et ego eum vobis tradam?*[ii] Conheceu Pilatos e confessou a inocência de Cristo, e Judas também a conheceu e a confessou. Pilatos: *Innocens ego sum a sanguine justi hujus*:[iii] Judas: *Peccavi tradens sanguinem Justum*.[iv] Fez mais alguma coisa Pilatos? Fez mais alguma coisa Judas? Judas sim, Pilatos não. Judas restituiu o dinheiro, lançando-o no Templo: Pilatos não fez restituição alguma. Pois por que restitui Judas e porque não restitui Pilatos? Porque Judas entregou a Cristo por dinheiro: Pilatos entregou-O por respeitos. As restituições do dinheiro alguma vez se fazem: as dos respeitos nenhuma. E senão dizei-o vós. Fazem-se nesta corte muitas coisas por respeitos? Não perguntei bem. Faz-se alguma coisa nesta corte que não seja por respeitos? Ou nenhuma ou muito poucas. E há alguém na vida, ou na morte que faça restituição disto que fez por respeitos? Nem o vemos, nem o ouvimos. Pois como se confessam disto os que o fazem, ou como os absolvem os que o confessam? Se eu estivera no confessionário eu vos prometo que os não houvera de absolver, senão condenar: mas como estou no púlpito, não absolvo, nem condeno; admiro-me com as turbas: *Et admiratae sunt turbae*.

VIII

Quomodo? Por que modo, ou por que modos? Somos entrados no labirinto mais intrincado das consciências, que são os modos, as traças, as artes, as invenções de negociar, de entremeter, de insinuar, de persuadir, de negar, de anular, de provar, de desviar, de encontrar, de preferir, de prevalecer; finalmente de conseguir para si, ou alcançar para outrem tudo quanto deixamos dito. Para eu me admirar, e nos assombrarmos todos do artifício e sutileza do engenho, ou do engano com que estes modos se fiam, com que estes teares se armam, com que estes enredos se tramam, com que estas negociações se tecem, não nos serão necessárias as teias de Penélope, nem as fábulas de Ariadne, porque nas

---

[i] *Luc.*, XXIII, 25.
[ii] *Mat.*, XXVI, 15.
[iii] *Mat.*, XXVII, 24.
[iv] Ibid., 4.

Histórias Sagradas temos uma tal tecedeira que na casa de um pastor honrado nos mostrará quanto disto se tece na corte mais corte do mundo.

O maior morgado que houve no mundo foi o de Jacó, em que sucedeu a Cristo: *Regnabit in domo Jacob.*[i] Sobre este morgado pleitearam desde o ventre da mãe os dois irmãos, Jacó e Esaú. Esaú tinha por si todo o direito, tinha por si a natureza e a idade, tinha por si o talento e o merecimento, tinha por si o favor, o amor, a vontade, e o decreto e a promessa do pai, que lhe havia de dar a bênção, ou a investidura. De maneira que de irmão a irmão, de homem a homem, e de favorecido a favorecido, tudo estava da parte de Esaú e contra Jacó. Tinha da sua parte Esaú a idade e a natureza, porque ainda que eram gêmeos, e batalharam no ventre da mãe sobre o lugar, Esaú nasceu primeiro. Tinha mais da sua parte Esaú o talento e o valor, porque era forte, robusto, valente, animoso, inclinado ao campo e às armas; e que com a aljava pendente do ombro, e o arco e flechas na mão, se fazia temer do leão no monte, do urso e javali no bosque. Pelo contrário Jacó: *Habitabat in tabernaculis.*[ii] Nunca saía do estrado da mãe: mais para a almofada, que para a lança; mais para as bainhas, que para a espada. Finalmente Esaú tinha da sua parte o favor, o amor, e o agrado, porque era as delícias da velhice de Isaac seu pai, a quem ele sabia mui bem merecer a vontade; porque quando vinha do campo, ou da montaria, com a caça miúda lhe fazia o prato, e da maior enramada lhe dedicava os despojos. Este era Esaú, este era o competidor de Jacó, este era o seu direito, estes eram os seus serviços, este era o seu merecimento, estas eram as vantagens com que a natureza e a graça o tinham feito herdeiro sem controvérsia da casa de Isaac. E contudo (quem tal cuidara?) Jacó foi o que venceu a demanda, Jacó o que levou a bênção, Jacó o que ficou com o morgado. Pois se o morgado por lei da natureza se deve ao primogênito, e Esaú nasceu primeiro: se o primeiro lugar por lei da razão se deve ao de melhor talento; e o talento e valor de Esaú era tão avantajado: se a vantagem e a maioria do prêmio por lei de justiça se deve ao maior merecimento; e os serviços de Esaú eram tão conhecidamente maiores, e sem competência: se finalmente a bênção, e a investidura do morgado dependia do pai, e o pai era tão afeiçoado a Esaú e lhe tinha prometido, e com efeito lhe queria dar; como foi possível que prevalecesse Jacó sem direito, Jacó sem talento, Jacó sem serviços, Jacó sem favor? Porque tudo isto pode a traça, a arte, a manha, o engano, o enredo, a negociação.

Naquele mesmo dia tinha determinado Isaac de dar a bênção a Esaú: e porque esta solenidade havia de ser sobremesa, quis o bom velho, para mais

---

[i] *Luc.*, I, 32.
[ii] *Génes.*, XXV, 27.

sazonar o gosto, que se lhe fizesse um guisado do que matasse na caça o mesmo filho. Parte ao campo alegre e alvoroçado Esaú; porém Rebeca, que queria o morgado para Jacó, a quem mais amava, aproveitando-se da ausência do irmão, e da cegueira do pai, já sabeis o que traçou. Manda a Jacó ao rebanho: vêm cabritos em vez de lebres: da carne faz o guisado; das peles guisa o engano: e vestido Jacó das roupas de Esaú, e calçado (que é mais) de mãos também de Esaú, aparece em presença do cego pai, e põe-lhe o prato diante. Perguntou Isaac quem era. E respondeu mui bem ensaiado Jacó, que era seu primogênito Esaú. Admirou-se de que tão depressa pudesse ter achado a caça; e respondeu com singeleza santa, que fora vontade de Deus. E com estas duas respostas, depois de lhe tentar as mãos, lhe lançou Isaac a bênção, e ficou o bendito Jacó com o morgado e casa de seu pai, e Esaú com o que tivesse no cinto. Há tal engano? Há tal fingimento? Há tal crueldade? Pois estes são os modos de negociar e vencer. Sete enganos fingiu Rebeca para tirar a casa a cuja era. Fingiu o nome de Jacó, porque disse que era Esaú. Fingiu-lhe a idade, porque disse que era o primogênito. Fingiu-lhe os vestidos, porque eram os do irmão. Fingiu-lhe as mãos, porque a pele e o pelo era das luvas. Fingiu-lhe o guisado porque era do rebanho, e não do mato. Fingiu a diligência, porque Jacó não tinha ido à caça. E para que nem a Suma Verdade ficasse fora do fingimento, fingiu que fora vontade de Deus, sendo duas vontades de Rebeca: uma, com que queria a Jacó; e outra, com que desqueria a Esaú. E com nome fingido, com idade fingida, com vestidos fingidos, com mãos fingidas, com obras e serviços fingidos, e até com Deus fingido, se tirou o direito, a justiça, a fazenda, a honra, a sucessão, a quem a tinha dado o nascimento uma vez, e o merecimento muitas.

Parece-vos grande sem-razão esta? Tendes muita razão. Mas esta tragédia que uma vez se ensaiou em Hébron, quantas vezes se representa na nossa corte? Quantas vezes com nomes supostos, com merecimentos fingidos, e com abonações falsificadas, se roubam os prêmios ao benemérito, e triunfa com eles o indigno? Quantas vezes rende mais a Jacó a sua Rebeca, que a Esaú o seu arco? Quantas vezes alcança mais Jacó com as luvas calçadas, que Esaú com as armas nas mãos? Se no ócio da paz se medra mais que nos trabalhos da guerra, quem não há de trocar os sóis da campanha, pela sombra destas paredes? Não o experimentou assim Davi, e mais servia a um rei injusto e inimigo. Davi serviu em palácio, e serviu na guerra: em palácio com a harpa, na guerra com a funda. E onde lhe foi melhor? Em palácio medrou tão pouco, que da harpa tornou ao cajado; na guerra montou tanto, que da funda subiu à coroa. Se se visse que Davi crescia mais à sombra das paredes de palácio, que com o sol da campanha: se se visse que medrava mais lisonjeando as orelhas com a harpa, que defendendo e honrando o rei com a funda: se se visse que merecia mais galanteando a Micol, que servindo a Saul; não seria uma grande injustiça, e um escândalo mais que grande? Pois isto é o que padecem os Esaús nas preferências dos Jacós.

Mas eu não me queixo tanto de Jacó e de Rebeca, que fizeram o engano, quanto de Isaac, que o não desfez depois de conhecido. Que Esaú padeça, Jacó possua, Rebeca triunfe, e que Isaac dissimule! Que esteja tão poderosa a arte de furtar bênçãos, que tire Jacó a bênção da algibeira de Esaú, não só depois de prometida e decretada, senão depois de firmada e passada pela chancelaria! E que haja tanta paciência em Isaac, que lhe não troque a bênção em maldição! O mesmo Jacó o temeu assim. Quando a mãe o quis meter nestes enredos, disse ele que temia que seu pai descobrisse o engano; e que em lugar da bênção lhe deitaria alguma maldição: *Timeo ne putet me sibi voluisse illudere, et inducam super me maledictionem pro benedictione.*[i] Mas Rebeca não fez caso deste reparo, porque conhecia bem a Isaac, e sabia que não tinha o velho cólera para tanto. Se Isaac tivera outro valor, a bênção se restituíra a Esaú, e Rebeca sentira o fingimento, e Jacó amargara o engano. Mas nem Isaac era pai para aquele Jacó, nem marido para aquela Rebeca. E que Esaú fique privado do seu morgado para sempre; e que nem Rebeca que lhe tira, nem Jacó que lhe possui, nem Isaac que lho consente, façam escrúpulo deste engano! Doutores há que condenam tudo isto; e outros há que o escusam. Eu não escuso nem condeno; admiro-me com as turbas: *Et admiratae sunt turbae.*

IX

Quando? Esta é a última circunstância do nosso exame. E quando acabaria eu, se houvera de seguir até o cabo este *quando?* Quando fazem os ministros o que fazem? E quando fazem o que devem fazer? Quando respondem? Quando deferem? Quando despacham? Quando ouvem? Que até para uma audiência são necessários muitos *quandos*. Se fazer-se hoje o que se pudera fazer ontem: se fazer-se amanhã o que se devera fazer hoje, é matéria em um reino de tantos escrúpulos, e de danos muitas vezes irremediáveis; aqueles *quandos* tão dilatados; aqueles *quandos* tão desatendidos; aqueles *quandos* tão eternos, quanto devem inquietar a consciência de quem tiver consciência!

Antigamente na república hebreia (e em muitas outras) os tribunais e os ministros estavam às portas das cidades. Isso quer dizer nos Provérbios: *Nobilis in portis vir ejus, quando sederit cum senatoribus terrae.*[ii] Para qualificar a nobreza

---

[i] *Gênes.*, XXVII, 12.
[ii] *Prov.*, XXXI, 23.

do marido da mulher forte, diz que tinha assento nas portas com os senadores e conselheiros da terra. A isto aludiu também Cristo, quando disse da Igreja que fundava em S. Pedro: *Portae inferi non praevalebunt adversus eam*:[i] Que as portas do Inferno não prevaleceriam contra ela; entendendo por portas do Inferno os conselhos do Inferno, porque os conselhos, os ministros, os tribunais, tudo costumava estar às portas das cidades. Mas que razão tiveram aqueles legisladores para situarem este lugar aos tribunais, e para colocarem às portas das cidades os seus ministros? Várias razões apontam os historiadores e políticos; mas a principal em que todos convêm era a brevidade do despacho. Vinha o lavrador, vinha o soldado, vinha o estrangeiro com a sua demanda, com a sua pretensão, com o seu requerimento; e sem entrar na cidade, voltava respondido no mesmo dia para sua casa. De sorte que estavam tão prontos aqueles ministros, que nem ainda dentro da cidade estavam, para que os requerentes não tivessem o trabalho, nem a despesa, nem a dilação de entrarem. Não saibam os requerentes a diferença daquela era à nossa, para que se não lastimem mais. Antigamente estavam os ministros às portas das cidades; agora estão as cidades às portas dos ministros. Tanto coche, tanto liteira, tanto cavalo (que os de a pé não fazem conta, nem deles se faz conta): as portas, os pátios, as ruas rebentando de gente, e o ministro encantado, sem se saber se está em casa, ou se o há no mundo; sendo necessária muita valia, só para alcançar de um criado a revelação deste mistério. Uns batem, outros não se atrevem a bater; todos a esperar, e todos a desesperar. Sai finalmente o ministro quatro horas depois do Sol, aparece e desaparece de corrida; olham os requerentes para o céu, e uns para os outros; aparta-se desconsolada a cidade, que esperava junta. E quando haverá outro *quando*? E que vivam e obrem com esta inumanidade homens que se confessam, quando procediam com tanta razão homens sem fé, nem sacramento! Aqueles ministros, ainda quando despachavam mal os seus requerentes, faziam-lhes três mercês. Poupavam-lhes o tempo, poupavam-lhes o dinheiro, poupavam-lhes as passadas. Os nossos ministros, ainda quando vos despacham bem, fazem-vos os mesmos três danos. O do dinheiro, porque o gastais; o do tempo, porque o perdeis; o das passadas, porque as multiplicais. E estas passadas, e este tempo, e este dinheiro quem o há de restituir? Quem há de restituir o dinheiro a quem gasta o dinheiro que não tem? Quem há de restituir as passadas a quem dá as passadas que não pode? Quem há de restituir o tempo a quem perde o tempo que havia mister? Oh, tempo tão precioso e tão perdido! Dilata o julgador oito meses a demanda que se pudera concluir em oito dias; dilata o ministro oito anos o requerimento que se devera acabar

---

[i] *Mat.*, XVI, 18.

em oito horas. E o sangue do soldado, as lágrimas do órfão, a pobreza da viúva, a aflição, a confusão, a desesperação de tantos miseráveis? Cristo disse que o que se faz a estes, se faz a Ele. E em ninguém melhor que n'Ele se podem ver os efeitos terríveis de uma dilação.

Três horas requereu Cristo no Horto. Nestas três horas fez três petições sobre a mesma proposta: a nenhuma delas foi respondido. E como o sentiu, ou que Lhe sucedeu? Foi tal a sua dor, a sua aflição, a sua agonia, que chegou a suar sangue por todas as veias: *Factus est sudor ejus, sicut guttae sanguinis decurrentis in terram.*[i] Toda a vida de Cristo em trinta e três anos foi um contínuo exercício de heroica paciência; mas nenhum trabalho Lhe fez suar gotas de sangue senão este de requerer uma, outra, e três vezes, sem ser respondido. Se três horas de requerimento sem resposta fazem suar sangue a um Homem Deus, tantos anos de requerimentos e de repulsas, que efeitos causarão em um homem homem; e tanto mais quanto for mais homem? O requerimento de Cristo: *Patter si possibile est*,[ii] suposto o decreto do Padre, e a presciência do mesmo Cristo, era de matéria não possível. E se não ser respondido a um impossível custa tanto; não ser respondido no que talvez se faz a todos, quanto lastimará? O que mais se deve sentir nestas desatenções dos que têm ofício de responder são os danos públicos que delas se seguem. Não estivera melhor à república que o sangue que sua no requerimento se derramará na campanha? Pois isso mesmo sucedeu neste caso. Se Cristo não suara sangue no Horto, havia de derramar mais sangue no Calvário; porque havia de derramar o sangue que derramou, e mais o que tinha suado. Se no requerimento se esgotarem as veias, a quem há de ficar sangue para a batalha? Nem fica sangue, nem fica brio, nem fica gosto, nem fica vontade; tudo aqui se perde. Começou Cristo a orar, ou a requerer no Horto, e começou juntamente a quê? A enfastiar-se, a temer, a entristecer-se: *Coepit pavere, et taedere, contristari, et maestus esse.*[iii] O mesmo acontece na corte ao mais valoroso capitão, ao mais brioso soldado. Vai um soldado servir na guerra, e leva três coisas. Leva vontade, leva ânimo, leva alegria. Torna da guerra a requerer, e todas estas três coisas se lhe trocam. A vontade troca-se em fastio: *Taedere*. O ânimo troca-se em temor: *Pavere*. A alegria troca-se em tristeza: *Et maestus esse.* E quem tem a culpa de toda esta mudança tão danosa ao bem público? As dilações, as suspensões, as irresoluções, o hoje, o amanhã, o outro dia, o nunca dos vossos *quandos*. E faz consciência destes danos algum dos causadores deles? Pois saibam (ainda que o não queiram saber) e desenganem-se (ainda que se queiram

---

[i] *Luc.*, XXII, 44.
[ii] *Mat.*, XXVI, 39.
[iii] *Marc.*, XIV, 33; *Mat.*, XXVI, 37.

enganar) que a restituição que devem, não é só uma, senão dobrada. Uma restituição ao particular, e outra restituição à república. Ao particular, porque serviu; à república, porque não terá quem a sirva. Dir-me-eis que não há com que despachar, e com que premiar a tantos. Por essa escusa esperava. Primeiramente eles dizem que há para quem quereis, e não há para quem não quereis. Eu não digo isso, porque o não creio; mas se não há com quê, por que lhes não dizeis que não há? Por que os trazeis suspensos? Por que os trazeis enganados? Porque os trazeis consumidos, e consumindo-se? Esta pergunta não tem resposta; porque ainda que pareça meio de não desconsolar os pretendentes, muito mais os desconsola a dilação e a suspensão, do que os havia de desconsolar o desengano. No mesmo passo o temos.

Estando Cristo na maior aflição do seu requerimento, desceu um anjo do Céu a confortá-Lo: *Apparuit illi angelus de coelo confortans eum.*[i] E em que consistiu o conforto, se a resposta foi que bebesse o cálix, contra o que Cristo pedia? Nisso mesmo esteve o conforto; porque ainda que Lhe não responderam com o despacho, responderam-Lhe com o desengano. Vede quanto melhor é desenganar aos homens, que dilatá-los e suspendê-los.

A dilação e a suspensão para Cristo era agonia: o desengano foi alento. A dilação sem despacho são dois males: o desengano sem dilação é um mal temperado com um bem; porque se me não dais o que peço, ao menos livrais-me do que padeço. Livrais-me da suspensão, livrais-me do cuidado, livrais-me do engano, livrais-me da ausência de minha casa, livrais-me da corte, e das despesas dela, livrais-me do nome, e das indignidades de requerente, livrais-me do vosso tribunal, livrais-me das vossas escadas, livrais-me dos vossos criados, enfim, livrais-me de vós. E é pouco? Pois se com um desengano dado a tempo os homens ficam menos queixosos, o governo mais reputado, o rei mais amado, e o reino mais bem servido, porque se há de entreter, porque se há de dilatar, porque se não há de desenganar o pobre pretendente, que tanto mais o empobreceis, quanto mais o dilatais? Se não há cabedal de fazenda para o despacho, não haverá um *não* de três letras para o desengano? Será melhor que ele se desengane depois de perdido? E que seja o vosso engano a causa de se perder? Quereis que se cuide que o sustentais na falsa esperança, por que são mais rendosos os que esperam que os desenganados? Se lhe não podeis dar o que lhe negais, quem lhe há de restituir o que lhe perdeis? Oh, restituições! Oh, consciências! Oh, almas! Oh, exames! Oh, confissões! Seja a última admiração esta, pois não louvo, nem condeno, e só me admiro com as turbas: *Et admiratae sunt turbae.*

---

[i] *Luc.*, XXII, 43.

X

De todo este discurso se colhe (se eu me não engano) com evidência que há muitos escrúpulos do mundo, de que se faz pouco escrúpulo: que há confissões, em que fala o mundo e não sai o Demônio, e que suposta a obrigação de se confessarem todos os pecados, se devem também confessar estas confissões. Grande mal é não sarar com os remédios; mas adoecer dos remédios ainda é maior mal. E quando se adoece dos remédios, que remédio? O remédio é curar-se um homem dos remédios, assim como se cura das enfermidades. Este é o caso em que estamos. O remédio do pecado é a confissão: mas se as minhas confissões em lugar de me tirarem os pecados, por minha desgraça me acrescentam mais, não há outro remédio senão dobrar o remédio sobre si mesmo, e confessar as confissões, assim como se confessam os pecados. Daqueles que tornam a recair nos pecados passados, dizia Tertuliano, que faziam penitência da penitência e que se arrependiam do arrependimento. Se os maus se arrependem dos arrependimentos, os que devem e querem ser bons, por que se não confessarão das confissões? Uns o devem fazer pela certeza, outros o deverão fazer pela dúvida, e todos é bem que o façam pela maior segurança.

Para que esta confissão das confissões saia tal que não seja necessário tornar a ser confessada, devemos seguir em tudo o exemplo presente de Cristo, na expulsão deste Diabo mudo. Primeiramente: *Erat ejiciens*.[i] Todos os outros milagres fazia-os Cristo em um instante: este de lançar fora o Demônio não o fez em instante, nem com essa pressa, senão devagar e em tempo. É necessário primeiro que tudo, a quem houver de reconfessar as suas confissões, tomar tempo competente, livre e desembargado de todos os outros cuidados, para o ocupar só neste, pois é o maior de todos. *Cum accepero tempus, ego justitias judicabo*.[ii] Eu tomarei tempo, diz Deus, para julgar as justiças. Se Deus para examinar e julgar as consciências dos que governam, diz que há de tomar tempo; como poderão os mesmos que governam julgar as suas consciências, e examinar os seus exames, se não tomarem tempo para isso? Dirá algum que é tão ocupado que não tem esse tempo. E há tempo para o jogo? E há tempo para a quinta? E há tempo para a conversação? E há tempo e tantos tempos para outros divertimentos de tão pouca importância, e só para a confissão não há tempo? Se não houver outro tempo, tome-se o do ofício, tome-se o do tribunal, tome-se o do conselho. O tempo que se toma para fazer melhor o ofício, não se tira ao ofício. Mas para acurtar as razões, pergunto: Se agora vos dera a febre maligna

---

[i] *Luc.*, XI, 14.
[ii] *Sal.*, LXXIV, 3.

(como pode dar) haveis de cortar por tudo para acudir à vossa alma, para tratar da vossa consciência? Sim. Pois o que havia de fazer a febre, por que o não fará a razão? O que havia de fazer o medo, e a falsa contrição na enfermidade, por que o não fará a verdadeira resolução na saúde?

Tomado o tempo (e tomado a qualquer força e qualquer preço) segue-se a eleição do confessor. Quem aqui obrou o milagre foi Cristo: *Erat Jesus ejiciens daemonium.*[i] O confessor está em lugar de Cristo, e quem há de estar em lugar de Deus Homem, é necessário que seja muito homem, e que tenha muito de Deus. *Non confundaris confiteri peccata, et ne subjicias te omni homini pro peccato.*[ii] Não vos corrais de confessar os vossos pecados (diz o Espírito Santo), mas adverti que na confissão deles não vos sujeiteis a qualquer homem. Se a saúde do corpo (que alfim é mortal e há de acabar) a não fiais de qualquer médico, a saúde da alma, de que depende a eternidade, por que a haveis de fiar de qualquer confessor? Indouto, claro está que não deve ser, mas não basta só que seja douto, senão douto e timorato. Confessor que saiba guiar a vossa alma, e que tema perder a sua. Confessou Judas o seu pecado aos príncipes dos sacerdotes: *Peccavi tradens sanguinem justum:*[iii] E eles que lhe responderam? *Quid ad nos? Tu videris*: E a nós que se nos dá disso? Lá te avém. Vede que sacerdotes, que nem se lhes dava da sua consciência, nem da do penitente que se lhes ia confessar! Haveis de escolher confessor que se lhe dê tanto da vossa consciência como da sua. E basta que seja douto e timorato? Não basta. Há de ser douto, e timorato, e de valor. É tal a fraqueza humana, que até no tribunal de Cristo se olha para os grandes como grandes e se lhes guardam respeitos, quando se lhes não faça lisonja. Andando Filipe II à caça, foi-lhe necessário sangrar-se logo, e chamaram o sangrador de uma aldeia, porque não havia outro. Perguntou-lhe o rei, se sabia a quem havia de sangrar. Respondeu: sim; a um homem. Estimou o grande rei este homem, como merecia, e serviu-se dele dali em diante. Com semelhantes homens se hão de curar no corpo e na alma os grandes homens. Com homens que sangrem a um rei, como a um homem.

Posto aos pés deste homem, e nele aos pés de Deus, fale o mundo com tal verdade, com tal inteireza, e com tal distinção do que confessou, ou não confessou; dos propósitos que teve, ou não teve; da satisfação que fez, ou deixou de fazer; que de uma vez, e por uma vez acabe de sair o Demônio fora. E seja com tão viva detestação de todos os pecados passados, com tão firme

---

[i] *Luc.*, XI, 14.
[ii] *Ecles.*, IV, 31.
[iii] *Mat.*, XXVII, 11.

resolução da emenda de todos eles, e com tão verdadeira e íntima dor de haver ofendido a um Deus infinitamente amável e sobre todas as coisas amado, que não só saia o Demônio para sempre, e para nunca mais tornar, mas que já esteja lançado da alma, quando falar o mudo: *Et cum ejecisset daemonium, locutus est mutus.*